THE BLACK COUNT
亚力克斯·仲马将军画像

# 对《黑伯爵》的好评

19世纪初，亚历山大·仲马将军的事迹都被他的敌人刻意抹去。尽管大仲马试图通过自己的经典小说来纪念、缅怀父亲，但仲马将军的故事一直不为人所知。《黑伯爵》形象生动地展现了一代名将波澜壮阔的一生，为他在革命大舞台上重新找到了应有的位置。从加勒比海种植园到巴黎、从阿尔卑斯山到埃及，雷斯为我们讲述了一个引人入胜又充满奋争、冒险与勇气的故事，同时也展现了研究者在探寻这个被遗忘真相过程中的喜怒哀乐。

——劳伦特·杜波依斯　《海地：历史余震》作者

亚历山大·仲马将军的真实经历与其子大仲马小说中的故事一样辛酸而艰险。汤姆·雷斯拥有剧作家的布景感、记者的执着精神和历史学家鉴别真伪的眼光，《基督山伯爵》中的囚禁片段与本书中的某些情节如出一辙。

——达林·麦克马洪　《启蒙运动的敌人》和《幸福的历史》作者

惊人的研究、灵气十足的文笔，这些汤姆·雷斯全都做到了；他找到了一个精彩绝伦的故事，并将其完美地呈现出来。《黑伯爵》的作者，这位才华横溢的小说家打开了真相之门，揭开了文学史上最为精彩故事背后的真相，让人一睹其中的世间百态。

——达林·施特劳斯　"全美书评人协会奖"得主，
《如梦半生》和《莒与英》作者

从表面上看，《黑伯爵》讲述了一个神奇的冒险故事，实则融合了政治、社会历史等诸多内容。与《东方学家》一书一样，汤姆·雷斯不仅发掘了一个被世人遗忘的传奇，而且将其描述得栩栩如生、愉悦动人，让人受益匪浅。

——吉迪恩·路易斯–克劳斯　《方向感》作者

《黑伯爵》一书读来令人振奋。文笔优美；情节引人入胜；调查深入充分，同时，这个已被历史遗忘的人物被刻画得栩栩如生：

仲马将军，这位浮华、耀眼而浪漫的混血伯爵恰似好莱坞大片或大仲马小说中的英雄人物。

——西蒙·塞巴格·蒙蒂菲奥里　《耶路撒冷三千年》和《青年斯大林》作者

汤姆·雷斯讲述了一个精彩绝伦的故事，其中大多情节都鲜为人知。他的激情、文风及对细节的把握，无人能及。

——吕克·桑特　《底层生活》、《证据》及《真相工厂》作者

我们以为自己了解法国大革命和拿破仑战争的荣耀；我们以为自己理解奴隶制的恐怖和非洲人民所受的磨难，但是，解放的宏伟目标和种族主义的深重灾难之间是什么关系？雷斯告诉我们，答案就在这位被世人遗忘的法国大革命英雄身上——一位有黑人血统的英雄。

——蒂莫西·斯耐德　《血腥大陆》作者

汤姆·雷斯讲述了亚历山大·仲马将军跌宕起伏的一生，与之前的《东方学家》一样，还原了很多历史真相。

——尼娜·伯利　《纽约时报》畅销书作家，《海市蜃楼》作者

雷斯既有英国侦探的天生缜密，又有法国小说家的文学激情，他笔下的故事与今日的新闻头条一样鲜活，却又比希腊古籍还要典雅。”

——杰克·威泽弗德　《纽约时报》畅销书作家，《成吉思汗与现代世界演变》作者

多姿多彩，让人欲罢不能……这段历史活力无穷、扣人心弦而又悲惨不幸。

——威廉·迪特里希　普利策新闻奖得主、《纽约时报》畅销书作家，《拿破仑金字塔》作者

# THE BLACK COUNT

THE BLACK COUNT: Glory, Revolution, Betrayal, and the Real Count of Monte Cristo
by Tom Reiss

This translation published by arrangement with Crown Publishers, an imprint of the Crown Publishing Group, a division of Random House, Inc.
Maps by David Lindroth, Inc.

# THE BLACK COUNT
# 黑伯爵

GLORY, REVOLUTION, BETRAYAL, and the REAL COUNT of MONTE CRISTO

[美] 汤姆·雷斯 / 著　　邱世超 / 译

西苑出版社
XIYUAN PUBLISHING HOUSE
北　京

**图书在版编目(CIP)数据**

黑伯爵／(美)雷斯著；邱世超译. —北京：西苑出版社，2014. 6

书名原文:The black count

ISBN 978-7-5151-0426-3

Ⅰ. ①黑… Ⅱ. ①雷… ②邱… Ⅲ. ①仲马，A.（1762~1806）-传记 Ⅳ. ①K835.657=41

中国版本图书馆 CIP 数据核字（2014）第 106341 号

**黑伯爵**

| | |
|---|---|
| **著　　者** | [美] 汤姆·雷斯 |
| **译　　者** | 邱世超 |
| **责任编辑** | 李明辉 |
| **出版发行** | 西苑出版社 |
| **通讯地址** | 北京市朝阳区广泽路 2 号院东区 14 号楼 |
| **邮政编码** | 100102 |
| **电　　话** | 010-88637287 |
| **传　　真** | 010-88637287 |
| **网　　址** | www.xiyuanpublishinghouse.com |
| **印　　刷** | 北京龙跃印务有限公司 |
| **经　　销** | 全国新华书店 |
| **开　　本** | 710mm×1000mm 1/16 |
| **字　　数** | 220 千字 |
| **印　　张** | 23 |
| **版　　次** | 2014 年 8 月第 1 版 |
| **印　　次** | 2014 年 8 月第 1 次印刷 |
| **书　　号** | ISBN 978-7-5151-0426-3 |
| **定　　价** | 49.80 元 |

谨以此书献给黛安娜和露西，
她们懂得等待与希望意味着什么；
同时献给梅勒妮。

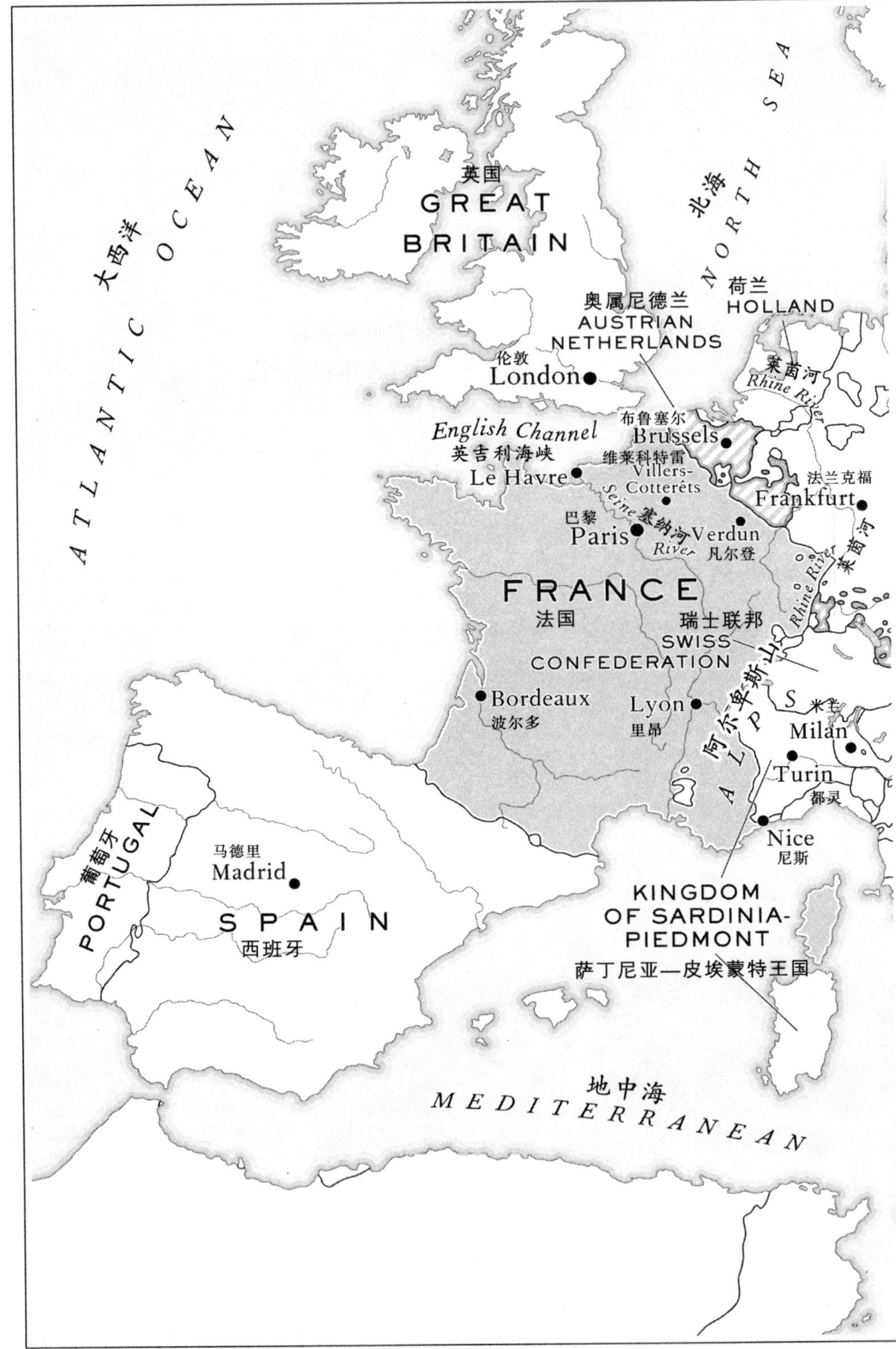

大西洋
ATLANTIC OCEAN
英国
GREAT BRITAIN
北海
NORTH SEA
荷兰
HOLLAND
奥属尼德兰
AUSTRIAN NETHERLANDS
伦敦
London
莱茵河
Rhine River
English Channel
英吉利海峡
布鲁塞尔
Brussels
维莱科特雷
Villers-Cotterêts
Le Havre
法兰克福
Frankfurt
巴黎
Paris
Seine River
塞纳河
Verdun
凡尔登
FRANCE
法国
瑞士联邦
SWISS CONFEDERATION
阿尔卑斯山
ALPS
Bordeaux
波尔多
Lyon
里昂
米兰
Milan
Turin
都灵
Nice
尼斯
葡萄牙
PORTUGAL
马德里
Madrid
SPAIN
西班牙
KINGDOM OF SARDINIA-PIEDMONT
萨丁尼亚—皮埃蒙特王国
地中海
MEDITERRANEAN

欧洲，约 1792 年
英里 MILES
0
400
千米 KM
0
400
RUSSIA
俄罗斯
普鲁士
PRUSSIA
柏林
Berlin
SMALL GERMAN STATES
小德意志联邦
波兰
POLAND
奥地利帝国
AUSTRIAN EMPIRE
Vienna
维也纳
ALPS
阿尔卑斯山
Venice
威尼斯
Rome 罗马
Naples 那不勒斯
KINGDOM OF NAPLES AND SICILY
那不勒斯和西西里王国
奥斯曼帝国
OTTOMAN EMPIRE
SEA

# 目 录

## 第三卷

# 序一

## 1806 年 2 月 26 日

1806 年 2 月 26 日午夜，亚历山大·仲马睡在了叔叔家。这位日后的《基督山伯爵》和《三个火枪手》作者虽时年尚不满四岁，但由于家中父亲病重，母亲认为送他寄居在叔叔家是最佳选择。午夜钟声将小亚历山大从梦中惊醒。借着床边案上的昏暗灯光，他看到堂姐已从床上坐起，面色惊恐。小亚历山大起身下了床。40 多年后，他在回忆录中写道：

> 堂姐叫道：“你去哪里？”
>
> “噢，去给爸爸开门，他跟我们告别来啦。”我平静地答道。
>
> 可怜的姑娘从床上跳了起来，一把抓住了我伸向门把手的手，狠命地将我拽回床上。
>
> 我使出浑身力气想要挣脱，却只能大喊：“再见，爸爸！再见，爸爸！”

第二天清晨，大人唤醒了孩子们，小亚历山大得知父亲已在前晚去世。

> “爸爸死了，”我问道，“是什么意思？”

“就是说你再也见不到他了。”

“你为什么说我再也见不到爸爸了？……为什么会见不到？”

“因为上帝带他回去了。”

“永远吗？”

“永远。”

“你说我再也见不到他了？……一次也不行吗？”

“一次也见不到。”

“上帝住在哪里？”

“上帝住在天堂。”

我苦思了一会儿。尽管当年只是个懵懂孩童，我还是意识到发生了什么无法挽回的事。趁着大人们不注意，我从叔叔家溜了出去，跑回了自己家。

家里的每扇门都敞开着，所有人都面露惧色；弥漫着死亡的气息。

没有人发现我的到来。我找到了家里存放武器的房间，扛起了那杆枪，那杆父亲答应等我长大后就赠予我的枪。

我扛着枪爬上了楼梯。

在二楼楼梯口，我碰到了母亲。

她刚从父亲房间出来，脸上挂满泪水。

“你去哪儿？”母亲见到我，十分吃惊，以为我还在叔叔家。

“我要去天堂！”我答道。

“什么，你要去天堂？”

“让我过去。”

“孩子，你去天堂做什么？”

“我要去杀了上帝，他杀了爸爸。”

**母亲一把将我搂进怀里，紧得让我透不过气来。**

亚历山大·仲马 45 岁时写下了上述文字，他认为是时候该回顾此生了。他没有采用编年体例记录自己 31 岁前的点滴，而 31 岁时他还远没有成为家喻户晓的作家，但是他却用了 200 多页叙述父亲仲马将军如小说般跌宕起伏的一生——仲马将军出生于法国殖民地，在法国大革命中九死一生，以过人的勇武与胆识，成为了拿破仑麾下一名统帅五万精兵的将军。这是传记文学史上的一次大胆尝试，其中关于他父亲的素材来自于母亲和父亲朋友们的回忆，以及从母亲及法国军务部收集的信件和官方文件，虽然存在很多空白省略以及情节和对话的再创作，却实乃诚恳之作。直至叙述完了父亲去世时的画面，大仲马才开始在自传中回顾了自己的一生。

一名幼童如何能忆起如此多的细节，也许有人会对此产生怀疑，大仲马在《基督山伯爵》中塑造的白人奴隶海蒂这一角色恰好可以替他解答。在海蒂四岁时，她的父亲遭小说中的主要反派人物之一陷害谋杀，在对伯爵谈起自己父亲时，她说："虽然当时我年仅四岁，但当年的事对我万分重要，一丝一毫都不曾忘记。"

在大仲马的小说中，记住一个人是最重要的事，而忘记是最恶劣的罪行。《基督山伯爵》的反派人物没有将主人公爱德蒙·堂泰斯杀害，而是将他关入了地牢，让世人将其遗忘。大仲马笔下的主人公不会忘记任何事或任何人，例如堂泰斯上知天文，下知地理，记忆超群，对所遇之人过目不忘。当他一一报复三个仇家时，却发现他们早已忘记了他，更别提当年所犯下的罪行。

之所以为亚历山大·仲马将军这位被遗忘的英雄写传，是因为儿时拜读过大仲马传记中关于其父亲的回忆录，至今令人难以忘怀。

# 序二

2007 年 1 月 25 日

“恐怕目前情况非常棘手，”副市长法布里斯·杜福尔对我说道，“不幸极了。”

这位鹅卵石之乡——维莱科特雷市的副市长表情痛苦，他是该市文化遗产工作的负责人。维莱科特雷市虽算不上文化历史名城，却也颇有名气。1715 年法国国王路易十四去世后，他的侄子奥尔良公爵菲利浦二世成为摄政王，年仅 5 岁的路易十五登基。他认为王室应在此驻留，维莱科特雷由此曾一度成为法国旧政权时期的权力中心。18 世纪的法国几乎人人都知道巴黎城北 80 千米处有个灰白小城，城里充斥着各种王室丑闻和放荡淫逸的生活。在我办公室的对面，那座在文艺复兴早期兴建的城堡曾是各种盛大裸体晚宴、荒淫狂欢的风月场，王公贵族齐聚于此，奴仆往来穿梭，更有各种男女专业人士提供宴会服务。这些盛宴被戏称为“亚当与夏娃之夜”，曾有朝臣回忆道：“酒酣耳热后，灯火熄灭，不着寸缕的宾客纷纷抱着黑夜所赐予的伴侣，沉醉温柔之乡，每每陛下都是尽兴而归。”

多年后，据说玛丽–安托瓦内特王后的丈夫路易十六，这位昏庸懦弱的君主只要听到维莱科特雷市镇的名字就会面红耳赤，好在小城的名字已不再被经常提起。1723 年摄政王奥尔良公爵去世后，王室驻地回归凡尔赛宫。今日我专程前来了解的这位将军，人们只有在提起他时，才会想到小城。在法国大革命时期，这位将军曾生活于此，并最终长眠此地。正值阴冷的一月，小城独特的寒意让我预感今日或将不虚此行，或许会找到我认为仍存于世的那些资料。办公桌后的副市长仪表堂堂，一只眼睛有些弱视，说话时会不自主地眯起眼睛，同时会不自觉地面带微笑。

“非常棘手！”他语气坚定地重复道。

他大概停顿了 30 秒，意味深长地看了看我、窗户和桌上的陈设。我注意到靠墙的桌子上有本摩托车杂志和一摞城堡的宣传册。虽然不能确定，但看起来副市长像涂了睫毛膏，他的棕色眼睛轮廓看上去太过清晰。

他摇了摇头，笑了下，啧啧叹道：“先生，我知道你从美国专程前来找她，但我恐怕安排不了。”

听到这话，我准备用法语来抗议。在世界所有文化中，法国文化最尊重抗议，法国人经常举行全国大罢工质疑重要行业和部门，当然抗议必须讲究方式方法。正当我在心里打着腹稿时，副市长再一次开口。

“先生，我真的没有办法安排，您要见的女士已经过世了。”

我几乎不敢相信自己的耳朵。这位名叫伊莱恩的女士，当地博物馆的负责人，听起来岁数不大。博物馆除了她之外，只有一个保安，之前我觉得没有必要询问她的姓氏。

“事发突然！”副市长解释说。我感觉他好像提到了某种疾病，似乎是癌症，但我不能确定。这个消息如晴天霹雳，我的法语水平突然间也降低了许多。

“她从未跟我提过身体不适。”我满含歉意。

“我们都很震惊很悲痛。”副市长说道。

我试图镇定下来，在表达了哀悼之情后，我开始解释借阅伊莱恩女士生前保管的文稿对我来说有多么重要。200 年来，这些文稿辗转于法国历史文献收藏家们之手，最终以低价被这座小博物馆购得，期间大多文稿从未与公众见面。我问道是否有人接替了伊莱恩女士的工作，副市长却摇了摇头。有人整理过她的办公室吗？浏览过这些文稿吗？能不能让我翻阅下呢？

“文稿没有放在她的办公室里，”副市长说道，“为了保证安全，伊莱恩把文稿全都存放在了保险箱里。一个很大的保险箱，非常安全，但是现在她去世了，密码不得而知。她生前没有告诉任何人，凡事她喜欢一个人处理。我们到处都找不到密码……先生，恐怕现在我们真的无能为力。几周前，完全没有问题，但是现在恐怕非常棘手。”他眯着眼睛补充道：“太不幸了。”

副市长的这番话说得既官方又平静，但却措辞得体，无可挑剔。这间政府办公室位于著名的老城堡旁，街的那头，就是伊莱恩生前工作过的市博物馆，名为亚历山大·仲马博物馆。来该市参观大仲马出生地的游客中，到底有几个知道这位拥有很多受人喜爱作品的大文豪，也拥有一位伟大的父亲——亚历山大·仲马将军呢？

⟶⟵

1762 年，亚历山大·仲马将军出生于法属圣多明克殖民地，是“安托万·亚历山大·代利勒”与黑人女奴之子。实际上，他的父亲安托万是一名逃离家庭和法律约束的贵族。后来，安托万决定放弃自己的化名，带着黑皮肤的混血儿子漂洋过海返回法国巴黎近郊，恢复自己原本亚历山大–安托万·戴维·佩勒特里侯爵浮华奢侈的生活。但是他的儿子并不喜欢父亲的姓氏和爵位，参军入伍时选择改随母姓，“仲马”成为了一名普通士兵。凭自己的能力加官晋爵后，他甚至不签署自己的名字：“亚历山大”，而是简单地签上“亚力克斯·仲马”。

亚力克斯·仲马是一名完美的战士，一个有伟大信念和气节的人。他惊人的力量、精妙的剑术、过人的胆识以及扭转乾坤反败为胜的能力，让他名动天下。但同时，他也以桀骜不驯、轻视权贵而出名。他是士兵心目中的将军，他让敌人闻风丧胆，是一位受人爱戴景仰的真正英雄。

然而后来，他却跌入圈套，被囚于暗无天日的囚牢中，受尽不明敌人的毒害，没有机会申诉，更被世人所遗忘。他的命运与一个名为爱德蒙·堂泰斯的年轻水手如出一辙，后者亦有光明的前程和挚爱的未婚妻，却意外遭人暗算，悄无声息地被人秘密关押在了伊夫堡监狱的地牢中。与儿子大仲马小说《基督山伯爵》的主人公不同的是，亚力克斯·仲马没有在地牢中遇到指引他越狱和寻到宝藏的救星，他也从未有机会查清自己遭受审判、从云端跌至深渊的原因。我此次来到维莱科特雷市就是为了查明发生在这位忠实捍卫“自由、平等、博爱”将军身上的一切。

仲马将军是他那个年代的传奇人物，正史中也有关于他的趣闻轶事。大卫·约翰逊的著作《法国骑兵》中有关于仲马将军早期职业生涯的记载，“仲马不仅是一流的士兵，他也是法国军队中最强壮的人……在骑术学校，他喜欢脚踩马镫站起来，手拉顶梁，把自己和坐下马前蹄拉离地面”。另一个多次出现在史书中的故事更为可信：他曾一天赢得了三场决斗，尽管决斗时自己头部也被划伤了。这个故事几乎与《三个火枪手》中最有名、最滑稽的故事情节一模一样，达尔达尼央在同一天的下午与波托斯、阿托斯和阿拉米斯进行决斗（这场决斗最终完美落幕——在真正敌人出现时，“人人为我，我为人人”）。

亚力克斯·仲马还是下士时，曾单枪匹马抓获 12 名敌军士兵并带回营地，他首次进入了部队高层的视线。不久后，他又率领 4 名骑兵袭击了 50 多人的敌军队伍，仲马一人杀敌 6 名、抓获 16 名俘虏。19 世纪早期的一位巴黎记者曾这样评价他：“出色的指挥能力、非凡的相貌、超群的武艺，再加上军界的声望，促成了他的快速晋升；很快，他就向世人证明了他实至名归。”

军衔晋升后，亚力克斯·仲马仍然每每身先士卒冲战沙场，从不会在部下战场厮杀时，退避后方发号施令。一位指挥官有次对他说：“亲爱的仲马，每次看你跨上战马驰骋沙场，我都担心不已。我常想：‘如果这么拼杀下去，他不可能总能安然无恙地归来。’你要出事了，我怎么办？”

即使后来当上了指挥千军万马的将军，仲马依旧习惯于亲率精锐小分队，出奇制胜。在统帅阿尔卑斯军团时（相当于今天的四星级将军），他曾带领部下趁夜穿着钉鞋翻过冰山奇袭奥地利一处坚不可摧的堡垒，夺取了大批物资和军备。不仅俘获1700多名俘虏、缴获40多门大炮，而且打通了阿尔卑斯山的重要要塞——塞尼山。

法国大革命时期，同为将军的拿破仑曾引用当时很流行的一句话来称赞仲马，把他比作霍雷休斯·科克利斯——这位在野蛮人企图征服古罗马时，拯救共和国于水火的传奇英雄人物（同美国革命者们将乔治·华盛顿比作辛辛纳图斯一样，法国革命者们也有古典英雄情结）。

拿破仑向埃及发动侵略时，仲马担任骑兵指挥官，这两位性格迥异的战士逐渐走向对立。两人的冲突源自意识形态，仲马觉得自己是解放世界的斗士，而不是主宰者，虽然这只是他的个人看法。

随军的首席医官曾写道：“不论穆斯林的哪个阶层看到波拿巴将军时，都会惊异于他的矮小和瘦弱……而我军中另外一位将领的容貌更让他们惊异不已，他……是骑兵团指挥官仲马。他肤色黝黑，身材高大如同半人马，当他们看到他骑着马越过壕沟去赎回俘虏时，所有人都相信他是这次远征军的统帅。”

亚力克斯·仲马身高1.8米，体格健硕，绝对算得上法国精英中的佼佼者。但身处黑人奴隶制仍在法国盛行的时代，作为黑人，他到底如何跻身于法国精英界，甚至成为受人景仰的民族英雄呢？

仲马将军一生戎马峥嵘，波澜起伏，有一个事实却极易被世人忽略：他是一名黑人，一名身处白人占绝对统治地位的 18 世纪末的黑人。他的母亲玛丽·盖塞特·仲马是黑奴，而落魄贵族的父亲为了凑齐回法国的路费，曾将他自己卖身为奴。20 岁时，亚力克斯回到了法国，学习了文学、哲学、礼仪、骑马、跳舞和决斗。1786 年，与父亲关系破裂后，他放弃了巴黎纸醉金迷的生活，加入了王后骑兵团。1789 年，法国大革命爆发后，仲马抓住机遇，迅速晋升为新革命军中的高级将领，曾统领过整个集团军。150 年后，西方才出现了另外一位可以与他比肩的黑人将领。

仲马将军的成功还得益于另外一个事件——第一次世界民权运动。18 世纪中叶，路易十五在位期间，一大批具有改革精神的律师对为法国捞取大量资本的殖民地糖料加工业产生质疑，他们为有色人种争取到了大量权利。从殖民地被贩卖到法国的奴隶甚至可以通过诉讼来获取自由。（这与 19 世纪中叶美国最高法院作出的德雷德·斯科特案件臭名昭著的裁决形成鲜明对比。当时在美国，黑人被认为是“极其低下，因此没有权利赢得白人的尊重”。）法国黑人通过诉讼成功获得自由身的案例，比引发英国废奴运动的萨默塞特案件，早了整整十几年。

1789 年法国大革命前夕，追求平等的呼声日渐高涨。仲马将军不是唯一一位应势而起的法国黑人或混血黑人，同一时代的还有圣乔治骑士——法国著名的击剑家、作曲家和音乐家。跟仲马将军一样，圣乔治骑士的母亲也是黑奴。法国大革命爆发后，圣乔治骑士组建了一支名为“黑色军团”的骑兵队伍，并任命仲马为他的副将。

31 岁时，仲马晋升为将军，广受将士爱戴。甚至一位曾公开喊黑人为“恐怖黑鬼”的法国普鲁士军官（对犹太人更是无比厌恶）都不得不由衷赞叹仲马将军“堪称世界上最好的士兵”。

仲马将军的故事完美诠释了第一次真正意义上的解放运动，法国大革命的十年间不仅力图推翻奴隶制和种族歧视，而且推倒了古时留传下来的犹太隔离墙，赋予了犹太人应有的公民和政治权利。援引19世纪末法国一位历史学家的话说，仲马将军是“新平等制度的活范例”。

人们大多认为废奴主义起源于大英帝国和美国革命期间对于平等问题的探讨，但是仲马将军的生平却证明法国大革命才是解放运动的源头，梦想和失望交织成的复杂脉络，影响了之后两个世纪对于自由和偏见的理解。在这一种族解放革命时期，很多关于人类自由的现代观点问世，包括不论宗教、种族，人人都应享有平等权利、机会与尊重的观点，而在新的政治形势和科学主义思潮影响下诞生的现代种族主义、现代反犹太主义也遭到了强烈抨击。

在法国大革命雅各宾恐怖统治时期，虽然仲马将军明白，自己的保守和仁慈随时会让他丢掉官位甚至性命，但在面对种族卫士们以自由、平等和博爱的名义犯下暴行时，他却从不畏缩，尽其所能地保护任何受害者，不论他们是何种出身、何种意识形态。法国大革命最黑暗的时期，仲马将军被派往法国西部的旺代省镇压保皇党起义，他宁可毁掉自己的事业和前程，也要抵制周围不公的杀戮。后来，一位保皇党作家评价仲马将军是“慷慨的共和党人”，是难能可贵的“在战场上冲锋陷阵，无所畏惧，宁可断剑明志、不做刽子手”的将领之一。

作为侯爵和奴隶之子，仲马将军同时来自最高和最低两个阶层。他是真正的理想主义者，从未放弃过自己的信念。他被敌军俘获关押了两年，获释时却痛心地发现已被并肩作战的同僚背叛，理想中的、同时也是法国有色人种所企盼的平等和友爱的世界根本遥不可及。而他的出生地圣多明克也将经历一场暴力革命，并重新以海地的名字出现，再也不是白人所关注的世界经济中心，开始挣扎在绝望的边缘。

大仲马在回忆录中大篇幅描述了父亲大起大落的传奇人生。“我崇拜父亲，”他写道，“我深爱着父亲，渴望他那有力的臂膀为我撑起自由的天空，陪伴我一路成长。”

他的父亲和母亲有着童话般的爱情故事，母亲玛丽-路易丝·拉布莱特是白人，来自当地颇有名望的中产阶级家庭。法国大革命爆发后，亚力克斯·仲马奉命前往维莱科特雷镇维持治安，在此与玛丽-路易丝相识并相爱。玛丽的父亲克劳德·拉布莱特开了一家旅馆，借着奥尔良公爵大力发展小镇旅游产业的东风，快速发家致富。他对仲马迎娶女儿只有一个条件，就是希望仲马能够由王后龙骑兵团二等兵晋升至中士。仲马从战场归来时，不仅达到了要求，还高了四级军衔。仲马将军夫妇共育有三个子女，大仲马排名老三，是家中唯一的儿子。

大仲马作品中，明显以他父亲故事为原型的当属《乔治》，书中主人公同样是一名从法国殖民地来到巴黎的混血年轻人，成为著名的剑客后，回到殖民地对过去遭受的种族侮辱进行报复（基本完全讲述了仲马将军年轻时的故事）。

小说中不乏决斗、英雄救美等情节，乔治更是凭借超越白人的胆识和技能赢得了梦中情人的芳心。在领导奴隶起义失败后，他险遭处决，幸而最后紧要关头，他的弟弟——一位混血船长将他救走。在很多方面，乔治都跟几个月后出版的《基督山伯爵》主人公爱德蒙·堂泰斯相似。凭借着百科全书般的超强记忆，乔治归来后的复仇之路几乎可谓是畅通无阻，因为他的仇家们只活在当下，早已遗忘了与他的种种往事，完全摸不清事情的来龙去脉。乔治实现了自己的梦想：黑人同样可以成为贵族，可以比拥有种植园的白人更有教养，更有才华，更有权力。

大仲马曾在一篇文章中谈起过《基督山伯爵》的创作缘起（大仲马文中并未提到，他声名狼藉的叔叔查尔斯曾在加勒比海一个名为“基督山”的小岛上贩卖过糖料和奴隶），小说的主要情节取材自巴黎警方档案所记载的一桩罪案。在这桩骇人的罪案中，一名男子遭嫉妒他的朋友们陷害而含冤入狱，七年后趁政权交替之际，他重获自由。出狱后他把出卖过他的朋友们一一杀死。《基督山伯爵》某些情节确与这桩连环杀人案相似，但不同的是，小说的主人公却绝非冷血杀手，而是配得上“仁慈”二字的伯爵。

在文章末尾，大仲马声称自己的种种解释只算得上是一家之言：“现在，读者们可以去找《基督山伯爵》的其他创作素材，但是或许只有聪明人才能找到。”我们虽不清楚大仲马到底为什么要请读者们去“找《基督山伯爵》的其他创作素材”，但却不难看出他希望将来有人可以猜到小说主人公的另一个原型。事实上，早在充满正义感的白黑混血复仇者乔治身上，就可以找到仲马将军的影子，而在创造《基督山伯爵》时，大仲马在真实罪案的基础上，再次融入自己父亲的经历和性格，成功地把素材中的冷血连环杀手塑造成了爱德蒙·堂泰斯这一正义的化身。

大仲马不仅赋予了《基督山伯爵》主人公同父亲一样遭人背叛的命运，而且塑造了一个黑暗复仇者的经典形象。从蝙蝠侠到《伯恩的身份》，每部现代惊悚小说的主人公身上都可以发现爱德蒙·堂泰斯的影子。19 世纪其他任何一部冒险小说对后世的影响力，都不可与《基督山伯爵》同日而语。逃出地牢后，堂泰斯找到了基督山岛上的宝藏。在岛上的洞穴里，他建造了一个豪华的藏身之所。他学会了各种格斗术，尽管后来他主要采用计谋战胜敌人，并利用过人的能力左右法院和其他机构。在亲身经历了世界的黑暗和腐败后，堂泰斯让自己成为黑暗和腐败的行家，但却以惩恶扶弱为终极目标，他是第一个称呼自己为“超人”的小说主人公，比尼采和后世小说的主人公们要早很多年[①]。

与父亲不同，大仲马成长于一个种族主义肆意蔓延的时代。同一时期的小说家巴尔扎克甚至曾直呼他为“那个黑人”。在大仲马凭借《三个火枪手》和《基督山伯爵》成名后，评论家们对他品头论足，批判和质疑层出不穷，大肆嘲讽他的非洲血统。他是法国文学土壤中的一株黑色热带杂草，曾有人嘲讽说：“掀开仲马先生的面具，你就会发现他野蛮人的本质……不折不扣的黑鬼。”

19 世纪中叶的报纸上曾有一系列种族主义色彩的漫画嘲讽大仲马的文学作品。在其中最有名的一幅漫画上，大仲马俯身靠向一个热炉子，炉子中活煮的是他小说中的主人公们。他的嘴唇厚得不可思议，暴突的眼睛凶残地盯着正打算送入嘴中细细品尝的火枪手。尽管大仲马只有四分之一的黑人血统，而他的父亲仲马将军有一半，18 世纪末重新抬头的种族主义使得父子俩的待遇可谓天壤之别，儿子遭到无尽嘲讽，父亲却曾是引人艳羡的目标。

尽管大仲马对这些种族侮辱不以为意，但嘲讽终究不可避免得对他造成了伤害。其中，最大的伤害莫过于他的父亲——仲马将军被世人彻底遗忘。大仲马未能查明父亲的生平往事，更无力在正史中为父亲平反，为他寻得一席之地。但是，他却找到了其他的方式为父亲平反，他创造了一个善恶有报的小说世界，塑造了一个又一个勇猛无畏、行侠仗义的超级英雄，而每位主人公身上都可以看到仲马将军的影子。

⟶⟵

在酷似巴士底狱的凡圣城堡——如今的法国军事档案馆里，我

① 20 世纪初期，意大利共产主义思想家安东尼奥·葛兰西曾在尼采哲学风潮时宣称：“很多自诩为尼采哲学研究家的人充其量是大仲马研究家，只不过是为《基督山伯爵》的读后感披上了尼采哲学的外衣。”

查阅了成千上万封与仲马将军相关的信件。经过拿破仑真人大小的画像和一盏用数百枝短枪制成的吊灯后，我坐在了退伍老兵中间，继续寻找所需要的兵团资料，葱皮纸、20世纪打字机文稿、手写羊皮纸文稿，大量的资料都在诉说着法国大革命这场永恒的战争。

在精致的手写文稿中，仲马将军总会坦言对未来的期望、在军中遭遇的挫折及所追求的理想和信念。他正直而勇猛，是那个时代最优秀的战士之一，这些甚至在例行军队日志中都有相关记载。仲马将军对军队程序的嘲弄、对虐待平民者的警告、对胆小懦弱将军的讥讽，常常令我开怀大笑。而他对下属的关怀，为了人权和人民无所畏惧、甘愿牺牲一切的精神，让我鼻子发酸，热泪盈眶。

我找到了仲马将军的服役记录、战场调遣令、19世纪军队史书中关于他的奇闻轶事，但却几乎找不到与他个人生活相关的资料，情书、回忆录、遗嘱，什么都没有。也许是名为仲马的儿子和孙子的名气太大，完全占据了人们心中仲马这个名字。世人大多只知法国有对父子，父亲是小说家“大仲马”，儿子是《茶花女》的作者、剧作家“小仲马”，很少有人听说过仲马将军的名号。事实上，就连维莱科特雷市的亚历山大·仲马博物馆，尽管声明“为纪念仲马家族祖孙三代而建”，但主要还是以纪念大仲马为主，只有一个中等大小的房间用来纪念小仲马和一个小房间纪念仲马将军。小房间里挂着几幅肖像画，陈列着几封记录他战场勋绩的书信和他的一绺黑色卷发。为了了解他的生平，我希望能够在博物馆的保险柜里找到私人书信或是临终遗言，以及将军生前保存下来转交妻儿保管的重要资料。

博物馆售卖一种记载其筹建过程的小册子，细节中渗透的官僚主义让美国人着实难以了解。在我了解到在市镇、大区和中央政府间协调、搜集仲马家族的遗物用了十多年后，我不由得为眼前情况担忧起来：虽说不用等几年，但估计至少要等上好几个月，才能等到市镇官僚结构批准把保险柜打开。没有人急于处理这件事情。仲马家族的遗物在博物馆二楼办公室里静静躺了几十年，现在唯一在乎它们的人也已离开了人世。

从2月到3月，每次杜福尔副市长给我的答复都是他们正在处理保险柜事宜、尚未得到市里的批复。起初他告诉我再等两天，后来直接告诉我再等十天，再后来就联系不上他了。我只好从维莱科特雷回到巴黎，返回纽约，再回到巴黎。

随着拜访次数的增多，我发现了仲马将军的粉丝团，他们自称“三仲马社团”，或“仲马人”。这个团体不大，由十几位崇尚胆量、侠义和仲马精神的老人发起创建，活动地点位于一家名为克罗泽的小餐厅兼旧书店。餐厅老板戈尔迪先生的法语中总掺杂着葡萄牙语和苏格兰语，据说他的祖父和外祖父当年从英属印度辗转来到小镇，而后定居下来。我有幸参加了社团的年度大会，遇到了一位从马里兰州来的伊朗女士，她是一位想把仲马作品译成波斯语的专业人士。新任社团主席是一位西装革履的跨国公司高管，与社团的渊源来自他在市镇郊外买下的小城堡碰巧是1804年仲马将军租住过的城堡；新主席目前住在哈萨克斯坦的阿拉木图，专程赶回维莱科特雷市主持社团的年度大会。

不过社团真正的首脑其实是前任主席弗朗索瓦·安高特，这位前葡萄酒销售多年前一手创办了社团。安高特家族曾是市镇政府登记在册的猎户，几世纪以来一直守护着附近的雷茨皇家森林。与新任主席相似，安高特创办“三仲马社团”也是源于一桩房地产交易。第二次世界大战后，他的父亲恰巧买下了仲马将军辞世时所住的房子。（20世纪60年代初，安高特的父亲被迫要卖掉这栋房子时，曾试图劝说市镇政府购买，但有关部门兴趣不大，最后只能卖给了一位牙医。新房主在屋前加上了一道大门，并立起了谢绝访客驻足参观的告示牌。从那时起，安高特觉得应该创办一个社团，为小镇留住关于仲马家族三代人的回忆。)

由于车祸，安高特不得不依赖拐杖出行。但他却比我走得快，每次前行时，他大力向前摆动身体，把拐杖放得远远的，再向前摆动身体，然后向前放下拐杖，如同一个钟摆，又好似体育竞赛的选手。他不厌其烦地带我参观社团在市镇的每个活动点，甚至是挂着霓虹灯，贴满体育海报、美女画报的寻常酒馆，只因里面挂了一副大仲马的肖像画。

安高特喜欢引用《三个火枪手》中的句子，如引用莎士比亚的诗句一般自如。从他身上，我再一次领略了小说的独特魅力所在。他常说自己的政治观很正统，不仅拥护君主制，甚至觉得最腐朽的波旁君主制也不错，但是他却从未对任何人恶语相向。尽管他对法兰西王国情有独钟，对王室纹章领带和拆信刀爱不释手，但他对于仲马这位极端共和与民主的将军却是异常爱戴，尊称他为出身世家的最伟大的人。

我们曾无数次探讨该如何解决“保险柜事宜”。后来从一位安全专家处得知，除了强行打开保险柜外，别无他法。这就需要工兵、锁匠甚至保险柜窃贼这种专业人士的帮助，当然必须首先得到授权。但是，如果没有市镇政府的支持，又怎么可能实现呢？

安高特目光灼灼，怂恿我道：“不如冒险一试吧？”

我突然意识到杜福尔副市长或许不像他看起来那样漠不关心，也许他只是不太了解情况。有人提醒我，在他担任负责文化遗产工作的副市长之前，他最感兴趣的文化事务是汽车和摩托车。有可能他连大仲马的小说都没有读过，所以需要把他培养为最广义的仲马粉丝。跟“三仲马社团”商量后，我决定邀请杜福尔副市长到克罗泽餐厅共进午餐。副市长对美味佳肴赞不绝口，几杯红酒、白兰地下肚后，我开始向他解释保险柜里的资料对市镇甚至是法国文化遗产的重要性。这些资料可能会揭秘大仲马脍炙人口小说背后的故事，如此一来，维莱科特雷市将会闻名世界文坛；这些资料也可以证明法国早在美国废除奴隶制之前就曾打破过种族隔离和歧视。

终于，副市长的兴趣被我调动了起来。“雷斯先生，为‘我为人人’干杯！”他举起了杯子，“我们必须打开保险柜！”离席时，他热情地跟我握了握手。我争取到了新的同盟，至少在酒酣耳热时。

就这样，我拿到了打开保险柜的邀请。为了历史、为了命运、为了保险柜里的材料，我决定立即行动。在区首府，我找到了一位自称对此颇有研究的锁匠。与图书馆约好了时间，我与副市长确认好了相关细节。副市长争取到了 2000 欧元的捐款，并成立了纪念仲马将军保险柜基金。

第二天，锁匠背着装满钻头和其他装备的工具箱来到了博物馆。副市长请来了两位警员，与博物馆的保安人员一起在院子里巡逻。保险柜位于楼上储藏室角落处，室内堆满了硬纸箱、旧衣服、仿古瓷器，以及残缺不全的人造模特，这令我想到了法国大革命的断头台。保险柜的旁边躺着一具断为两截的人造模特，上半截挂着法国政要出席特别场合时常佩戴的三色子弹带，下半截套着一件男式白色三角裤。

锁匠脱下了皮衣，把钻头一一摆好，检查了一下保险柜，又取出了一个电动工具。“关键是要找对点，知道在哪里钻孔。”他解释道。

接着跟电影中所见的一样——用金属探伤仪检测、钻孔、继续钻孔、敲打、测听、再敲打、再测听……找对点了！钻孔声再次响起，望着迸溅的火花，我屏住了呼吸。

保险柜打开了，映入眼帘的是一叠叠泛黄的资料，两三米大的旧文件夹、纸盒、羊皮纸稿、葱皮纸稿等等。这些伊莱恩多年搜集来的心血，都与仲马家族三代人有关，不过我需要进一步筛选出只与仲马将军相关的材料。根据先前与副市长达成的协议，我只有两小时拍摄所需的资料；而后，警卫人员会把保险柜中的资料整理搬运到其他地方保管。谁也不知道是哪里，更不知道会存放多久。我拿出了超大镜头的相机，开始拍摄起来。

# 第一卷
# BOOK ONE

# 18世纪末圣多明克及西印度群岛殖民地

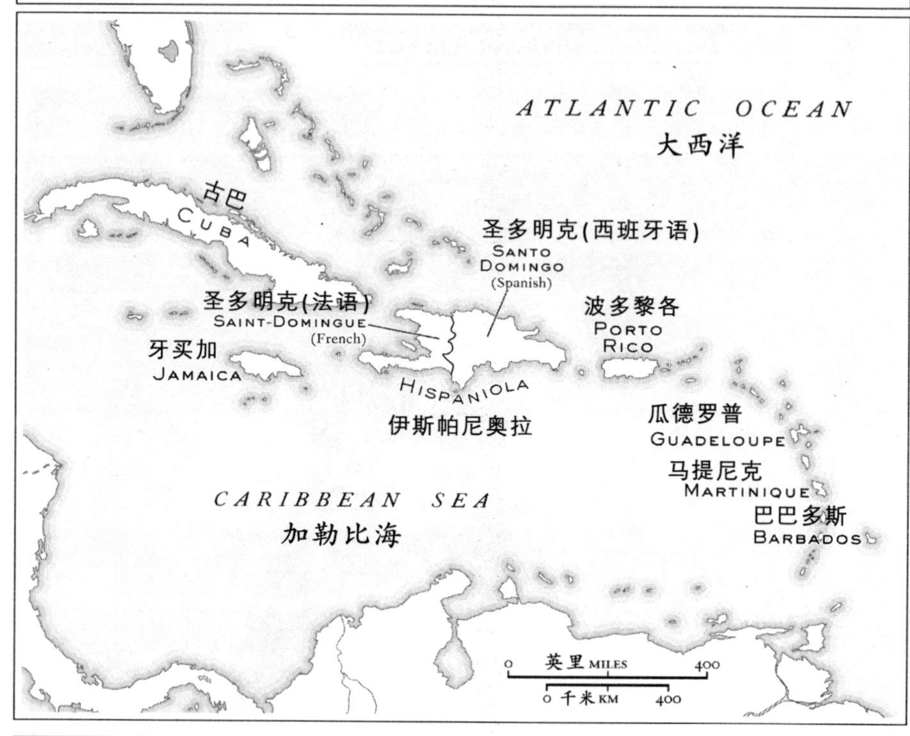


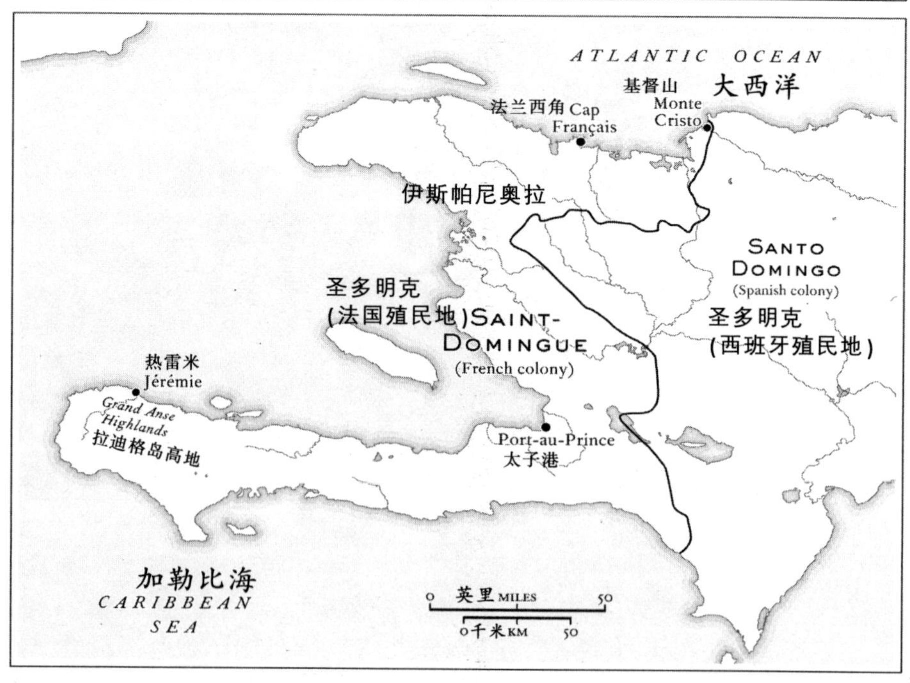

# 第一章
# 糖厂

1714年2月26日，亚历山大·仲马将军的父亲——亚历山大–安托万·戴维·佩勒特里出生于法国诺曼，该省地处法国西北海岸，在高高的白垩质峭壁之上有大片绵延的奶牛场。据一张书写潦草的小纸片记载，他当年受洗时“没有仪式，由于身子太弱，只能在家从简完成”，可见当时他病得很厉害，根本不能抱去当地教堂受洗。他是家族的长子，尽管这个古老家族拥有一座城堡，现金却少得可怜，家族成员也大多闲散放纵，不过在这方面，安托万后来超过了家族里所有人。

小安托万活了下来。第二年，时人尊称“太阳王”、在位执政72年之久的法国国王路易十四辞世。临终前，路易十四对他五岁的重孙路易十五说道：“我酷爱战争，不要学我这一点，也不要学我挥霍的毛病。”五岁的路易十五应该很认真地点了头。但是，他的统治却因无度的挥霍和穷兵黩武组成的怪圈著称，不仅让他本人面上无光，也给法国君主制度抹了黑。

不过君主挥霍好战的陋习并未让法国停滞不前。事实上，这个“伟大的国家”即将迎来一个哲学家的时代，启蒙运动以及其他的一切纷至沓来。法国即将因进入现代而撼动世界。但在这之前，法国人需要钱，一大笔钱。

诺曼不可能找到大钱，佩勒特里城堡更不可能。佩勒特里家族的盾形徽章背景为天蓝色，其上三只金雕簇拥着一只金戒指，看起来高贵威严，却没有多大意义。佩勒特里家族虽说是省里的贵族，却空享旧时荣耀而无金钱实力。如不工作，家族的财产不足以维系他们的浮华生活，甚至一代人都难。

不过，贵族头衔仍要代代相传。作为长子，安托万继承了“侯爵”的头衔以及贝勒维拉的家族地产。其他继承人依次是他的两个弟弟——1716 年出生的查尔斯·安妮·爱德华和 1718 年出生的路易·弗朗索瓦·特雷泽。

面对诺曼有限的前景，三兄弟决定参军寻求出路，当时法国的贵族子弟 12 岁起就可以应召入伍。安托万加入了皇家炮兵部队，一支很有前途的部队，16 岁已被擢升为少尉。两个弟弟紧随其后，成为了下级军官。1734 年，法国参加了波兰王位继承战争，18 世纪欧洲各王朝间经常由于利益冲突而爆发战争。这场王位继承战争背后，是欧洲大陆上争夺统治权的两大传统势力——统治法国的波旁王朝与统治奥地利的哈布斯堡王朝。（英国不久后将扮演更重要的角色，特别是在公海和新大陆。）

加入皇家炮兵部队后，安托万在前线担任国王那位潇洒又极其富有的表哥康帝亲王的近卫，参加了 1734 年的菲利普斯堡战役。这场战役被卡尔·克劳塞维茨记入了军事年鉴，在《战争论》一书中评价它是“构筑要塞的完美反面教材，好似一个用鼻子抵墙而立的傻子。”[①]当时，伏尔泰为躲避皇室追捕，也逃到了菲利普斯堡，靠做战区劳军服务维持生计，停火歇战时为军人们端上白兰地，献上颂歌。

最值得一提的是，安托万在菲利普斯堡服役期间曾作为里克森亲王与黎塞留公爵决斗的见证人。这起有名的决斗发生在康帝亲王的生

① 此句话意为不能将堡垒濒河而筑，而应择远而建。菲利普斯堡要塞构筑在河流附近，无疑为敌方提供了便利的进攻条件。

日聚会后，里克森亲王嘲笑黎塞留家族为暴发户，这让黎塞留公爵极为恼怒。公爵的曾叔父曾是红衣主教（后来大仲马在《三个火枪手》中塑造了他翘八字胡的不朽大反派形象），路易十三时代的法国首相，著名的政治活动家。他对内恢复和强化专制王权，对外谋求法国的霸主地位。但即使有这样的成就，黎塞留家族仍不入里克森亲王的法眼，而自家表妹嫁给了黎塞留公爵更让他觉得面上无光。

午夜时分，这对著名的姻亲来到了用餐帐篷和战壕之间的决斗场。借着随从们手中提灯的微光，他们斗在了一处。起初，里克森亲王略占上风，刺伤了黎塞留公爵的大腿。两人毫不相让，寒光闪烁，战壕上下斗个不休，随从们将手中提灯换成了火把。亲王再施奇招，刺伤了公爵的肩部。正在这时，敌军的流弹照亮了决斗场，一名随从中弹身亡。

黎塞留公爵趁机奋起反击，将佩剑刺入了亲王的胸膛。当时人们认为亲王之死是因果循环、命该如此。不久前在同样由言语不和而招致的另外一起决斗中，里克森亲王杀死了自己夫人的叔叔里格内维尔侯爵。在18世纪的决斗场上，这种误伤致死的案例并不少见。

1738年，波兰王位继承战争结束，安托万选择退役，并离开欧洲。安托万在菲利普斯堡服役期间，弟弟查尔斯调入了殖民军团，前往西印度群岛伊斯帕尼奥拉岛上的法属圣多明克殖民地。这是一个美差。

糖料种植在18世纪大受追捧，圣多明克是法兰西王国西部荒原殖民地的边境地带，穷困的贵族家庭子弟可以在这里发家致富。查尔斯被派驻到此地时年仅16岁，22岁时他遇到了挚爱玛丽–安妮·都菲。都菲家族在富庶的殖民地东北海岸拥有一大片糖料种植园。安托万决定前往圣多明克。

由于现代饮食习惯，糖在人们日常生活中极为常见，并被贴上了各种廉价和不健康的标签，在过去情况却大为不同。在西印度群岛被殖民的18世纪，糖极其稀少而珍贵，被公认为是有益于身体健康的物质。医生纷纷把糖作为医治百病的良药，无论心脏病、头痛、肺痨，还是产痛、精神错乱、老年病，甚至是失明，开处方时都会加上糖片。法语中有句谚语，“像无糖可用的药剂师一样”，用来形容一个人陷入绝望的境地。圣多明克当时是世界上最大的生产神奇药品——糖的制药工厂。

1493年，哥伦布在第二次航行时将甘蔗带到了伊斯帕尼奥拉岛——欧洲在新世界的第一个殖民地。西班牙和葡萄牙最先在欧洲种植甘蔗，当开始探索新大陆时，最先“发现”的北非附近岛屿非常适合种植甘蔗。伊比利亚探险家们沿非洲海岸线继续南下——葡萄牙人绕过非洲之角到达了东亚，而西班牙人一路向西发现了美洲——不管是葡萄牙还是西班牙，始终坚持两大目标：寻找贵金属和种植甘蔗。（对了，还有传播“上帝”这个词。）

西班牙在伊斯帕尼奥拉岛东侧建立了殖民地，将其命名为圣多明克；后来，殖民地逐渐扩张至岛屿东部的三分之二，大致相当于现在多米尼加共和国的版图。（当地土著居民把整个岛屿叫做“海地”。）西班牙从西非附近的加那利群岛带来了大批工人，建造了制糖需要的精榨机、锅炉、磨坊，而后又带来了最关键的部分：非洲奴隶。

自古以来，奴隶制就存在。希腊各城邦的民主政体是少数精英的民主，其他大多数人，少说也有三分之一的人口都是奴隶。亚里士多德认为民主存在的前提就是奴隶制，奴隶制可保证公民们有时间去追求更高层面的事物。（这个观点的现代版本是，美国的民主诞生于弗吉尼亚州庄园的奴隶制，因为奴隶制的存在，华盛顿和杰斐逊等人才有足够的时间来不断完善自己，并参与代议政府。）在希腊和罗马，战俘、野蛮人或出身不够幸运的人会沦为奴隶。古代的奴隶可以为自己或后代赎买自由，而后可以逐渐融入自由人阶层，不会给子孙留下任何与奴隶相关的记号。在古代，尽管一直存在奴隶制，但在任何方面都跟“种族”没有联系。

到 15 世纪中叶，被运到欧洲的奴隶几乎都是斯拉夫人（Slav）。“奴隶”这个词就衍生于此。“斯拉夫市场”在欧洲很常见。从都柏林到马赛，到处可见这种买卖白人奴隶的斯拉夫市场。15 世纪后期，白人奴隶主要被送到地中海收割制糖原料——甘蔗。

伊斯兰教的兴起导致了奴隶制的大规模发展，阿拉伯征服军将任何非伊斯兰教信徒都变为了奴隶。阿拉伯奴隶贩子在北方袭击欧洲船只抓来白人奴隶，同时从撒哈拉以南王国购买黑人奴隶。随着时间的推移，穆斯林奴隶交易市场逐渐以买卖非洲黑人为主。然而，人种与奴隶身份之间仍未产生必然联系。当奥斯曼人占领君士坦丁堡时，同时也把欧洲的白人奴隶带到了中东。

欧洲在非洲大规模寻求奴隶始于葡萄牙在非洲沿海岛屿建立了新的糖料帝国。随着成千上万的黑人奴隶被买来收割甘蔗，对黑人奴隶的原有观念逐渐演变为了恶毒的种族主义歧视。此时，欧洲人开始认为黑人天生注定为奴，原本就已由上帝赐予了他们为奴的一生。

起初葡萄牙人贩运黑奴到马德拉群岛砍伐甘蔗是因为马德拉岛距离北非海岸线很近，而穆斯林奴隶商人碰巧做的是黑奴生意。当沿着几内亚海岸南下时，他们发现非洲各部落非常愿意将黑奴直接卖给他们，并不觉得把黑人兄弟卖给白人有什么问题。当时，非洲人眼中只有部落和王国，根本没有种族的概念。以前，他们将战俘卖给其他非洲人或阿拉伯人。现在，他们将战俘卖给白人。（非洲的部落和王国，同样拥有数百万奴隶。）随着时间的推移，非洲人了解到贩运途中和美洲殖民大陆上黑奴们的凄惨遭遇，但他们仍旧源源不断地捕捉更多法国人口中的“乌木”贩卖给白人。他们毫不留情，无视道德，仅仅将之视为一种贸易。

西班牙人最先在美洲大陆上发展沾满黑奴血泪的制糖业，但很快就转投他行。在把糖料作物、制糖技术和奴隶引入圣多明克后，西班牙人觉得淘金业更加有利可图。他们逐渐迁移至墨西哥和其他南美地区寻找贵金属，圣多明克也因此逐渐萧条起来，直到200年后，法国人的到来才使它重新热闹起来。

到18世纪中下叶，位于伊斯帕尼奥拉岛西部的圣多明克（现在的海地）已发展成为世界上最大的糖料出口地，其白砂糖的产量比英属西印度所有群岛的总产量还要多，约占法国海外贸易额的三分之二。每天有数千艘船只出入太子港和海地角，驶往南特、波尔多和纽约。英国取得英法七年战争胜利后，选择占有法国大片北美殖民地，而将瓜德罗普和马提尼克两座出产糖料的小岛还给了法国，无意间帮了对手一个大忙。

圣多明克当时是世界上最具价值的殖民地，惊人财富的背后却是骇人的暴行。“西印度群岛之明珠”是地狱般的大工厂，奴隶们每天从日出到日落辛苦劳作，悲惨程度堪比20世纪法西斯集中营。三分之一的奴隶在种植园仅劳作几年就命丧黄泉。秩序依靠暴力和恐惧维持。做活太慢、偷吃一块糖果或偷抿一口朗姆酒，都会遭受严厉处罚，逃跑更是大罪，工头想方设法地折磨、调教犯奴。在这里，野蛮的施虐方式屡见不鲜：鞭刑、滴蜡，往胳膊、肩膀或头上浇沸糖水、撒热灰或盐，对付硬骨头的奴隶方法层出不穷。与昂贵的糖料作物相比，奴隶的性命不值一钱。即使军中的奴隶，也常常食不果腹，因饥饿而死。为了防止偷食甘蔗，种植园主甚至会将加热后的铁皮面具焊在奴隶们的脸上。

一个奴隶在种植园主那里只有10年至15年的价值，油尽灯枯后，马上会有新的奴隶来替代。除营养不良外，对于一天工作18小时的奴隶们来说，毒虫和疾病会轻而易举夺去他们的生命。一个世纪后，美国棉花王国对奴隶的压榨程度根本无法与18世纪的圣多明克相提并论。尽管北美的工头也绝非慈善家，但他们却并不会买了新的奴隶就刻意将原来衰弱的奴隶凌虐至死。法国的糖料种植园简直就是坟场。

凡尔赛宫一向热衷于法律和条例，法国理所当然地成为第一个颁布殖民地奴隶法案的国家。1685 年，法国国王路易十四颁布了一则法令，这改变了奴隶制和种族关系的历史。

《黑人法典》。法令名字本身就限定了奴隶的范围。法令中逐条详细列举了白人奴隶主对其拥有的黑人奴隶所享有的权利，支持判处偷盗、逃跑的奴隶死刑，并明确规定未经奴隶主许可，奴隶无权结婚或将财物赠予亲属。

但是法国殖民地这一创新之举，即《黑人法典》的颁布，却带来了意想不到的结果。如果有相关法令来规范奴隶制，那么在某些情况下，奴隶主也有可能会触犯法令。从理论上讲，在宣布白人奴隶主拥有种种权利的同时，《黑人法典》也从某种程度上限制了他们的权利，并给了黑奴更多的机会脱离奴隶主的掌控。法令本身存在很多漏洞，其中之一就是有关奴隶主与奴隶之间的性关系以及由此关系产生的后代。

查尔斯·戴维·佩勒特里以贵族惯有的联姻方式在圣多明克定居下来，成为了一名种植园主。他与玛丽–安妮·都菲的婚姻给他带来了种植园的一半产权。都菲家族在海地角东北平原地带有大片的种植园，非常适宜种植甘蔗，而海地角当时是殖民地最繁忙的港口。他的岳母持有另外一半产权，期待着查尔斯能够管理并扩大家业。

在大多数产业局限于小规模家庭作业的时代背景下，糖料种植园算得上巨大的产业，投入大且要求高：甘蔗的成熟要看具体情况，通常需要 9 个月到 18 个月不等，成熟后必须及时收割，否则就会失水干瘪。砍下的甘蔗必须立即运到磨坊，在发霉变质前，捣碎榨汁。榨好的甘蔗汁需在24小时内煮沸，去掉杂质后，继续熬煮。冷却凝固后，就制成了糖浆。继续加工，糖浆颜色会变浅，糖度更纯，形成了蜂蜜状金黄色液体。再继续加工，就制成了欧洲风靡一时的白砂糖。种植园主除了要购买上百名奴隶在田间作业外，还要找几十个熟悉蒸煮和精炼工艺的奴隶制作白糖。整个生产过程必须流水作业，收割、压榨、精炼、包装，任何环节都不能落下。

当时，糖料种植园是法国显赫人家的专属品，只有富裕的贵族或是大资本家才能拿得出大笔资金，请得起专业的管理人员。圣多明克最大的糖料种植园仅从事农耕的奴隶就有几百名。此外，磨坊、蒸煮房、烘烤房、酿造房、储糖仓库等等，都需要同时建好。

如果不是这桩有利的婚姻，查尔斯可能只能种种烟草、咖啡或槐蓝，远没有糖料种植的利润那么高。殖民地多数小种植园都以此维持生计，园主为白黑混血人或者重获自由的黑人。

查尔斯结婚几个月后，哥哥安托万前来投奔。安托万从勒阿弗尔港乘船出发，历经六周时间抵达太子港，而后骑了一天马到达此地。安托万表示只想暂住一下，不过这一住就是十年。

18世纪，法国贵族对工作有两种不同的理解。老观念认为任何形式的经商都是自降身份，新观念却觉得法国贵族应该通过经商来积累财富，但与英殖民地贵族不同的是，法国贵族绝对不能接受从事体力劳动。圣多明克的奴隶经济非常符合法国贵族们的诉求，既可以赚钱养家，又不用自降身份从事体力劳动。

显而易见，查尔斯是当代贵族自我发展的完美教材，娶了位富家小姐，想方设法扩大家业。与哥哥安托万不同，查尔斯热衷名利，积极敛财，并对奴隶要求严苛。通过几年的经营，他成功买下了岳母手中种植园的另外一半产权。他的财富使佩勒特里家族在诺曼底的产业相形见绌，给父母老侯爵和侯爵夫人寄的钱足够他们维持奢华的生活。老侯爵曾请来公证人，立下遗嘱，委托公证人在他百年后用地产将查尔斯所寄的钱如数返还。

安托万与弟弟不同，他选择维持贵族原有的生活，懒散而惬意，不愿从事生产性工作。他打算投奔弟弟，在圣多明克一直寄居下去。

“圣多明克的生活本身并不可怕，可怕的是我们的恶习和无穷尽的苦恼。”一位曾在圣多明克生活了11年的法国年轻人写道。在这片盛产糖料的殖民地，目之所及，到处都是危险的“过度娱乐”，他甚至觉得自己能够活下来已经非常幸运。他认为，当地的气候和对于利润的狂热，导致了殖民者们“暴力和暴躁”的共性。“困境和重压之下，殖民者们逐渐养成了种种恶习。这里，生命非常脆弱，死神随时降临。”

一个克利奥尔[①]年轻人的母亲抱怨她儿子“只知寻欢作乐，生活奢靡放荡。养了好多黑人姘头，甚至让她们去打理种植园”。在圣多明克，白人豢养黑人性奴的情况非常普遍。德国温普芬男爵在他的《圣多明克旅记》中写道，黑白种族之间的结合比比皆是，圈内德高望重的人对此也大多默许。男爵提到了教区的一位牧师，称他与黑人性奴所生的混血儿们“为增加牧师住宅区的人数做出了贡献”；牧师解释说性欲不是唯一的原因，他确实想借此增加信徒的数量。

法国统治者曾试图制止这种行为。在最早颁布的殖民地刑法典中，颁发于1664年，明令禁止“殖民地奴隶主与女黑奴通奸，违者初犯判20下鞭刑，再犯判40下鞭刑，第三次判50下鞭刑并在面颊上烙印”。但是逐渐增多的白黑混血儿，足以证明法律根本不起作用。

① 与现在不同的是，18世纪的“克里奥尔人”指的是不在欧洲而在殖民地出生或主要在殖民地长大的白种人。我们现在所说的“克里奥尔人”是指“种族混血儿”——有部分非洲人、欧洲人、印第安人或美洲原住民血统的人，18世纪也被称之为“有色人种”。

法国统治者反对圣多明克不同种族之间结合，主要是担心会危及白人的尊贵地位。温普芬男爵惋惜道，“殖民地奴隶主和奴隶之间的亲密关系”带来的“最大危害”莫过于改变了“从属关系的第一原则——对主人的尊敬”。不同种族之间的结合，必然引起狭隘种族观念的淡化。他解释道：“原本殖民者与女黑奴一起劳作也会感到耻辱，现在即使生活在一起也不觉得难堪。密切的关系必将带来平等的地位，种族偏见也将不复存在。”

没过多久，佩勒特里兄弟的关系出现裂痕。勤劳虔诚的查尔斯不愿继续供养游手好闲的哥哥，后者利用他的热情好客，不仅豢养了黑人性奴，而且竟将种植园视为佩勒特里家族在圣多明克的产业。

而安托万一定也对自己的弟弟心生不满。他们的父亲佩勒特里老公爵给查尔斯写了一张用地产作为抵押的欠条，而安托万作为长子，名下却只有1000里弗，他定然觉得面上无光。

1748年的一天，兄弟俩的争吵再次升级。多年后，一位皇家检察官形容道，查尔斯“极富荣誉感和同情心……坦白地说，他使用的手段略微有点暴力……如果奏效的话，可能会导致安托万的死亡”。（当然，这名检察官当时是兼差受雇于查尔斯家的人，难免会轻描淡写地作出推断。）

尽管安托万也曾是名军人，有一定的自保能力，但在这片种植园里，查尔斯掌握着生杀大权。他有没有派人鞭打哥哥，有没有像对奴隶一样对哥哥使用酷刑？安托万与黑奴的关系，有没有触怒查尔斯把他也判为一名奴隶？

当时究竟发生了什么，我们不得而知，但却严重到让兄弟二人从此反目成仇，用调查律师的话说是彻底“决裂”。当晚，安托万就离开了查尔斯的种植园，消失在了森林中，一同消失的还有三名黑奴——罗德里格、丘比特以及他的新欢卡坦。此后30年，他一直杳无音信。

第二章

# 《黑人法典》

查尔斯曾派人骑马追捕哥哥安托万和三名黑奴，也曾亲自参与追捕，甚至派了船队对沿海地带进行地毯式搜索。“查尔斯·爱德华搜遍了美洲群岛的法属领地，”一份法律文书中记载道，“但徒劳无功。”当时在圣多明克，一旦奴隶逃出了种植园的范围，就很难将其抓回，岛上广袤的荒原是他们最好的避难所。

但与其他案例不同的是，三名黑奴是与一名出身名门的白人一同逃离。有头有脸的种植园主那游手好闲的哥哥，跟三名黑奴逃走了，这一奇闻在圣多明克引起了轩然大波。最让圣多明克当局头疼的是，逃亡的奴隶经常会加入逃亡人团体，这些团体多处于圣多明克的山区和荒僻海湾，由逃亡黑奴及其后代组建，完全不受白人社会的管控。与现在的海地完全不同的是，当时圣多明克草木繁茂，抓捕逃亡的黑奴极其不易，逃亡人团体也逐渐壮大起来。逃亡人的营地多位于崎岖山地，有时会袭击邻近市镇和种植园，皇家骑警却睁一只眼闭一只眼，更愿意与逃亡人达成和平条约，因为抓捕逃亡人不仅既费人力又耗物力，而且常常劳而无功。逃亡人团体也接纳逃亡的白种人加入。

查尔斯不得不怀疑他的哥哥也加入了逃亡人团体。如果他逃到了某个市镇或种植园，查尔斯和当局派出的人马不可能到现在都找不到他。安托万有没有坐船逃往马提尼克、瓜德罗普或是类似牙买加的英属殖民地？安托万没有留下任何线索，所有的一切都不得而知。

1757年，查尔斯和安托万的母亲去世；1758年，他们的父亲佩勒特里侯爵在圣诞节去世。一位法国税务官员曾试图寻访作为家族继承人的长子安托万的下落，最终不得不放弃。他写道："他住在哪里、在做什么、是否结婚，都无从知晓。传闻说他去了国外，但无从考证。"在另外一份报告中，这位税务官员写道，有人说安托万"在马提尼克娶了位富有的太太"；也有人说安托万已经不在人世。

然而，安托万并没有死，也没有去马提尼克或是逃亡人营地。他带着罗德里格、丘比特和卡坦穿过了逃亡人营地，翻越了分隔圣多明克中部和西南部半岛2000多米高的原始山脉，历经几周跋涉，最终到达了"大湾"高地。

如果将圣多明克比作西部荒野的话，那么大湾高地则是荒中之荒。高地四面环山，交通极为不便，人们通常选择水路而不是陆路与外界联系，但军事地形非常优越，易守难攻。两位著名的奴隶领袖就是在此率众揭竿而起，最终打败了法国殖民者。这里的种植园主多为白黑混血儿或重获自由的黑奴。没有人对别人的过去问东问西，这里是一处绝佳的藏身之地。

大湾高地不适合种植糖料作物，但富含矿物质的红色土壤却非常适合种植圣多明克的第二大经济作物——咖啡。（如同糖料，到18世纪80年代时，圣多明克成为了世界上第一大咖啡出产地。）与糖料种植者不同，咖啡种植者不会迅速致富，但同时也不需要大笔启动资金。几个奴隶便可以管理山坡上的一个小型咖啡种植园，工作节奏与糖料种植园截然不同。在这里，悉心管理几阿邦（法国旧制面积单位，约合20平方米）的咖啡种植地，就足以温饱。

安托万在人烟稀少的耶利米教区定居下来，这个教区当时只有2643名住民：2147名黑奴、109名获得自由的有色人（黑人或是混血儿）及387名白人。教区的名字以《圣经·耶利米哀歌》中的先知耶利米来命名。附近有个名为查阿尔捧的小村庄，只有15栋建筑，包括一个台球厅和一座私人墓地。教区中只有一个社区可以算作市镇：1756年正式成立的耶利米港口市镇，18世纪七八十年代随着教区的发展而变得日渐重要。

高地居民以种植咖啡为生，同时也种些其他的作物——糖料、棉花、槐蓝、可可及木材。这里气候温和，雨季偏长，从4月一直延续到10月，但不必像岛上其他地方那样饱受飓风之苦。高地盛产香蕉、车前草、甜瓜和甜土豆，而蝎子、狼蛛等毒虫比较罕见。一米长的巨型蜥蜴随处可见，但无害，不过蚊子、苍蝇、蚂蚁、蚜虫等难对付的虫子却让人不堪其扰，而且大老鼠四处乱窜，尽管有人养来做宠物。水牛和奶牛的杂交牛在山间游荡，人类必须与野猪、野牛、野狗、野猫、野猴子等各种凶猛的野兽共享资源。在安托万刚到时，甚至有报道称一些殖民者从北非弄来了几匹骆驼，让当地马匹受到了不小的惊吓。

高地上有一个特殊的群体——海盗，他们曾以抓捕、买卖当年西班牙殖民者遗留下来的家畜、宠物为生，后来发展成海盗后，经常袭击西班牙殖民者的驻地。法国人之所以能顺利从西班牙人手中抢过这片土地，从某种意义上讲，也有海盗的功劳，因为西班牙人不想再与海盗打交道。法国人曾试图将之彻底消灭，但直至安托万到来时，高地上仍有海盗出没。在不追猎动物时，海盗们会到盐矿工作或是驾驶小船游荡于海岸线上。不管是这些高地原住民，还是其他来自中低阶层的白人移民，都与安托万在圣多明克中部平原接触的糖料大王们、商人们和王室官僚们有着天壤之别。自1749年安托万在拉昆奴德建起咖啡种植园那刻起，他们成为了安托万的新邻居。

⟶⟵

为了躲避家族和世人的追寻，安托万隐姓埋名，种起了咖啡和可可，并自称为“安托万·代利勒”，意为岛民安托万。

直至多年后，查尔斯的女婿聘请的法国调查员才查明了他当年的行踪和曾用的别名，但当时安托万早已离开人世。“安托万先生刚定居此地时可谓顺风顺水。”这位调查员记载道：

> 但咖啡种植园的产值并不尽如人意，再加上身边没有得力的助手，好运气不再眷顾他了。他跟卡坦有没有过孩子，我们难以查明。但后来卡坦年纪大了，他便决定让她自由生活，并未按照当时的条例限制她的自由。重获自由后，卡坦跟年迈的前检察官格拉夫特爵士一起，住在距离耶利米约3千米的海边。

这位调查员声称安托万“至少有四个白黑混血的孩子”。据当时文件记载，这些孩子并不是卡坦所生，而是一位被安托万“高价”买来的黑人或白黑混血人所生。

她名为玛丽·盖塞特，1762年3月25日，她为安托万再添一子，取名托马斯·亚历山大。

⟶⟵

“我的父亲出生在岛上海湾边最风景壮丽的地方，那里空气清新澄澈，据说绝对没有有毒爬行动物。”无疑，大仲马把父亲的出生地描述得过于浪漫。然而，令人难以置信的是，尽管殖民地的统治出了名地惨绝人寰，但对于一个在1762年出生、有一半奴隶血统的白黑混血儿来说，圣多明克却是最适合居住的地方。虽然法兰西殖民帝国的《黑人法典》不能有效保护黑奴免遭虐待，但却为混血儿们提供了某种保护或者说是某种机遇。

法典的第九条条例如下：

> 如经奴隶主同意，自由人与奴隶结合生子，则该自由人与该奴隶主都将被处以2000磅糖的罚款；如奴隶主与所拥有的奴隶结合生子，除上述罚款外，该奴隶与其所生子女将被充公为医院财产，且不得重获自由。

但同时也阐释了不适用的情形：

> 然而，如奴隶主与奴隶结合时尚未婚配，并同意遵守教会法律与该奴隶结婚，则不适用上述条款；在此情形下，该奴隶将获自由，其子女也将获得自由并为合法婚生子。

从某种意义上说，第九条条例的制定是为了遏制殖民地日渐蔓延的非法结合之风，殖民者们经常将殖民地描述为淫荡、诱惑和非法结合之地，是“放荡铸就的帝国”。这一条例所规定的合法化情形，其影响深远而又难测。固然，合法化会使自由混血人种阶层更加壮大，而此前这一阶层在十三个殖民地虽存在却并不多见，但合法化的重大影响在于这一阶层的社会流动性和迅速膨胀的财富。当时在殖民地，种族决定了一个人的命运，但合法化却使得这些有色人种获得了一系列的权利：享受法律的公平对待，有权向政府请愿，有权继承财产①。对自由混血女性来说，更是有了前所未有的优待：

① 另一悖论：同年，路易十四废除了南特敕令，将新教徒尽数驱逐出境，《黑人法典》与法国宗教和种族法规密切相关。它规定所有法国奴隶必须受洗，并加入罗马天主教；同时规定了反犹太主义的条款，责令殖民地官员应“驱逐在法属殖民岛屿定居的所有犹太人”，禁止任何人——不管是奴隶主还是奴隶——信奉除天主教以外的宗教。

她们可以拥有商店、产业和种植园；可以出入剧院；穿戴巴黎最新时尚用品。与此同时，周围的女黑奴或是同为混血的女奴却无法像男奴那样做些技术性的手工活，只能去做比男人干的还要脏还要累的粗活，常常有人难以承受而丧命。《黑人法典》让一个人的命运在瞬间改变，尤其是女人的命运，是锦衣玉食还是凄惨暗淡只在一瞬间。

路易十四于1685年颁布了此条法令。在佩勒特里兄弟踏上这片土地时，对查尔斯来说，娶位富有的白黑混血儿为妻、成为种植园主也不是不可能。到18世纪30年代时，有很多自由混血女性拥有大笔财产和大片土地。一代人之后，总体上来看，岛上的自由混血女性比白人女性更为富有。有殖民地官员指出，越来越多初到殖民地的白人男性选择娶位富有的白黑混血女性为妻来改变自己的命运，因为殖民地的克利奥尔白人女性不仅非常稀少，而且通常她们不那么富有。

更多限制“与奴隶非法结合”的法律相继问世，政府试图限制跨种族结合、减少混血儿的数量。1713年颁布的条例在序文中斥责某些奴隶主“不曾隐瞒自己的这种堕落，反而引以为豪……公然把黑人姬妾们和她们所生的孩子带回家，仿佛这些孩子是合法婚生子一样”。

同样，这也是有色人种社会流动的一种方式。但与正式婚姻不同，在这种关系中，同居的白人丈夫有时会背信或将“妻子”视作奴隶享有其免费劳动，甚至有选择地使某些子女成为自由人。安托万和最受他宠爱的儿子就属最后一种情况。

与之前规范管理奴隶行为的细则类似，《黑人法典》针对婚姻的相关规定在当时环境下根本无法执行。奴隶主的意愿在圣多明克享有终极权威，在奴隶与奴隶主的从属关系中，一切性行为都属于强奸。但《黑人法典》颁布后，越来越多的奴隶主通过非官方的、事实上的解放，赋予黑奴情妇和混血子女自由，一个名为“事实自由人”的阶层及其所处的环境由此产生。某些无情的种植园主可能只把浅肤色的混血子女带回家抚养，而其余的仍跟母亲一样为奴，尽管这样做在法律层面行不通。虽然孩子可以享有做自由人的权利，孩子的母亲却可能终身难以摆脱奴隶的身份，因为按照法律规定，须支付高额的解放税费，才能获取她的自由。

尽管大仲马坚信祖父安托万和祖母玛丽·盖塞特为合法夫妇，但却没有证据能证明两人曾正式结婚。事实上，一个想方设法不引人注意的“岛民安托万”跟一个奴隶正式结婚的可能性简直微乎其微，因为这样极易引起世人的关注。跟本传记中的其他疑团不同，后人始终没有找到任何相关记录，或许这桩婚姻根本是子虚乌有。小说家大仲马当年曾投入大量人力物力查找能够证明自己合法身份的资料，却最终一无所获。

---

托马斯·亚历山大人生的第一个十二年是在西方世界的白黑混血儿非官方首都——耶利米港口市镇度过的，这是一个不公与进步极度凸显的地方。

托马斯·亚历山大出生时，耶利米港口市镇建成还不到十年，整个市镇粗糙简陋，只有几家不起眼的酒馆和台球厅，连一座典型的教堂或是一栋体面的政府建筑都没有。殖民地官员、检察官和当地海事法院一同挤在一栋住宅改建的小楼里。天主教教区也租用一处私人住宅处理教区事务，与皇家火药杂志社共享办公地点。

虽然决斗是那个年代展现男子气概的重要方式，但小托马斯·亚历山大对于暴力的初印象更有可能来自市镇里的台球厅、酒馆和妓院。卖淫、斗鸡、酒精、鸦片，市镇里随处可见，却没有一位市镇官员能去或是敢去管制一下。市镇上没有安全的饮用水，酒馆生意火爆——饮用市镇上任何一口井里的水，如伟大的记录者莫罗·圣梅里所说，是“勇敢的行为”。18世纪60年代，政府曾允诺在上城区域修建一口公共泉井，但直至30年后，输送管道仍在从太子港运来的路上。

不过，耶利米地处俯瞰海湾的山顶上，地形极其易守难攻，至少敌人的攻击不足为患。如有外敌来犯，陆上进攻几乎不太可能，只能从海上登陆后通过陡峭的山路发起进攻。

从市镇城堡上，小男孩看到了海水的颜色变幻。在载满咖啡的帆船划破地平线时，海水逐渐由灰白金属色变为了蓝绿色。他会在上城区域闲逛，那里三面被榆树围绕，余下的一面面向大海，市镇的市场位于此处，商贩、农民甚至是奴隶，都可以在此设摊卖货。装着骡子、驴和山羊的马车每日在市镇里穿梭不停。天气干燥时，马车驶过，尘土飞扬；雨季里，路上则长期积水，泥浆四溢。骑马的绅士们总是会从马上跳下来，把衣着华美的太太、小姐抱下马车，而奴隶们只能涉过齐膝的泥浆艰难而行。下城区域有一条长长的街道，街道两旁是各类店铺——皮革铺、酿酒铺、制陶铺、马鞍店、车匠铺、木匠铺和铁匠铺等，店铺主人既有白人，也有有色自由人。街上还有专门买卖奴隶的“奴隶棚”。

耶利米曾是殖民地经济最不发达的教区之一，因而上升空间也很大。自托马斯·亚历山大出生以来，耶利米教区的经济形势逐渐改善。到18世纪80年代初，其经济增长速度超过了圣多明克的其他教区，甚至超过了盛产糖料的北部平原地区。这应归功于全球咖啡价格的上涨（如果安托万能有点管理技能的话，势必可以获得更大的收益）。港湾里停满了大大小小的货船，装载着价格日涨的货物运往欧洲市场。一时间，咖啡价格不断上涨，糖料价格却持续下跌，越来越多的法国本土人和圣多明克其他地区的人接踵而来，让高地种植园主们的身价倍涨。

缺乏管理经验的安托万没能趁着咖啡热潮大赚一笔，当地警力的加强想必更让他坐立不安。皇家骑警扩大了在当地的卫戍区，并将驻军总部设在了耶利米，表面上是为了打击逃亡人和海盗，但显然也是为了加强这一地带的政府影响力。这些新出现的骑士一定给小托马斯·亚历山大留下了深刻印象，他们身着白色制服，制服上镶有金色锦缎和百合花图案。他们的脸也是黑的，甚至比小亚历山大的还要黑。

耶利米的骑警指挥官是名白人，但其副手是个黑白混血儿。军团里还有四位被称为骑射手的自由黑人。传统的弓和箭此时已被火枪和步枪取代，这四位黑人骑射手有权与其他白人骑射手一样，佩戴任何武器，代表国家维护当地治安。①

对小亚历山大——一个奴隶和贵族的儿子来说，更重要的是耶利米逐渐发展成为混血种族文化圣地。有色自由人尽可能地与黑人奴隶和白人穷鬼划清界限，他们跟白人殖民者一样，学习跳舞、骑马与击剑，甚至比白人殖民者还要讲究、还要势利。随着咖啡小镇的繁荣，小姐太太们赶起了时髦，开始模仿巴黎范，甚至一晚上要换几身礼服，尽管这里的时尚通常要比巴黎的滞后几个月。舞会之夜，女主人们一个个铆足劲头，力图自家舞会能在想象力和豪华程度上超过对手。一位优雅的混血女士会在同一晚上参加几场不同的舞会，且每场都有不同的着装要求。“第一场舞会，”莫罗·圣梅里记录道，“受邀者必须身着塔夫绸衣饰才能入场；第二场舞会则可能是棉布；第三场就会是麻布。”

庆生、婚嫁、国王路易十六和王后玛丽–安托瓦内特的生日都成为新兴混血贵族们举办舞会的主题。女主人们用华丽的印度丝绸和

---

① 后来，在抓捕逃亡奴隶时，有色人种的作用日益突出，最终导致了白黑混血人与黑人关系恶化破裂；时至今日，耶利米港口仍与海地其他地方相对隔绝，这不仅是地理距离所造成的，殖民时代遗留下来的白黑混血人与黑人对立关系等问题也是导致耶利米无法很好融入现代海地文化的重要原因。

精美的珠宝首饰装扮自己。一时间，白人贵妇们和黑人贵妇们间的舞会之争演变成了一场事关荣辱的时尚战争。据莫罗记录，有色人种贵妇几乎总能获胜。她们尽其所能增长学识，通过欣赏歌剧和戏剧陶冶情操。

圣多明克和其他法属殖民地之所以能够成为新世界的文化中心，应归功于混血社会阶层的兴起，在这些新兴文化中心，表演艺术更是大放异彩。1764 年至 1791 年近 30 年间，圣多明克有 3000 部戏剧作品登台演出。歌剧、即兴喜剧和克利奥尔版的莫里哀作品大受欢迎。当时，英属北美殖民地多在改建的法庭和仓库搭台表演，而圣多明克等出口糖料的法属殖民地却专门修建了大量奢华的剧院和歌剧院。起初，表演者主要来自法国、意大利、英国和俄罗斯等地，后来越来越多的当地黑人和混血儿们参与芭蕾、戏剧和歌剧的排练，舞台上也就逐渐出现了他们的身影。18 世纪末，圣多明克涌现了世界上第一批黑人巨星，如米耐特和利斯，其造诣深厚，足以超越从巴黎和那不勒斯远道而来的白人歌剧红伶。

白人殖民者们颇为恼怒，但法属当地殖民政府却鼓励黑人自由人对文化的追求。一份 1780 年殖民时代的官方文件力主修建剧院，主张艺术对改造混血儿的非洲血统大有裨益，认为通过法国戏剧的熏陶，可以去除有色自由人身上的“粗野味，并形成文明的礼仪和习俗”。

存在臭名昭著黑人奴隶制的殖民地却成为众多混血文化精英们的摇篮，这不能不说是个奇迹。除表演艺术家外，还涌现出了大量的混血巨商、种植园主、律师、哲学家和演说家。18 世纪 80 年代，朱利安·莱蒙德作为其中的杰出代表，远赴巴黎，宣扬自由黑人应享有同等的权利，尽管他本人坐拥数百黑奴。

随着混血社会阶层的崛起，白人殖民者决定采取一种现代方式对其进行打压。如果说针对奴隶的殖民种族主义是源自蔑视和对反抗的恐惧，那么对圣多明克有色自由人的抵制确实有着不同的动机：嫉妒。

有色自由人逐渐在时尚、文化和商业等各行各业崭露头角，种族主义者试图通过法律约束暗中掣肘，例如下文关于时尚的条例(1779)：“我们明确禁止（有色自由人）以与白种人相同的服饰和发型等手段获得社会同化的行径……我们同样禁止他们佩戴一切与其条件和出身不相符的奢侈品，违者一经发现则当场责令其摘除。”

1773年，殖民地法院通过法令，禁止非白人使用“白人”的名字。此后，混血儿只能使用非洲血统的名字。据法院解释，此条法律的颁布乃顺势而为，因为“白种人名字的篡用会打乱原有社会秩序，导致继承权的混乱，必将最终致使白人和有色人之间差异性的缺失，而这恰是政府职责所在”。

白人对有色人种的种种抵制，再加上混血人种警察、士兵与逃亡黑奴之间的冲突，越来越多的混血奴隶主与黑人彻底划清界限。尽管莱蒙德等人曾对混血社会阶层有过种种乌托邦式的预言，在崛起一段时间后，混血社会阶层的未来看起来却不再那么光明。

而此时，在热带山坡上的一个农场里，托马斯·亚历山大与他的黑奴母亲、神秘的法国父亲和三个混血儿兄弟姐妹一起度过了人生的第一个十年。十年间，他们在竹林灌木丛中追逐嬉戏，模仿海盗追击猎物，其乐无穷。多年后，他把自己在热带农场的童年经历讲给儿子听，一定像“爱丽丝梦游仙境”般精彩，这在大仲马的回忆录中可窥见一斑。

> 我记得父亲曾给我讲过，他十岁时，一天从市镇回家，惊讶地在海边发现了一截树桩。两小时前从这里经过去市

镇，他没有见过这截树桩。出于好玩，他捡了些鹅卵石扔向了树桩；始料未及的是，鹅卵石砸到的瞬间，树桩竟然醒了。其实，这截所谓的树桩是只如假包换的凯门鳄（鳄鱼的近亲），一只在阳光下睡觉的鳄鱼。

这只被吵醒的凯门鳄，似乎心情异常不好，所以一见到父亲，就朝他扑了过来。

我的父亲，一个成长于殖民地的孩子，终日与沙滩和热带草原为伴，动作还算得上迅捷。但这只凯门鳄看起来跑得比他快、跳得比他高，幸好有个黑人当时跨坐在附近一堵墙上吃着番薯，刚好目睹了这一切。如果不是他，或许我根本没有机会来到这个世上，当时他上气不接下气地朝父亲大喊道：

“蛇形，小先生！跑蛇形！”凯门鳄只能一直往前爬，或像蜥蜴一样跳起，所以蛇形的跑动路线与凯门鳄的习性完全相反。

多亏了这个建议，父亲才得以平安到家，但是，他到家时，如同跑完马拉松的那位希腊传令兵，气喘吁吁，差点儿瘫软在地上再也起不来。

这场特殊的比赛，野兽成了猎人，父亲却成了猎物，这给他留下了深刻的印象。

岛上的生活无疑锻炼了托马斯·亚历山大的自然生存技巧。一位19世纪的军事传记作家认为仲马将军之所有拥有过人的骑术，甚至可以骑马在最陡的路堤、最窄的桥梁与敌人厮杀，应归功于他幼时接触骑马的环境和方式——“在殖民地，他学会了如何驯服动物，原有的活力与敏捷再加上骑术学校学来的知识，造就了他今日精良的骑术”。

除了这片神奇的土地和众多野生动物外，托马斯·亚历山大的成长也离不开他的父亲。安托万虽说是个游手好闲的人，但终究是位受过良好教育的贵族。尽管算不上知晓古今的学者，但也接触过罗马和希腊的文学和历史，他曾做过炮兵军官，所以知晓很多科学和数学外的东西。或许，他曾带着高大英俊的儿子出入耶利米的剧院和歌剧院，所以短短几年后，托马斯·亚历山大就顺利融入巴黎上流社会，成了一位优雅而迷人的绅士。这位退伍军人一定教过儿子骑马、射击等基本技能，而且教会了儿子做个 18 世纪的勇士，用剑来捍卫自己的尊严。

握着那把老军刀，也许安托万给儿子讲述过他们诺曼祖先或自己参与战斗的故事，或许也讲述过黎塞留公爵与里克森亲王的那场恶斗。但在教导儿子如年轻火枪手般决斗、看着儿子在红树林中迅猛穿行时，这位白皮肤的老人是否预感到，他这个混血儿子身上有家族中从未有过的战斗天赋？这是一位军事天才、未来手握重兵的将军，他的成功超乎家族中任何人的想象。

## 第三章

# 诺曼征服

18 世纪 50 年代初，正当查尔斯·佩勒特里种植园事业风生水起，并从岳母手中买下另一半产权时，他却不幸患上了 18 世纪的常见病——痛风。医生告诉他加勒比气候不利于他的病情，最好回到法国静养。把种植园和 200 多名奴隶托管给管理员后，查尔斯带着妻子和女儿玛丽–安妮返回了诺曼底。

初时，他们搬进了贝勒维拉的佩勒特里城堡，与查尔斯父母同住。老侯爵和侯爵夫人对儿子的归来倍感欣喜，况且他们一直收到查尔斯的赡养费。在 18 世纪的法国，没有什么能比家里出了位种植园主来得光宗耀祖。

老侯爵告诉查尔斯最近发生了一桩无头公案。在城堡庄园里发现了一张稻草床垫，里面藏有一个装满钱币的保险箱。侯爵孀居的妹妹坚称箱子是她藏的，钱是她的。侯爵对此持有异议。双方相持不下，最后请来了公证人，在被追问箱子是否是她所藏时，查尔斯的姑母承认并非她所藏。但随即她突然跳上保险箱，又哭又闹，定要公证人判决她为箱子的拥有者。最终她成功夺得保险箱，据记录，这名寡妇“咬伤了一位证人”。佩勒特里家族遗产继承之争，由此可见一斑。

老侯爵与侯爵夫人相继去世后，尽管安托万是第一法定遗产继承人，但是查尔斯提出他是尚在人世的佩勒特里家族长子。有法律文书记载道：

> 不能确认佩勒特里家长子安托万仍在人世，若他尚在人世，到底身在何处，但这么多年他一直杳无音讯，所以只能推断他已亡故，他的两位弟弟按照该地区惯例继承遗产。查尔斯·爱德华依法继承了长子享有的爵位和财产。

查尔斯成为新一代的佩勒特里侯爵，继承了祖传的城堡和城堡的所有产业，弟弟路易则继承了约四分之一的租金收入和财产。很快查尔斯成功进入凡尔赛的上流社会，结交了很多达官贵人，例如米拉波侯爵（革命演说家之父）。他以糖料种植园作为抵押获得担保和贷款，开始投资法国地产业，并筹来巨资维持奢华的生活。

尽管财富增长了，查尔斯却很清楚种植园的情况不容乐观。英法七年战争的爆发和随之而来的英国禁运令对殖民地的贸易带来巨大冲击。出口放缓，查尔斯种植园里价值上万里弗的甘蔗滞销并腐烂变质。大量精制糖只能囤积在仓库里，无法售运出去。他的生意陷入了困境。但是有了侯爵这个新头衔和有权有势的新朋友，查尔斯似乎觉得自己有足够的实力可以找到出路，从而走出困境。

佩勒特里家族的人可谓是缺什么都不缺胆识。战争虽然切断了法国和英国殖民地之间的官方通航，却没有影响欧洲对糖料及殖民地对奴隶的需求。查尔斯设计了一个从圣多明克种植园走私“最高品质糖料”到纽约的方案。在大西洋海岸行驶时，这些商船悬挂英国国旗，之后凭借查尔斯从凡尔赛宫弄来的空白通行证进入圣多明克水域。查尔斯与法国航运大资本家以及一对荷兰兄弟建立了合作关系，并把阿姆斯特丹和纽约作为了大本营。

查尔斯走私计划中的一处码头位于圣多明克种植园的北部，地处法国和西班牙殖民地交界处，这片中立领土名为基督山。①

起初，计划进展顺利，查尔斯成功把一大批白糖从基督山运送到了阿姆斯特丹，但是航线路经水域处处可见英国船只，所以风险很大。事实上，整个走私计划耗时长、投入大、风险高却收益慢，非常不尽如人意，最终他不得不放弃。

1760 年 5 月，英法战争仍在持续，查尔斯经由阿姆斯特丹辗转来到伦敦，希望能成功说服一位英国银行家投资，从而扩大他的走私生意。后来，有人建议，不如走私比糖更能盈利的东西，比如奴隶贸易。

查尔斯请他的业务经理调查了从“黄金海岸或安哥拉”购买“印度物件”（易货术语，即奴隶）转卖至圣多明克的成本和收益情况，得到的情况分析报告显示良好。不久后，查尔斯找到了一位曾在弗阿什兄弟船队工作过的船长。弗阿什兄弟（斯坦尼斯拉斯和马丁）是诺曼底最大的船东，他们拥有的 91 艘船中有 19 艘为奴隶贩卖船，可谓 18 世纪通过贩卖奴隶和糖料发家致富的杰出代表。据传，他们甚至曾借给国王上百万里弗来管理圣多明克。于是，查尔斯满怀信心，做起了奴隶贸易。

查尔斯买了一艘船，并以女儿的名字命名此船，他丝毫没有为从事奴隶贸易感到内心不安。“道斯·玛丽安妮”号首航船载着 225 瓶香槟、300 瓶苹果酒等货物驶往英属塞拉利昂，然后“在兰卡斯特麦尔斯巴伯工厂购买了 300 名奴隶”（“工厂”，即奴隶批发市场，常常位于非洲西海岸附近的岛屿上）。

奴隶贸易可在短期带来巨大收益，但若出事则会损失惨重。查尔斯成为侯爵后，诸事颇为不顺，此次也不例外。查尔斯请来随船

---

① 基督山，由一座港口小城、周围海岸线、一座山和一条河流构成，至今在地图上仍可找到此处。查尔斯走私计划中涉及的基督山岛，位于距海岸线不远的西班牙殖民地水域内。

前往塞拉利昂采买奴隶的押运人是个品行不端的家伙。离开非洲后，他与“道斯·玛丽安妮”号船长发生了冲突，便与船员们密谋叛乱，把船长关进了船舱。（几周后，他又被拖进甲板上的小木板房，整整关押了三个月。）此后，“道斯·玛丽安妮”号成了船员们的欢乐场，吃喝玩乐，凌虐奴隶，无所不为。他们甚至瞒着查尔斯，去了马提尼克，卖了一些奴隶，并把所得塞进了自家腰包。待到达圣多明克目的地时，所剩的货物还不足原来的一半。查尔斯的第一桩奴隶贸易可谓赔得血本无归。

我们难以想象在这艘奴隶贩卖船上到底发生了多少人间惨剧，但对查尔斯来说，这只是另外一次折了本的投资。他决定再试，“道斯·玛丽安妮”号的第二次航行，虽说没有发生叛乱，却也没赚到什么钱。即使以行业最低标准衡量，查尔斯的经营也称不上达标：斯坦尼斯拉斯·弗阿什曾评价查尔斯和他的员工为“苛求、不义、对奴隶贸易知之甚少”，并直言道：“如果说他的种植园有生产600吨白糖的潜力，他只知道如何生产200吨，工厂情况也是一团糟。”弗阿什认为与查尔斯的合作“会失去很多黑人”。

查尔斯以女儿的名字命名奴隶贩卖船，虽有悖常理，却也合情合理，因为他之所以急于敛财，也是为了偿还先前出尽风头、为女儿谋求好姻缘时的大笔借款。准女婿莱昂·莫尔德伯爵家族显赫，查尔斯坚信联姻可以助其偿还债务。

1764年5月4日，莱昂·莫尔德伯爵与玛丽–安妮·佩勒特里在圣苏比教堂举行了婚礼。正如《法国公报》刊载的公告所述，这场婚礼声势浩大，很多法国社会名流都到场祝贺。新娘的嫁妆包括钻石、华服、房产以及号称几十万的现金。婚书由国王及王室所有成员共同签署。

但事实上，查尔斯早已资不抵债，出席婚礼的很多大人物，比如查尔斯的资助者米拉波不久后成为了愤怒的债主。查尔斯不得不希望通过奴隶贸易扭转局面，把自己和女儿未来的希望全都寄托在这艘以女儿名字命名的奴隶贩卖船上。

“您的债主们准备出手了。”1773年春天，莫尔德伯爵从巴黎写信给岳父查尔斯。那时，查尔斯已返回圣多明克，希望能东山再起，但种植园状况已今非昔比。据种植园的一位管理员说“房屋、马厩、加工设备”年久失修，“奴隶中有45名身患重病，其余的也因长期饥饿劳作而随时可能被病魔击倒，很多奴隶就此一病不起”。

查尔斯终究屈从了命运的安排，病倒在了种植园附近勒盖的一处房产，痛风并发症夺走了他的生命。斯坦尼斯拉斯·弗阿什在哀悼其离世时，直言不讳道：“查尔斯·佩勒特里离我们而去了，他生前把家族生意打理得一团糟，所以对他家人来说，也是不幸中的万幸吧。”

三个月后，在军中服役的路易·佩勒特里卷入了一桩向法国军队出售有缺陷武器的丑闻事件，并因此名声尽毁、获罪入狱。虽在15天后他便获释出狱，却在一个月后，不幸猝死。

后来，小说家大仲马以他的两位叔父及祖父为原型，创作了《基督山伯爵》中的几大反派形象。法院清点了查尔斯那些所谓的财富，其结果必定让他的女儿和不知底细的女婿始料未及。我在查阅这些法院文书时，不由自主想到了一个有趣的现象，大仲马笔下的大反派不管有多么贪婪、多么无德，他们的后代却是纯洁正直的。这也许正是大仲马对自己家族成员的一种很好的理解。

佩勒特里两兄弟相继离世，长子安托万又已失踪，玛丽–安妮和她的丈夫按例继承了侯爵的头衔和财产，以及堆积如山的债务。当年参加婚礼的大人物们以债主的身份再次登门，纷纷要求以房产还债；米拉波侯爵声称查尔斯生前曾签署文书，承认米拉波享有优先追债权。莫尔德伯爵意识到也许只有卖掉妻子继承的所有产业才能还清岳父生前所欠的债务。他请查尔斯先前在圣多明克的一位管理员对种植园进行估价，拿到的报告却不容乐观：“种植园的情况非常糟糕，奴隶们住的房屋已经倒塌，甘蔗园几近荒芜，奴隶们都是老弱病残。一幅可怕的景象。”

然而，经过两年远距离的精心管理，莫尔德成功让种植园重新盈利。他与查尔斯的债主们达成一致，开始制订计划出售贝勒维拉城堡偿还剩余债务。佩勒特里兄弟生前未能管理好城堡，随着这代人的逝去，似乎是时候为城堡找一位更加体面的主人了。

1775 年 12 月第一个星期，从圣多明克太子港驶来了一艘名为“特勒索里耶”号的法国军船，停靠在了诺曼底勒阿弗尔，只有一位乘客下船登岸。他年近六十，虽有些沧桑，却也高大精壮，肤色略红，好似饱受日晒的维京人。在码头入关处，他指着通行证上的名字，答道：“安托万·代利勒”。

后来，安托万·代利勒当晚投宿的那家旅店老板回忆道，这个陌生人似乎对周围的一切非常了解。在旅店里，代利勒写了几封信，其中一封是写给贝勒维拉城堡布尔乔亚神父的。第二周，他前去拜访了神父并自称：“神父，我是亚历山大–安托万·戴维·佩勒特里，我从圣多明克回来了。”为了证明自己的身份，他出示了洗礼证明：1714 年 2 月 26 日贝勒维拉城堡小教堂颁发的洗礼证明。“请您告诉我这里所发生的一切，我会告诉您该怎么做。我是长子，我才有继承权。”

虽然神父觉得此人与佩勒特里兄弟极为相像，却也不能贸然断定他的身份。长得像毕竟不能算作证据。亚历山大·安托万的洗礼证明有可能是他偷来的，或者通过其他方式拿到的。但是，这位陌生人却讲得出亚历山大·安托万早年的生活琐事，一些其他人无论如何无从知晓的事情。

最后，布尔乔亚神父确信眼前的陌生人确实是安托万——那位失踪的合法继承人。当晚，神父给身在香槟区的莫尔德伯爵写了封信，建议他立即来考克斯。

在记事本中，莫尔德伯爵详细记录下了神父来信的有关情况：

1775 年 12 月 11 日，收到佩勒特里家族布尔乔亚神父的来信，通知我佩勒特里家族的长子回来了。

记事本中可以看到他随后将“回来”一词删掉，改为“出现”，在法语、英语中讲鬼魂或超自然幻象时才会用“出现”一词。莫尔德伯爵立即给神父回信，表示愿意见面确认来者的身份，并不会横加阻挠。同时，他不会阻止安托万搬进贝勒维拉城堡。

1775 年 12 月第二个星期，安托万搬出旅店，住进了家族城堡。这栋冰冷的石头建筑、蜿蜒的楼梯和倾斜的屋顶，对离家多年客居热带的安托万来说，一定有些陌生与不适。虽年久失修，却与他离家时相差不大。他与查尔斯当年在卧室石墙上刻画的承载他们海上探险梦想的远航船仍然清晰可辨。城堡里仆人少得可怜，管家玛丽·荷窦小姐是一位三十多岁的老姑娘，看起来非常热情周到。此后 30 多年，她一直打理安托万的饮食起居。

安托万的第一对访客是玛丽–安妮和莫尔德伯爵，但他并没有表现出长者的大度和蔼。伯爵夫妇向“安托万叔叔”大倒苦水：为了保住佩勒特里家族的产业，他们牺牲了很多；继承的财产根本徒有虚名，所以自他们继承产业以来，一直兢兢业业，苦心经营，但务实的伯爵很快发现，与这位归来的长子争夺继承权没有获胜希望。他提议如安托万同意支付他们年金作为补偿，他和妻子愿意放弃先前继承的所有产权。于是，1776 年 3 月，双方起草签署了一份协议。

为做好对簿公堂的准备，或许也是为了满足好奇心，莫尔德伯爵决定调查安托万在岛上的那段生活。利用在监管查尔斯圣多明克财产时积累的人脉，莫尔德请到了沙温诺特先生，这位住在耶利米教区的退休律师调查此事。

沙温诺特调查后发现，尽管高地地区经济状况好转，但在安托万离岛之时，他几乎没有什么财产；实际上，安托万的欠债几乎是他岛上财产的十倍。不知在听到这一消息时，莫尔德伯爵是否惊异于佩勒特里兄弟的相似之处，他是否曾哀叹自己为何会有幸与这个无赖家族联姻。

与查尔斯情况不同，安托万需要被调查的重点不在金融方面。沙温诺特下大气力调查了安托万的两性关系和子女问题。安托万与卡坦的关系第一个进入他的视野，这名黑奴女子当年跟随他从查尔斯的种植园逃了出来；但后来安托万发现她过于年长而还她自由。

沙温诺特发现安托万在 18 世纪 50 年代后期曾花“重金”买了一个名为玛丽·盖塞特的黑人女子，这名美丽的女子备受安托万的宠爱。实际上，“他们一直生活在一起，并且育有四名混血儿”。据沙温诺特调查，在安托万回法国前，他把玛丽·盖塞特和他们的三名孩子卖给了南特的卡隆先生。①

沙温诺特还带来了一个有趣的消息，安托万的四子，据说也是他最宠爱的孩子，并没有跟其他三个孩子一起被卖掉。这个混血儿

① 对于玛丽·盖塞特的去向，在后世的法律文书中，尤其是托马斯·亚历山大的结婚证明中，与沙温诺特的推断可谓大相径庭。后世的文书认为玛丽于 1772 年殁于“耶利米附近的甘奥德”。虽未说明死因，但 1772 年殖民地发生过罕见的大地震，圣多明克、牙买加和古巴的多座种植园毁于一旦，无数人在地震中丧生。大仲马也在回忆录中写道：“安托万深爱的妻子于 1772 年去世，此后，她生前所管理的产业日渐衰落。”大仲马认为爱妻亡故应该是祖父安托万决定返回法国的原因之一。我翻阅了所有文件，并没找到关于玛丽·盖塞特去向的具体证据。至少目前搜集的文件和书信中，仲马将军本人从未提起自己的母亲。

据说“年纪尚幼，到了太子港码头才被卖掉”，沙温诺特在书信中写道：“为了给自己筹得路费，代利勒以800里弗的价钱把孩子有条件地卖给了朗格路易斯船长，但拥有赎回权。”

也许到达太子港码头后，安托万突然发现自己需要更多的路费，所以毫不犹豫地把剩下的儿子卖掉筹集路费。对于永远把自己的喜乐置于首位的人来说，这种售卖自己爱人和孩子的自私行径不足为奇，而把爱子留到最后，也好比把最宝贵的戒指藏在鞋里，以备不时之需。但在沙温诺特的字里行间，这种自私行径却多了一丝不得已：“有条件地、拥有赎回权”地卖掉了爱子。

安托万是否真的卖掉了其他家庭成员我们无从考证，但儿子托马斯·亚历山大曾被典卖却是千真万确的。拿回法国的爵位和财产后，安托万有能力赎回典当物。

1776年8月30日，14岁的托马斯·亚历山大·仲马·戴维·佩勒特里乘船抵达勒阿弗尔码头。在船上，他是属于雅克·路易·卢赛尔中尉的“名为亚历山大的奴隶”。这是必要的手段，因为当时年轻的混血儿根本无法独自下船入境。安托万从朗格路易斯船长手中赎回了爱子，并出资替儿子找了位“主人”，陪儿子安全抵达诺曼底。

对于一个在太子港做过奴隶的年轻人来说，诺曼底城堡的生活肯定让其大开眼界。而对贝勒维拉金发碧眼的居民来说，新侯爵黑皮肤的儿子肯定让他们大吃一惊。在法国，我所查阅的文献中，托马斯·亚历山大是在布尔乔亚神父写给莫尔德伯爵的一封信中第一次被随口提到，这封残缺不全的书信写于1776年11月。在信中，神父更想告知莫尔德伯爵，安托万与女管家玛丽·荷窦之间的风流韵事，认为这威胁到了整个产业：

> 亲爱的伯爵先生，我想第一个告诉您，您的叔父意图增加一位同居伴侣。在我看来，他似乎非常坚决，认为有自由做任何自己觉得合适的事情。他的品位真是差得出奇。侯爵先生下定决心要娶这名女子，不容许任何人拿这个开玩笑。（那日，有人拿此事开了一个玩笑，他竟一声不吭）……据说小托马斯已经到达勒阿弗尔，即将住进贝勒维拉……（我写信告诉您这些，都是按照您的要求，但我希望您最好只在必要时提及，因为我听说侯爵已经对我非常不满。）阅毕请焚毁。

赎回托马斯·亚历山大后，安托万决定把家产抵押出去。

他拒绝履行先前对伯爵夫妇作出的各种承诺，路易·佩勒特里的遗孀此时又把各方告上法庭，希望可以在安托万把遗产挥霍完前分到自己应有的那份。伯爵夫妇发现自己陷入了与上一代争夺遗产的法律混战中。

对于刚从殖民地回来的安托万来说，毫不介意遭家人起诉，甚至似乎很享受与家族成员的冲突。他夺回了侯爵的地位、贝勒维拉城堡和产业，并且巧妙地与大部分的产业债务保持距离。1777 年 2 月，安托万通过一个复杂的交易，以 10000 里弗的年金将产业的主建筑扔给了愤怒的莫尔德伯爵，而其他土地、封地、庄园、农场和房产等则以 67000 里弗的高价卖给了附近的一位地主。（年轻的伯爵逢人便抱怨自己的悲惨境遇，在一封信中，他哀叹道："命运从未对任何人如我这般残酷。"）

以此同时，安托万为自己和爱子添置了华衣丽服，并四处物色住处。他曾带着托马斯·亚历山大参加洗礼仪式，但托马斯在证人名册上的署名却是"曾旅居圣多明克的佩勒特里侯爵之子——托马斯·赫多黑"。或许这是一个迹象，由于对生活倍感迷茫，他使用了"赫多黑”这个名字，可能是在耶利米时某位邻居的名字（那个年代的名字可在官方记录中查证）。

1778年秋天，安托万带着儿子和现金，搬到了巴黎西部的小城圣日耳曼昂莱。圣日耳曼昂莱恰似静雅的郊区，在“太阳王”路易十四时期是贵族的专属领地，这里的皇家宫殿俨然一座凡尔赛别宫。18世纪中叶，随着大批勤勉商人、受过教育的专业人士、劳工和工匠的到来，圣日耳曼昂莱迅速成为法国最富裕、发展最快的小城之一。这里空气清新，距巴黎位置适中，悬崖边皇家园林的自然风光美不胜收，实是不可多得的居住乐境。

除儿子外，安托万还从诺曼底带来了另外一个人共享奢华生活——管家荷窦小姐。这个奇怪的三人组合租住在了金雕街的联排别墅内，街道的名字与佩勒特里家族极为相配，因为佩勒特里家族的盾形徽章上亦有三只金雕。金雕街路面曲折狭窄，路两旁别墅和商店林立，而且离圣日耳曼昂莱皇家宫殿和园林距离非常近。

安托万还把爱子送入住处附近的皇家击剑名师尼古拉斯·泰克赛耶·博塞耶黑所在的学校，接受正规教育。除击剑外，学校也引导学生接触各种知识，并强身健体，关注社会，提供相当于顶级中学教育的文化教育。

去圣日耳曼昂莱前，托马斯就已成为安托万的法定继承人，所以他有权自称托马斯·亚历山大·佩勒特里。安托万是侯爵，所以曾经“名为亚历山大的奴隶”现在是位伯爵。

对于混血贵族来说，法国首都巴黎的生活相当复杂。托马斯·亚历山大很快发现，无论运气还是风险，他遭遇的一切都不足为奇。在波旁王朝的土地上，生活着很多混血贵族，他们或享有爵位和财富，或一无所有。他们的存在也引起了王室的重视，但是无论他们如何修饰提升自己，都不能被视为正宗的法国人，这点让混血贵族们万分沮丧。

## 第四章

# "法国不应存在奴隶"

在托马斯·亚历山大被卖掉之前，他很少离开父亲身边。他已习惯了耶利米教区的生活，在那里，混血商人多于白种人，父亲也只是一位老实谦逊的农民。现在一切都变了。原本生活艰苦而谨慎的父亲，突然间成了富有而无忧的贵族。安托万似乎从未想起其他三个孩子，但他却下定决心要给身边这个孩子最好的生活，让他做一位时尚的年轻伯爵。

托马斯·亚历山大错过了贵族气质养成教育的关键时机：不管是家庭教师辅导，还是学校系统教育，都是为了让贵族少年们在 10 岁到 11 岁时，可以精通拉丁语、希腊文、地理、历史、语法、哲学、文学、数学等知识，掌握舞蹈、乐器、击剑和骑马等技能。在传统观念中，一名贵族在 13 岁成年前，只有掌握这些技能才有可能在当地和宫廷出类拔萃、博得青睐。托马斯·亚历山大到圣日耳曼昂莱时，快 16 岁了，一切都需从头学起。

博塞耶黑学校上午安排的是文化课，下午学生们先在杜伊勒里花园的骑马场练习骑术，而后在用旧式武器、纹章徽章装饰的习武大厅练习击剑。托马斯·亚历山大身形矫健，擅长运动，但他最为高超拿手的也正是学校的特色——剑术。也许是在这里，他第一次遇到了指引他成为一流剑客的名师，一位神秘而博学的混血贵族。

他就是圣乔治骑士。托马斯·亚历山大入校时，圣乔治骑士时年35岁左右，中等身材，体格健壮，优雅高贵，穿着极为讲究。即使不在正式场合，他也会身着丝绸马裤、披风和织锦马甲。虽是混血儿，但他肤色较浅，习惯扑粉，并钟爱路易十五时期高等法院里的打扮风格，头戴白色假发头套，嘴唇也涂为红色。

这位混血绅士之所以可以随心所欲地扑粉着装，是因为他被公认为欧洲最伟大的剑客。在过去的15年间，几乎所有白人剑客名家都曾登门挑战，但除了一位意大利人，其他都铩羽而归。

圣乔治本名约瑟夫·布伦，1745年出生于糖料产地瓜德罗普岛。他的父亲是一位富有的白人皇家财务官，母亲名叫娜农，是个自由黑人。跟安托万一样，圣乔治的父亲也曾是逃犯，在缺席审判中因谋杀罪被宣判死刑。逃到法国藏匿两年后，他获得了皇家赦免，于是返回瓜德罗普岛接回了儿子。圣乔治13岁时被父亲送到了博塞耶黑学校学习，他的击剑天赋迅速使他成为剑坛的一颗新星。

凭借精准的射击、高超的马术，圣乔治在众人艳羡的目光中加入国王护卫队，并被授予“骑士”爵位。十年间，他在剑坛叱咤风云，成为不败的神话。但随后圣乔治兴趣一转，决定潜心研究音乐。事实上，从少年时代起，除剑术外，他在小提琴演奏方面也颇负盛名。他的作曲和指挥曾受到玛丽–安托瓦内特王后的高度赞扬。这位对音乐异常挑剔的原奥地利帝国公主，称赞他为法国这片土地上唯一值得一听的音乐大师。

1779年，约翰·亚当斯这位未来的美国总统参观巴黎时，曾总结过圣乔治骑士的各种技能：“这个混血儿算得上欧洲最精通骑马、射击、击剑、舞蹈和音乐的人。他可以射中先生们身上穿的外套或马甲上的扣子，也可以用手枪（原文如此）弹击中抛至空中的五先令硬币。”然而，圣乔治骑士也逃不过种族主义的桎梏。在被提名新皇家音乐学院的常务董事和巴黎歌剧院的主管时，歌剧院的三位红伶向王后联合上书抗议，表示她们绝不能接受一位混血主管的指挥。

18世纪70年代后期，圣乔治骑士把大部分时间投入到了音乐创作和享受生活中，但他也会时不时地与博塞耶黑学校有击剑天赋的学生们过招并指点一二。曾有一位白人学生在日记中写道，他非常羡慕地看到圣乔治与“一位非常富有的混血小子”过招。

托马斯·亚历山大入校时已将近17岁，比圣乔治当年入校时大了四岁。与圣乔治相比，亚历山大更加强健好斗，并能够充分发挥身高、速度和体能的优势。他更喜欢使用军刀。这一喜好在某种程度上决定了他的命运：较短的重剑是上流社会决斗的首选，而较长更重的军刀却是完美的战斗利器。

时值法国奴隶帝国的鼎盛年代，身处法国首都巴黎，作为奴隶的儿子，一个有色人种，何以能在这个欧洲中心过着体面的绅士生活呢？答案是，这一时期的法国院校里和法庭上正在发生着意想不到的巨大变革。

法国启蒙运动哲学家将奴隶制视为人类压迫或是政治压迫的象征。“人虽生而自由，却无处不在枷锁中。”1762年让–雅克·卢梭在《社会契约论》一书中写道。富有变革精神的律师将启蒙运动准则付诸实践，帮助奴隶诉讼争取法国普通公民权利。他们将人类奴役问题带上法国最高法院，并且几乎帮助每一位上诉的黑人或混血儿客户赢得了自由。路易十五为此颇为恼怒，感到王权束手束脚。所谓的“君主专制”具有误导性：法兰西王国有史以来就是个法治国度，启蒙运动的火花可能偶尔会点燃伟大的事业。

当时法国没有像英国国会一样的立法机构。法国最高法院只是司法机构。海事法庭负责处理海上战争事务和殖民商业中的纠纷，其他重要案件则交由法国十二大区最高法院或巴黎最高法院审理。

巴黎最高法院是跨区域的法院，其裁决权管辖区域大概占法国国土面积的三分之一，远远超出巴黎的行政范围，甚至凡尔赛宫的国王都在其管辖权内。这些法院依据法国的习惯法裁决案件①。

1772年伦敦詹姆斯·萨默塞特案件的判决极大鼓舞了英国的废奴运动，其实在这之前的几十年间，法国就不断有律师在最高法院力主废奴，而最终诸如托马斯·亚历山大和圣乔治的勇士也拿起武器参与到废奴运动中来。

追本溯源，废奴运动的思想起源于法国的立国之本——法国乃自由国度，在这片土地上，任何人都不应遭受奴役。16世纪末，法国开始有人提出对待奴隶也理应如此。随着法兰西帝国日益强盛，法国的黑奴人数也迅猛增加。直到17世纪末，法国才出现了第一例黑奴自由案，从此至法国大革命爆发，不断有人依据“自由原则”提倡废奴主义。第一例黑奴自由案发生在“太阳王”路易十四在位期间，路易十四亲自下达文书，承认这名黑奴在法国本土上的自由人身份。

这一案例起因于1691年，两名奴隶从马提尼克岛逃出，躲在一艘船上到达法国。到达港口后，两名奴隶被发现，这一事件引起了国王路易十四的注意。六年前，他在法国殖民地颁布了《黑人法典》，但是，法国殖民地帝国的奴隶制，对法国本土来说，不能一视同仁。

“国王得知两个来自马提尼克岛的黑奴躲在‘飞鸟’号上进入法

① 太阳王路易十四的名言“朕即国家”应该是在跟巴黎最高法院辩论时所说。确实，路易十四崇尚王权至上，这限制了法院的权力。在1715年路易十四去世后，最高法院重新树立了自己的地位，政府的政策法令不再以君主意愿为中心，而是在研究法国习惯法的基础上颁布实施。与《拿破仑法典》基础上形成的法国现行法律体系不同，法兰西王国时期的法院主要借鉴判决先例来裁决案件：从几百年旧案例中提取的准则构成了法国的治国之策。由于没有像英国国会一样的立法机构，法国最高法院不仅可以诠释法律，甚至可以拟定法律。时至今日，法兰西王国时期，法院所享有的权利和自由已完全被遗忘。

国，”一份皇家海军纪要中记载，“陛下没有命令将两位黑奴遣返马提尼克岛，因为根据法国的法律，任何进入法国本土的人都享有自由权。”两名奴隶因此获得了自由。

在写给马提尼克皇家长官（相当于地方行政长官兼警局局长）的信中，法国殖民地事务大臣写道，他曾试图寻找劝说国王更改决定的理由，但是“没有找到任何法令中保障殖民者在法国本土对黑奴的所有权，而且无论何人，凡是进入法国本土，都享有自由权”。

从理论上讲，在其他北欧国家，特别是英国也存在类似的自由原则。曾有种流行说法——“对奴隶来说，英格兰的空气太过纯净以至于无法呼吸”，而歌曲《不列颠万岁！》中有句著名歌词“统治吧，不列颠！不列颠，统治这片汹涌的海洋！不列颠人永远都不会被奴役”。但是，这首歌唱的不是外国人，当然更不会是英属殖民地的黑奴。正如18世纪初一位英国法官所说：“法律根本从未关心黑人。”①

1715年，一名跟随女主人来到法国的黑人女孩被寄留在了南特港口附近的一间修道院。当女主人返回修道院想要带走这位黑奴时，修女们拒绝了她的请求。当地海事法庭审理后，判决这名黑人女孩为自由人，因为入关时该女主人并未申报她为黑奴。南特是法国中转奴隶和殖民地产品的重要港口，南特市长上书凡尔赛宫，恳请颁布相关法律处理类似情况。为了保证法国公民携带奴隶入境而不招致诉讼，法国政府于1716年10月拟定了相关法令。但与殖民地的《黑人法典》类似，1716年10月的法令既能为奴隶们提供机会，又可能对他们造成伤害。一方面，它承认了奴隶制的合法性，只要符

① 在詹姆斯·萨默塞特案件判决前，英国法院对待奴隶制的态度常常自相矛盾，英国国会也避免制定相关的法律条例。詹姆斯·萨默塞特案件的判决在很大程度上受到巴黎多件奴隶自由案例的影响。在英国的十三个殖民地偶尔会出现奴隶通过诉讼成功获得自由的案例，例如马萨诸塞和弗吉尼亚。在通常情况下，他们因没有连续相关案例支撑而败诉，受理案件的法院也常因找不到当地相关判决先例而无所适从。

合相关规定，奴隶主就不必受“自由原则”的限制。法令承认带奴隶入境的两种理由：传授奴隶手法或工艺，或为其提供宗教教育。如果奴隶主已填写官方文书并获得殖民地官方批准其携带奴隶同行，并且抵达法国时完成相关申报，入境后奴隶不得诉讼获取自由。另一方面，“如果奴隶主并未按照前文所言完成相关手续，那么入境后黑奴可获得永久自由”。

但后来，巴黎最高法院不满此法令中所用的“奴隶”一词，拒绝承认该法令。有位在高级法院担任顾问的律师利用这一机会撰文激烈抨击奴隶制度，认为除其他方面外，奴隶制度本身与法国的法律传统、历史文化和基督教教义都是格格不入的。这位律师写道，法国长期以来一直被公认为欧洲基督教第一国，“基督徒的上帝是自由之神”。

废奴运动的下一个伟大转折点发生在20年后的1738年6月，当时，法院收到了一名奴隶要求自由的诉讼。这个名叫让·布考克斯的奴隶被关押在巴黎中心的一座牢房，他是圣多明克地方长官的奴隶。主人亡故后，发生了一系列的事情，这次，他以结婚的罪名被捕入狱。

这桩诉讼的导火索是另一桩婚姻——地方长官遗孀的改嫁。在法国再婚后，她与新婚丈夫，一位名为伯纳德·维德林的下级军官回到圣多明克处理产业。让·布考克斯作为所继承财产之一，被带回法国。之后十年，让一直担任他们的厨师。但后来他爱上了一个法国女人，并与她秘密结婚。1716年颁布的法令规定，如果奴隶在法国结婚，则奴隶主不再享有对其的所有权。法令同时规定奴隶必须征得奴隶主的同意方能结婚。法院会如何裁定这一案件尚无定论，但是让的主人们已将他抓了起来。

因为结婚，“维德林对让大为不满，他遭受了残酷的虐待”，让的代理律师写道。一位前皇家检察官向他伸出援助之手，这个出色的法律团队不仅帮他提起诉讼，要求让他获得自由，回到妻子身边，而且助他起诉其主人，要求支付担任厨师期间的工钱。他们向法庭申请将让从狱中放出，取保候审。

在法国大革命爆发前的50年间，让的审判可谓是争取黑人权利运动的里程碑式的大事件，他的律师团队彻底论证了奴隶制是违法的、不道德的，更严重的是，完全违背了法国的人文精神。

开案陈词时，让的律师们回顾了古代法国的奴隶制度，强调罗马军团曾打败并奴役过高卢人，所以从理论上讲，在法庭上，除了让以外的所有人的祖先都是奴隶。他们指出，法兰克人，他们建立了法兰西王国，从根本上就是反对奴隶制的（这一论点涉及词源学及历史学，指出“法兰克（franc）”一词的本义为“自由”）。他们援引了1570年在巴黎出版的《世界通史》中的一段文字：“不管是法国人还是外国人，抵达法国港口时，都会大喊：‘法兰西，自由！’因为到达法国，意味着从属关系不复存在；只要奴隶拒绝服务，奴隶主无权继续奴役他们”。①

在整个审判过程中，让的律师们认为自己当事人的种族并不是关键问题。实际上，他们坚称让是“法国人，因为他是君主的臣民；与我们平等的人，无论是从人性还是宗教角度；他也是法国公民，因为他在我们中间，与我们生活在同一土地上”。律师们没有提及让妻子的种族，估计他们这种异族通婚的情况在当时必定会引起法庭不小的骚乱。

维德林的律师没有就自由原则的有效性提出异议，但是他指出，

① 约100年后，美国黑奴德雷德·斯科特也提出类似观点，认为他曾在伊利诺斯州获得自由，从法律上说不应再被视为奴隶。美国最高法院于1857年作出判决，认为斯科特拥有非洲血统，不是《美国宪法》中所指的公民，所以无权在联邦法院提起诉讼，并且认为黑人一直以来“被当做劣种人，完全不适宜同白种人交往，无论是在社会关系中，还是在政治关系中”。坎贝尔法官的意见代表了大多数人，他们都反对法国布考克斯案件的裁决。

这里存在一个小问题：自由原则不应适用于黑人。原则中的“无论何人，凡是进入法国本土，都享有自由权”，应“除黑奴外”对“任何奴隶都适用”，包括从波兰、格鲁吉亚、地中海东岸和印度来的奴隶。美洲印第安人也包括在内。“如果有外国人或是法国商人带着美洲印第安人来到法国，宣称其为自己的奴隶”，这名律师指出，完全没有问题：因为很明显触犯了法律，理应还奴隶自由。但是非洲黑人的情况不同。如若自由原则适用于黑人，可能导致法国殖民地爆发大规模奴隶起义：“国王和国家将无法从这片沃土上汲取财富，而可能会因骚动和叛乱焦头烂额。”

让最终胜诉。法院支持他的所有诉讼请求，判决其前主人支付欠薪、诉讼费用及非法监禁赔偿共计 4200 里弗。维德林提出上诉，但国王表示希望“这件事情能到此为止，毕竟已经造成了不小的骚动”，所以拒绝重新审理此案。然而，路易十五也表明了自己的立场，他将让·布考克斯驱逐出了巴黎，并下令其永远不得再回圣多明克。

审判后，路易十五颁布了一则新法令来解决“法国本土越来越多具有自由意识的黑奴可能造成不良后果”这一问题。法令中出现了一条新规定：若奴隶主未对随行的奴隶进行申报，或在法国超过了停留期，或与官方停留目的不符，奴隶也不得因此获得自由。在该情况下，奴隶将被“没收为国王财产”，并被遣返回殖民地。新法令甚至禁止奴隶主在法国本土自愿释放奴隶（除非在遗言或遗嘱中作出声明）。

奴隶自由诉讼骤然减少，18 世纪 40 年代，法国取得了军事上的胜利和威望，路易十五迎来了在位的鼎盛时期，他甚至被吹捧为“深受爱戴者”。但 50 年代开始，他的统治逐渐不得人心，奴隶自由诉讼再次激增，几乎每起诉讼案都以黑人胜诉结案。一批律师们把自由诉讼案件作为迅速成名的敲门砖，他们视己为启蒙运动的勇士。

民权斗士亨利翁·潘西在1770年的回忆录中写道：“奴役，就像是蓄势爆发的火山，可以烘干、烧毁、吞噬周围的一切；相反，自由却能带来幸福、富足和艺术……在以自由为基础建立的国度，每个人都有权享有自由，每个人都是国王的子民……法国不应存在奴隶。”

当然也人对这些理想主义的废奴运动者极为不解，威廉·庞赛特·格拉夫就是其中之一。他曾在巴黎最高法院做过律师，而后在皇家海事法庭工作。与很多守旧主义者观点一致，庞赛特认为法院处理问题的角度从根本上就是错误的：问题的焦点不应是在法国的奴隶，而是在法国的黑人。

“无论以奴隶的身份还是其他身份，太多的黑人涌进法国，这是非常危险的。不久后，法国会被玷污，”庞赛特写道，当时一个名为路易斯的混血儿刚胜诉，法院判给了他自由和欠薪，“从总体上看，黑人是危险的。一旦给他自由，他必将滥用。”

庞赛特呼吁应该将每个在法国的黑人登记入册，不管是奴隶还是自由人，以消除潜在隐患。

在庞赛特谴责混血儿“玷污”了法国时，托马斯·亚历山大未来的导师圣乔治骑士（当时仍叫约瑟夫·布伦）却证明了肤色不能作为衡量一个人的标准。庞赛特转入皇家海事法庭工作那年，他进入博塞耶黑学校学习。在朋友眼中，“没有人能比他更加风度翩翩，除非亲眼所见，否则很难相信世上竟有如此敏捷灵巧的人”。在一个击剑高手嘲讽他只是“博塞耶黑学校名不见传的混血小子”时，约瑟夫的父亲鼓励他通过决斗来维护尊严，并允诺取胜后，送他一驾新马车。或许年轻的约瑟夫当时只是为了新马车而战，这场决斗对于民权支持者及种族法拥护者来说，意义非凡。众多朝臣和各界名流打赌下注，猜测决斗的胜负。成百上千人齐聚习武大厅，见证这场决斗，约瑟夫一战成名，以“绝世妙招”轻松击败了比他经验丰富的对手。

不管国王对有色人种持何种态度，作为嘉奖，他邀请约瑟夫加入了凡尔赛宫的精英护卫队。这支精英护卫队经常身着猩红色礼服，伴同国王参加大型庆典。约瑟夫成为了一名骑士，自称为圣乔治骑士（据说约瑟夫的父亲在瓜德罗普岛拥有一处名为圣乔治的种植园）。约瑟夫·布伦成为骑士的同时，庞赛特·格拉夫被提升为检察官。他继续坚持自己的主张，认为出于安全考虑，除了黑人外，凡是住在法国本土有非洲血统的人都应登记入册。

1762 年春天，法国政府颁布了一条新条例，要求在一个月内，巴黎及周边郊区范围内所有有非洲血统的居民均需前往巴黎最高法院登记入册，同时所有黑奴的主人也需前往进行申报①。庞赛特本人也来到注册登记法院现场。

在约瑟夫父亲把他接到法国两年后，约瑟夫的母亲娜农也来到了法国。1762 年 5 月 10 日，娜农来到法院注册登记。两天后，约瑟夫也应到达法院注册。

但在 5 月 12 日当天，庞赛特和他的亲信没有等到约瑟夫本人，却迎来了尼古拉斯·本杰明·泰克赛耶·博塞耶黑先生，他作为“时年十五岁半的寄宿混血学生约瑟夫的委托人前来为其注册登记”。博塞耶黑先生解释说他的学生来到法国“是获得了罗马天主教的指引，来此接受所有适合年轻人的教育，待到学成之时、航线自由通行之日，他将返回先前居住的美洲岛屿”。

这位击剑大师代为前来，庞赛特也许颇有微词，或许他非常期待能借此机会当面羞辱约瑟夫。但约瑟夫·布伦此时已是圣乔治骑

① 因该条例而进行的大范围注册登记，较为详尽地反映了当时巴黎有色人种的来源：绝大多数来自圣多明克和其他西印度群岛；25%来自印度洋沿岸的殖民地，如莫桑比克、马达加斯加、印度等；10%来自西非；只有约 6%来自北美洲。男性与女性的比例为 3:1。约 27%的登记者为自由人。

士，是国王护卫队的一员，所以他也无法坚持要求其亲自前来。于是，在博塞耶黑先生的签名旁，庞赛特在约瑟夫·布伦的注册文书上签上了自己的名字。

接下来的20年间，抱着理想主义的律师和启蒙运动者在法国各地积极宣扬废奴主义，而庞赛特却在凡尔赛宫和巴黎的大小讲坛鼓吹他的种族污染说。他发现海军和殖民地事务部是他最强大的盟友。该事务部同样认为在巴黎和其他城市因种族通婚产生混血种群日渐增多的情况，应该引起足够的重视。其实，法国执政者对于这种国家种族主义危机观的认同，很大程度上是被其所处的国际困境所迫。在七年战争中，法国战败，1763年签订和平条约，被迫将其在北美的殖民地割让给英国。从纽芬兰到路易斯安那和墨西哥湾，“新法国”的开发和投资历经了200年。（条约允许法国保留在印度的5个殖民市镇，但是不得进行军事武装，不得阻碍英国在印度次大陆的殖民统治。）法国只保留了圣多明克和其他几个被视为不可或缺的西印度群岛。因此法国亟需加倍投入糖料生产，以保护奴隶制度。

1776年托马斯·亚历山大抵达法国时，法国草拟了一项新的议案以解决黑人和混血种群带来的问题。议案认为时下的律师和哲学家将奴隶制问题扩大化为法国旧时权利和时政之间的一场全民公决。议案赞成庞赛特等人所持的观点，认为应视其为种族问题而非奴隶制问题，并提出了新的解决方案。

1777年8月9日，路易十六国王颁发了《黑人治安条例》，这则条例颁发的目的在其初稿中暴露无遗：“最终，完全消灭法国本土的黑人种族。”

根据《黑人治安条例》，在法国八个主要港口建立多座“收容所”，实为监狱或者原始集中营，用于收押被带入或非法滞留在法国本土的黑人及有色人种。其目的是通过完全拒绝黑人入境，而规避50年来层出不穷的自由诉讼案：收容所虽建在法国领土上，但却享有治外法权特权，故而自由原则对其并不适用。《黑人治安条例》同时提出应围捕所有在1777年之前非法入境的奴隶，将其送至收容所，而后驱逐出境。

令人惊讶的是，对于这些新法案，巴黎最高法院却并未表明反对立场。部分原因在于种族是一个新兴概念，法院没有保护黑人权利的先例，之前案例也仅涉及奴隶与自由人之分。针对肤色的人身迫害在法律监管上还属于空白，比如奴隶制也只被广泛理解为一种压迫。对于托马斯·亚历山大和圣乔治等的巴黎混血贵族来说，这无疑是个噩耗，因为这意味着他们的爵位随时有可能被永久撤销。

1778年，《黑人治安条例》又多了两条补充条款。其一要求巴黎的所有有色公民随身携带特殊证明，注明其姓名、年龄及主人姓名（如为奴隶）。其二禁止白人公民与“黑人、白黑混血儿或有色人种”通婚，从而逐渐实现种族主义者的长期目标。1780年，托马斯·亚历山大刚满18岁时，国王颁布了一项新的法律，禁止称呼有色公民为“先生”或“女士”。尽管圣乔治仍然是骑士，托马斯·亚历山大仍旧是伯爵，但都不能在他们名字后加上“先生”两字，否则就会触犯法律。

与法兰西王国末期颁布的很多法令一样，新种族法并没有得到很好地执行。从这个意义上说，国王统治无能反而是人性的福音。直到20年后，拿破仑·波拿巴执政时期，这些收容所才真正运作起来。到那时，法国的黑人和混血民众将体验到什么是真正的自由，却也将体验到失去自由时的彻骨之痛。

第五章

# 美国人在巴黎

尽管托马斯·亚历山大具有明显的非洲黑人血统，他的外貌却并未遭到同时代人的嘲讽；相反，他受到了赞美和称颂。“他堪称世上最帅的男士，”1797年一份传略中评价道，“其品貌独特，优雅而高贵。”尽管200年来人们大多认为黑人的长相原始而下等，世人却并不对他“黑到极致”的肤色及非欧洲的面孔有相同偏见，相反，认为在他身上闪烁着远古文明的光辉。“他有着与古希腊人、古罗马人相似的卷发。”1797年的这份传略中写道。在新古典主义时期，这是至高的赞美。

他肩宽腰细，身材健美，堪与希腊英雄雕塑媲美。“父亲那个时代，健美的体格备受世人推崇，”大仲马在回忆录中写道，“父亲与母亲结婚时……腿粗壮有力，与母亲的腰一样粗。”（与后来的时代不同，当时男子一般身着紧身衣或马裤，女子流行曳地长裙，因此匀称的腿形对男子更为重要。）与当时男子的平均身高1.65米相比，身高1.8米的托马斯·亚历山大格外魁梧高大，他拥有大力神赫拉克勒斯般的神力，双手和双脚看上去却与贵族太太小姐们一样秀美姣好。

18世纪在法国，骑马和跳舞是上流社会生活中的两大元素，托马斯·亚历山大体格出众，在运动和跳舞方面有着惊人的天赋，这成为了他迅速融入巴黎上流社会的敲门砖。

大仲马在回忆录中写道："法耶特、拉莫斯、狄龙、劳桑等家族的公子都是父亲当年的好友。在这些青年才俊中，父亲最像一位真正绅士的儿子。"除新学习的技能，儿时在大湾高地那些经历为他的运动特长打下了坚实的基础。法国的地理风貌虽然与大湾高地有很大不同，但是狩猎同样备受绅士们的推崇，认为这是保持战斗状态的最佳运动。(路易十六国王也非常喜爱狩猎，当然他更喜欢摆弄时钟和门锁)。狩猎结束后，在邻近的城堡或宫殿里通常会举行盛大的宴会，宴席上有各色开胃小菜、鱼、禽肉和游戏，当然，红酒、汤、甜品和甜汤也必不可少。宴会场地经常会有瀑布、雕塑、人工湖，并搭建精美戏台，燃放绚烂烟花，以及管弦乐队演奏的美妙乐曲（当时管弦乐队一般在地下乐池中演奏，与如今宴会演奏讲究观众鉴赏的潮流有所不同)。

托马斯·亚历山大过着佩勒特里家族成员曾经梦寐以求的生活，而安托万在他这个年纪还在战场上而不是在学校学习剑术。事实上，佩勒特里家族世世代代都守着考克斯的产业度日。

安托万倾尽全力支持儿子的奢华生活，这也许正是他曾经渴求的生活。他总喜欢嘲讽侄女婿莫尔德伯爵教条古板，尽情挥霍着从莫尔德伯爵手中夺来的遗产。他们在巴黎这个帝国首都、世界中心，用着秘鲁银器、几内亚金盏，品着从圣多明克运来的加了糖的咖啡。帝国的所有产品在巴黎应有尽有，而他们终于来到了这里。

托马斯·亚历山大从殖民地带来的故事新奇而精彩，不管是美洲鳄，还是海盗，总能让听众深深着迷。除了长相、优雅的气质和魅力，曾是个"美国人"的经历让他在巴黎的上流社会独具魅力。

在 18 世纪末的法国，"美国人"这个词通常被视为"有色人种"的同义词。托马斯·亚历山大来自盛产糖料的美洲岛屿，母亲曾是名奴隶。不管是初至巴黎的托马斯·亚历山大，还是早在 25 年前就来到巴黎的圣乔治骑士，无一例外都是在巴黎的“美国人”。所谓“美国人”不仅仅是指他们的出生地，无论是奉承还是轻视，总之，暗含着特殊的意味；而1778年后，又多了一层新意义：“战友。”

少数住在巴黎的英国白人殖民者也被称作“美国人”（尽管从严格意义上说，他们应该是克里奥尔人）。从1778年2月起，法国人与美国人正式结盟，帮助他们推翻了英国人的殖民统治，获得独立。极具讽刺意味的是，联盟协议由被巴黎人亲切称作“电学大使”的本杰明·富兰克林和年轻的路易十六国王共同签订，于是，路易十六也成了反对君主专制的美国独立战争的最大支持者。

在英法七年战争中法国惨败，失去了北美洲和印度的大片殖民地，可以说，法国政府是为报一箭之仇才支持美国人的独立。对于凡尔赛宫来说，美国独立战争是百年来英法之间为争夺经济利益和殖民地而发动的战争的延续。1763年，英国把法国赶出了美洲，1778年法国希望通过支持美国独立战争予以回击。

但是自愿参加美国独立战争的法国贵族们，包括拉法耶特侯爵在内，之所以远赴战场更多是出于个人原因而不是所谓的地缘政治。近十年的和平，让想要在战场上证明自己勇气胆识的年轻人倍感压抑；在博塞耶黑学校所学的一切技能也只能在决斗场上施展。美国战场也许是他们可以真枪实战的唯一机会。除对战斗的渴望外，更重要的是他们希望能够践行美国人口中的那个重要的政治理念：爱国主义。①

① 美国独立战争时，在1779年参加佐治亚州萨凡纳围城战的法国军队中，有一支由黑人自由人和有色人种组成的队伍，未来的法国议员、前奴隶让–巴提斯特·贝利及后来的海地国王亨利·克里斯托夫也在其中。

做“爱国者”成为了巴黎的一种时尚。没有人比法国贵族中的自由派更加钦佩美国爱国者们反抗乔治三世专制的勇气。同时，法国贵族们特别认同美国人提出的“反对税收”的有关主张①。与奴隶制一样，美国独立战争让法国人重新反思自己的现状，成为了进步贵族反对落后君主制的代名词。（这也标志着法国与美国爱恨交加复杂关系的开始。）

突然间，巴黎作为法国时尚界的领头羊刮起了一股美国风：裁缝们缝制了“叛乱大衣”和“避雷针礼服”（为了纪念本杰明·富兰克林，礼服上加了两条长到触地的特制电线）。发型设计师设计了波士顿发型和费城发型。王后的礼帽制造商设计了带有艳丽羽毛的约翰·保罗·琼斯礼帽，以纪念这位美国海军英雄和那艘在与英国海军作战中屡立奇功的战船。据说这艘战船从索具、桅杆到大炮，都属一流装备。年底时，巴黎警方禁止以“叛乱”一词命名一款新发型，此事虽小，却反映了官方对叛乱这一字眼产生了些许忧虑。不过，美国风却越来越受欢迎。

但凡尔赛宫在试图禁止法国民众使用“叛乱”字眼时，却从未担心支持美国叛乱的后果。正是有了法国海军这支拥有完整吨位和高强火力的军队加入，美国独立革命才不至沦为一场英雄白日梦。尽管也许美国人只想把独立战争的战场局限在缅因州到佛罗里达州之间的美洲大陆，但法国人却趁机在印度、牙买加和非洲的殖民地兴风作浪，使英国四处受袭，最后不得不将美洲海岸驻扎的大部分

① 法国贵族们特别认同英国新大陆的爱国者在赋税方面的不满，两者都认为自己缴纳了过高的税费，却并未拥有应得的话语权。其实，18世纪六七十年代，在大英帝国的臣民中，新大陆殖民者缴纳的赋税可谓最低。他们所谓的“未拥有应得的话语权”与实际情况相比也有所出入，因为在当时英国国会议政体制下，很多英国王室成员并不比殖民者们拥有更多的话语权，却缴纳着更高的税费。法国也存在类似的情况：从纳税比例上来看，贵族们比一般民众要低，但在法国最高法院的体制下，他们比一般民众拥有更多的话语权。然而，作为法国最激进的爱国者，他们在美国独立战争中发挥了重要作用。

海军调派他处抵御法国军队的攻击。①

托马斯·亚历山大和其他博塞耶黑学校的学生一定时常听到在马萨诸塞、纽约、马里兰和弗吉尼亚等战场上发生的诸多英雄事迹。法国海军也捷报频传，从西印度群岛到孟加拉湾，对英军造成了巨大的威胁。在英国正式投降前夕，华盛顿将军邀请年轻的路易斯–玛丽·诺阿耶子爵与美国代表一同前往约克镇，与英国代表展开谈判，由此可见，法军的援助对于取得美国独立战争的胜利具有至关重要的作用。

于是，现代第一大共和国美国，在法兰西这个西方最古老的君主国支持下诞生。凡尔赛宫却因此破产。仅在1781年，法国对美国独立战争的投入就高达2.27亿里弗；仅海军一项支出就高达和平时期正常支出的五倍。没有人能确定路易十六如何筹得这笔巨资，但是大规模的借贷是难免的。

美国独立战争结束后，在巴黎签订了和平协议，虽然法国对战争的胜利具有决定性作用，但却只从英国手中夺回了塞内加尔。(西班牙夺取了新世界的更多领土，也许这正是外交的奇异之处。)历史学家米什赖特认为，美国独立战争让“法国在荣耀之下暗藏着毁灭”。1783年英美和平条约的签订使得法国王室的声誉空前好转。

在弗农山庄乔治·华盛顿总统房间的墙上，挂着一幅路易十六的全身画像。美国举行爱国纪念活动时，经常会为“维护人类权利的”法国国王和“罗尚博伯爵及法国军队”举杯。法国国王的生日也曾一度成为美国国家法定假日。

欧洲最强大的君主国竟被誉为最能体现“生活、自由和追求幸福权利”的国度，本身就存在不合理性。正如我们现在所说，这并

① 英国政府希望英国海军可以袭击为美军和法军服务的中立国船只，并抢夺军用物资。然而，针对这一问题，俄国凯瑟琳大帝于1780年创建了“中立国武装联盟”，联合欧洲各强国为美国和法国的货船开放航线；普鲁士、奥地利、荷兰和西班牙，甚至是土耳其帝国都加入到了反英阵营中。

非可持续发展的形势。

当时，人们心中的真正骑士是怀着满腔豪情、抵抗专制英军的爱国者。巴黎的时尚绅士们纷纷加入从英国归来的奥尔良公爵所创立的美国波士顿俱乐部，对革命的态度难免有些随意而漫不经心。

虽然现在看来，美国独立战争远比后来血雨腥风的法国大革命要理智而持重，但在当时，法国很多拉法耶特式的人物都认为将来法国革命不会过于暴力，且担心会太过温和。“法国的问题很难解决，而法国人似乎并不准备采用极端的方式解决问题，”他在给华盛顿的信中写道，“‘不自由,毋宁死’这句口号在大西洋此岸并不流行。”

18 世纪法国知识分子对美国独立战争的欢迎程度，不亚于 20 世纪法国知识分子对东欧剧变、苏联解体的推崇程度。正如后者会历数共产主义政权的种种弊端，前者则大声为英国人对美国奴隶制存在伪善性的指控而辩白。如若奴隶制继续存在，何来所谓的人人自由平等？其实，许多美国开国元勋也应料到，与南方诸州的妥协是一枚定时炸弹，如处理不当，悲剧在所难免。但是当时法国一些知识分子却想尽办法粉饰美国之殇。巴黎剧院曾把美国弗吉尼亚的田园生活编成话剧，搬上舞台，剧中，黑奴与其主人高唱着自由之歌，肩并肩一起工作。

⟶⟵

托马斯·亚历山大成年后，更喜欢待在离家只有三小时车程的巴黎。夜幕降临，光明之城的街道上会燃起烛台或崭新的油灯（在当时的技术条件下，这个想法相当超前），光怪陆离的夜生活是漆黑一片的圣日耳曼昂莱所难以企及的。路易-塞巴斯蒂安·梅西埃在回忆录中描述了 18 世纪 80 年代的所见所闻：“远远望去，巴黎街头的路灯耀眼夺目，走近时发现其实不然，站在灯下，几乎看不见自己的手。”除路灯外，还有提灯的侍者为行人驱赶黑暗。为了方便警察跟踪管理，每位侍者都有一个固定编号，他们通常守候在宴会举办的场所门外，参加宴会者只需用几个硬币，就可雇上一位侍者提灯照路回家，一直送入房内。当然，像托马斯·亚历山大一样的年轻绅士，都有自己的贴身侍从，也就不用另雇提灯侍者。

当时的法国贵族都有贴身侍从，照料他们的生活起居。很多大型晚宴都要求参加者自带一位贴身侍从，负责斟酒、盛汤，并根据自家主人的喜好选择冷盘。不管是美国独立战争，还是后来标榜崇高的法国大革命，很多英雄的身后都有一位忠诚的侍从。如果没有贴身侍从打理生活起居，想必托马斯·亚历山大也无法从容应对争取自由、平等和博爱道路上的种种危难。（多年后，成为英雄的托马斯·亚历山大在海上遭遇风暴，贴身侍从不幸丧生。在抵御敌人攻击的同时，还要分心料理日常生活，让他几度陷入困境。）

大仲马笔下最受欢迎的角色之一——达尔达尼央，这个褐色长脸的法国南部人刚到巴黎时举目无亲。托马斯·亚历山大所生活的巴黎比达尔达尼央所见的更繁华也更喧嚣。到处都是“可怕的噪音，只有最惊人的声音才可将其刺穿”，梅西埃在回忆录中写道。渔妇们扯着嗓子兜售马鲛鱼、青鱼和牡蛎：“新货，刚到，绝对鲜活！”小贩们叫卖兜售着各种商品，旧衣服、雨伞、姜饼、烤苹果、桶装酒、南方运来的柑橘，应有尽有。

当然，与达尔达尼央最为不同的是，这位从圣多明克来的男孩有位富有的父亲，尽管后来父亲荷包里的银票逐渐变成了借据。为什么安托万如此溺爱托马斯·亚历山大，不惜一切地满足爱子的要求，一直是个谜。后来，安托万的财产公证人把实情告诉了一直蒙在鼓里的莫尔德伯爵，“侯爵为了给儿子仲马，据说是他的婚外子，还债花光了所有的积蓄，其实一直在靠您付给他的年金度日”，这位公证人指出托马斯·亚历山大“这个婚外子挥霍了侯爵太多的钱”。

但对于一个巴黎的年轻绅士来说，任何烧钱的行为都不值得大惊小怪。一身体面考究的宴会礼服需要用绣花丝绸、缎子、织锦、丝绒等制作而成，这可能要花费 4000 里弗，如果加上金扣和镶嵌宝石的舞鞋，价格更是贵得惊人。尽管之前在耶利米也有衣着光鲜靓丽的公子哥和太太小姐，但是巴黎的物价与耶利米相比有如天壤之别。据说路易十四的财政大臣让-巴蒂斯特·科尔伯特说过："法国的时装业，犹如西班牙的秘鲁金矿。"

俗话说"人靠衣装，佛靠金装"，在巴黎，衣着打扮、出门座驾都是判断一个人身份和地位的标准。"对于财富追求者来说，四轮马车是终极目标，"梅西埃写道，"每个巴黎人都希望能拥有属于自己的单马双轮轻马车或两轮普通马车，当然，四轮马车更是许多人梦寐以求的东西。"其实，这并不只是出于对财富的渴求，还有更重要的现实原因：当时巴黎的街道狭窄、拥挤且泥泞，很多街道根本没有人行道。梅西埃曾大篇幅地描写了巴黎当时的交通情况，称"路上的泥浆又脏又臭，掺杂着砂砾和从马车上脱落的金属碎片，有时还有生活垃圾浸在其中，臭气熏天。应该没有外国人能够容忍这种气味；就像硫酸与强硝酸混合在一起，只要溅上一滴这种泥浆，衣服就会被腐蚀掉"。在巴黎，只有衣着污秽的穷人和工人，才敢徒步走在这种泥浆四溅的路上。

在巴黎，有些行人自诩为绅士，想要保持洁净，却又囊中羞涩，无力定期购买新的丝裤和长袜，这种现实与需求的矛盾促使巴黎逐渐流行起了一种新时尚：纯黑。尽管一整套纯黑的衣物与其他同等彩色的在价格上没有什么差别，但却可以穿更长时间，所以要实惠得多。不过，女士们似乎对泥浆毫不在意，纯白衣物颇为流行。这股从出产糖料的殖民岛屿刮来的波尔多纯白风，于 1782 年席卷巴黎，当时托马斯·亚历山大刚满 20 岁。法国王后的着装风格也是严格的波尔多纯白风：各式各样的白色礼服、白色钻石与她的白色头色和淡蓝色眼睛完美搭配，在凡尔赛宫中艳冠群芳。

钻石：对女人来说，闪闪发光的钻石是绝佳的配饰，从颈部到手部，似乎哪里都可以用钻石来点缀。除佩戴钻石项链、钻石戒指、钻石手镯外，贵妇小姐们还把钻石镶在了帽针、发圈、花饰和鼻烟壶上。更有甚者，戴什么项链与礼服里穿的紧身束衣上的钻石也要讲究搭配。男士们也戴宝石，有的人戴的宝石戒指比女士还要多。男士鞋扣、剑结、手枪柄和怀表上都会镶上宝石。不幸的是，托马斯·亚历山大的父亲也是个宝石购买狂，这个躲在贫瘠山地生活了30年、曾教他鉴别宝刀好鞍的男人，现在最大的爱好就是跑到珠宝商那里选购宝石。

安托万的珠宝商住在诺曼底东部的鲁昂。根据他的记录，这位从圣多明克归来的侯爵是他最好的客户。有一次，这位珠宝商派一名侍从到圣日耳曼昂莱给安托万送货，安托万的侍从带他上了二楼，当时，安托万正在床上睡觉。当送货人询问他是否就是佩勒特里侯爵时，几十年来隐姓埋名的习惯，让尚未完全清醒的安托万本能地答道："不不，我不是。我向你保证，我绝对不是佩勒特里侯爵。"这名侍从只能满腹狐疑地回到鲁昂，向珠宝商报告说没有找到佩勒特里侯爵。

父亲和儿子竞相挥霍钱财，不过父亲购买珠宝的爱好略胜一筹。购买珠宝让安托万体验到了此前从未有过的快乐，他觉得自己"死而复生"。随着死亡的迫近，他似乎决心抱着这种狂热走向坟墓。很快他便债台高筑。1783年69岁的佩勒特里侯爵与30岁的管家玛丽·荷窦关系更加密切，于是决定与之共享奢华生活。

在父亲佩勒特里侯爵的资助下，托马斯·亚历山大搬到了巴黎市中心独自居住。

# 第六章
# 光明之城的黑伯爵

1784年春天，托马斯·亚历山大搬进了巴黎市中心艾提埃纳大街的新房间。与18世纪其他离家独居的侯爵家公子一样，托马斯·亚历山大得到父亲的巨额资助，新房间的豪华程度不亚于卢浮宫。

在过去的一个世纪，巴黎发生了翻天覆地的变化。修建凡尔赛宫的同时，路易十四对中世纪的巴黎进行了大规模的重建，重建计划中的第一步就是建造新的林荫大道，供市民们散步、购物，私人花园和宫殿也面向公众开放使用。因此，托马斯·亚历山大得以在杜伊勒里花园练习骑术。他的新住处距离法国皇家宫殿只有三个街区，这座由富丽堂皇的建筑群和巧夺天工的花园组成的皇家宫殿可谓巴黎的标志性建筑之一，见证着巴黎的如烟往事。

正如当年一位游客所言："法国皇家宫殿是众人向往的胜地，是巴黎王公贵族们聚会议事的首选地。"这座宫殿原本是红衣主教黎赛留的官邸。现实世界中的黎赛留主教其实并非大仲马小说中描写得那般一心密谋暗杀计划，他对于经营产业亦有着浓厚的兴趣。黎赛留主教去世后，路易十四国王将这座宫殿作为礼物送给了奥尔良家族，18世纪七八十年代时，又投入巨资将其由私人宅邸改建成了巴黎最重要的公共场所。

宫殿庭院两旁有商店、咖啡馆、小酒馆、旅馆、剧院、书店，甚至是公共浴场，什么都可以在这里买到。1786 年，一位侯爵参观完皇家宫殿后，感慨道："在其他地方要花上一年才能寻到的宝物，在这里只需一天就能全部买齐。"古老栗子树枝繁叶茂，疏密相间，宛如巨大的华盖，又像是宫殿上方的天然屋顶。诸多诗人、科学家汇集于此，潜心阅读。人们可在此弹奏古钢琴、观看催眠术表演，或参加当年流行的其他活动。托马斯·亚历山大搬到新住所的那年，瑞士解剖学家菲利普·科特斯和他的侄女玛丽·杜莎在这里开了一家新的蜡像馆，展出了伏尔泰、卢梭、本杰明·富兰克林、法国王室成员等人的蜡像。

当时，巴黎街头的露天咖啡馆并不多见。多数咖啡馆都在室内，装饰着大理石桌、镀金墙壁、镜子和吊灯。但法国皇家宫殿里的咖啡馆却经常把座位摆放在庭院中，人们可以坐在户外，品着咖啡，谈心聊天；还可以在露天台球桌打打台球；赏赏萎靡的歌曲；看看老式放映机播放的短片和电磁学的最新发明；听听奥尔良公爵阵营讽喻时政、嘲弄国王的高见。每天都有一大批男女老少涌入庭院，三五成群围坐一处，纵声高谈最近发生的新鲜事、奇怪事。

在这里，每个人都可以拿出自己感兴趣的东西，与别人分享，甚至大声争论。法国皇家宫殿是奥尔良公爵的宅邸，并不属于巴黎警方的管辖区域，公爵的护卫队全权负责维持宫殿内的秩序。虽然管理规定复杂而严苛，但民众还是可以享受到足够的自由。这里是三教九流聚集之地，哲学家、政治家、医生、律师、工人和贵族，形形色色的人都有，法国大革命中许多有名的政治俱乐部都在此处诞生。（半个世纪后，卡尔·马克思与弗里德里希·恩格斯也是在这里的一家咖啡馆首次相遇，因此可以说，法国皇家宫殿既是 18 世纪又是 20 世纪革命的发源地。）

不过对于托马斯·亚历山大和启蒙时代很多人来说，这里是邂逅绝代佳人的风水宝地。"小路深处摆放的那两三张椅子，根本不足以供这里的佳人驻足歇息。暮色苍茫中，众多翩翩倩影构成了一道赏心悦目的风景线，”一位德国游客由衷感慨道，“这些巴黎最美丽，至少是最优雅的女子，迈着自然从容的步伐走在花园的路上……花园周围的拱廊有180道拱门，每道拱门处都悬挂着一盏灯。灯光与附近咖啡馆、餐厅和商店透出的亮光交织在一起，给步行的佳人涂上了淡淡而柔和的颜色，愈发显得美丽迷人、神秘而高贵。当然，在柔和而灰暗的光线下，高贵与欲望并存，似乎有一种神奇的魔力，连空气中都弥漫着淫荡的气息。”

在这样一个白人聚集之地，托马斯·亚历山大的肤色肯定格外引人注目，但是22岁的托马斯·亚历山大逐渐发现，除好奇外，也有人羡慕他的长相和“温润的棕色”双眸。1784年的巴黎，很多人都喜欢追求情爱刺激；人人都在阅读两年前出版的那部名为《危险关系》的小说。据说，与小说男主人公凡尔蒙子爵一样，圣乔治骑士也是位情场高手。就算那三位曾联合上书拒绝“美国人”担任主管的白人红伶，也不可能拒绝入夜后独自与他在剧院包厢中看戏。

白天，法国皇家宫殿是时尚生活的中心，而晚上，剧院则是巴黎夜生活的主场地。当时博马舍那部著名的政治喜剧《费加罗的婚礼》刚刚冲破长达三年的禁演令，在巴黎首次公演，场场爆满，轰动剧坛。但是，如果与女士约会，最好还是去圣殿大道附近的尼科莱剧院。①尼科莱剧院里鱼龙混杂，时尚的太太小姐、名妓、世家士兵、律师、会计师，都是剧院的常客。这里的特技表演非常有名(起初，有位男主角因病无法参演，剧院找了只猴子替代他的位置，后来却惊喜地发现这只猴子非常受观众欢迎)，但是剧院最吸引顾客

① 与法国皇家宫殿不同，圣殿大道主要面对下层阶级开放。名字中的“圣殿”一词并非指教堂等建筑，而是得名于曾设在此地的欧洲中世纪圣殿骑士团堡垒。18世纪90年代，雅各宾专政恐怖统治时期，路易十六国王、玛丽-安托瓦内特王后及其他王室成员在遭处决前曾被关押在此处，据说年幼的路易十七也是在这里神秘死亡。

的是幽暗封闭的包厢，非常适合谈情说爱。

托马斯·亚历山大有时会去尼科莱剧院，1784 年 9 月在这里他遇到了一件不同寻常的事。

尼科莱剧院并不宽敞，只能容纳 400 多名观众，面积也比普通的餐馆大不了多少，燃烧的火把和牛油蜡烛经常散发出一种独特而刺鼻的气味。文人雅士们不得不时刻留意自己的假发，以防被身边的火把点燃。

一天晚上，包厢里烛光摇曳，托马斯·亚历山大与一位女士一同观看演出。后来有人说这位女士“是位克利奥尔美女，在当时颇有名气”。这不足为奇，在殖民地长大的白人女性既千娇百媚又热情大方，因而在巴黎大受欢迎。或许托马斯·亚历山大也曾预感到陪同这样一位克利奥尔女士观看演出，应该会有不同寻常的事情发生。因为与巴黎不同，当时殖民地针对种族的立法日趋严苛。不过，他依然很乐意陪同这位女士观看演出。

一位殖民地海军军官的出现，让之前的担心一语成谶，跟他一起的还有两位带着武器的同伴。三人在托马斯·亚历山大和那位女士的周围坐了下来。

“您真漂亮，身材这么好，乳房这么美，”托马斯·亚历山大在后来的报告中回忆了军官当时的下流语言，显然丝毫没有把女士身边的他放在眼里，“告诉我您的地址吧，或者您记下我的地址？您是从国外来的吧，我带您去卢浮宫怎么样？”

当时托马斯·亚历山大一定很想知道，这种赤裸裸的表白到底是调情还是对他的挑衅。仗着人多，军官有些有恃无恐，似乎每一句话都在刺激托马斯·亚历山大，逼他作出过激行为。

托马斯·亚历山大认出了这位军官，只是叫不出他的名字，其实来人名叫让-皮埃尔·提顿·圣拉曼，曾在马提尼克岛的精锐部队担任海军上尉。像他这样的人经常在凡尔赛宫周围活动，到处吹嘘在海外战场自己如何九死一生，期待能够晋升个一官半职。事实上所谓的海外作战只不过是抓捕奴隶的行动，但是提顿毕竟曾在精锐部队中任职，看来并不简单。

“您喜欢美国人吗？”他轻蔑地问道。

在给警方的完整报告中，托马斯·亚历山大写道，提顿向这位女士“屡屡粗鄙示爱”，完全无视自己的存在。

从托马斯·亚历山大后来的来往信件和行为处事中可以看出，他不认为种族能够决定一个人的品行。何况，他有一半的白人血统。他与白人一起生活，父亲是白人，有白人朋友，也有白人情人；除圣乔治骑士外，老师也是白人。像提顿一样的殖民走狗才最让他不齿，这些走狗完全依靠控制黑奴来维持自己的地位和生活，自由黑人和黑白混血儿使其惶恐不安。

当这位女士答道，她确实喜欢美国人时，提顿满含讽刺地祝福她，继而开玩笑嘲讽她的同伴。托马斯·亚历山大再也按捺不住，对提顿说道：“请您尊重这位女士，不要再打扰我们。”接着建议同伴不要再去理睬提顿。

闻言，提顿不怀好意地大笑起来，说道：“小姐，我以为您身旁这位是您的侍从！”

托马斯·亚历山大当时一定很想拔剑，好好教训一下提顿，每天习武锻炼六小时，不正是为了面对侮辱时能够维护自己的尊严吗？

“但是，朋友，白黑混血儿什么样我们都清楚，”提顿对托马斯·亚历山大说道，“在你老家，像你这样的白黑混血，脚上和手上都要戴上锁镣。你若胆敢再啰嗦一句，我立刻找警卫把你抓起来，送进监狱。你可知道我是谁。”

从他对托马斯·亚历山大的说话态度中可以看出，自一开始他就不是为了夺得美女芳心，完全是冲着托马斯·亚历山大这个佩戴刀剑又衣着光鲜的混血贵族而来。

托马斯·亚历山大回答说，他对提顿刚才所说的一切非常不屑，也曾听说过他的“名号”：不过是凡尔赛宫陆军部的一个小小职员。提顿失去了耐性。他的同伴拿起了手杖，朝托马斯·亚历山大扔了过去，并大叫着让警卫把这个混血杂种抓起来。托马斯·亚历山大试图带着同伴离开，却被拦住了去路。

提顿的两个同伴把托马斯·亚历山大抓起来，试图强迫他跪在提顿面前乞求宽恕，这必定让托马斯·亚历山大终生耿耿于怀。提顿和他的同伴觉得，如果能让这个混血儿当着他白人女伴的面跪地求饶的话，那么今晚的这番嘲弄就可以完美落幕。提顿叫来了剧院的侍卫帮他“逮捕这个混血儿”，警卫问道是否需要把托马斯·亚历山大带走。

托马斯·亚历山大在所写的报告中，声称他后来挣脱了警卫、提顿和他的同伴，回到了包厢，发现女伴已经离开。没有女伴在场，提顿觉得索然无味，便让警卫放开了托马斯·亚历山大，但是游戏还未结束。

提顿以夸张的语调大声宣布：“你自由了！我赦免你，你可以离开了！”

正在这时，警察到了，将两人同时以扰乱治安罪拘捕。

1784年9月15日，也就是事发后的第二天，巴黎警局收到了两人在羊皮纸上书写的关于此事的声明。托马斯·亚历山大以第一人称无比坦率地描写了整个事情经过，而提顿却以第三人称极其傲慢冷漠地写道：“提顿·圣拉曼先生，曾任马提尼克岛圣皮埃尔城驻军指挥官，在圣皮埃尔城有一处住宅，现在法国步兵团中任职，有幸解释如下：昨日，他与两位朋友到尼科莱剧院观看表演，发现包厢中邻座坐了位年轻的小姐。于是，提顿先生便同这位小姐交谈了一会儿，礼貌性地夸赞了她几句，没想到坐在她身旁的白黑混血男子无端介入进来。”“提顿先生”表示这名混血男子太过“无理”，后来迫于无奈，只能请来警卫，但是，提顿先生非常宽宏大量，已经原谅了他。

大仲马一生对尼科莱剧院的这场冲突非常着迷，当然他的父亲也肯定从未忘记；也许他把事情经过告诉了他未来的妻子，或许他的密友也有所耳闻。很多年前，我第一次在少儿版的大仲马回忆录中读到了这个故事。时至今日，关于尼科莱剧院的这场冲突，大仲马回忆录是已知的唯一版本，不过，他的版本与我所找到的当时的警方文档完全不同。

两个版本的区别是从这位前精锐部队军官说“噢，我请求您的原谅，我以为您身旁这位是您的侍从”之后开始的，在仲马的版本中：

> 话音未落，傲慢无礼的火枪手如离弦之箭般飞了出去，砸落在管弦乐队所在的乐池中。
>
> 意想不到的降落在人群中引起了一阵骚动。
>
> 人们对谁掉下来并不太关注，而是对砸到谁更感兴趣。
>
> 乐手站在乐池中演奏，所以没有必要起身；于是，大家将目光投向了火枪手掉下来的那个包厢。
>
> 我的父亲，知道这一掷的必然后果，所以迅速离开包厢，在走廊里静静地等候对手的到来。不过，他却等来了一位警察。

大仲马不仅让他父亲轻而易举大获全胜，而且把坏人扔进了人群中，给整个事件平添了几分喜剧色彩。

我一直喜欢这样的场景，如同传奇流浪小说中描写的那般简单利落、大快人心。但是，在读过警方案卷以及成千上万份关于托马斯·亚历山大生活的那个时代的文件后，我认为在大仲马描写父亲的文字中，这段尼科莱剧院冲突的英雄式描述最具有误导性。

除回忆录外，大仲马也将这一故事不断写入他的小说。小说《乔治》讲述了一名混血儿在遭受白人殖民者折辱后，用尽一生时间奋斗复仇的故事：主人公也与托马斯·亚历山大一样，在类似博塞耶黑学校的地方学习格斗技能。他心中只有一个念想，就是学成之时，可以为自己和家人复仇。在《基督山伯爵》中，主人公爱德蒙·堂泰斯在地牢中精心策划，为了有朝一日报复那些迫害他的无耻之徒。当然，在塑造《三个火枪手》中暴躁冲动的达尔达尼央时，大仲马同样引入了父亲年轻时在尼科莱剧院的这段遭遇。与托马斯·亚历山大一样，达尔达尼央出身于乡村贵族家庭，在巴黎是个不折不扣的外乡佬。不过，他是个白人，所以无论多穷多落魄，都可以恣意尽情地维护自己的尊严。

大仲马在回忆录中描述尼科莱剧院事件时，完全没有提及父亲的种族，甚至没有提及他的对手是名殖民地军官，可见他对种族问题讳莫如深。①小说中，外乡人达尔达尼央经常因衣物寒酸、举止粗鄙不像贵族而遭人轻视怠慢。实际上，有人会因太过敏感而觉得自己遭受怠慢，正如小说中，这个加斯科来的骄傲年轻人觉得应该“把每一个微笑当成侮辱，把每一个眼神当成挑衅”。

然而，托马斯·亚历山大并非过于敏感的异乡人；尽管法国之外有些地方的人民获得了难以想象的自由；尽管巴黎人轻浮而包容，他仍然被一副看不见的枷锁所困。不过，十年之内，他的枷锁将在

① 这是一个奇怪的现象，18世纪末，很多法国革命者都是在剧院受辱后意识到了阶级差异，形成了阶级意识。无论是雅各宾派创始人罗伯斯庇尔，还是吉伦特派创始人布里索，尽管党派不同，年轻时都曾在剧院与傲慢自大的贵族发生过冲突，虽然只是争夺座位，并不涉及女人。

法国大革命的解放浪潮中奇迹般地被打破。从二十八九岁起，他不再需要忍受白人的侮辱，而是拿起剑维护自己的尊严。

托马斯·亚历山大在警局声明文件上签上了“仲马·戴维”的名字，他到法国第一年时曾用过这个融合了父母之名的名字，之后再未用过。这一事件就此结案；警方出具了一份声明，表示接受两位当事人的陈述报告，并且双方承诺不再提及此事，且在结案之后不得以任何方式决斗。多亏了当时法国政府统治不力，《黑人法典》未得到严格贯彻执行，因此托马斯·亚历山大并未被移交海军部依法受审。提顿先生与海军部联系密切，本可以找人将托马斯·亚历山大逮捕，甚至送到收容所而后驱逐出境，但是他选择不再继续迫害对方。于是，托马斯·亚历山大被释放，重获自由。

不过，那份警方报告，是目前发现最早的他所亲笔书写的文书。

# 法国，约 1789 年

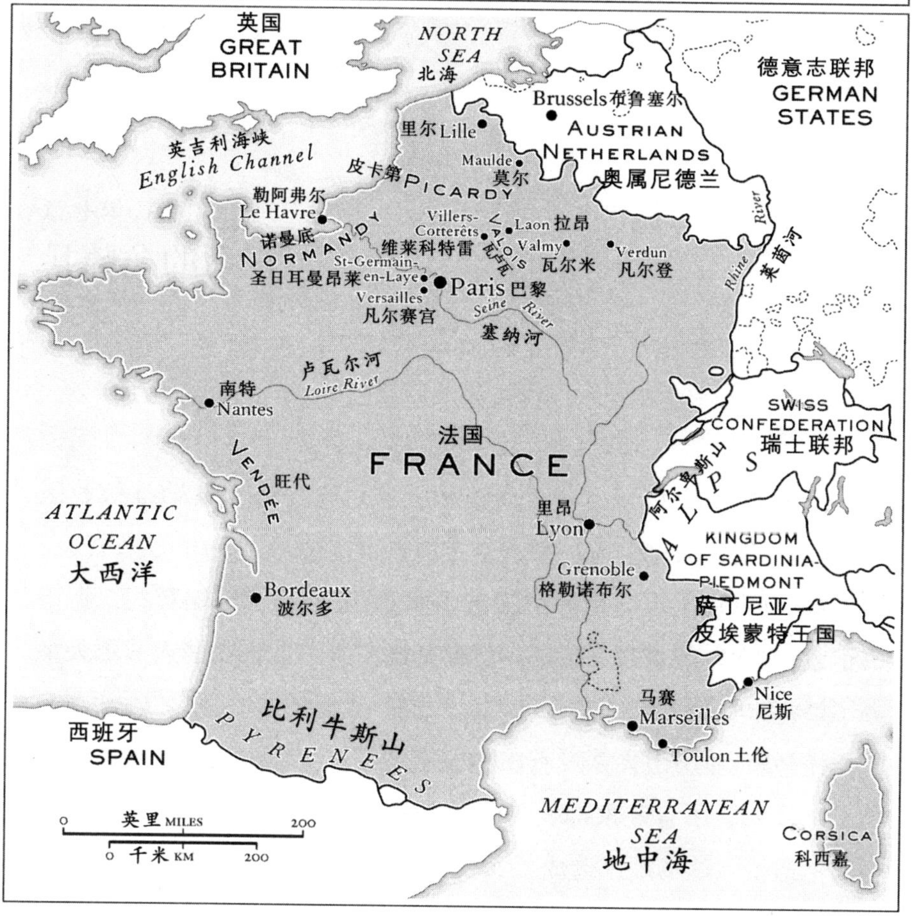

英国
GREAT BRITAIN
NORTH SEA
北海
德意志联邦
GERMAN STATES
Brussels 布鲁塞尔
AUSTRIAN NETHERLANDS
奥属尼德兰
里尔 Lille
Maulde
莫尔
英吉利海峡
English Channel
皮卡第 PICARDY
勒阿弗尔
Le Havre
Villers-Cotterêts
维莱科特雷
Laon 拉昂
VALOIS
瓦卢瓦
Valmy
瓦尔米
Verdun
凡尔登
Rhine River
莱茵河
诺曼底
NORMANDY
St-Germain-en-Laye
圣日耳曼昂莱
Paris 巴黎
Versailles
凡尔赛宫
Seine River
塞纳河
卢瓦尔河
Loire River
南特
Nantes
法国
FRANCE
SWISS CONFEDERATION
瑞士联邦
阿尔卑斯山
ALPS
VENDÉE
旺代
ATLANTIC OCEAN
大西洋
里昂
Lyon
KINGDOM OF SARDINIA-PIEDMONT
萨丁尼亚—皮埃蒙特王国
Grenoble
格勒诺布尔
Bordeaux
波尔多
马赛
Marseilles
Nice
尼斯
Toulon 土伦
比利牛斯山
PYRENEES
西班牙
SPAIN
0 英里 MILES 200
0 千米 KM 200
MEDITERRANEAN SEA
地中海
CORSICA
科西嘉

NICOLET 尼科莱剧院
THEATER
木马
MANÈGE
巴黎皇家宫
PALAIS ROYAL
THE TEMPLE
神殿
BLVD. DU TEMPLE
神殿大街
Seine River 塞纳河
TUILERIES
杜伊勒里宫
LOUVRE
卢浮宫
RUE ÉTIENNE
艾蒂安街
马尔斯广场
CHAMP DE MARS
市政厅
HÔTEL DE VILLE
INVALIDES
荣军院
BASTILLE
巴士底狱
法国，约 1789 年
0 英里 MILE 1
0 千米 KM 1

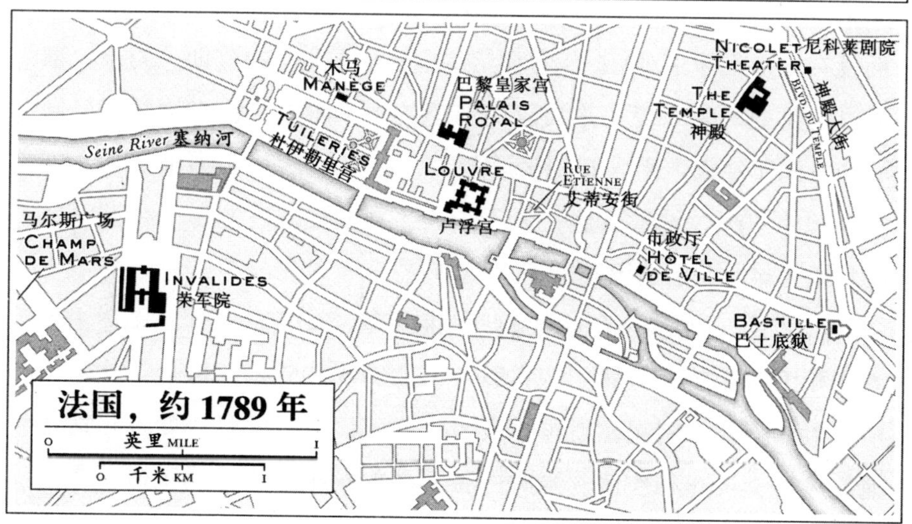

## 第七章

# 王后的龙骑兵

1786 年 2 月 13 日，托马斯·亚历山大的父亲、贝勒维拉教区(及其他封地) 的前主人、康帝亲王前议事室侍从亚历山大·安托万·戴维·佩勒特里爵士与他的女管家玛丽·荷窦缔结了婚姻契约。据婚书记载，玛丽·荷窦的父亲是一位葡萄酒商人。他们在情人节那天举办了婚礼。

托马斯·亚历山大并没有出席父亲的婚礼，他也没有参加婚姻契约缔结仪式，所有迹象都表明他并不赞成父亲的新婚。小说家大仲马回忆道：“这场婚姻造成了父子间的隔阂。父子关系渐渐冷淡了，父亲对儿子的资助也越来越少……后来有一天儿子发现，在巴黎生活没有钱多么寸步难行。”此前，安托万对于儿子的资助一向十分慷慨，但是他的新婚妻子来自崇尚节俭的中下阶层，也许她并不赞同一个时尚年轻人大手大脚的生活开销。从十年前托马斯·亚历山大抵达勒阿弗尔起，她看着他一天天长大，并变成现在这样一个游手好闲且毫无雄心壮志的巴黎浪子。

24 岁的托马斯·亚历山大熟读恺撒和普鲁塔克的著作，精通当代戏剧和王室八卦，当然，还有着一流的骑术和剑术。但是，从十年前踏上法国那一刻起，他再也没有工作过。只有一种职业真正适合他的风格、技能和性情。当时一位旅法的英国贵族曾感叹道，在法国，“对于一名绅士来说，如果不曾入伍为国王效忠，是一件非常不光彩的事”。

于是，老侯爵结婚两周后，托马斯·亚历山大下定决心投身军旅。

其实对于他这样身份的年轻人来说，没有其他传统职业供其选择，不过，托马斯·亚历山大的从军之路与其他贵族有着本质区别：他从军后并没有直接成为军官，而是做了一名普通士兵。

他加入了王后的龙骑兵团，这个兵团虽制服华丽，名声却非常不堪。但是，作为侯爵的儿子，从军后没有一官半职，竟然只是一名普通士兵，实乃前所未闻。大仲马详述了父亲和祖父之间的对话：

> （我的父亲）告诉他，他做了一个决定。
>
> “什么决定？”侯爵问道。
>
> “参军。”
>
> “去军队当什么？”
>
> “普通士兵嘛。”
>
> “你去哪个部队当兵？”
>
> “碰到哪个算哪个。”
>
> “好极了”，我的祖父答道，“不过，我是佩勒特里侯爵，做过上校和炮兵团的指挥，我不能听任你把我的姓氏带到部队的最底层去。”
>
> “那么你反对我参军？”
>
> “不是；你要去的话，必须改个姓氏。”
>
> “那好，”我的父亲答道，“我就以仲马为姓吧。”
>
> “很好。”
>
> 我的祖父佩勒特里侯爵从来不是一位非常温和的父亲。

他转身离开，任由儿子去做自己想做的事情。

小说家大仲马以写作为生，所以就算编造对话也不足为奇。但无论父子俩当年的对话是不是这样，托马斯·亚历山大那时一定对父亲相当不满。

1786年6月2日,托马斯·亚历山大签署了王后龙骑兵团第六兵团的征募文书。这个文件至今尚存，“亚历山大·仲马”的名字第一次出现。

到法国后，他曾用过很多名字——“托马斯·赫多黑”、“托马斯·亚历山大·戴维·佩勒特里”等，但他的愤怒、骄傲和决心促使他放弃了这些名字，选择以“亚历山大·仲马”的名字入伍，这位年轻的“美国人”终于找到了自己的身份。更确切地说，他发明了自己的身份。这一发明让他成为了“安托万和盖塞特·仲马的儿子。”

自此，亚历山大从未再使用“托马斯”这个名字。他的这个签名颠覆了佩勒特里的家族史：从前他是佩勒特里侯爵和黑奴盖塞特之子，现在他是盖塞特·仲马和丈夫安托万所生的儿子。他给父亲冠上了仲马的姓氏。这也许是权宜之计，但也有可能是种诗意的复仇。他只能通过自己使用母亲姓氏的方式来追忆她。征募文书上，在姓氏和家庭信息下方有一段对亚历山大·仲马的介绍文字：

马提尼克岛耶利米教区人，24岁，身高1.8米，黑色卷发、黑色眉毛……椭圆形脸、棕色皮肤、小嘴巴、厚嘴唇。

募兵官误以为“耶利米”是在马提尼克岛，其实应该是在圣多明克；后来在第六骑兵团的记录中，也只是简单提到亚历山大·仲马来自“美洲的耶利米教区”。

在骑兵团当普通士兵，这个起点对于亚历山大·仲马的未来晋升之路并不有利：作为普通士兵，将来最多也只能做个士兵长，骑兵团士官的最高职位。

1781年的一条规定中注明：只有经王室系谱学专家鉴定，“父亲家族中四代为贵族”的候补人才有资格被提拔为军官。托马斯·亚历山大父亲家族有这样的贵族血统——佩勒特里家族史可以追溯至16世纪，但是最近通过的种族法使得他这样的混血儿很难获得应有的爵位和贵族身份。托马斯·亚历山大一定对这样的种族限制极为不满，而丢掉这个曾像对待物品一样卖掉自己的人的姓氏，创造属于自己的新名字，并且纪念几乎被彻底遗忘的奴隶母亲，对于他来说，一定是一种慰藉。

亚历山大·仲马入伍13天后，6月15日，安托万去世。此时，这个老流氓新婚只四个月。他被葬在了圣日耳曼昂莱的墓地。安托万的死亡证明中记载了参加他的葬礼弥撒的人员，亚历山大·仲马不在其中。亚历山大·仲马是幸运的，在老侯爵去世时，他已入伍成为一名士兵，不再需要老侯爵的资助。因为老侯爵所谓的“财产”，实际上仅仅是先前将佩勒特里家族部分产业让给莫尔德伯爵时约定的那份年金，除此之外，一无所有。几个月后，老侯爵遗孀的代表律师给莫尔德伯爵写了一封信，陈述了情况的严重性：

> 佩勒特里侯爵去世后，依约您不必再支付年金……我知道此前您与他曾有过协定；先生，请接受我对您的敬意，但是请允许我跟您叙述老侯爵的遗孀——这位新婚四个月的诚实女士的不幸遭遇，她受到了侯爵的欺骗，没有得到任何遗产。事实上，婚姻契约……注明侯爵的所有遗产，包括其动产与不动产都将归其妻子所有，但是时至今

> 日，她才发现侯爵为了给儿子仲马（那个混血儿）还债花光了所有的积蓄，其实一直在靠您付给他的年金度日。这个婚外子挥霍了侯爵太多的钱，他刚刚从军，加入了龙骑兵团。可怜的寡妇请求我跟您写信告知她目前的悲惨处境；她甚至都没有钱买面包；她希望您能慷慨解囊，给她一小笔生活费维持生活。人们常说您宅心仁厚，您给予她一点点帮助都可以让她不至于沦为仆人；对于佩勒特里家族来说，一位有封号的遗孀被迫沦为仆人，也不是一件光彩的事情。

莫尔德伯爵拒绝了她的请求。那年夏天，他卖掉了佩勒特里家族在贝勒维拉生活了四个多世纪的产业，连同卖掉的还有其他 18 处产业。莫尔德伯爵并非草率地作出这个决定。最近几年，他曾煞费苦心地想要买回安托万卖给一位邻居的大批产业，但是与安托万之间的协定花费了他太多的钱，最终他不得不把所有的土地和房产卖掉。莫尔德试图采取措施挽救佩勒特里家族的颜面，尽管这个家族的人对此毫不在意。卖掉这些产业，莫尔德伯爵得到了 35 万里弗，他用这些钱为自己、侯爵及其遗孀偿还了债务。

与此同时，亚历山大·仲马把他的丝质衣物和天鹅绒马甲收拾了起来，全身心投入到马背上的骑兵生活。龙骑兵是轻骑兵，主要负责侦察、遭遇战和突袭任务。龙骑兵的名字来源于他们使用的短管卡宾枪，这种枪火力猛，射击时犹如吐火巨龙，被称为“火龙”，龙骑兵由此得名。

第一个正规龙骑兵团组建于 17 世纪，效忠于路易十三和红衣主教黎赛留。同时组建的还有火枪兵团，主要负责都城内外的任务。

与火枪兵团一样，龙骑兵团的组建为普通或没落贵族家庭子弟在军中建功立业提供了大好机遇。（1776年，由于财政预算紧缩，火枪兵团被路易十六下令解散。）

对于政府来说，龙骑兵团的最大优点是可以随时牺牲他们的利益。与精锐重骑兵或王室卫兵团相比，龙骑兵团的军备物资往往要差很多，却总是负责最脏最难的任务。在战争时期，部队进攻时，他们冲在前方，侦察敌军阵地，掩护桥梁等交通线，消灭敌军狙击手，摧毁陷阱；部队撤退时，他们守住桥梁和墙垒，确保其他部队安全撤退。在和平时期，龙骑兵负责对付劫匪和强盗，保护国王和其他政要的出行安全。龙骑兵也参与打击走私的行动，经常与贩卖私盐的商贩发生激战。当时在法国，食盐是赋税最高的生活必需品之一。

亚历山大·仲马过上了艰苦平凡的军队生活，发现了以前在法国皇家宫殿混迹时绝对不会发现的自我。他随骑兵团在法国号称“铁腰带”堡垒的东北边境勤加训练。“儿时在殖民地的自由生活，强健了他的体魄，使他练就了很多本领，让他四肢灵活，力大无穷，”他的儿子写道，“他是一位名副其实的美洲骑士，一个真正的牛仔。他能把来复枪或手枪耍得出神入化，就连圣乔治也难免心生嫉妒……他臂力惊人，在部队中无人不知。”

亚历山大·仲马是一个爱炫耀的人，他喜欢卖弄技巧，展示自己的力量和灵活。大仲马非常崇拜他的父亲，不过在小男孩的眼中，父亲永远是最强壮有力的。

> 在骑术学校，不止一次地在骑马经过马棚时，他手抓顶梁，两腿夹住马身，将其脱离地面，以自娱自乐。小时候，我以孩子惊异的眼神亲眼看到父亲让两个人坐在他弯起的腿上并靠在他背上，用另一条腿跳着穿过房间。我也

曾看到他抓起一块中等大小的灯芯草根茎，放在手里，两手一搓就轻易弄开。我还记得，有一次离开福塞我们住的小屋时，父亲忘记了带大门的钥匙；我看到他走出马车，猛扯大门，才扯两三下，旁边固定大门的石头竟然裂开了。

大仲马还讲述了另外一件轶事——这件事在 19 世纪为很多人所津津乐道，仿佛真实发生过一样——亚历山大·仲马用许多火枪卖弄身手的事情。大仲马将其描绘得有点像酒吧里打赌的感觉：

> 到达部队的当晚，在篝火旁边，他看到一名士兵别出心裁地把手指插进一只火枪枪筒里，不靠胳膊，只借手指的力量轻松把枪举了起来。
>
> 围观人群中，有一位身披斗篷的人把斗篷向身后一甩，从人群中走出来，笑道："不错嘛——试试四支枪如何。"
>
> 他开始尝试……他把四个手指分别插进四支火枪枪筒里，就像普通士兵用胳膊举一支枪一样，毫不费力地举起了四支枪。
>
> "看到了吧，"父亲边说边把四支枪轻轻放在地上，"以后如果要测试力量，应该照这样来测。"
>
> （目击者）跟我讲述这段轶事时，他仍然惊叹于一个人的手指怎么可以承受这么大的重量。

任何时候，在任何地方，关于大力士的传说都有夸张的成分。无论众人在酒馆或是营地吹嘘一个人多么力大无穷，事实上，这个人一定是个大力士，但并不像故事中所说的能举起那么重的东西。当时一支法国步兵使用的火枪至少有 4.5 千克重；亚历山大·仲马不太可能用手指举起四支这样的枪，因为四支枪差不多重 18 千克。用腿夹起马的传说更是夸张：当时龙骑兵所骑的马匹大概重达 680 千克。即使亚历山大·仲马确实“强壮得让最名副其实的‘大力士’都自愧不如”，也不可能像大仲马所说的那样，可以手抓顶梁，两腿夹住马身，将其脱离地面。

在《吉尼斯世界纪录大全》问世前，世界上大力士的故事皆是如此。很显然，士兵亚历山大·仲马已被公认为法国军队中最强壮的人，但要想证明自己，他不得不等待真正的战斗、切肤的伤痛以及真实的死亡。

尽管当时在巴黎决斗是违法的，但是在军队，仍然可以决斗。事实上，军队甚至鼓励将士间进行传统意义上“点到为止”的贵族式决斗，认为可以达到磨炼战斗技巧的效果。在龙骑兵团中，更是如此，因为他们需要时刻做好准备，与无情的敌军或强盗肉搏。关于亚历山大·仲马早年的士兵生活，还有另一个为众人所津津乐道的故事，据说他在一天之内赢得了三场决斗，尽管决斗时他的头部被两次划伤。其中一场决斗，他的眉部遭到重击，这可能是他后来头痛剧烈、视力不佳的罪魁祸首。

当时，两个龙骑兵团之间的集体决斗也屡见不鲜。这样的流血事件经常由一方诽谤嘲讽另一方的技能或纪录而引发，而拿起刀剑与同伴并肩作战，对于培养团队精神是再好不过了。大仲马儿时一定也听父亲的老战友讲过这些决斗故事，长大成人后，他把这些故事搬到了 17 世纪，创造出了惊险刺激的火枪手世界。在回忆录中，大仲马一如既往地用他那夸张的手法描述了当年的集体决斗：

> 加入王后龙骑兵团后不久，父亲就遇到了一个展示他在博塞耶黑学校所学之技的机会。
>
> 国王龙骑兵团和王后龙骑兵团一向是棋逢对手、互不相让，有次碰巧驻扎在了同一个镇子里。对于早已有意一

决高下的龙骑兵们来说，这是天赐良机，说什么也不能错过。

一日，一位国王龙骑兵团的士兵碰到了一位王后龙骑兵团的士兵。

前者把后者拦了下来，说道："兄弟，你知道一些事情吗？"

"不知道，"后者答道，"但如果你告诉我的话，我应该知道。"

"好吧！我们国王龙骑兵比你们强。"

"胡说，"后者反驳道，"刚好相反，我们王后龙骑兵比你们强。"

双方争执不下，只能诉诸武力。

在接下来的24小时中，双方决斗了100场。父亲参与并赢得了三场。

没有证据表明龙骑兵团中有人曾因亚历山大·仲马不同寻常的出身或是他的肤色而瞧不起他。从他所在兵团的记录中，可以看出当时第六兵团里至少还有两个或者是三个"美国人"，尽管一人是号兵。如果亚历山大·仲马因肤色问题遭人折辱，在这里他完全拥有自由捍卫自己的尊严。这种决斗应该比大仲马笔下的决斗要严肃得多。但是他的战友们必定会看到，如果情况需要，这个高大的混血士兵完全有能力作出任何事。

1788年夏天，亚历山大·仲马从军两年后，法国君主制开始土崩瓦解。1000年来，虽然对外常年征战，与周边邻国常有战事冲突，但法国世袭君主制依然屹立不倒——王位在同一个家族内传承了近

800 年。按君主制的标准来说，一代代君王都算是尽职尽责。几个世纪来，人们在高呼“国王万岁”时，实际内心想的却是“法兰西万岁”，几乎没有理由认为这一切将发生改变。诚然，1774 年，路易十六加冕继位时，正值法国爆发七年来最严重的饥荒，老百姓们经常以嘲讽国王为乐，取笑他的阳痿和对狩猎等传统项目的狂热。即便如此，谁也未曾料想到，这位与他的很多前任相比而言，更关注民生、思虑社稷的君王，有朝一日会被推上断头台。

不过，王室财政大臣此时已然发现法国国库空虚，濒临破产，于是简明扼要地向路易十六提出了著名的“待办事务清单”：

1. 现状；
2. 将要做什么？
3. 如何去做？

他提出了一个解决方案：全面实行税制改革，废除贵族原先享有税收优惠的特权。

一场抗税运动引发了美国的独立战争，而如今法国面临同样的困境，在形形色色改良方案之下是问题的关键：法国破产了。

---

同年 6 月，愤怒的格勒诺布尔市民爬上屋顶，向皇家驻军投掷瓦片。军队开枪还击，造成三人死亡。当时看来不过是几个暴民一时对王室不满的情绪爆发引发了一场骚乱，很快便会烟消云散。但事实上，这场骚乱是一年后法国大革命的序幕，而格勒诺布尔市民对王室的不满情绪迅速蔓延至整个国家。

同年 7 月，巴黎周边遭受罕见的暴雨冰雹袭击，造成大面积农作物受灾和牲畜死亡。法国几乎所有地区都遭遇了恶劣天气，收成不容乐观。

同年 8 月，新任财政大臣将国库空虚的情况上报国王。众人纷纷指责王公贵族及那位奥地利来的王后的浮华生活是法国身陷财政危机的罪魁祸首。具有讽刺意味的是，法国的财政危机其实很大程度上应归咎于其对美国独立战争的支持；为了报复英国，不管是思想上，还是财政上，凡尔赛宫都是自掘坟墓。这位财政大臣认为，必须采取有力措施填补空虚的国库，而唯一的办法就是增加赋税。他的建议引起了民众的极大不满，甚至有人在街上焚毁其肖像画泄愤。

这位财政大臣建议路易十六重新召集三级议会。但是，由教士、贵族和市民等三个阶层参加的三级议会几乎是个传说，从 1614 年三级议会召开以后一直被中断，没有人确切知道该如何召集。即使没有三级会议，几代法国国王依旧照常治理国家，尽管他们不断因贵族和他们身后的最高法院烦恼不已。

自路易十三以来，几代法国国王一直强烈抵制重新召集三级议会，但是，路易十六最终作出让步，同意召集三级会议，举国上下终于松了口气。第二年春天召开的三级会议必将拯救法国于水火，每个人对此都深信不疑。1788 年恰逢英国“光荣革命”100 周年，有人猜测法国会走英国的革命老路，通过不流血的革命建立起君主立宪制政体。

1788—1789 年的冬天，反常气候再次卷土重来：塞纳河等河流冻结，道路中断，磨坊停工。面包店没有面包可烤；很多人身无分文，饥寒交迫，甚至饿死冻死路边。法国经济彻底停滞：商店里空空如也；里昂织布厂纷纷停工。政府因破产而无力救援。

春天终于到来，法国民众在绝望的兴奋中期待三级会议的召开。准备工作不仅包括选举代表，而且包括编写意见书——表达本地区民众的意愿、陈述他们对现行制度的不满之处以及对改革的有关建议。法国公民中，凡是年满 25 岁的纳税人都可以陈述自己的意见和建议。（一些孀妇也想陈述自己的意见，并坚称并不存在明确的性别要求。）在法国各地，人们纷纷前往市政厅参加临时会议，表达自己的意见和建议，希望可以写入意见书中。意见书也可包含对国家体制问题的意见，因此，有人质疑奴隶制的不合理性，并建议废除奴隶制。受过良好教育的贵族引经据典，洋洋洒洒地探讨公民权与国家问题，而下层阶级的民众则关注更加现实的问题。大多数人认为农民赋税繁重，工人工资太少，封建势力无情剥削着廉价劳动力。

这些会议极大地激发了民众参政议政的热情，并给民众以希望、太多的希望——仿佛意见书一旦送到国王的手中，他就能让一切都好起来。

1789 年 4 月，在巴黎一个工薪阶层区的会议上爆发了一场骚乱。有流言说一位本地壁纸制造商连同其他老板想要利用这个机会来减少工人的工资。事实上，恰恰与流言相反，这位在骚乱中死里逃生的制造商提议提高工人的工资待遇，没想到反被误会，引发了一场骚乱。负责维持治安的法国近卫军冲进了会场，驱散了人群。蓝色外套、红色衣领、白色马裤，法国近卫军制服上蓝白红三色后来成为了法国大革命的象征，法国近卫军亦在凡尔赛宫与瑞士近卫军（欧洲王室和教皇的雇佣兵）一同担任护卫王室的任务。作为王室的精锐部队，法国近卫军面向全国征募兵士，常年驻军巴黎，法国国王依靠这支部队维持都城治安。那天下午，法国近卫军没有让路易十六失望，他们向人群开枪射击，打死了至少 25 人，迅速平息了骚乱。

一个星期后，1789 年 5 月 5 日，参加三级会议的代表们前往凡尔赛宫觐见国王。在威严的君主圣殿中，一场空前盛大的政治嘉年华即将拉开帷幕。代表们来自法国的各个城镇和地区，带着编写好的意见书来到了传说中的宫殿。互相见面后，他们三五成群聚在一处，喝茶聊天，讨论着接下来该做的事情。雅各宾俱乐部的前身布里多尼俱乐部就在此时形成，之后迁到巴黎后，俱乐部在雅各宾修道院集会，故此更名。

在代表们开会正式商讨议题前，首先要解决投票权的问题。法国旧制度中的三级会议将法国人分为三个等级：教士（第一等级）、贵族（第二等级）和平民（第三等级）。三个等级不论人数多少，都有同等的发言权：每个等级的代表人数相同。这意味着投票时，教士和贵族两个等级可以轻易地胜过“第三等级”；所谓的同比例发言权，或是听取民众的建议，根本就是一个骗局。

但是此时第三等级已然壮大，约占法国人口总数的“99%”——实际上，接近法国纳税人总数的96%。第三等级要求其代表人数翻倍，如此一来，平民才能享有与教士和贵族两个等级同等的投票权。换言之，第三等级要求拥有一半的发言权。几周后，路易十六终于被说服，答应第三等级代表人数翻番。但此时，一群激进的代表又说服大多数的平民和自由派贵族，提出应废除陈旧的三级会议，建立一个新的国家议会制度，不再区分等级，人人都享有平等的投票权。这意味着教士和贵族将彻底失去优势，而占纳税人总数96%的平民会占绝对主导地位。

1789年6月17日，星期三，第三等级代表宣布成立国民议会，国王无权否决国民议会的决议。从理论上说，法国由贵族和教会拥有绝对权力的国家已一跃成为了权力属民的自由国度。欧洲最著名的君主制王国突然成为了世界上民众最具选举权的国家。但是，星期六早上，代表们前往国民议会大厅时却发现皇家部队已经封锁了入口，并贴出了一份告示，通知代表们下周参加“王室特别会议”。路易十六打算在会上亲自告知代表，国民议会非法而无效。但是愤怒的代表们没有散去，他们齐聚于附近的网球场，歃血为盟，誓要制定法国的宪法。法国人终于采取了拉法耶特曾认为永远也不会采用的“极端手段”。

路易十六下令召集巴黎周围驻军加强警备以防不测。当时，巴黎有 65 万人口，而国王手下的瑞士近卫军和法国近卫军加起来尚不足万人。正常情况下，亚历山大·仲马所在的王后龙骑兵团也应前往巴黎增援，但在当时的紧张局势下，路易十六所召集的两万援军中近三分之一为外国雇佣军。王公大臣们担心一旦发生冲突，法国士兵极可能倒戈相向。很多活动家散发宣传反叛的小册子而被捕。小册子上写着“公民们拿起你们的武器，法国人不要再做奴隶”。国王召集外国雇佣军增援巴黎的消息传来，法国皇家宫殿拱廊沸腾了。“巴黎发生了不可思议的动乱，”一位目击者写道，“成千上万的人一整天都聚在皇家宫殿……群情激愤，似乎绝不妥协。”

仿佛大自然也在密谋煽动革命，法国北部爆发了大规模的饥荒。面包暴动席卷诺曼底、皮卡第等地，巴黎也受到了严重威胁。一时间谣言四起，人们纷纷传言王室与贵族相互勾结，想要在军队镇压前，先饿死大家。

受谣言影响，皇家宫殿的人们决定武装自己，骚乱之火迅速点燃巴黎。7 月 12 日晚及第二天，巴黎警钟长鸣，人们纷纷涌上街头，闯入商店和房屋，夺取枪支、刀剑、长矛、匕首甚至是餐刀等武器，准备武装起义。他们还闯入了面包店，拼命寻找面包等食物。暴民们从荣军院军械库夺取了三万支火枪，但政府之前已把大批的枪支弹药运到了巴黎市中心的巴士底狱——一座非常坚固的要塞。到 1789 年，原本计划拆除的巴士底狱只关押了少数囚犯（最著名的囚犯萨德侯爵刚被转移）。对大多数人来说，巴士底狱是法国专制王朝的象征。7 月 14 日星期二，起义者向巴士底狱发起进攻。尽管监狱长诚心投降，起义者仍旧将其刺死，又朝尸体上补了几枪，用长矛挑着他的头颅游街示众。

这一天是法国版的 7 月 4 日，不过攻占巴士底狱日却远远比美国独立宣言日更加血腥，更有争议。

攻占巴士底狱，甚至是法国大革命得以成功的重要原因是王室军队神奇般地自行瓦解。三个月前第一场暴乱发生时，法国近卫军接到国王命令后，镇压了暴乱。但是7月14日，法国近卫军并没有尽心保卫巴士底狱，而是加入了起义者的行列，不久之后更是宣布自己为国民自卫军。军政大臣也向国王直言，他再也无法保证任何一个法国士兵或下级军官的忠诚。失去了军队，法兰西王朝土崩瓦解。

7月17日，在巴黎市政厅，走投无路的国王会见了新成立的巴黎市政府议员，承认拉法耶特为国民自卫军司令。国王承认了革命，并同意拉法耶特在王室原有的帽徽上缀上象征巴黎的红色和蓝色丝带。这也是革命起义者彼此辨认身份的方式。众人再次高喊："国王万岁!"①

当巴黎一片混乱时，亚历山大·仲马所在的龙骑兵团仍在原地驻守要塞，听候调遣。在法兰西王国的最后岁月中，他跟随王后第六龙骑兵团驻守在巴黎东北约160千米的拉昂。城周围是开阔的皮卡第平原，甚至可以远远望到法国边境奥属尼德兰地区。这里虽是法国最贫困的地区，却是爱国者的摇篮；援助美国独立战争的法军中，皮卡第地区的士兵和下级军官最多。

但在1789年夏天，很难找到一个像拉昂这样风平浪静的地方，虽然距离巴黎仅有160千米，却像是隔了几个世纪。从山坡上的兵团

① 最初，帽徽有多种颜色——攻占巴士底狱的起义者帽子上的帽徽可能是绿色的，但是自巴黎市政厅召开这次历史性会议后，红色、白色、蓝色三色组成的帽徽成为了革命的象征。红色和蓝色象征着巴黎，不过也象征着奥尔良家族。白色象征着波旁王朝。据说，巴黎市长开始设计的帽徽上只有红色和蓝色，后来由拉法耶特提出加入象征波旁王朝的白色，以表示国王接受革命。

驻地可以俯瞰整个拉昂城。经过一个世纪的重建，巴黎的中世纪城墙已不复存在，修建了很多林荫大道和公众场所——现在挤满了革命暴徒。拉昂周围的巨大城墙依旧完好，骑士们每天进出城门保护周围的城镇。自罗马帝国时代起，拉昂城堡就是保护高卢北部免遭汪达尔人、阿兰人、匈奴人、勃艮第人和法兰克人铁骑蹂躏的重要屏障，直到后来法兰克人攻占拉昂，成为其新的主人。自那之后，几千年来，它又成为了法国的重要堡垒。时至今日，行走在拉昂城堡里，如同置身《指环王》的世界中。山坡上的石头城既荒凉萧瑟，又壮阔雄浑，分外美丽。

8 月 15 日，第六龙骑兵团终于接到了任务。他们奉命前往维莱科特雷，保护奥尔良家族的安全。奥尔良家族虽有王室血统，却同情倾向革命。同时，他们也奉命保护那里市民的安全。调遣命令并非来自凡尔赛宫的军政部，而是来自苏瓦松地区司令部，而下达命令的是一位前旅馆老板——新当选维莱科特雷国民自卫军指挥的克劳德·拉布莱特。

# 第二卷
# BOOK TWO

# 第八章 革命之夏

攻占巴士底狱几周后，法国农村地区爆发了所谓的“大恐慌”。大量暴民袭击城堡，焚毁贵族手中的地契。有时，他们甚至会烧毁整座城堡。有的贵族被迫拿出食物款待暴民，但到最后所有的财物仍被付之一炬。

没有人能够完全解释动乱的原因，不过很多人归咎于泛滥的谣言。所谓的王室和贵族的饥荒阴谋、投机贵族囤积商品操控物价而不顾平民死活等传言，都让饥肠辘辘的平民们愤怒不已。数千万人挣扎在贫困的边缘。年份好时，一户普通农家要用近一半的收入来买面包；遇到收成不好的年份，面包价格飙升，涨幅甚至高达九成。春天在准备三级会议编写意见书时，人人都期待未来情况会有所好转。然而，到了夏天他们失望地发现商品投机让情况更加恶化，食物更加短缺，而政府却无动于衷，因为政府早已自顾不暇。

另一方面，与法国大革命期间的很多动乱一样，“大恐慌”不乏机会主义从中作怪：很多烧毁地契的暴民并非一贫如洗的农户，而是我们现在所说的小商人，他们趁社会动乱之际借机减轻自己的赋税。法兰西王朝最后的岁月中，在聪明的律师的鼓动下，贵族们巧立各种名目，向租赁其土地的商贩征收税费。平民本来已经承担了国家大部分的税费，现在因为贵族手中的地契，他们还要向当地贵族缴纳其他额外的杂税（更让平民感到气愤的是，贵族享有特权，反而无须缴纳很多国家税费）。就像之前美国独立战争一样，法国大革命也是由抗税开始，甚至有传言说路易十六国王本人也赞成毁掉地契，因为子民们的税费负担实在太过沉重了。

局势的混乱加剧了社会冲突。那个夏天，法国几乎每个地方都会不时响起警钟，警告村民、市民们有盗匪来犯。这些盗匪经常流动作案，不时袭击村庄，让旅者、村民和农户们惊恐不已。当时甚至有传言称贵族集结了一伙盗匪，四处骚扰平民。几乎没有人去查证消息的真伪，不过大家纷纷拿起了武器。没有人能真正分辨出谁是盗匪、谁是好人。当村民们拿起武器，冲出去抵抗所谓的盗匪时，他们却被邻村的人当成盗匪，于是警钟大作，邻村的人也拿起武器，准备抵御盗匪来犯。

维莱科特雷也不太平，克劳德·拉布莱特负责指挥市镇防御。与很多当地人一样，在过去几十年中，拉布莱特靠为奥尔良家族及他们的随从提供服务发家致富。奥尔良家族不仅带给了小镇声色犬马的生活和政治的进步，而且带动了小镇的旅游产业，使这里成为了狩猎胜地。雷茨森林是法国最好的狩猎场，有牡鹿、鹧鸪、野鸡、野猪等各种猎物，富有的游客在猎场附近修建了很多乡村别墅。(18 世纪 80 年代初期，据说绰号“胖子路易”的法国国王，即奥尔良公爵的父亲，过于肥胖，甚至无法骑马带领众人狩猎，所以才不得不将王位传给下一位王位继承人。）奥尔良城堡周围有很多旅馆和酒店，在过去几十年间，逐渐兴旺起来。一些曾在城堡里工作过的农民——据当地传说，他们负责在狂欢宴会后找寻那些醉倒在路边、沟旁的可怜鬼——纷纷自立门户，做起了旅馆老板。克劳德·拉布莱特应算得上其中的佼佼者。

维莱科特雷地处巴黎与苏瓦松之间，经常可以听到来自巴黎的消息。民众的革命意识很强，在法国大革命后不久就成立了国民自卫军，并戴上了三色帽徽。但是克劳德·拉布莱特很清楚，维莱科特雷这支国民自卫军根本是乌合之众，绝不足以保护城镇。假若盗匪来犯，不用说奥尔良城堡，就连镇里漂亮的房子和旅馆，也都会遭殃。同时，如何保护镇上的粮仓和市集上的食品也是个大问题。所以，他决定请龙骑兵团帮忙。

8 月 15 日，20 位身穿猩红色外套、白色马裤的龙骑兵骑着挂有王后纹章布甲的高头大马到达维莱科特雷主广场。一位特别的龙骑兵吸引了所有人的目光：他是个黑人，比其他龙骑兵高出一头，肩膀宽阔、厚实而有力。这名身着士兵制服的黑人，颧骨很高，仪表堂堂，神情倨傲，俨然是一位冷峻威严的贵族军官。

“他引起了众人的好奇与赞慕”，一位目睹亚历山大·仲马等龙骑兵当日进城情形的目击者后人感慨道。

维莱科特雷没有军营，只能将龙骑兵们安置到镇里居民的家中居住。作为国民自卫军指挥，克劳德·拉布莱特可以优先挑选一名士兵住到他家中。对于他这个旅馆老板来说，安排一个人住下当然毫不费力。他相中了那个英俊的黑人士兵，邀请其住到家中。第二天晚上，他的女儿玛丽–路易斯在给闺蜜朱莉·弗尔廷的信中写道：

亲爱的朱莉：

我们一直期待的龙骑兵们前天早上 11 点终于到了。本来准备安排他们住在城堡和狩猎屋里，不过现在决定只把他们的马养在那儿，龙骑兵们被一一安排到镇上居民家里。我父亲邀请了一位黑人龙骑兵到家来住。他人非常好，名叫仲马。不过他的同伴说，仲马并非他的真名。

据说他的父亲是圣多明克或是周围某个地方的贵族。

他像普雷沃斯特那么高大，不过更加优雅有礼。亲爱的朱莉，他真是一表人才。

从龙骑兵指挥官处，拉布莱特一家得知了亚历山大·仲马的真实身份——托马斯·亚历山大·仲马·戴维·佩勒特里伯爵（如果从继承权上来看，老侯爵安托万已死，所以仲马如今应该是一位侯爵），尽管在巴黎或圣日耳曼昂莱仲马爵位的合法性会受到质疑，但在维莱科特雷，仲马显赫的家世给大家留下了深刻印象。仲马剑术超群，骑术精湛，加之圣多明克的传奇故事、巴黎剧院的精彩演出、皇家宫殿的美轮美奂，仲马那充满异国情调而又无比浪漫的生活经历，让玛丽-路易斯和她的父母深深着迷。拉布莱特一家都喜欢上了这个有教养、优雅睿智的年轻人。在玛丽-路易斯眼中，仲马是她见过的最潇洒帅气的男士。

仲马在伊库旅馆与拉布莱特一家共同生活了四个月。他们待他如亲人一般。拉布莱特一家发现，尽管仲马出身贵族，却是一个共和主义者，他对法国大革命充满了热情①。这点对于克劳德·拉布莱特这位国民自卫军指挥来说，十分重要。事实上，在那样一个颠覆一切的时代，倘若仲马不是共和主义者，他的贵族出身或许会给他带来很多困扰。

8月4日晚，为阻止暴民烧毁房屋、防止骚乱继续蔓延，国民议

① 共和主义是18世纪的激进思想，反对君权神授；主张依据宪法建立代议制政府；通过民主选举产生领导人并培养自由、有责任感的公民。共和主义不仅注重解放个人自由，而且强调个人对国家的责任感和奉献精神。共和主义的思想理念可追溯至2000多年前的古希腊和罗马，法国共和主义者在演讲、戏剧和艺术创作中赞美古希腊和罗马时期的共和主义思想家。但同时他们也推崇凯尔特人和法兰克人的古代“法国性”。他们认为法国近代社会，之前自由的公民战士已退化为错误神化国王统治下的颓废“子民”，致使法国民族品格逐渐缺失。

会宣布彻底废除法国封建专制特权。很多贵族虽自愿放弃特权，但却想借助农民起义推动远超出任何农民想象的社会改革。曾参加约克镇战役的诺阿耶子爵——亚力克斯·仲马在圣日耳曼昂莱时的老邻居——第一个宣布放弃贵族特权，并提议在废除封建专制特权的同时，征收普遍所得税。法国著名的废奴组织——黑人之友协会会员中有很多进步贵族精英，其共同创始人之一的拉罗什富科公爵与黑人之友拉法耶特侯爵一同呼吁国民议会尽快废除奴隶制①。

法国贵族们之所以主动放弃其权利和特权，原因有很多。一方面，8 月 4 日晚的国民议会决议是对启蒙主义原则的大胆尝试——费里耶尔侯爵将其形容为“爱国主义醉酒的一刻”——这些贵族终于得以将 20 年来追求的理念付诸实践，也终于有机会让年轻时从美国独立战争战场带回来的激情燃烧起来。另一方面，所谓自愿放弃的背后是不得不放弃：实际上，法国的封建制度正在逐渐衰落。通过主动放弃特权，获取平民和奴隶的支持，这些贵族就能顺理成章地抓起大革命的缰绳，掌控革命的方向，至少目前如此。

“组成国民议会的法国人民代表认为，无视、遗忘或蔑视人权是造成人民不幸、政府腐败的唯一原因，因此决定在庄严的宣言中将自然的、不可剥夺的、神圣的人权予以阐明。”8 月底，在时任美国驻巴黎大使托马斯·杰斐逊,的帮助下，拉法耶特起草了《人权宣言》序文；8 月 26 日国民议会通过并正式颁布了这份宣言。这份宣言以美国的《独立宣言》为蓝本，是法国大革命时期最重要的文件，分条列举了人与公民的权利：

---

① 除拉罗什富科和拉法耶特外，一些启蒙运动中的主要人物，如布里索、孔多塞、格雷戈尔、米拉波、雷纳尔和伏尔尼等，都是法国“国际废奴主义”团体中的杰出代表。令人难以置信的是，这个团体仅用了 6 年时间就完成了废除奴隶制度的目标，而后积极为殖民地的后奴隶时代经济发展献计献策。在法国大革命期间，其会员主要为白人，但几乎每位巴黎著名的黑人和混血活动家都加入了这个团体。

> **第一条：人们生来并且始终拥有自由平等的权利。除在公共利益基础上产生的社会差别外，任何其他社会差别都不能成立。**
>
> **第二条：任何政治结合的目的都是为了保护自然而不可剥夺的人权。这些权利包括自由、财产、安全和反抗压迫。**

其他重要的条款还有第六条，阐明所有公民都是平等的，“应享有平等资格，按其能力担任所有官职、公众职位和职务，除德行和才能外，没有任何差别”。第九条禁止虐待：“任何人在被判定有罪前，应被假定为无罪。如果确有必要将其逮捕，则扣留其人身之外的任何不当的严酷行为都应受法律的严格约束。”

《人权宣言》是令人兴奋的重大成果，但紧接着却爆发了十月妇女大游行。一群愤怒的妇女不堪忍受王室官员对“国民”的侮辱，洗劫了城市军械库，并在王宫驻地凡尔赛游行。暴民和暴力成为了法国大革命的标志，突破了包括性别在内的所有条条框框。面包短缺、物价高涨让这些主妇们走上了暴民的道路。于是她们包围了王宫，愤怒地叫骂道：“玛丽–安托瓦内特那个婊子在哪里？我们要扯出她的肠子来做花结！不，先把她活活烧死，然后把心肝挖出来下酒！”国王去救他们的孩子，让王后从房间的密道逃出。没想到密道的门被反锁，王后等人在绝望之下，拼命撞击这道门。不知道过了多久，国民自卫军才将他们救出。带着一车车面粉和谷物，暴民们终于返回巴黎，一些人甚至举着挂着两个卫兵头颅的长矛，他们生前不幸地站在了暴民和王室中间。

沦为囚犯的国王和王后在国民自卫军的“护送”下回到巴黎。多亏了巴黎国民自卫军司令拉法耶特将军从中斡旋，国王才没有被废除，而是被苍白地重塑成了人民的君主，此后只能在人民的首都巴黎统治法国。

王室成员被软禁在了杜伊勒里宫。自一个世纪前，法国宫廷移往新落成的凡尔赛宫后，巴黎市中心的杜伊勒里宫就成了办公场所，有时其内的王室剧场会上演法国喜剧及其他戏剧。如今杜伊勒里宫重新成为王室行宫，而凡尔赛宫在法国大革命的浪潮中遭到废弃，昔日奢华终成云烟。

国民议会也搬迁至杜伊勒里宫附近的骑术厅——亚历山大·仲马曾在这个巨大的室内骑马场学习骑术。在巴黎，骑术厅是唯一可以容纳上千名代表和前来旁听的公众的建筑。（杰斐逊曾对庞大的参会人数颇为担忧，他在写给托马斯·潘恩的信中说："我一直担心人数过多，恐怕会导致混乱。1200人挤在一个房间里，实在是太多了。"大厅的设计怪异而狭窄，成排的座位从中一分为二，于是代表们根据政治观点，选择所坐的位置：激进派坐在议会主席的左边；保守派坐在议会主席的右边，政治名词"左派"和"右派"因此得名。）

国民议会搬至骑术厅后不久，一些有色人种的代表加入国民议会，参与表决殖民地立法等事务。一方面，这些代表有黑人之友协会和《人权宣言》作为后盾。另一方面，富有的殖民地种植园主成立了"马西亚克俱乐部"，反对黑人享有平等权利，他们认为这会"对殖民地居民带来威胁"，会毁灭法国。尽管黑人之友协会的查尔斯·拉梅特在圣多明克拥有大片的种植园，他却声称，他宁愿"失去所有的一切，也不愿与正义、人性和永恒的真理背道而驰"。

但是，国民议会并非一个立法机构，实际上，它只能为诸多政治俱乐部提供交流平台，这些成立于三级会议期间的俱乐部在后来五年中成为法国权力的真正掌控者，其中尤以雅各宾俱乐部最为著名。

起初，雅各宾俱乐部并不是最激进的俱乐部，以其极富活力的学院派辩论和多样化革命党人的加入而著称。尽管后来得到了巴黎普通人的广泛拥护，在建会之初成员却主要是政治家和资本家，因为入会者必须缴纳高昂的会费。奥尔良公爵之子、后来成为法国国王的路易–菲力浦以及诺阿耶子爵都加入了雅各宾俱乐部。

雅各宾党人一起探讨革命问题，然后将集体智慧的结晶带到杜伊勒里宫巨大的骑术厅，与其他俱乐部的代表共同探讨这些问题。从妇女权利的未来到售卖许可的授予，任何问题都可能引发激烈争执。如何实现共同理想和社会公平的激进理想主义对话，构成了1789年秋天法国民主生活的主旋律。但是在代表们进行崇高辩论的同时，很多法院休庭，政府停止办公，学校被迫关闭。很多政府工作人员辞职回家，最高法院和其他司法机构也被迫歇业，许多后来再未办公。（最高法院先被暂停，后于1790年在建立新的司法制度时被正式废除。）所有“积极公民”都有选举权，“积极公民”是指年满25岁的成年男性公民，生为法国人或后来“成为法国人”，在法国具有至少已居住一年以上的住所，至少已经缴纳了相当于三个工作日价值的直接税。尽管有些代表极力反对，女性公民仍被划分为消极公民。

在大革命前，所有行政职位都实行任命制，甚至有卖官制的存在；大革命后，几乎所有的行政职位，甚至是管理档案的文员都要通过选举制来确定人选。近百万的岗位需要填补，虽然政府已然破产，还是有成千上万的人愿意提供志愿服务。尽管经济危机和物资短缺情况依旧，国家管理还是一片混乱，但是法国民众似乎正万众一心、满怀热情地投入到了国家建设中。

在维莱科特雷伊库旅馆，玛丽–路易斯对寄居家中的潇洒黑人士兵也逐渐加深了了解。

三年来在军事重镇拉昂驻守，那里中世纪的风貌和寂静广袤的原野让仲马改变了很多。他有着骑兵的狂妄和共和党人的坚定信仰。亚历山大·仲马从拉昂那样一个静止的世界走出，来到了外面快速变化的世界——曾经几十年甚至几百年才能发生的变革，现在只需短短数周或者数天。

亚历山大·仲马向拉布莱特先生正式提出要娶他女儿时，心情必定忐忑不安。但是拉布莱特先生答应了他的请求。当时，维莱科特雷与法国军中一样，似乎种族根本不是问题。迄今为止，仲马的流浪经历证明了一个问题，一个人的出身并不能决定他的财富。他和未来岳父帽子上的三色帽徽诉说着一个事实：新的时代已然来临，在法律面前人人平等。

12 月 6 日，亚历山大·仲马与玛丽–路易斯订婚。对于女儿的婚事，克劳德·拉布莱特只有一个要求：仲马晋升为中士后，才能与女儿完婚。这可能也是一位父亲对追求者忠诚度的考验，看看仲马能否经得住外面花花世界的重重诱惑，而始终对女儿一心一意。

十天后，仲马所在的第六骑兵团离开维莱科特雷，投身于大革命的洪流中。克劳德·拉布莱特肯定想过仲马要多久才能晋升为中士。但是，他肯定没有想到仲马后来竟远远超出了他的要求。

1790 年，法国大革命迎来了第二个骄阳似火的夏天。不过所谓“骄阳似火”只是一个比喻；事实上，这年夏天雨水充足。举国上下，各种公众集会和纪念性活动不断，盛大宴会和庆典接二连三。最著名的当属 7 月 14 日在巴黎马尔斯广场举行的攻占巴士底狱一周年纪念活动。马尔斯广场以罗马战神马尔斯的名字命名，曾经是个军事练兵场（现在是公众公园，游客可在此参观埃菲尔铁塔）。法国政府宣布7月14日为法国国庆日。

成千上万来自社会各个阶层的志愿者，连同12000多名工人参与了纪念活动的准备工作，共同打造了容纳上万人的活动场地。他们以土为阶，筑建了世界上最长的露天看台（看台的土层压得十分结实，到19世纪中期仍然完好）。在广场的一侧，志愿者们将凯旋门装饰得焕然一新。7月13日（后来被戏称为手推车日），准备工作进入了最后的高潮。曾经的军事练兵场俨然成了古埃及时期的露天场。

7月14日，成千上万的人冒着大雨参加了纪念仪式，塔列朗主教登上“民族祭坛”，为民众祷告祈福。大型管弦乐团演奏了宗教圣歌。主教和祭坛是国家和宗教融合的标志，此时成为了法国大革命的标志。在祭坛的一侧刻着：

国家、法律、国王

国家，是你的

法律，也是你的

国王，是法律的守护者

美国独立战争中的英雄拉法耶特宣誓将永远忠于国家、忠于法律、忠于国王。紧随其后的是路易十六国王。在宣誓时，路易十六没有自称为“法兰西国王”，第一次用了“法国人民的国王”的头衔，以示他对法国人民的责任，并宣誓将“使用宪法赋予我的所有权利来维护国民议会的法令”。众人纷纷高喊：“法国人，自由了，我们是兄弟！法国万岁，法律万岁，国王万岁！”

广场上，在法国国民自卫军的旗帜中飘扬着一面美国国旗，这面由约翰·保罗·琼斯和托马斯·潘恩所率美国代表团带来的旗帜是第一面飘扬在美国本土外的美国国旗。

纪念仪式后，几天几夜的狂欢盛宴拉开帷幕，成千上万的演员、歌手和音乐家载歌载舞齐上阵。宴会上，不同阶级、不同政治派系的人聚在一起，共同分享美食（他们把残羹剩饭留给了巴黎穷人们打扫；实际上，下层阶级未在受邀赴宴之列）。很多巴黎人甚至热情邀请游客至家中，共同欢庆这一伟大节日。那年 7 月，盛大的庆祝活动仿佛在宣告革命理想已然实现。最不可思议的是，路易十六似乎也对革命充满热情。他允许法国各地的国民自卫军将士们进入他的图书馆和植物园。纪念仪式的前一周，他亲自前往马尔斯广场视察准备工作的进展情况。在 1790 年这个夏天，路易十六仿佛并不是大革命的囚犯，而是大革命的积极参与者。这种假象却未能维持下去。

1789 年，早在巴士底狱被攻占前，路易十六的弟弟查尔斯就离开了法国，逃到岳父皮埃蒙特–萨丁尼亚国王那里避难。萨丁尼亚王国位于法国的东南部，由萨伏依王室统治，是欧洲最强大的小王国，后逐渐发展成为现在的意大利；领土包括很多像米兰一样的繁华城市、法国阿尔卑斯山脉的大部以及现在法国版图上的尼斯等区域。大革命爆发后，很多法国贵族移居到萨丁尼亚王国及其他周边君主国——“移民”这个词大抵起源于此——希望能形成保皇派反革命力量以恢复法国原有的秩序。但是如果得不到其他欧洲国家的军事援助，这些贵族移民根本毫无办法。他们千方百计想要获得其他君主国的帮助，无奈屡屡受挫。

尽管其他欧洲王室非常同情路易十六和波旁王室的不幸遭遇，却没有王室认为有必要去干预法国的内政。他们大多从传统均势政治角度出发，认为法国的衰败会给自己带来优势。没有人意识到法国的革命之火有可能跨越国境，威胁到自己的王位。就连反对王室专权的爱德蒙·伯克在反思法国大革命时都认为法国人“帮了竞争对手的忙，就是20艘拉米伊舰或20架布伦海姆战机也办不到”——意为法国大革命严重削弱了法国的国力，其程度超过了历史上的任何一次战败。没有人预料到将来，这样一个“被革命削弱了力量”的国家会对邻国造成严重的军事威胁，更不会有人认为革命可能会让一个国家更加强大。

法国的宿敌英国自然不愿意帮助波旁王室。英国“左倾”的政客对法国大革命大加赞赏，而其他政客则对路易十六的遭遇幸灾乐祸：路易十六罪有应得，既然他选择支持美国独立战争，就该想到早晚会引火烧身，可谓是老天有眼。俄罗斯和普鲁士王国忙于东欧事务，也无心插手。西班牙则无力独自或领导联盟去干涉法国内政，其他像萨丁尼亚王国一样的小君主国亦是如此。这些国家愿意接纳法国的贵族移民，却不愿出兵袭击法国。

最有希望能够帮助路易十六的是他王后的哥哥、奥地利皇帝利奥波德二世。除路易十六外，利奥波德二世是欧洲最有权力的君主。18世纪，奥地利的领土包括“神圣罗马帝国”的大部分地区。“神圣罗马帝国”可追溯到中世纪，由很多讲着不同语言的邦国组成，包括现代德国和意大利的很多富饶之地以及东欧和西欧的一些区域。事实上，这些邦国中很多与法国接壤，享有充分的自主权。与萨丁尼亚一样，奥地利与这些邦国是亲密的盟国。几个世纪以来，法国与奥地利之间为争夺边境发生了很多次战争。但18世纪50年代路易十六与奥地利公主玛丽–安托瓦内特的联姻，让法国和奥地利暂时结为同盟。如果说有君王应该帮助路易十六的话，那就是利奥波德二世。但是这位奥地利皇帝也不愿意攻打法国。与其他欧洲国家一样，奥地利除了为法国大革命感到震惊、担心引火烧身外，也在暗喜法国这个欧洲大佬威风不再。

到1791年春末，王室在杜伊勒里宫被软禁了近一年，失望沮丧之下他们决定逃往奥属尼德兰边境地区（即现在的比利时），他们相信奥地利皇帝利奥波德二世可以保护他们，也许可以助其卷土重来、重树君王权威。路易十六甚至妄想，只要逃出革命激进主义盛行的巴黎，他还会得到子民的拥戴。6月20日深夜，王室成员化装后悄悄溜出王宫，坐上了逃亡的马车——关于路易十六的“瓦伦出逃”有两个版本，有人说他伪装成男仆，也有人认为他化装成商人。在瓦伦，国王一行下车用餐时，有人认出了国王：据说这个人在震惊疑虑之余，找来了硬币或纸币，对照上面的国王头像，确认后找来了附近的国民自卫军（很多媒体在描述这次出逃时，都讥讽路易十六太过贪吃，嘲笑他连逃亡时也不忘停下车来尝尝美食）。王室一行被拦了下来，由国民自卫军“护送”回了杜伊勒里宫。

国王的出逃是对大革命的公然否定，但大多数的革命党人仍然对路易十六心存幻想。政府编造了一个故事，试图掩饰国王出逃的事实——王室遭到了反革命分子的绑架，他们想用王室作为筹码完成一个巨大的阴谋，不过阴谋败露，国民自卫军解救了王室成员。不过，没有人相信这个故事。路易十六出逃前在杜伊勒里宫留下了一份声明，声明中强烈谴责法国大革命。激进派草拟了请愿书，谴责路易十六是欺骗民众的叛徒，指出其逃走实为退位，要求废黜国王。7月17日，民众们带着请愿书来到马尔斯广场示威游行；一年前，巴黎人民正是在这里举行了盛大的庆祝活动。

对于接下来发生的事情，人们众口不一（现在的摇滚音乐会，即使有摄像头监控，也不能完全揭示骚乱背后的真相，更何况当年根本就没有摄像头，真相到底如何也就不得而知了）。愤怒叫骂，推推搡搡，很明显马尔斯广场上陷入了骚乱。后来有人认为整个事件是外国阴谋家或者所谓的“匪徒”从中作祟，挑动示威的巴黎人骚乱。支持示威活动的人却说策划骚乱的是王室，想要借机破坏共和主义。

不过有一点确信无疑：示威群众突然发现自己已经被军队——

主要是国民自卫军——包围了起来。在拉法耶特的强烈要求下，巴黎市政府已宣布实施戒严：激进派对国王的谴责激起了民众的愤慨情绪，君主立宪制岌岌可危。

亚历山大·仲马所在的第六骑兵团也奉命到达现场。监管民众示威活动是他们目前的工作，也是他们所擅长的工作。与普通士兵相比，他们更了解如何让民众在这种情况下保持冷静。他们不仅带着军刀和短火枪，而且带来了轻型加农炮。

拉法耶特将军骑着白马，指挥巴黎国民自卫军。这位有“两个世界的英雄”美誉的将军，以高傲贵族姿态命令示威者们冷静下来并回家去。示威者们却连嘲带骂，甚至向国民自卫军投掷石块。

看到他的命令毫无效果，拉法耶特下令国民自卫军开枪射击，不知是朝向空中，还是像有些报道中所说的那样朝向人群。有报道声称，暴民们先袭击了士兵，出于自卫，士兵们只能开枪还击。不管怎样，马尔斯广场惨案发生了。死亡人数不确定：估计为 12~50 人。虽然遇害者人数不多，但在当时断头台正式亮相政治舞台之前，革命政府的这一残暴行径十分骇人听闻。

然而，大革命中血腥暴力的杀戮很快便让 1791 年 7 月的马尔斯广场惨案黯然失色。如果说 1790 年 7 月的马尔斯广场盛典纪念了大革命的开端，而 1791 年 7 月的马尔斯广场惨案则预示着大革命的未来。1794 年春，在大革命的恐怖统治时期，亚历山大·仲马因出现在马尔斯广场惨案现场而险些被送上断头台。在那时，不论与之前的政府有任何瓜葛，都可能招致杀身之祸。

## 第九章
# “浴血重生”

“由于迷信，欧洲发动了十字军东征，”1791 年 12 月 13 日法国大革命期间著名革命派之一吉伦特派的领袖雅克–皮埃尔·布里索在《法国爱国者》报中写道，“现在另一圣战即将开始，其目标比十字军东征更加高尚而神圣，为了全世界人类的自由而战。”

另一革命派的领袖马克西米连·罗伯斯庇尔反对试图把大革命扩大为全世界为自由而战的圣战的主张，认为其难以实现。法国诸多邻国不会放任外国军队解放其国民，至少不会像法国这样。他主张与周边国家和平共处，把注意力放在维护国内意识形态纯洁性上。

法国的敌人给了主战派一个绝佳的借口：路易十六出逃失败被重新软禁之后，以奥地利皇帝为首的保皇势力发表声明，威胁将集结“必要的武装”援助法国国王。实际上，这是一个苍白的威胁——语言刻意模糊，根本没有提及具体的行动——任何一个 18 世纪的正常政府都会意识到这一点而不予理睬。但是此时的法国政府并不正常：一群知识分子像被打了鸡血，整日在杜伊勒里宫皇家骑术学校里大声演说、激情辩论。外国入侵的威胁让很多人深信，与其受制于人，不如先发制人，革命圣战似乎很有道理，甚至不可避免。

“现实很残酷，形势也愈发严峻：和平只能带来倒退，”布里索一位追随者愤然道，“只有战争和流血才能让我们重生。肤浅的人格、腐败和轻浮的道德观，人们身上这些与自由背道而驰的恶习，只有在逆境中才能克服。”

雅克–皮埃尔·布里索深知何为逆境。尽管他的父亲是一位糕点师，他却尝过挨饿的滋味。在法国大革命之前，他在国外做过自由撰稿人，写过抨击时政的小册子，观察评论过奥属尼德兰地区（比利时）、英国、瑞士和美国的很多事件。为了谋生，他做过很多工作，曾在伦敦关押债务人的监狱里工作过。他又矮又瘦，如很多文人一样，有些驼背，性情却阴晴不定：有时胆怯，有时好斗。但他主要的性格缺陷却与很多法国革命者如出一辙：虽对人权运动充满热情，却太自以为是，经常对周围人的言行横加指责。与很多革命者不同，布里索有丰富的国外经历。1788 年在始获独立的美国游历期间，他为美国的共和体制所吸引，为“能意识到自身自由、并视同胞为平等手足的美国人身上的那份朴素、善良和高贵”而深深着迷。布里索决心将美国理想带回法国。

不过，美国独立战争保留了奴隶制，这点他并不认同。在这个问题上，他与拉法耶特和拉罗什富科等意见一致，同为黑人之友协会的杰出会员。布里索在弗吉尼亚与华盛顿将军会面时，曾劝说后者发动一场新的革命，实现种族解放；华盛顿并未赞同，表示目前弗吉尼亚的条件尚未成熟。但是，布里索坚信种族解放不分国界。于是，他把同样的逻辑应用到了法国大革命中。

布里索仍然热衷于废奴主义运动，但在 1791 年至 1792 年的冬天，布里索及其追随者所指的“奴隶”不再单纯是殖民地的黑奴，而成为了一种隐喻。法国的所有敌人，不管是奥地利、普鲁士还是萨丁尼亚、俄罗斯，这些国家的白种欧洲士兵都是奴隶。只要他们在国王或皇帝的命令下，攻打法国，他们就是奴隶，失去了自由的奴隶。于是，在贬斥敌国士兵的同时，法国革命者们也指出这些士兵需要援助和解放。这个将敌国士兵比作奴隶的隐喻隐含了一项紧迫的新任务。固然，法国需要自卫，不过只是赶跑敌人远远不够：还应把这些来犯的敌人从他们的主子手中解放出来，将革命传播出去。如此一来不可避免地模糊了防御和进攻之间的界限。如不进攻，法国就无法捍卫革命。

法国大革命期间有一首战斗歌曲广为传唱，歌词能够反映布里索及其追随者的这种观点。这首歌曲就是著名的《马赛曲》，原名《莱茵军团战歌》，是当时为激励法国人共同抗击法国东部边境保皇势力军队而作，后来成为法国的国歌。歌词第二节中叙述了敌国奴隶士兵在其皇家主子的指使下，意图镇压革命，用枷锁重缚法国人民：

这群叛国者与疯国王的奴隶，
到底怀着什么鬼胎？
这些该死的枷锁与准备已久的镣铐，
究竟准备为谁而戴？
法国人，是给我们戴呐。啊！何等羞辱！
何其愤慨！
他们胆敢算计我们，
欲把我们送回那奴役的旧时代！

布里索是国民议会里最积极的主战者，一直呼吁立即采取行动对付虎视眈眈的外敌。"一天不能在欧洲大地上撒满革命火种，我们就一天都不能放松警惕！"

除了法国代表外，骑术厅中参政议政的还有欧洲各地前来的各行各业的异见人士。这些国际革命者是布里索普遍主义革命信条的追随者。"因为我渴望和平，所以我呼吁战争！"阿纳卡西斯·克洛斯呐喊道，这位德国男爵来到巴黎后，一直以“人类的演说家”自居。他发誓，一个月内法国的国旗必将在20个解放国度的上空飘扬。

18世纪五六十年代，亚历山大·仲马的叔叔路易·佩勒特里曾担任过炮兵团上尉、上校等职，当时法国军队的情况极其糟糕。一位法军指挥官曾经叹道：“军中都是小偷和杀人犯，除了金属护手外，没有半分军人的样子，一听到枪声就落荒而逃，总是计划着叛变……天底下，数我们国王的步兵最差、最目无法纪，根本没有办法率领这样的军队。”

直到18世纪末，军队才逐渐“职业化”起来。数百年来，只有雇佣军才有专业的军事标准，不过他们总是独自作战或小范围团体作战。17世纪时，欧洲的士兵比强盗好不了多少；他们像对待敌军一般，强奸百姓，到处烧杀掳掠。有时甚至会毫不眨眼地屠戮整个城镇。就算有点良知的士兵，仍难免四处抢劫，因为只有抢劫百姓，才能补充物资，尤其是在长期作战时。当时欧洲大多数地方的百姓，只有基本口粮并无存粮，军队离去后，百姓难免挨饿。

历经多次惨烈的宗教战争，欧洲中部地区的人口少了近三分之一，很多国家开始实行改革以减少军队的破坏力。不仅通过引入集体操练、军团编制、统一制服等方法加强军队的纪律性，更为重要的是，军队开始为士兵提供服装和食物，从此士兵不再需要靠抢劫来补充物资。于是，欧洲军队的破坏力大大下降。具有讽刺意味的是，战争破坏力减少了，战争次数却增加了。大大小小的战争不断爆发，中间短暂歇战也是为了阵营调整。整个18世纪欧洲大小摩擦接连不断；期间，一共爆发了15场战争，而几乎每次法国都参战。

在之前几个世纪中，“为祖国”参军的想法似乎很荒唐（尽管传统民族仇恨和争斗也会激励民众入伍参军）。士兵们之所以战斗，是惧怕开小差被逮住的后果。只有贵族才有资格成为军官，当兵是社会底层人的事情。除服从命令和禁止开小差外，对士兵几乎没有任何其他要求；各地军队都精心设计了酷刑用以震慑管理士兵，例如英国军队就流行一种名为“木马”的刑罚——将很重的火枪放在受罚士兵腿上，让他在坚硬的木板上坐数小时。普鲁士军队则有臭名昭著的“夹道鞭打”，受罚者需穿过两排士兵组成的夹道，忍受他们的鞭打。17 世纪的法国，如有士兵在战前开小差被抓，则很可能会被指挥官下令割掉鼻子，烙刑更是法国军中常见的刑罚。

军官们为荣誉、军衔和家族荣耀而战。一直到 18 世纪中叶，被视为象征身份地位的军官挂名职务可以被继承、赠予或者买卖。对于古老“剑士贵族”出身的骑士后裔来说，被任命为军官是对家族传统的继承；对于新晋贵族来说，则是可以扬名立万的机会；对于君主国来说，是一种征税的有效手段。在法国，最高级别的军官官位可以卖到一座城堡的价钱，而且购买者还需要更多的资金投入，因为他需要为手下的士兵购置装备等。一位商人只要存足了钱，就可以为少年儿子买个上校军衔，甚至十岁的儿子也能成为上尉，当然他首先要买个贵族头衔。①

当时，能集在一起训练、拥有共同的纪律、价值观和目标的军队在战场上早已不复存在，成为了军事家的梦想理论和古希腊、古罗马流传下来的传说。但是后来法国在英法七年战争中惨败，不仅失去了法国在北美洲的大片殖民地，而且普鲁士人也让法国人颜面尽失。所以，在启蒙运动思潮中，一小部分学者官员决心推动军事改革。

大多数启蒙运动的学者都蔑视战争，认为战争是人类非理性的

① 从某种意义上说，法国这种少年充任军官的政策不会埋没人才——法国著名指挥官、陆军大元帅莫里斯·萨克斯 12 岁时便在战役中崭露头角，17 岁时成为军团统帅，但对于平民士兵来说，常常空有一身抱负，却无法晋升为军官，施展才华。

返祖现象，是中世纪价值观的残留，充斥着各种旧式残暴、贪婪和欲望。他们认为随着社会的发展，人类必将迎来一个更为理性而科学的时代，战争这种野蛮行径必将被淘汰。但除了这些和平主义哲学家之外，法国也涌现出了一批军事哲学家，致力于为法国打造一支天下无敌的军队。雅克·吉贝特伯爵是其中的杰出代表。1770 年，正值启蒙运动的高潮阶段，他却呼吁法国军队复兴罗马军团的精神，提出了伟大的构想："假如现在欧洲能出现一个富有活力、有天才、资源以及政府作为后盾的民族；这个民族既有朴素美德，又有既定军事扩张计划且不会放弃这一计划；这个民族懂得如何付出微小代价发动战争并取得胜利，也不会因财政吃紧而被迫放下武器，那么，这样一个民族必将征服邻国，像北风压倒脆弱的芦苇一般推翻虚弱的政体。"就像卢梭主张人类生活应回归"自然"状态，吉贝特呼吁清除 18 世纪法国官员身上的浮华与颓废而树立新式罗马理想。他想象着建设一支有自我牺牲精神而又勇敢善战的公民风格军队。吉贝特与其他军事哲学家对法国军队进行了改革，不仅为爱国好战者打下了基础，而且为革命者实现野心做好了准备。

吉贝特等人重视通过教育实现军官队伍的职业化，创办了一批欧洲最好的军事院校。在赋予从军尊严和规则方面成功迈出了第一步。他们建造了兵营，士兵不再任意散住家中，这保证了军团的定期集训。他们为军官和士兵设计了制服，不过一些军官拒绝穿制服，认为要求他们像侍从或车夫一般穿制服根本毫无必要。他们为法国军队量身制定了一系列的计划，将其打造成了拥有步兵、骑兵和炮兵的欧洲第一支现代化军队。他们首创了书面军令和战区地形图，这在军队延迟到达战场增援、对战区地形完全不了解的年代，是独到的创新。

法国军事哲学家们推动设计了新式枪支，比原来的枪支更轻便、更精准。这些新式枪支能适应新型战争的需要——不仅杀伤力强、操作方便，而且能够快速打击远距离目标。18 世纪 80 年代在法兰西王国的最后岁月，财政危机爆发，很多设计的新式武器无法投入生产，但技术仍在，等待政府资金充裕时加以开发利用。

一直以来，法国是欧洲第一人口大国，如今革命思想的独特力量使得公民士兵成为现实。由于法国那些顽固不化的贵族军官叛逃到了国外，于是整个军事领域便对有勇有谋、果敢热情之士敞开了大门。

法国革命政府先发制人，袭击了奥属尼德兰地区，揭开了自由解放圣战的序幕。此举可谓一箭双雕，既能保护边境地带不受侵犯，又能攻击奥地利这个最大的保皇势力和移民支持者。巴黎人深信此举必将极大鼓舞该地区讲法语人口反抗讲德语的领主。两年前，受美国独立战争和法国大革命的影响，奥属尼德兰地区曾爆发起义：在攻占巴士底狱六个月后，布鲁塞尔革命人士宣布成立“比利时合众国”，脱离奥地利帝国的统治。但后来奥地利皇帝派军队前往镇压，重掌该地政局。现在法国人希望他们的进攻可以引发新一轮的起义。

当时，亚历山大·仲马刚被擢升为下士，其所在的纵队是派往奥属尼德兰地区执行任务的三个纵队之一。此时的仲马还只是成千上万名士兵中的一员，只比列兵高一个等级，所以几乎没有关于他的记载。他所在的纵队有一万人，受命于比隆公爵。比隆公爵也是1776年援美大军中的一员，曾与罗尚博并肩作战。起初，局势很好，他们顺利夺下了边界的一处战略重镇，并向奥地利的比利时领土挺进。当天晚些时候，纵队受到了奥地利军团的袭击，虽然成功将其击退，不过一些缺乏经验的法国士兵受到了惊吓。当天晚上，两个骑兵团骑马逃走，开了小差。比隆将军独自前往追赶逃兵，经过一番苦口婆心的劝说，终于将大多数逃兵成功追回。

但在同一天，另一位法国将军西奥博尔德·狄龙就没有他这么幸运了。狄龙率领十个中队的骑兵从另一个地点出发向北穿过边境，不料遭到了奥地利军队的伏击。士兵们惊慌失措之下逃回法国地界，龟缩到了一个名为里尔的城镇里。狄龙将军欲寻回逃兵，这伙逃兵却大喊狄龙出卖了他们，并将狄龙抓了起来，就地处决。巴黎国民议会曾试图组织军事法庭调查此事，但罗伯斯庇尔这个有着暴民心态的首脑却对该部队杀害指挥官的行为大加赞赏，日后他的冷血作风在此可见一斑。（仲马所在第六龙骑兵团的成员曾被推荐参加此次军事法庭）。像比隆、狄龙一样的将领同样支持革命，因为他们毕竟是贵族和温和派，所以遭人怀疑在所难免。对于罗伯斯庇尔这样的人来说，只有最低等的士兵才真正值得信任。幸运的是，仲马还只是一个下士。

那年春天，对于法国军队来说，他们的指挥官面对的威胁比他们的敌军更大，奥地利和普鲁士的联军轻易占了上风。但到了 7 月底，奥地利和普鲁士联盟再一次发出威胁，却扭转了战争的局势：他们再次警告法国不得伤害路易十六及其家人，否则将予以报复。与一年前一样，1792 年 7 月的声明却适得其反，而且此次的后果更为严重。

8 月 10 日，暴民们挥舞着长矛袭击了杜伊勒里宫，屠杀了瑞士护卫军，这是最后一批效忠国王的军队。皇家宫殿周围血流成河、尸横满地。路易十六带着家人逃进了杜伊勒里宫旁的骑术厅，在国民议会代表的庇护下勉强逃过一劫。那一天，法国君主制正式结束，国民议会立即着手准备成立共和国。自此以后，王室成员被关押在尼科莱剧院附近的一座革命监狱，那里在中世纪时曾是圣殿骑士团的堡垒。

在此期间，亚历山大·仲马下士一直在远离巴黎的法国与比利时的边境。在这灌木丛生、只出产萝卜和豆子的荒凉之地，奥地利和法国展开了越境突袭战。法军骑兵主力部队驻守在一个名为莫尔德的小镇上，在那里建起了大片营地。

不过仲马并不在莫尔德营地。他的任务是带着几个龙骑兵和其他骑兵，通常是 4~8 个人，监视敌军动静，以防敌军突然袭击。大多数时候，比起奥地利军队，他们看到更多的是牛羊。但 8 月 11 日，他们发现了奥地利的一支突袭分队。虽然仲马发现敌军人数众多，远胜于己方，但却没有逃跑或避开。相反，下士仲马率领着手下向惊慌失措的敌军发起进攻。也许是被这个从比利时豆地中跳出来的身高 1.8 米的黑人大汉吓倒，奥地利人丢盔弃甲，很快就全部投降。他的儿子在描述父亲这一事迹时，喜悦之情溢于言表：

> 发现他们后，尽管在人数上处于劣势，父亲还是下令立刻进攻。毫无防备的奥地利人撤退到了一小片草地上，草地周围是深沟，足以阻止骑兵们的进攻。但是，正如我所说，父亲是一位优秀的骑士，而他所骑之马是一匹名为约瑟夫的良驹。他一扯缰绳，约瑟夫一跃而起，跃过深沟……瞬间父亲已立于 13 个敌军中间，这 13 个士兵被父亲的威猛气势吓破了胆，乖乖交出了武器，举手投降。父亲把 13 支卡宾枪堆成一摞，放在鞍头上，押着 13 个战俘翻过深沟，与其余四位龙骑兵会合（因为不能越过深沟，他们都等在沟的另一侧）。随后，他们带着战俘返回营地。
>
> 那时，战俘非常罕见，四人押着 13 个战俘在营地里引起了很大的轰动。年轻军官的勇气为人津津乐道；布农维尔亲自授予父亲中士军衔，并邀请他共进晚餐，还在当日的战报上特地提到了他的名字。
>
> 这是佩勒特里侯爵之子亚历山大·仲马在军功簿上的第一笔军功。

大仲马笔下父亲的这段英雄事迹与《总汇通报》于1792年8月18日星期六所刊载的内容基本吻合。《总汇通报》是法国大革命时期的一份报纸。报纸中写道，仲马下士“以迅雷不及掩耳之势巧妙敏捷地跳到了敌军中，尽管敌军的枪全都上了膛，却根本无暇开枪就已投降被俘”。据大仲马所说有13个奥地利士兵成了俘虏，但据这张报纸所述，只有12个。

三个月后，报纸上仍在报道仲马的这次战绩，而且特别提到了他将自己所得的奖励捐献给了国家：“出生于美国的仲马把缴获枪支所得的奖励，共计12.5里弗，如数捐献给了国家。此前仲马和他的战友俘获了12名提洛尔敌军。”虽算不上壮举，却表现了仲马的爱国之心，而且军队似乎可以给他无限的荣耀。

# 第十章
# “黑色之心亦向往自由”

数百千米以南的边境遭遇了一次更大规模的袭击。由普鲁士军队、奥地利军队和黑森雇佣军组成的上万名联军，会同数百名反对革命的移民者自法国边境凡尔登要塞的东部森林地带攻入。法军力战不敌，防线很快崩溃。凡尔登要塞守军指挥官自杀身亡。

9月2日，这一消息传到了巴黎，城中顿时谣言四起。法国军队是不可战胜的，所以日耳曼人攻破防线的唯一解释是……叛国！内部有敌人的奸细！这一定是贵族们的巨大阴谋，是他们出卖了革命军队。

暴民们袭击了城市的监狱，放出了关押的囚犯。此前两周，他们一直在围捕各式各样的“国家公敌”，从教士到为王室、贵族服务的仆人，再到小罪犯——妓女、乞丐和小偷。在临时“街头审判”后，公敌们被当场斩首，甚至连断头台都不用。在此期间，暴民们使用旧式刀剑、长矛甚至餐刀至少“处决”了1200名男女老幼。

九月暴乱让很多原本支持法国大革命的国外人士站在了它的对立面，在英国表现得尤为明显。伦敦的《泰晤士报》报道法国大革命中死亡人数由原来的1200人上升至12000人，并告诫英国人应“虔诚祈祷现在的宪法永远不会被标榜平等的暴政所推翻”。巴黎发生的暴乱让拉法耶特将军大为震惊，随后逮捕他的通缉令在全国下达，拉法耶特试图穿过敌军阵地逃到美国①。

但除了平民暴动的血雨腥风外，日耳曼人的入侵也激发了一种新的爱国主义——民众积极参军参战。征兵处挤满了前来报名的人。成千上万的法国新公民战士签名入伍，领取武器和制服，或者至少领取三色徽章，而后被派往前线。

在离凡尔登要塞不远处一个名为瓦尔米的小村庄里，法国志愿军与日耳曼入侵者交上了火，这创造了又一个法国军团的无敌神话。法军炮手用上了新式武器，这是20年来大炮创新设计的最新成果。法军的胜利也证明了下层民众的爱国主义热情对军队保家卫国至关重要：喊着“法国万岁”、“革命万岁”的口号，法军向敌军发起猛攻。士兵们唱着革命歌曲，激昂的歌声在麦田上空回荡，滂沱大雨也难掩其高亢嘹亮。“此时此刻，一个崭新的时代悄然来临。”②在普鲁士后方的诗人歌德惊叹道，法军的英勇无畏让其动容。

瓦尔米战役大捷后，代表们决定解散国民议会，呼吁由民众直接选举组建一个新的机构。新成立的“国民公会”随即投票废除了法国持续1350年之久的君主制，宣布成立法兰西共和国。

⟶⟵

1792年11月中旬，新成立的法兰西共和国成功收复了被占领的边境地区。利用其军事优势，法国共和军乘胜追击，取得了对日耳曼军队的全面胜利，大有解放全世界之势。共和军攻入了奥属尼德兰地区，先是解放了布鲁塞尔，而后帮助整个比利时脱离奥地利的

---

① 在逃往美国的途中，拉法耶特被奥军俘获，尽管他一再申辩说他早已脱离法国军队且是美国的荣誉公民，这位“两个世界的英雄”还是被扔进了监狱。在普鲁士和奥地利，拉法耶特被囚禁了5年之久。华盛顿将军曾多次干预营救，但是普鲁士和奥地利等君主国并不承认新成立的美国政府，就像并不承认法国新成立的共和政府一样，所以华盛顿也无力将朋友救出。

② 一个世纪后，第一次世界大战前夕，法国领导人仍然援引此次战役，希望法国可以再次击退德国的进攻，最终却未能如愿。

统治。之后又解放了莱茵河沿岸的一系列奥属日耳曼邦国，最远到达了法兰克福。在南部边境，法国共和军攻入了萨丁尼亚王国，占领了尼斯。

法国政府颁布了一条互助法令，宣布为争取自由解放的任何国家提供军事援助。这等于向欧洲诸国的激进分子伸出了援助之手，鼓励他们推翻现有政府。为了践行此法令，法国必须大量扩充军队，而且必须要快。

法国政府开始尝试一种新的征兵模式——“自由军团”，这种模式可以追溯到几百年前的法国。自由军团独立于正规军，在战争时期参与作战，但在和平时期将被解散。这支军队不会取代正规军和国民自卫军，而将与两者并肩作战。

一时间，自由军团名声大噪，在很大程度上，这要归功于法国的政治难民。在法国大革命最初几年，曾有不少外国人逃到法国寻求政治避难，而其中渴望拿起武器解放欧洲者大有人在。不过，难民中很少有人受过正规军事训练。法国政府同意这些难民成立自己的军团，而未将其编入原有军团：于是，不久就成立了比利时军团和日耳曼军团，甚至还出现了英国军团①。阿纳卡西斯·克洛斯曾提出成立一支汪达尔军团，这个名词是为他的普鲁士属下所创，但结果并未如愿。

9月7日，一群殖民地的自由黑人来到骑术厅，游说法国政府批准其成立黑人军团。为首的是来自圣多明克的富有种植园主朱利安·莱蒙德，他的父亲是个目不识丁的法国白人，母亲是圣多明克当地富有的白黑混血儿。最终政府批准其成立“南方和美国自由军团”。新成立的军团名字中大多都有“自由”两字，以便与正规军团区别

① 英国军团由诗人约翰·奥斯瓦德组建，在印度马拉巴海岸驻守期间，这位苏格兰军官逐渐成为一名激进的雅各宾派素食主义者和印度教教徒。他的著作《大自然的哭泣》开创了西方素食主义的先河。1793年在法国西部与保皇军队的激战中，约翰·奥斯瓦德不幸遇难。

开来，但“南方和美国自由军团”中的“自由”却有另外一重含义：军团中的每位将士都是有色自由人。后来这支“黑色军团”逐渐为人所熟知。

这支黑色军团有一位著名的指挥官——圣乔治。在法兰西王国的最后岁月中，圣乔治虽然过着奢华的生活，却与其他有色人种贵族一样，备受种族主义的困扰。在他 40 岁时，也就是巴士底狱被攻占的次年，他志愿参加国民自卫军；1791 年他成为上尉。在自由军团成立后，圣乔治抓住机会成为了这支黑色军团的指挥官，并且想把亚历山大·仲马弄到帐下听令。

但问题是，约瑟夫·波伊尔上校已抢先一步，将仲马招纳到麾下的自由平等骑兵团，该团也被称为南方骑兵团。（在凡圣古堡的军事图书馆里，我发现关于这些军团的记载很少讲究一致性：很多军团都有多个名字。）在比利时边境仲马单枪匹马俘获 12 名敌军的消息不胫而走，仲马声名大振，甚至超过了圣乔治。1792 年秋天组建的任何军团都想邀请这位莫尔德英雄加入其中，与现在邀请运动员加盟足球队并无多大差别。

两个军团竞相开价，只不过是竞相提供更高的军职，而不是更高的薪水。得知仲马答应出任自由平等骑兵团的中尉，圣乔治不惜任何代价都要请到仲马，提升他为中校兼美国自由军团（黑色军团）的副指挥官，所以仲马最终选择加入黑色军团，成为了圣乔治骑士的副官。

(我在维莱科特雷的保险柜中所发现的）仲马的这封任命书顶部标注的日期好似当时乱世一道迷人的剪影：

巴黎，1792 年 10 月 10 日，自由四年，平等与法兰西共和国元年。

虽然“共和国官方纪年”一直到1793年年底才正式实行，但是法国军务部早就开始按照革命时间纪年、并印刷信笺抬头和表格。“自由四年”指的是攻占巴士底狱、成立国民议会后的第四个年头，而“平等元年”指的是一个月前刚刚建立了法兰西共和国。但是“法兰西共和国”的字样并未被印刷上去，而是被潦草地书写在其他印刷字体的旁边。法国大革命风云如此变幻，文具供应商根本无法跟上变幻莫测的局势。

任命书的收件人是“亚历山大·仲马中校”，内容如下：

> 先生，此封信是为告知您已被任命为美国自由军团骑兵团的中校……
>
> 请您务必在信中所注日期一个月内到岗任职，否则，我们将认为您已放弃该职位，而将任命新的中校。收到此信件后，请您告知并请您将在法国或同盟国军中的任职相关资料原件寄给我。这些资料将有助于我们加快办理您的（晋级）证件。我会向上校汇报您的任职情况。
>
> 代理军务部部长
>
> 勒·布伦

早在1791年10月，黑人之友协会就成功说服国王签署了一项法令，重申自由原则并禁止一切在法国将有色人种的公民权利区别对待的行为。但是，种植园主们继续抵制将殖民地的黑人视为《人权宣言》的适用者，无论是自由黑人还是黑奴。这些富有的种植园主大多居住在巴黎，而那些不在巴黎居住的也纷纷聘请说客做议会代表的工作。

具有讽刺意味的是，黑色军团之父朱利安·莱蒙德正是由于这个原因，第一次涉足政坛。他的背景与仲马相似，不过却有着本质性的区别。与其父母一样，莱蒙德是一位成功的奴隶主，圣多明克种植园家中也极尽奢华：从书籍、乐谱到银器、水晶，一应俱全，甚至还专门训练了一名奴隶做糕点师。1786 年，来到法国为妻子处理遗产继承问题时，莱蒙德参与推动种族改革，维护他作为拥有两个靛蓝工厂、数百名奴隶的自由黑人的权益。他提出，白人应视自由黑人为天然盟友，共同面对黑奴的反叛——强调像他一样的浅肤色人种应该被视为“新白人”。

在法国共和主义理想和激情热血时代的影响下，不久，莱蒙德由蓄奴主义者逐渐转变为坚定而务实的废奴主义者。他加入了雅各宾俱乐部，四处游说，认为自由有色人种应享有参与殖民地选举的权利。1791 年 5 月 15 日法国政府颁布了一条法令予以支持保障，也预示着未来可能发生更大的变化。莱蒙德主张务实，与阿贝·格雷戈尔等激进白人废奴主义者结为同盟。阿贝·格雷戈尔是黑人之友协会的成员，曾痛斥“除非殖民者提出请求，否则殖民岛屿上任何人的地位都不得发生变化”的殖民言论：

> 除非那些想要延续奴隶制度且以此为生的殖民者提出请求，否则国民议会不会废除不公正的奴隶制度！……换句话说，这些人将继续遭受压迫，除非他们的暴君同意改写他们的命运。
>
> 自由火山已经点燃法国，很快将再次爆发，并改变两个半球人类的命运。

格雷戈尔指的是糖料出产岛屿，特别是圣多明克，在那里自由的火山在 1791 年已然爆发。《人权宣言》自 1789 年夏颁布以来，就与《黑人法典》产生了正面冲突。现在法国大革命已进入第三个年头，黑奴们仍旧在种植园里过着牛马不如的生活，甚至耗尽体力而亡。他们已经受够了。法国本土大革命的消息不断传入法国殖民地，一时间，岛上流言四起。有人说路易十六国王已经援引《人权宣言》，宣布释放所有奴隶。也有人说国王只是废除了鞭刑，下令让所有的奴隶放假三天。就像1789年8月最终造成“大恐慌”的那些子虚乌有的王室命令一样，岛屿上的黑奴们觉得他们已经得到了王室的认可，于是发动了起义。

巴黎的媒体报道称，圣多明克爆发了史上最大规模的奴隶起义，已经造成数千白人丧生，成千上万亩的甘蔗被付之一炬。当然，报道中的死亡人数未免过于夸张，但是巴黎的许多代表唯恐失去法国的经济支柱，所以极尽所能支持镇压奴隶起义。法国国家安全似乎需要牺牲原则，种植园主呼吁各方镇压岛上的所有黑人和有色人种，不管是自由人还是奴隶。尽管起义者们宣称奴隶起义属于广泛意义上的法国大革命，但法国革命政府依然派遣军队前往镇压：在此后十年间，圣多明克的黑人们不断要求被视为自由的法国公民。

1791年年底，奴隶起义者们控制了圣多明克的北部区域。但面对全副武装、训练有素的法国军队和殖民地自卫军的暴力镇压，起义者们伤亡惨重——双方伤亡比例约为1:10。黑奴起义被镇压后，巴黎议会代表们就如何对待奴隶制问题展开了激烈争辩。布里索与罗伯斯庇尔及他们的追随者都一致支持种族平等，反对奴隶制。但是两派又都担心，如若采取实质行动，将有可能削弱法兰西共和国的经济实力，大大不利于当前战事。

“黑色之心亦向往自由！”1791年12月布里索在议会发表演说，呼吁殖民地黑人和混血人种应享有平等的权利。布里索认为白人种植园主们一手造成了殖民地的动乱，也许只有在这点上，他与罗伯斯庇尔保持高度一致。

1792年4月4日，圣多明克全面爆发黑奴起义8个月后，国民议会宣布法国本土及殖民地的自由黑人和有欧洲血统的“有色人种”拥有完整公民权，但并没有采取行动废除奴隶制。

白黑混血儿和自由黑人享有完整公民权与彻底废除奴隶制虽不同，但法国及其殖民帝国仍然成为了种族解放的前沿阵地。法国多人种公民法案让英国的废奴运动滞后了十年，凡是为黑人谋求政治权利的都被视为法国信仰的秘密支持者。

而在法国，多人种公民法案使得大多数种植园主对大革命深恶痛绝。在法案颁布后一个月，圣多明克议会通过了一条法令禁止“销售、铸造或散发”任何描绘或纪念“法国政治和革命”的钱币或勋章，似乎否定这些共和主义的事物可以阻止革命本身。

另一方面，这一法案颁布后，法国自由黑人更加热衷于效忠国家和政府。仲马对共和主义和三色旗的忠诚与当时法国的时代潮流步调一致。法国有色人种公民纷纷参军并誓死捍卫革命。在军队，他们享有了新的政治地位所赋予的特权和尊严，因而甘愿为此付出自己的生命。莱蒙德曾在给国民议会主席的信中，雄辩动人地写道：“虽然大自然通过它无穷无尽的组合，给予我们不同于法国人的外表，但另一方面，却赐予我们与法国人一般无二的心——抗击共和国敌人的火热之心”他还在他的桌上放了 125 里弗的纸币，作为装备、训练军团的第一笔捐款，这支军团就是后来的黑色军团。

议会主席的回信不乏可圈可点之处：

> 先生，为荣誉而战的美德无关肤色和地域。您对祖国的赤胆忠心和誓死消灭敌人的决心，代表着人类一个伟大种族也在为全人类的解放事业而奋斗。
>
> 国民议会感谢您的忠诚和勇气。您的付出弥足珍贵，那些在烈日下被皮鞭和镣铐奴役着的人们，自由与平等的种子必将在他们儿女的心中萌发，这种激情足以战胜一切；

合众人之力对抗暴君及其奴隶，法国不日定将成为自由世界之都和所有王权的坟墓。

⟶⟵

1792年秋，克劳德·拉布莱特一定是法国东部最自豪的人。1789年夏天让他女儿芳心暗许的那个不同寻常的士兵回来了，准备迎娶他的新娘。他不再是军中默默无闻的小人物，而成了一支自由军团的中校。这个秋天，维莱科特雷小城迎来了它的革命英雄，而拉布莱特也盼来了他的新女婿。

1792年11月18日，星期日，维莱科特雷市政厅的主入口处贴出了一张告示，写着：

以下男女双方将缔结婚姻：男方公民①托马斯·亚历山大·仲马·佩勒特里，30岁，南方和美国自由军团中校，出生于美洲耶利米教区甘奥德。他是已故安托万·戴维·佩勒特里与玛丽·盖塞特·仲马之子，其父安托万曾是炮兵团指挥，1786年6月于圣日耳曼昂莱辞世，其母盖塞特1772年于美洲耶利米教区甘奥德离世。女方公民玛丽-路易斯·伊丽莎白·拉布莱特，公民克劳德·拉布莱特与公民玛丽·约瑟芬·普雷沃之女，其父为维莱科特雷国民自卫军指挥、伊库旅馆的拥有者。

双方居住情况如下：男方驻守在亚眠；女方在本城居住。

---

① 法国大革命给整个法国社会带来了翻天覆地的变化，其中之一就是用“公民”取代了之前所有的称谓，包括最基本的“先生”和“夫人”。国民公会上“不再使用‘先生’的称谓；而用‘公民’取而代之”，1792年秋布里索在《法国爱国者》报的一篇文章中称，“公民是一个神圣的词”，革命的最终目标是能够像罗马人那样，不使用任何敬称，甚至是神圣的“公民”一词。

革命给维莱科特雷带来了巨大的变化。1791 年，奥尔良家族城堡，13 世纪这座原本为查尔斯·瓦鲁瓦修筑的宏伟城堡，被改造成了军营。克劳德·拉布莱特作为当地国民自卫队指挥官，负责监管这一搬迁。最近，他正忙于把城堡的部分庭院改建成公共牧羊草甸。现任奥尔良公爵并未提出异议，事实上，他已舍弃了公爵爵位，自称平民菲利普。

革命也使得维莱科特雷的圣尼古拉斯教堂不再像原来那般神圣。教堂屋顶的十字架被替换为一个公鸡造型的风向标（公鸡象征着法国），而教堂中殿则被当地雅各宾俱乐部作为会议场地。

仲马夫妇 11 月 28 日在市政厅举行了结婚仪式。没有人知道他们究竟有没有举行天主教传统婚礼。不过，即使有的话，也是出于玛丽–路易斯的宗教信仰，因为仲马中校除了共和主义外没有任何信仰。(十年后，他们的儿子亚历山大·仲马出生时，教堂再度成为神圣之地，而这位日后的大文豪正是在圣尼古拉斯教堂完成受洗仪式。)

仲马在龙骑兵团的两位战友应邀参加了他的结婚仪式，其中之一为“公民路易·奥古斯汀·布里吉特·埃斯帕涅，第七轻骑团中校”，之后继续在仲马帐下听令（最后成为了拿破仑的“帝国男爵”)。但最有趣的是，“家住圣日耳曼昂莱、已故安托万·亚历山大·戴维·佩勒特里的遗孀”玛丽·荷宴也参加了结婚仪式。她的出现暗示着仲马正在尝试接受他的过去及对父亲的回忆，也在尝试缓和与这位继母的关系。①

婚姻契约中对双方的财务状况作出了详细说明——任何一方都

① 曾经的荷寞小姐，如今的佩耶特里夫人，与仲马一家人似乎相处融洽，但我发现亚历山大·仲马只在从前线写给妻子的家书中提到了她。1796 年他们第二个女儿出生后，仲马一家生活陷入窘境，在信中仲马对家族遗产继承的那笔糊涂账大为不满：“我简直不敢相信父亲竟会如此不近人情；我从没有像他……这般荒谬……我刚刚给佩耶特里夫人写了一封信，向她打听叔叔的遗产到底被谁拿走了。”当年更多的遗产纠纷细节无从得知，仲马在信中对安托万的律师等人大加抱怨，而对“佩耶特里夫人”只是一笔带过。

不为另一方承担婚前债务，如任何一方死亡，“另一方将按照婚姻契约条款取得应有的财产。在财产划分前，凡是属于个人的财物，例如个人衣物、所住的卧室及卧室里的一应物品都归其所有；此外，若生者为妻子，则可拥有珠宝首饰等；若生者为丈夫，则可拥有马匹、武器和行李”。

蜜月时间非常短暂，没有什么异域之旅。不过亚历山大·仲马和玛丽-路易斯却有了蜜月宝宝。

仲马回维莱科特雷成婚时，国民公会在激烈争论如何处置前国王路易十六，他的王位已被废除，如今被简单唤作“路易·卡佩”——休·卡佩是路易十六的祖先，987 年登上法兰西王位。国民公会对路易·卡佩进行了审判。在投票中，平民菲利普与其他部分代表以微弱多数将路易十六送上了断头台。不过他没有料到自己也会在同年 11 月上了断头台。1793 年 1 月 21 日，路易·卡佩被斩首。

蜜月过后，仲马中校回到了军中，也许他已感觉到革命会把他送回老地方：1 月 11 日，美国自由军团开始在拉昂驻军，这是之前龙骑兵团的驻兵重镇。

黑色军团约有 200 名有色自由人和从前的黑奴，下级军官中很多人要比仲马年长，他们曾与圣多明克或其他殖民岛屿上的殖民军团交过手。从仲马与巴黎的大量通信中可以看出，他的工作除了训练军队、组织巡逻之外，还要向政府争取武器、军粮、制服和战马。当然还有他们的军饷，似乎巴黎官员们已经将此忘得一干二净。

仲马也许很快就后悔当初选择了圣乔治的军团，而不是波伊尔的自由平等骑兵团。他经常要独自负责整支军团，因为圣乔治上校和军团中的其他高级将领经常打着“招兵买马”的旗号前往巴黎，但在巴黎，他们除了纵饮笙歌之外，好像别无所获。圣乔治似乎对军团的建设充满热情，但一个只会在杜伊勒里花园卖弄骑术的社会名流很难变成一名真正的士兵。

1793年，政府下令黑色军团驻守莫尔德北部100多千米的比利时边境。尽管法国此前取得了胜利，但是边境突袭时有发生。仲马非常了解这种战斗模式，他带领着黑色军团接连打了几场胜仗。大仲马在回忆录中写道：

> 作为军团的负责人，我父亲得以在战场上尽情挥洒其勇气和智慧……例如，有一次，（黑色军团）在执行先遣部队任务时，突然发现了隐蔽在黑麦田里的荷兰军队，那个地方的黑麦长得有一人多高。在距离父亲只有十五步远处，一名中士准备举枪射击，被父亲发现，暴露了他们的存在。父亲知道这么近的距离，这名中士肯定能击中他，所以从皮套中拔出手枪，迅速扣动了扳机。幸运的是，在中士开枪前，父亲的子弹射穿了他的枪筒。
>
> 这一枪成了进攻的信号，荷兰军队被打得落花流水。
>
> 我的父亲从战场上捡回了那支穿孔的步枪。枪筒被两块铁片连在一起。我把这杆枪保留了很久，但后来在搬家时，不幸被盗。
>
> 创造了这个奇迹的手枪被赠予了我的母亲，这把枪生产于莱佩吉的工厂。莱佩吉生产的手枪后来在意大利军队中颇有名气。

在仲马回忆录出版几十年前，19世纪20年代的一本百科全书更为客观地描述了亚历山大·仲马在黑色军团中的英雄事迹：

> （仲马）率领年轻的手下每天都在执行任务。他们经

常在边境一带活动。最有名的一次巡逻任务发生在里尔附近的穆维安，仲马率领14人的侦察队突袭了40名荷兰士兵，击毙了3名，俘虏了16名，其余的落荒而逃。

尽管圣乔治经常不知所踪，但他在军中时，他会继续履行职责。1793年4月他下发的军令表明其仍然效忠于革命：当时，革命军司令官杜莫里兹企图发动政变，圣乔治和仲马没有加入叛军之列，而是率领美国自由军团与其他军团一道抵抗叛军，保卫里尔。

但是黑色军团的问题始终没有解决。军团上下都没有拿到军饷，一些士兵连靴子都没有，武器弹药也极其不足。他在信中强烈地表达了对军中状况的不满。

接着，在6月圣乔治再次失踪了。有人说他去了巴黎，也有人说他去了里尔。当他再次出现时，军务部部长指责他倒卖军马。圣乔治被控先用政府的钱购买上好的马匹，再以高价将这些马匹卖掉，然后买来便宜的劣马给士兵们充当坐骑，从中牟利。据大仲马和很多其他作家说，圣乔治在被召回巴黎解释此事时，将所有罪责推到了副官仲马身上：

圣乔治并没有保管好账簿，他想到一个主意，把罪责都推到了父亲身上，说父亲负责采买坐骑。

于是，军务部部长给父亲写信询问此事，父亲很快回信证明自己从未征用或买卖任何马匹。

军务部部长完全证明了父亲的清白。但是父亲与圣乔治就此结怨……甚至决心与这位前上校决斗。

大仲马似乎对这两位老战友、师生翻脸结怨的故事非常着迷，在这段故事的最后他设置了一个圣乔治前来拜访仲马的场景，此前仲马曾多次提出要与圣乔治决斗。“尽管有枪或剑在手，但圣乔治还是很勇敢，他更喜欢选择决斗对手”，大仲马在回忆录中写道。接着他描绘了父亲刚做完手术，在家卧床休养，副官德蒙库特从旁照料的场景：

> 在得知父亲身体抱恙、卧床休息时，（圣乔治）准备留下卡片离开，德蒙库特见来人是一位相貌英俊的黑白混血儿，讲话有点结巴，认出他是主人经常谈及的圣乔治，于是急忙追了出去：
>
> “嗨！圣乔治先生，”他喊道，“是您啊！请您不要离开；我家主人现在病了，否则肯定会起身追赶您的，他非常想见您。”
>
> 圣乔治立刻想到了一个最佳办法。
>
> “噢！亲爱的仲马！”他叫道，“我当然相信他想见我；我也很想见他！我们一直都是那么好的朋友。他在哪儿？在哪儿啊？”
>
> 他转身冲进房间，猛地扑到床前，将父亲一把紧紧抱住，紧得几乎让父亲窒息。
>
> 父亲刚要开口，圣乔治抢先说道：“啊，你想杀死我？杀死我吗？仲马，你要杀圣乔治？这可能吗？你可是像我亲生儿子一样？如果圣乔治死了，有人能代替他吗？仲马，站起来！帮我点份排骨，让这些荒谬可笑的事都过去吧。”
>
> 父亲虽然很想把这件事追究到底；但是对这样一个扑到你床前，抱着你，又喊着把你当做亲儿子、要求午餐的人能说些什么呢？
>
> 于是父亲伸出手，道：“啊！你这个无赖，你当然希望我是你的而不是上一任军务部部长的继任者了；不过我

向你保证，我一定会把你绞死。”

“哦！你至少应该把我送上断头台。”圣乔治挤出了一丝笑容。

“不不。现在只有诚实的人才配被送上断头台；贼的话，只配绞死。”

在大仲马的回忆录中，两个老朋友又互相威胁了几句，而后被午餐打断。事实上，并没有任何信件能够证明圣乔治试图让仲马代其背黑锅，仲马也并没有被军务部部长写信质问倒卖军马的事情。相反，黑色军团解散后，仲马既没有被训斥也没有被召回受审。1793 年 7 月 30 日，亚历山大·仲马收到了军务部部长签署的任命信，他被擢升为北方军队准将。

# 第十一章 “仁爱先生”

短短一年时间，亚历山大·仲马已由卑微的龙骑兵下士晋升为军队最高级别的将领。被任命为准将一个月后，他又被擢升为将军。如今他不再只带领百名或千名士兵冲锋陷阵，而是统帅一支上万人的军队。

革命中机遇总伴随着风险：1793 年夏接受将军的任命更需要极大的勇气。仲马在美国自由军团担任中校时，法国军界正在发生剧烈变革。如今的法国将军们除了要应付随时可能叛变、杀气腾腾的部下外，还要提防总揽军政事务的政治首脑们的明枪暗箭，一不小心就会丢了脑袋。

那年春天，法国的敌国数量迅速增加：西班牙、葡萄牙、那不勒斯、荷兰和英国纷纷与法国为敌。战场上的每一次失利都成为法国政府逮捕清除国内反革命分子的借口，很多军官都被划为反革命分子。实际上，法国革命政府为自己树立了太多的敌国。十年前，美国革命者们在独立战争中几乎受到了欧洲所有国家的支持；但如今法国却恰好相反。法国革命者们的对手是由英国海上舰队和奥地利日耳曼虎狼之师组成的强大军事联盟。圣多明克及其他法国殖民地受到了袭击，地中海和其他各地的法国船只也遭到了抢劫。巴黎爆发了恶性通货膨胀，面包的价格涨到了 50 万法郎，随后引发了骚乱。奥地利人重新夺回了比利时，再次威胁法国东北部边境。革命军司令官杜莫里兹企图发动政变。

1793 年 4 月杜莫里兹叛乱发生后，政府以此为由决定成立一个由精英组成的新机构，这个机构有一个听起来不吉利却又无伤大雅的名字：“公共安全委员会”。从字面上看，这个由九位代表组成的机构的使命是保卫革命，抵制国内外反动势力的各种颠覆活动，以消除混乱局面，恢复正常秩序。不久，他们开始把平民反革命分子、贵族、教士及其他各种公敌送上断头台，甚至自己内部人也不放过。但是委员会成立的初衷是为了确保军队，尤其是军官对革命的忠诚。为此，平民“特派员”被派往各军团，监视将军们的一举一动，协助政府实现对军队的控制。

负责这一任务的委员会成员是路易·圣茹斯特，他的父亲是一名军官。年仅 24 岁的圣茹斯特很快就有了一个绰号“恐怖的大天使”：他擅长用断头台来威胁战场失利的军官，并在全军前处决过将领，“用以激励将士”。1794 年 7 月，他自己被送上了断头台，而此前许多将领被其手下的特派员以令人失望为由处决。“没有任何理由不去约束那些新秩序的敌人，”圣茹斯特为他所实施的恐怖行动辩白道，“不仅要惩治叛徒，而且要惩治那些对革命冷漠的人；必须要惩罚共和国里一切消极被动的人。”（后来公共安全委员会也对仲马颇有微词，不过幸运的是他没有落到圣茹斯特的手中。）

除“恐怖的大天使”之外，公共安全委员会中另外一位著名军事谋略家是才华横溢的工程师拉扎尔·卡诺，他因大量动员民众参军而被誉为“胜利的组织者”。卡诺是公共安全委员会中两位高科技专家之一，他发表了数学、物理和工程方面的多篇重要论著。

卡诺坚信，为了战胜强大的敌军联盟，法国必须利用其人力优势，充分挖掘动员年轻力壮的人参军。必须找到一种大规模、集中指挥的作战方式取代去年以来那种志愿军小规模分散作战的方式，只有如此，爱国义士们才能充满斗志地向敌人发起猛攻。除此之外，别无他法。于是，卡诺着手创新，树立了总体防御的理念，组织了现代史上第一次军事征兵，因而改写了现代战争史。

从 1793 年 2 月到 1793 年 12 月不到一年的时间里，卡诺推行的征兵政策将法国的兵力由原来的 17.8 万猛增至近百万。为保卫甚至扩张其国土，法国在边界地区部署了 15 支独立军团，共计 80 万现役士兵。

为了武装如此庞大的军队，卡诺找到了一种古老的武器：长矛。法国军队上一次给士兵分发长矛作为武器是在 1703 年。但是长矛象征着法国大革命。早在瓦尔米战役时，卡诺就曾鼓动议会给当地军民发放长矛，并下令当地铁匠放下其他工作全力打造长矛。“长矛，”卡诺道，“是自由之利器”。

他的同僚布里索作出了进一步的阐述：“革命从长矛开始，长矛将助我们完成革命。”不过后来他发掘了其他革命标志性武器——断头台。

这种对中世纪战场武器的追思与怀念，早在大革命前就已出现。有人提出应以此来激发法国士兵的战斗激情，重拾原始部落时代古战场上那种个人英雄情怀。①相反，火枪齐射需要整支军队高度协调一致。另外，长矛是反对贵族统治的最佳武器。在中世纪渐渐衰亡时，成群的下层士兵将贵族骑士从马上拽下，挥舞着长矛结束了他们的统治。

最后，在当时新古典主义的潮流下，长矛代表着回归古希腊战士手持长矛迎向强敌时的那份勇敢。曾有代表在回应人们对长矛的质疑时愤怒地答道：“如果我们不是斯巴达人或雅典人,我们应该成

① 当然，还有一种可以达到同样效果的新式冷兵器——曾一度将长矛淘汰的刺刀。法国人对拼刺刀似乎有着特殊的偏好。但是长矛不像刺刀一样需要配套的步枪，因此，造价要便宜得多，掌握起来也容易得多。

为他们!”

这个有能力生产出世界上最好的枪支火炮的国家，采用原始兵刃来对抗现代火器，不能不说是天方夜谭。但是 1793 年法国军队真的收到了成千上万支新打造的长矛。如果有将领抱怨这些长矛毫无用处的话，他的名字就会出现在公共安全委员会特派员的反革命分子嫌疑人名单上。随后，他可能会收到委员会召其回巴黎的信件。

在卡诺的指挥下，除长矛外，法国的军火生产也以指数比例增长：法国最大的兵工厂 1793 年步枪的生产量为 9000 支，而一年后生产量激增至 14.5 万支。

在总体防御理念下，新招入伍的士兵缺乏经验和训练，为避免军中重蹈战争最初几个月时恐慌和溃败的覆辙，法国军队中不停播放革命歌曲和乐曲来激励士兵。卡诺和公共安全委员会不断地发出指令，急躁地重申着同一个问题，就像卡诺一号指令中所述：“一起进攻，勇往直前。”

直到 1794 年公共安全委员会垮台，仲马必须定期向委员会写信通报所帅军中的后勤、战术和战略等一切事宜。每周他也会收到由卡诺和其他委员会成员签发的很多公函。

尽管亚历山大·仲马在收到任命时应该知晓当时的情况，但是他是一个勇敢、自信而又固执的人。同时，就像真正的革命者一样，对革命的热情和信仰让他无所畏惧。仲马把自己的生命和灵魂统统献给了革命，尽管他天生就不适合政治，但他决不后退。与很多人不一样，即使重负难忍，他也无法移居国外——他能去哪呢？在一个有色人种被奴役的时代，法兰西共和国就是他的乐土，即使这里有些面目可憎的人。

无论如何，亚历山大·仲马与委员会首脑们的政治观足够接近，所以任何恐吓都对他不起作用。在过往的革命和战争中，身处高位的军事英雄难免担心会遭到政治对手的谋杀，不过仲马却并非其中一员。

拿破仑·波拿巴也像仲马一样，在大革命中迅速被提拔，但当时几乎没有人听说过这位卓越的炮兵上尉，此事绝非巧合。如果法兰西王国没有灭亡，这位来自科西嘉岛的军校学生也许只能成为受勋的下级军官，在军务部中或许颇受景仰，却只能如此。

大革命为年轻的拿破仑创造了大量机会。但是直到 1793 年夏，他仍然刻意与变幻莫测的法国政局保持距离。这也让他远离了巴黎的是是非非。在当时，将领若为一个政治派系卖命效忠就会招致另一派系的嫌恶。1791 年至 1792 年，拿破仑甚至因离开军队三个月后未归队而被开除军籍；他回到了科西嘉岛，志愿协助当地武装推动科西嘉岛的革命事业。（据军务部的一份记录，波拿巴中尉“放弃了他的职务，其职在 1792 年 2 月 6 日已由他人取代”。①）

与拿破仑不同，仲马全身心地投入了革命事业，甚至甘愿为之付出生命。革命事业救赎了他的世界，给予了他无限的希望和生活的意义。在职业生涯中，他曾面临多次险境，但总能凭借过人的胆识直面险境。

9 月 10 日，在被擢升为将军一个星期后，玛丽-路易斯为他生下了第一个孩子，他们为女儿取名为亚历山大·艾梅。仲马回到了维莱科特雷看望妻女，却只陪伴了妻女四天。他再次被提升为西比利牛斯军团总司令而不得不离开。西比利牛斯军团自 1792 年 4 月组建以来，不断在法国边境与西班牙军队发生冲突。

---

① 1792 年 6 月 20 日，年轻的炮兵上尉返回巴黎，亲眼目睹了暴民袭击杜伊勒里宫，可谓给他提供了重要的政治教训。他的同伴，后来成了其秘书的布里昂回忆说，他和拿破仑从街对面看到国王戴着一顶象征革命的帽子来到宫殿窗前。“真是个傻瓜！”拿破仑轻斥道，“如果下令用霰弹射杀四五百个暴民，其余暴民早就跑了。他们如何进得了大门？”

战事并不顺利：在五个月的冲突中，西比利牛斯军团已经更换了四任司令，每位司令都是在兵败后被公共安全委员会拉下马。“这次任命将为您提供崭新的机会，希望您能为民众谋福祉，一举击败敌军，”军务部部长在信中写道，“一直以来您对共和国抱有极大热忱，一定不会对它的敌人心慈手软。”他再次肯定，仲马的“爱国精神和勇气胆识值得国家委以重任”。

克劳德·拉布莱特开始称呼他的女婿为“将军”，他一定被女婿由普通骑兵迅速提升至总司令感到惊讶、自豪，但又有些隐隐的不安。9月20日，在写给一位朋友的信中提到：

> 仲马将军15日回来了，但昨天19日又乘着驿站马车离开了。几天后，他会到达比利牛斯山。玛丽–路易斯和小女儿都好。玛丽在丈夫面前表现得很勇敢，他走后她才默默流泪。今天她又孤零零一个人了。不过只要想到所有一切的牺牲都是为了国家利益，她就感到莫大的宽慰。

时值法兰西共和国成立一周年，也是国民公会成立一周年，政府宣布废除旧式基督教日历，开始使用新式革命日历。在此之前，文件中均将1789年——颁布《人权宣言》之年——作为自由元年。但现在1789年的革命被认为是贵族爱国者们（妥协派、温和派）所主导的“假革命”，根本不能算作是自由元年。新式革命日历是雅各宾派在1793至1794年推行的无数乌托邦式的改革措施之一，但值得注意的是，在其推行过程中没有杀害任何人。

仲马带着满满十页的备忘录来到巴约讷，备忘录上记录着军务部为西比利牛斯军团制定的诸多目标。他需要立即清点“最重要的关口、港口和公路，已被西班牙军方占领的，则要竭尽全力驱逐敌军将其夺回”。尽管军务部部长自己身处险境，但还是提醒仲马“必须要严格与军务部部长而不是公共安全委员会保持一致”。

巴约讷防卫森严，当仲马将军的马车到达城门时，他被告知如无当地民众代表的允许，他这个新总司令不得入内，而很显然这些民众代表当时并不在城内。仲马将军和他的随从费尽口舌，守门警卫终于同意放他们进城。

仲马将军及其随从的房间下方就是巴约讷的中心广场，人民代表们在那里架起了断头台。大仲马回忆录中曾有一段关于断头台的轶事。这位小说家非常喜欢讲述关于父亲的此类故事，并且喜欢描述得绘声绘色。不过，一听就是大仲马的故事风格。

> 可怕的时刻来到了，广场周围所有窗前都挤满了观众，而我的父亲会走到窗前，放下百叶窗并拉上窗帘。
>
> 然而，在父亲紧闭的窗户下方，却会爆发一场骚乱；乡下人聚在他的窗下，大喊：“嘿！仁义先生（这个称谓听起来夹杂着贵族般的软弱），快来窗前！露露脸！”
>
> 尽管嘘声不断——有时听起来甚至极具威胁性，父亲和他的随从会站在窗边，备好军刀，紧握手枪，严阵以待，以防暴民的袭击，但他从未打开窗户，父亲的手下也从未在阳台上露面。
>
> 结果，从那以后，新司令……不再被称为公民亚历山大·仲马，而被称为“仁爱先生”，在当时，尤其是在送给他此名号的人的眼里，是一种莫大的难堪。

那年冬天，法国仍旧笼罩在委员会的黑暗统治之下，仲马将军再次收到任命书，这次他被派往了最艰苦也最具挑战性的战场——不管是自然环境和地形，还是迎战的敌军。这位热带地区圣多明克走出的士兵要到达海拔7300米的高原冰川地带，接任阿尔卑斯军团司令。

⟡

军务部的命令是大革命时期惯有的轻描淡写的套路：相信仲马将军会“无愧于爱国者和伟大战士的美誉”，可以尽快做好安排并前往阿尔卑斯山，“以确保共和国的安全、手足情谊及国土完整，以及永远的自由与平等”。没有必要添加任何“如若不然”。公共安全委员会的特派员到处都是，政府其他部门的平民代表有时也会模仿公共安全委员会的残暴行径。法国外交部一位名为皮埃尔·榭皮的嗜血“政治代表”，曾访问过阿尔卑斯军团。最近他提出，要想鼓舞士气，只需把每个被判以极刑的将领“拉到其所背叛的军队中斩首示众，在他的尸身……题上字，然后倒挂在敌人的地盘上，‘这个怪物把自己出卖给了共和国的敌人。法国人民砍掉了他的脑袋，为以示警戒，把他的尸身抛给猛禽和暴君’”。

仲马是阿尔卑斯军团在一年内的第四任司令。接受任命时，他向巴黎方面提出想请匹斯顿和埃斯帕涅这两位在第六龙骑兵团他的老战友作为副官一同前往。在革命从军的小世界里，这无疑是一次幸福的聚首。埃斯帕涅参加过仲马的婚礼，是仲马的好友。匹斯顿比仲马年长八岁，是一位精明而可靠的助手。他们两位都很高兴能再次与仲马并肩作战，跟随这位新司令前往阿尔卑斯山建功立业。

阿尔卑斯军团分散在五个卫戍区，所有卫戍区都地处难以翻越的山区，沟通与物资运送极为不便。我想去参观古战场，但一直等到 6 月高速公路开通后才得以成行。我开车进入积雪覆盖的山区，看到了超现实的夏日景象。海拔越来越高，我竟有些头晕，不禁想象着仲马和他的部下没有合适的暖靴和其他装备，何以能在寒冷的 1 月骑马走过这片冰雪之地。但是他们做到了。我在滑雪胜地圣莫里斯堡市政厅钟楼里，盯着一幅描绘当时战场情景的巨幅油墨画，细细看了几小时。虽然是旅游淡季，但是热心的工作人员还是答应了我的古怪请求，打开了市政厅的门，让我进去欣赏这幅油画。画上，成千上万名共和军和皇家军队在一个冰雪覆盖的竞技场周围行进作战，正中，接受撒丁军司令官投降的正是亚历山大·仲马。

小说家大仲马曾讲述过他父亲在圣莫里斯堡发生的故事。在回忆录中，他提到父亲多年的好友副官保罗–费迪南·德蒙库特给他讲了这个故事：

> 父亲路过圣莫里斯时，天气非常恶劣。在圣莫里斯广场上，高高耸立的断头台首先映入眼帘，似乎随时准备执行它的任务。父亲得知堡中有四个不幸的人将被处决，他们因私藏了本要被熔掉的教堂大钟而被判以极刑。但父亲并不认为这四人犯了死罪，转身对德蒙库特上尉说道："德蒙库特，你看这天气真是太冷了，相信你也感觉得到吧。前面路上我们可能找不到木材来取暖；所以，你去把面前这台可恶的红漆机器拆掉，我们劈成柴火来烧火取暖吧。"

我毫不怀疑小说家大仲马一定从德蒙库特将军①那里听说了不少这样的故事，但要说在大恐怖肆虐法国的1794年1月，仲马将军蓄意烧毁圣莫里斯的断头台，似乎令人难以置信。毕竟当时，在法国

① 德蒙库特在仲马将军身边辅佐多年，跟随他历经险象环生的绝境，也分享过战役大获全胜的荣耀，特别是在意大利和提洛尔时。仲马将军对德蒙库特的信任程度或许远远超过了其他军官，而德蒙库特对仲马将军非常崇敬、衷心耿耿。在仲马将军去世后的40多年间，德蒙库特凭借自己的实力累功至巨，扬名立万，曾获法国荣誉军团军官勋章，并在拿破仑称帝后获得"帝国男爵"的爵位。19世纪30年代德蒙库特退休后，聘请前上司的儿子作家仲马来为自己撰写回忆录《旺代夫人》。合作过程中，两人逐渐相熟，大仲马从德蒙库特这位老将军那里，也听说了很多他父亲的奇闻轶事。

各个城市设有成千上万个雅各宾派俱乐部，这些俱乐部有点像大恐怖连锁经营中的特许加盟店，他们从巴黎总部引进断头台和惩治方针。没有人敢轻易对这些俱乐部说半个不字——在当地，这些俱乐部都是“备受大众欢迎”的会社。小说家大仲马在回忆录中将父亲描绘成了一个在士兵宿命论下从容面对死亡、敢于挑战大恐怖的勇士。固然，仲马将军是当时法国军中数一数二的猛将，但却并不能表明他会以这样的方式自我毁灭。

在小说家大仲马眼中，父亲纯洁而高贵，完全与阴谋诡计绝缘——就像未经地牢磨难尚未成为基督山伯爵的爱德蒙·堂泰斯。亚历山大·仲马一生充满自信，他功勋卓著，坚守中正，进退有度，不惧威胁恐吓。但是，身处那样一个成百上千名受人敬仰的爱国军官遭陷被害的纷扰乱世，仲马将军仅凭满腔热血、一身正气远远不够。

事实上，在接下来的几个月中，仲马将军确实与公共安全委员会有过数次交锋，第一次与仲马曾参与过的一桩前朝旧事有关。

⟶⟵

仲马将军与他的部下们一路向北，经过了匹斯顿的故乡里昂。10月，经过两个月的激战，雅各宾派政府从温和派人士的手中重新夺回了里昂。之前在春天时，这些温和派人士曾发动起义推翻了当地雅各宾俱乐部的统治。重掌政权的雅各宾派政府对全城市民展开了疯狂报复，损毁了很多漂亮的建筑，杀害了近2000名市民，并将里昂重新命名为“解放之城”。

我们不知道在解放之城仲马和匹斯顿之间有过怎样的对话或者他们曾经看到过怎样残酷的景象，但仲马一行未能悄然走过这座城市。解放之城的人民代表们告诫仲马要提高警惕：周围到处都是叛徒。有人告发仲马是制造1791年7月马尔斯广场血案的政府士兵之一，曾参与枪杀广场上向政府军投掷石块的抗议者。当年仲马作为政府军中一员出现在广场上，这点十分可疑，他立刻被扣上了拉法耶特旧党、名为上层阶级自由斗士实为真正革命之敌的帽子。

仲马将军写信向“解放之城人民委员会”和巴黎公共安全委员会针对他的指控作出解释。①他坦言他当日确实与其他龙骑兵一起在马尔斯广场执行任务，但是并没有镇压游行示威民众，而是与战友们冒着生命危险冲入人群中，挽救了“2000 多人”的生命。（这一说法，大抵是指当时龙骑兵团成功制止了示威民众与拉法耶特国民自卫军之间冲突的进一步升级。）他写道：

> 纵有千般不愿谈及自己的功绩，我却不能向您隐瞒当日广场上事件的真相，因为他们以此对我无礼攻击，否定我对国家和人民利益的满腔热情。您知道他们对我的指责有多么荒谬。他们竟在您面前对我横加指责。他们或许会控告我 1791 年 7 月 17 日指挥运送两门轻型加农炮到马尔斯广场。是的，我确实下达过这样的命令，我和我的战友们从来没有打算用枪炮来对付民众，恰恰相反，我们冒着生命危险，在枪林弹雨中拯救民众。这样的义举，我们从不愿在人前炫耀，不过那天我们可能挽救了 2000 多人的生命。如果不是我们，这些无辜的民众会成为行凶者诡计的牺牲品。当年与此事有关的每个人都对我们表示由衷的感谢和祝贺。

仲马将军和其他龙骑兵们那天到底做过什么，根本无从考证，

① 我在亚历山大·仲马成堆的军事信件中找到了这封信，证明他确实参与过法国大革命早期的那一重要事件。他的儿子在撰写回忆录时，掩盖了这一事实，说“父亲从未参与过法国大革命早期的事件”。这封信保管状况明显很差，或许可以解释为什么之前会被大仲马所忽略，但是信中所提到的那个臭名昭著的日子——1791 年 7 月 17 日——还是吸引了我的注意。

这封信是证明他们曾在马尔斯广场出现的唯一证据。但是无论雅各宾派人士如何解读亚历山大·仲马的解释，他的心必定与示威的民众在一起。仲马终其一生，始终不与恃强凌弱者同流合污。他所指挥的军队无论是抓获了1000名俘虏还是得到了满城的财富，他都会时常提醒同僚和部下，在别人眼里可能是太多次提醒他们，要约束自己的行为、坚持原则不占便宜。在兵力和火力不敌对方时，仲马会勇往直前、毫不畏惧；在与上司意见向左时，他畅所欲言、直言敢谏。但在面对弱者时，仲马却会自我约束，极富怜悯之心。所以，在马尔斯广场制止冲突时，仲马定然指挥炮队在国民自卫队准备开火时，将炮口对准他们，或者，同样地，将炮口对准失控的暴民。

但亚历山大·仲马在面对他人指责时也不能消除黑暗时局所带来的焦虑。在信中，他明确表示自知即使抗辩也难逃一死，并特别提到了毒杀，他一位与公共安全委员会意见相左的同僚最近就死于毒杀。信末，他预言自己在劫难逃：

> 我想跟您汇报一下最近观察到的一些情况，具体细节恕不赘述，或许您会大为震惊。我曾与拉佐夫斯基、巴斯德劳恩在圣马尔索郊区并肩作战，我们三人一直严守原则，以能为大革命尽一份力而由衷欣喜。然而，拉佐夫斯基中毒身亡；曾为阿尔卑斯军团准将的巴斯德劳恩不久前刚在尚贝里遇刺身亡。如今我也遭人诽谤，不管是中毒身亡还是遇刺身亡，恐怕终究难逃一死；但是，无论前方命运如何，我会为共和国战斗到最后一刻。
>
> 阿尔卑斯军团司令
>
> 亚历山大

公共安全委员会似乎认为仲马的解释合情合理，或许因为委员们不愿花费心思寻找指挥阿尔卑斯军团的其他人选，仲马获准继续前往山区，不过，这绝不是他最后一次收到公共安全委员会的消息。

自前一年的春天开始，圣乔治等有色人种军官经常发现他们被怀疑为潜在的反革命分子。（1793 年 9 月，圣乔治和黑色军团的十位军官以涉嫌违反新颁布的《嫌疑犯法案》中“策划反革命阴谋”罪而被逮捕。）但即使雅各宾派和公共安全委员会进一步加强了恐怖统治，对于亚历山大·仲马而言，祖国法兰西共和国仍能为有色人种提供其他任何国家所远不能及的机会。

1793 年 6 月，黑色军团的五位军官向国民公会递交请愿书，呼吁“美洲人解放”，即解放殖民岛屿上的所有黑人。一群“有色公民”在市政厅周围举横幅抗议，上面写着“人权与有色公民权：不自由,毋宁死”。经过一番激烈讨论之后，政府官员们与请愿者一同来到马尔斯广场，举行仪式，“再次宣誓将以鲜血捍卫自由”。

1794 年 2 月初，一个非凡的三人代表团从圣多明克历经千辛万苦来到巴黎：让–巴蒂斯特·贝雷，塞内加尔黑人，曾是一名奴隶；让–巴蒂斯特·米尔斯，圣多明克自由混血儿；路易–皮埃尔·迪费，在殖民地做了多年文书的法国白人，现在自豪地自称为“平民”。在雅各宾派控制的国民公会上，迪费就废除奴隶制发表了激情的演说，并赢得了国民公会的一致赞同。随后，经过一次投票，法国成为了历史上第一个废除奴隶制的国家。①

亚历山大·仲马终于名正言顺地成为了法国共和主义者和法国大

① 事实上，早在 1793 年 8 月，被派往圣多明克北部省份负责平乱的法国专员雷格–菲力塞特·桑绍纳克斯就宣布废除了当地的奴隶制。几个月后，为获得自由黑奴的支持，桑绍纳克斯声称巴黎方面传来消息，法国政府已废除所有殖民地的奴隶制，而实际上，当时他并未得知国民公会投票的消息，因此他的此举风险极大。

革命的战士。凭借这个千载难逢的机会，他决定重新拜祖寻根。法兰西共和国二年风月16日（1794年3月6日），正值法国举国上下欢庆废除奴隶制时，仲马将军给驻守“解放之城”的士兵们写了一封信，对废除法令的珍视程度不言而喻。信中，并未包含任何实质军事指令，仲马少见而满含深情地指出自己的种族及其与大革命的渊源，并运用第三人称来指代自己：

> 你们的战友，一个普通老兵，一位将军，需要你们这些勇敢好兄弟的相助……在他出生的地方，人亦向往自由，并愿意为之斗争。他热爱自由与平等，坚信所有人都是自由而平等的，他为能身先士卒而自豪，并将倾尽全力让暴君联盟知道，有色人种也对其一样深恶痛绝。

## 第十二章

# 世界大佬之争

直到 14 岁乘船抵达诺曼底时，亚历山大·仲马才第一次见到雪。现在他发现他身处一片冰雪世界中：所驻守的法国阿尔卑斯山脉塞尼山口要道有两个战略关口，自古以来就是连接法国和意大利的战略要冲。虽说当地萨瓦人归附了新成立的法兰西共和国，但奥地利的盟友萨丁尼亚王国加入了反法战营，占据了该地区几处重要的山隘要道。仲马将军的任务是率军驱逐萨丁尼亚和奥地利驻军，打通阿尔卑斯要道，为法国入侵意大利做好准备。（1861 年以前，意大利尚未以统一国家出现，而是由一批奥地利帝国或罗马教皇管辖的独立王国和地区组成。）

与仲马率领的法国军队相比，奥地利军队有着丰富的冰川冰上作战经验。萨丁尼亚习惯于阿尔卑斯高山区域作战。仲马将军手下约有 53000 名士兵，但士兵素质参差不齐，且驻防区域辽阔而地形复杂。“父亲的敌人露宿在雪山高处，”大仲马在回忆录中形象描述道，“这是一场泰坦巨神之战：需攀至雪山之巅展开较量。”

阿尔卑斯山之战具有里程碑式的意义——法兰西共和国想要征服欧洲最高的山峰，但同时又极具战略意义：为阿尔卑斯军团大举进攻做准备。300 年来，法国第一次入侵意大利的众王国，直接打击最大敌国奥地利。这场战争对于仲马将军和法兰西共和国来说都至关重要。阿尔卑斯军团司令一职比起之前仲马的任何一次任命都要重要，成则功成名就，败则身败名裂。

仲马将军着手大刀阔斧地整饬军队，但军营驻扎在不同的山峰上，巡视起来困难重重，有时遭逢下雪等恶劣天气，从格勒诺布尔军队指挥所到军营驻扎处要一个星期。仲马将军经常亲至军营巡视两个星期，如果遭遇风雪，巡视时间会更长。

仲马安排挑选勃朗峰向导组建精英纵队，负责指引地形最为复杂的山口，协助为其他部队运输基本物资。但是当年 1 月份，山上狂风呼啸，运输工作因强风而受阻。更为糟糕的是，气温却不够低，路面冰层也不结实；冰层不足以承受物资的重量，任何东西都会陷入雪里，十分危险。仲马手下的一位将军向他递交了一份报告，描述了路面的情况："塞尼山路上都是积雪，圣伯纳德山亦是如此。"圣伯纳德山是另一处目的地。"路面冻得不够结实，（不管是人还是马）走在路上，都会陷进雪里"、"这里的人们将山风称之为'酷刑'，狂风夹着大雪砸向队伍，漫山都是积雪，道路根本无法通行"。这位将军还向他的新指挥官报告说，已经在该地区部署了间谍，并让他们伪装成了商贩："我安插了两个间谍，一个潜伏在都灵，另一个在边境，伪装成了贩卖黄油、奶酪和奶牛的商贩。"

此前，仲马从未有过山区作战的经历。他向上级提出的第一个请求是地图。"如果没有地图，无论如何也无法成功打通阿尔卑斯山的要道，"他在给军务部部长的信中写道，"在地图到达前，我只能双臂合抱，原地休息"。除此之外，仲马还请军务部为阿尔卑斯军团调配步枪、大炮、马鞍、火药、弹药带、榴弹炮、骡子、马和喂牲口的草料，为手下士兵们申请了打猎工具，包括猎物袋等等，鼓励士兵们猎捕岩羚羊——阿尔卑斯山上类似山羊的羚羊。这也是很好的雪地跟踪演练。（仲马本人也曾跟当地岩羚羊猎户们一起狩猎，除了猎到了上好的麂皮之外，也结识了当地一些最优秀的向导，并赢得了他们的信任。)

在1794年的前两个月中，仲马将军写了数百页的战地报告、备忘录和指令，从这些资料中可以看出这位天生的战将对于物流和规划也有天赋。在格勒诺布尔建起指挥所数日后，仲马制定出了详尽的军事部署，按照军务部指示，除了最信任的得力干将外，仲马并未向他人透露。为获取物资、军火和情报支持，他写了很多封长信。他成功争取到了数百马匹及牲口草料。开始时，军务部送来的马匹太过矮小，难以跨越雪堆，仲马把这些马退了回去，请求重新运来高一些的马匹。他考虑到了每个细节，甚至为他的15000名士兵申请了专门的雪地靴，并定制了“4000对铁鞋钉，完全按照所提供的模子制作的”。之前经常有人开小差离开队伍，但自从仲马将军来后，这种现象越来越少。

1月27日，仲马收到了军务部部长的指示，表示公民卡诺和公共安全委员会已下达命令，仲马应尽快发动大规模进攻夺取要道。①军务部部长指示道，仲马将军应率部打破自法军进驻以来该地区两年来的僵局，并以委员会信件中常有的严厉语言，对仲马横加指责：

> 我们要尽快占领塞尼山和小圣伯纳德山，不得延误。无须多言，我们也知道山上此时积雪覆盖；但正因为这样，我们反而要立刻发起进攻。你提到想等到积雪融化时再进攻，那样做会招致失败……国民公会要求将领们服从公共安全委员会的命令；须誓死执行委员会的命令。
>
> 卡诺、巴雷尔签署

① 1794年冬春季，这一时期的军事信件比往常要多出数倍，且更为复杂，因为虽然军务部部长和公共安全委员会都会给在外的将军们写信，但很明显公共安全委员会操纵一切。军务部部长受制于卡诺、圣茹斯特和其他委员会成员，于是跟他们沆瀣一气；他们写给仲马的信经常基本一致，不过仲马需要给他们回信，有时他们也会联名签署下达命令。

仲马写信回复委员会道：“现在想要调遣部队非常困难，我们不可能战胜大自然来实施我们的计划。”像对明理之人一样，他解释道，除非天气变冷积雪结冰，或是天气转暖积雪融化，否则要道根本无法通行。“积雪又厚又软，队伍难以通行。”信中，带着新官上任的激情，仲马将军提议在等待进攻期间率部执行其他任务。他深知驻军下方波河上游流域的巨大价值，对萨丁尼亚王国的都灵城意义重大。仲马将军建议另取他道对其发动进攻。他在报告中写道，经调查如能获得当地瑞士人的许可——他认为此事颇为可行——可沿圣戈塔尔旁的一条小路，从侧翼包抄突袭萨丁尼亚人。

他补充道：“共和国可以充分信任我来指挥作战……进攻战术适合激情澎湃的法国军人，但是作为法军指挥官，需要智慧地作出决策并谨慎行事，才能率部取得最后的胜利。”

对方立即对此信作出了反应，不过军务部部长没有直接给仲马写信，而是给公共安全委员会写了一封讽刺批判仲马的信。“公民代表们，我从未想到雨月6日法令中所规定的阿尔卑斯军团远征行动计划会如此难以执行。”军务部部长写道：

> 尽管山脚下的士兵都认为进攻计划非常可行，但是端坐在格勒诺布尔指挥所里的仲马将军却断定计划难以执行。他信中的提议极其荒诞、令人惊异：竟痴心妄想翻越阿尔卑斯山，在波河岸边插上法国三色旗，并取道瑞士进军米兰，把战火通过圣戈塔尔山烧到意大利。

第二天，公共安全委员会给仲马将军寄发了一封信件，言语间充满愤怒与责备，并隐含着威胁之意：

> 您说共和国可以依靠你，但共和国只会依靠人民……此事绝非只与哪一位公民有关。临时执行委员会等待您对您的行为作出解释。

公共安全委员会对仲马是否“对共和国保持忠诚”仍心存疑虑，要求仲马解释这一破坏瑞士中立传统的疯狂想法从何而来。

此时，巴黎的雅各宾派专政进入了最为恐怖残酷的阶段，每天都有数百名囚犯因违抗公民卡诺的命令惨遭杀戮。仲马对巴黎的情况有所耳闻，他对阿尔卑斯军团前几位司令的不幸命运一直耿耿于怀。

2 月 26 日，他召集部下将军（以及政府代表）召开军事会议，研究部署进攻敌军控守山口要道的作战计划，特别是塞尼山和圣伯纳德山。仲马虽然认为雪太软，难以保证部队和马匹安全通行，但仍给将军们部署了任务：

> 每位将军都要试图突袭敌军，一旦攻下塞尼山和小圣伯纳德山的敌军阵地，要采取一切必要措施守住阵地，充分利用敌军溃败时遗留下来的武器装备……加紧……重新安置敌军遗弃的火炮，在敌军的路线上重筑战壕，摧毁皮埃蒙特人修建的用来对付我们的战壕。

仲马强调必须对行动计划严加保密，下令散布错误信息和谣言混淆敌军视听。

行动正待启动，但又下起了暴雪。仲马知道计划再次泡汤：如在此情况下贸然行动，不需要皮埃蒙特人开枪，士兵们都会一一冻死。3 月 1 日，他给军务部部长写了一封信，谨慎地强调了战区的天气和面临的其他困境。

尽管面临“缺乏公民意识”或是战败罪的指控——在法国大革命时期，“缺乏公民意识”的指控相当于叛国罪，仲马还是表现得异常坚定与镇静。他解释道，过去两个共和国历星期里（两个共和国历星期实际为二十天，法国共和国历中除了对十二个月份重新命名外，废除了七天为一个星期的制度，而改为十天为一个星期），他一直无法写信，因为他亲自前往巡视前哨的下雪情况。他重申他在“寻找最有利的时机执行您所下达的进攻塞尼山和小圣伯纳德的命令”。但他坚称行动条件尚不成熟，他绝不会让部下冒此风险。

在这封信的边上，有某位军务部工作人员随手写下的几行字，提到了撒丁岛的爱国者们“对国王发起攻击”、“种植了400棵自由树”，还提到了都灵市区两处的旗杆上被挂上了“自由帽”①。这位工作人员写道，此乃击败“当地贵族”的好兆头。

在写给公共安全委员会的信中，仲马将军还强调，要想完成任务，委员会要考虑拨给阿尔卑斯军团足够的物资；他甚至为军需官详细设计了如何在山地极端气候下储存及运送物资。仲马要求的物资包括30万筒弹药，“数门可以发射500枚炮弹的大炮，2000个撞针以及约20门火箭炮”。同时，还迫切需要构筑掩体的材料、火炮的弹药以及12000支步枪和大量的火药。

信末，仲马似乎想为自己辩白，否认他对共和国不忠，甚至向公共安全委员会说明了自己的行文风格：

① 红毡自由帽和自由树是当时最常见的法国大革命象征物，除此之外，还有帽徽和三色旗。（实际上，人们有时也把他们混在一起使用，例如将红毡自由帽挂在自由旗杆上。）

这种自由帽实际上是在模仿古罗马佛里吉亚帽，传说获得解放的奴隶通常会佩戴这种软帽。美国独立战争和法国大革命都用佛里吉亚帽象征自由。（尽管如今在美国，自由帽早已退出历史舞台，但在19世纪后期，美国硬币和爱国纪念品上经常可以看到自由帽，一般而言，要么是自由女神头戴自由帽，要么是飘扬着星条旗的旗杆上挂着自由帽。1947年之前，50美分硬币上一直有自由帽的图样。）

法国大革命的自由树是对美国独立战争的致敬——18世纪六七十年代，美国爱国者们经常聚集在波士顿公园附近那棵著名的榆树下，共商抵抗英国压迫之计。

我在信中对部长您所述的一切，并不是意图推诿、不执行您的命令。我为人坦率，所以说话也直来直去。我本意是想向您秉明实情，绝非有意违抗您的命令。

尽管都灵传来了自由帽和自由树之类的好消息，但周围萨丁尼亚大多数农村对于法国大革命并不感兴趣。许多当地人出于领土原因及政治原因对君主政体仍忠心不二：一方面，他们不愿遭受法国侵略；另一方面，许多当地人都是宗教保守人士。当地贵族和教士对法国大革命深恶痛绝，上层阶级反革命情绪高涨，路易国王的弟弟和许多法国贵族选择移居在此。

仲马在 3 月和 4 月写给委员会的信中提到，一些法国流亡者和其他各类敌对势力（盗贼、反革命武装教士等）竭尽所能地破坏法国革命战争，他们监视法军动向，向敌军提供情报，并在边境伺机而动，为敌军运送武器和其他违禁品。除了对付上述种种威胁外，仲马将军还要小心应付当地的雅各宾俱乐部，时刻提防他们将自己逮捕、送到巴黎的断头台。幸运的是，没有什么能比谈论阴谋更让公共安全委员会满足，尤其是普遍存在、暗中为害的阴谋。

阿尔卑斯军团分散在数百千米的偏远地带，所以实际上，法军非常有必要与当地民众处好关系。作为占领军的总司令，仲马将军认为法军在当地人和附近瑞士人心中留下什么样的印象至关重要。不过事实证明，仲马将军是一位尽职尽责且颇为成功的外交官。

但仲马将军的外交技巧并未用到当地雅各宾派身上，那年春末，他被尚贝里雅各宾俱乐部再次告发。虽然仲马将军万分小心谨慎地与巴黎公共安全委员会周旋，但他拒绝对一群山间乡野激进分子卑躬屈膝。“一个开明的组织应当知道将领不能也不可置军队安全于不顾，将行动计划公之于众”，他在给这个所谓“开明的组织”信中写道，并要求告知控告者的名字以便与之当面对质。

仲马将军之所以能够安然渡过这些危机，很大程度上应归功于一位特派员的相助，这位特派员自仲马上任阿尔卑斯军团司令以来，一直奉命监视他的一举一动。此人就是“人民代表”加斯顿。加斯顿很欣赏这位另类的共和国将军，曾拟写了一份热情洋溢的报告，寄给了巴黎公共安全委员会的“同志们”，请他们支持仲马将军关于军情部署的意见：

> 我与仲马将军侦察了边境的所有方位。我们试图徒步踏雪前往塞尼山和小圣伯纳德山的基地。但直到今天，雪地仍未冻结实，不足以支持一个人的重量。我们希望雪地能尽快达到行军要求，如此，我们就可以达成公共安全委员会及我们自己的目标。

但在这份报告中，加斯顿描述了与阿尔卑斯山其他人接触的过程，突显了他的革命激情：

> 我见过这个国家所有的合法当局者，并怀着对共和主义的赤胆忠心与之交谈，发现一些人思想疲软，而另外一些人误入歧途。不过，有几位还是对革命充满热情……城镇里的居民太过温和，我觉得不得不采取行动点燃他们为共和国而战的斗志。我以身作则，带领他们在胜利或死亡之间作出选择。每个人都签署了……以血盟誓，纷纷表示将与附近的专制暴君们抗战到底，并时刻准备着利用一切机会将匕首插入暴君们的胸膛。

临近 4 月，天气渐暖，仲马将军下令准备对敌军所占要道发动全面进攻。尽管一般来说，将军们不会亲自上阵侦察敌情，但仲马将军亲自率领 45 名士兵一连数日观察塞尼山敌军阵地的情况。

法兰西共和国二年芽月 16 日晚（1794 年 4 月 5 日）阿尔卑斯军团正式对塞尼山敌军阵地展开行动。仲马计划派遣 4000 多名士兵，兵分两路，从塞尼山的南北两侧同时向驻守要道的敌军发起进攻。一路人马（2100 人）进攻塞尼山要道，而相同人数的另一路人马奉命进攻小圣伯纳德山要道。与仲马惯有行军作战风格不同的是，此次他并未亲率军队出战，而是指派手下两位将军各率一路人马指挥作战。他任命萨瑞特将军这位值得信任又有丰富战斗经验的部将作为进攻塞尼山要道部队的指挥，不料这却是一个让他扼腕长叹的错误决定。

根据之前的侦察情报显示，塞尼山顶的堡垒防御很薄弱，几乎无人驻守，敌军并未料到法军会在早春发动进攻，所以法国人认为可以出奇制胜。趁着夜色，萨瑞特将军率部于晚上 9 点离开法军基地，计划于第二天黎明前到达敌军堡垒，攻他个措手不及。但是，恶劣的天气状况减缓了行军速度；甚至有些士兵在结冰的山道上滑倒而堕入峡谷。有时山路太滑，行军过于危险，他们只能掉头原路返回，寻找其他上山的路，因而浪费了很多时间和体力。

当萨瑞特将军的人马在黎明后终于到达小塞尼山要道的第一处堡垒时，却发现这里的防守一点也不薄弱，相反，“这里山坡陡峭，且有重兵把手，甚至还架起了多门小炮，攻占此处绝无可能。尽管如此，萨瑞特将军还是下令强攻。他离开了大部队，指挥起了先头部队”。

从山谷到山顶附近的要道，萨瑞特将军的军队爬了整整一夜的雪山，此时已是精疲力竭，饥寒交迫。现在发现他们陷入了一场激烈的战斗中，敌军近在咫尺，而他们的蓝色军服在白茫茫的雪地上分外惹眼。整整一天，敌军的枪林弹雨毫不停歇。但是萨瑞特将军仍加紧发动绝望的进攻。同行的另一位将军亲眼目睹了萨瑞特将军和先头部队士兵们的遭遇，后来回忆到当时的场景：

> 冲上前去的士兵都被射杀或受伤，山坡……又如此陡峭，且积雪覆盖，几乎无法前行，试图攀越的士兵都跌下了悬崖。萨瑞特将军在距离山顶30米处遭受了致命的重伤，倒地身亡。几个掷弹兵同时或死或伤。这一幕吓坏了军中很多人；恐惧情绪迅速蔓延开来。

指挥官已死，寒冷的夜晚即将来临，幸存的法军士兵落荒而逃。他们踏上了漫长而凶险的撤退之路，雪地上留下了斑斑血迹和“在山间垂死挣扎、哀号惨叫的伤者”。

进攻计划失败后，仲马将军向公共安全委员会递交了一份报告，认为狂风及有人向敌军泄密导致此次行动的失败。“两名皮埃蒙特逃兵证实，（当地村民）将我们的行军情况报告给了皮埃蒙特人，因此敌军在塞尼山临时加强了守备，增派了2500名守军。”他在报告中写道。简而言之，萨瑞特将军的人马不仅走进了一个陷阱，而且是一个精心布置的大陷阱。不难想象，仲马将军对于萨瑞特将军和其他士兵的牺牲必然悲痛难抑。在之后的行动中，他想方设法欲报此仇。

同时，加斯顿代表认为威胁不仅来自敌人而且来自巴黎内部。此时，只有大胆推测才能挽救仲马和他自己的性命。“敌军并未感到意外，”加斯顿在给委员会的信中写道，“他们似乎早就知道了我们的进攻计划，提前做好了各方面的准备，弹药准备得十分充足。”

“军务部里不乏败类”，他在信中继续写道，这些可疑的双面间谍“通过某种特殊的渠道，将我们进攻塞尼山和小圣伯纳德山的计划出卖给了都灵方面”。虽然没有指责军务部部长参与了这场阴谋，加斯顿成功将怀疑扩散到了巴黎，而不是聚集在身处格勒诺布尔的他和仲马将军身上。最后，加斯顿声称：要么选择信任我们，要么逮捕我们。他实质上是在说，不要指望既怀疑我们，又让我们做好工作。他写道：“与军队关系密切的人民代表们要么对你信心十足，要么对你毫不信任。”

虽然加斯顿有些莽撞，但是这封信奏效了。与这位正直的雅各宾派官员建立友谊，是仲马将军在其军旅生涯中，所做的最为明智的决定之一。可惜的是，不久之后，他在遇到另一位崭露头角的将军时却未作出同样明智的决定，而后者对他的命运却至关重要。①

对于法国人来说，在 4 月，他们的运势转好。经过一番血战，阿尔卑斯军团终于攻下了小圣伯纳德山要道以及山腰较低处的皮埃蒙特人堡垒，缴获了大批的大炮和枪支弹药。除了致信公共安全委员会外，仲马将军也给留守格勒诺布尔的忠实部将匹斯顿写了一张便笺，字里行间难掩喜悦兴奋之情：

> 亲爱的匹斯顿，胜利了！我们勇猛无畏的共和党人……夺下了著名的小圣伯纳德山要塞……勇士们突破了借助天险的敌军防线，拿下了所有的堡垒。敌军死伤无数，

① 事实上，我发现仲马将军与日后这个给他造成莫大伤害的人正是在这个月，即 1794 年 3 月，第一次发生交集。这是一次微不足道的接触，拿破仑·波拿巴这个名字当时对仲马将军来说没有任何意义。当我在仲马将军的命令文书中看见这个名字时，立刻引起了我的注意。当时，拿破仑刚被任命为法国意大利军团炮兵指挥官，但与阿尔卑斯军团相比，意大利军团军力装备较弱。拿破仑写信给仲马，请求借用几门大炮。由于大炮对于阿尔卑斯军团来说也是严重不足，所以仲马将军很快拒绝了拿破仑的这一请求，回复称没有枪支武器可以借给“意大利军团炮兵指挥官拿破仑”。

勇敢的同志们创造了奇迹。加农炮、榴弹炮、壁垒、步枪和大批战俘，都是我军的战利品，而我军只有60位勇士受伤，他们是真正的英雄。

有一个士兵的一只手掌被炸飞，仍旧拖着鲜血淋漓的伤臂冲向敌军堡垒，而另一个士兵虽然断了一条腿，却坚称自己没事。胜利属于我们。总而言之，今天所有士兵都表现得无比英勇，每个人都拿出了法国男儿的血性！

此致

向兄弟情谊敬礼！

亚力克斯·仲马

仲马决定乘胜出击，准备一举夺下塞尼山。5月14日，他派出了一支3000人的队伍。为了防滑保暖，每个士兵脚上都穿上了羊毛袜，靴底也都装上了铁鞋钉。仲马将军还下令所有士兵都在蓝色制服外披上白色罩衫，以便在雪地上隐蔽行踪，这是从当地岩羚羊猎户那里学到的。他们携带了各种武器，有军刀、尖刀、手榴弹、棍棒、大口径短枪、长矛、装有刺刀的沙勒维尔步兵火枪，甚至还配备了一批最先进的沙勒维尔1777型步兵火枪，最远射程可达70米。

法军只可从三面进攻塞尼山，因为第四面是“天险”冰崖，无法通行。皮埃蒙特人并未在此设防，只围起了一道栅栏。塞尼山之战后，仲马将军的名号首次载入外国史册。一年后，即1795年出版的一本英国军事通史《英国海军和军事战争史》中写道：“法国阿尔卑斯军团在司令仲马将军的指挥下，取得了塞尼山大捷。尽管萨丁尼亚军在塞尼山上的兵力增加了一倍，但是这位法军将领卓越不凡，果断采取全线进攻战略，从而有效分散了敌军的兵力。”

这本英国军事通史称，仲马将军率军“冒着猛烈的炮火登上了塞尼山，端着明晃晃的刺刀，攻下了萨丁尼亚军的所有堡垒”。冒着枪林弹雨，越过冰川壕沟，与敌人刺刀拼杀，没有什么比这种场景更能诠释“法式愤怒”。几年后，有一本苏格兰史书再次描绘了这次战役：“对于法国共和党人来说，这点枪林弹雨又算得了什么！”

事实上，在密集炮火阻击之下，死伤在所难免。当时“子弹”的直径有 1.7 厘米，虽说飞行速度远不及现代子弹，但足以击穿士兵们的夹克和背心，射进他们的胸腔，再被肋骨反弹，这与后来出现的达姆弹一样具有杀伤力。萨丁尼亚军发射的炮弹不仅可以立时炸死被击中的法军，而且还会像保龄球一样在战场上滚动，一旦避之不及，轻则致残，重则丧命。落地弹起至胸部或头部高度的炮弹最具杀伤力，因而每位炮兵都要学习掌握装弹技巧。（由于山地地形崎岖，敌军炮兵团无法准确估算射程，这为法军的进攻创造了有利条件；18 世纪，火炮在平地作战时具有巨大的杀伤力。）

战后不久，仲马将军在向巴黎报告战况时写道“敌人的子弹如雨点般向我们勇敢的战友们扫来”。尽管遇到了可怕的阻击，阿尔卑斯军团还是高喊着“共和国万岁”的口号，奋勇杀向敌军阵地；很快“战况得以扭转，我下令全面冲锋，共和国战士们端着刺刀，攻下了所有的堡垒，把敌军逼向了悬崖”。

一边是身着蓝色制服、斗志昂扬的法军，一边是深不见底的冰崖，身着白色制服的萨丁尼亚军“面对勇猛无敌的共和国军队，落荒而逃”，仲马将军写道，“他们遗弃了无数先进火炮和装备，敌军仓库中堆满了物资”。仲马将军率部乘胜追击敌军，一直追出了十多千米。“我们毙敌无数，俘敌 900 人，而出乎意料的是，我们只有七八名战士阵亡，约 30 人受伤。阿尔卑斯军团勇猛无畏，此次大捷必将震撼整个欧洲。共和国万岁！①”

---

① 在报告的最后，仲马将军禁不住再次对他的部下大加赞赏，也从侧面反映了他对当地居民体恤关心：“这位法国士兵在作战时英勇无畏，他同情当地居民的不幸遭遇，将他的口粮分给这些饱受战乱之苦的百姓。”

后来法国的战报中夸大了此次战役的俘虏人数。1833 年的一份报告中称仲马将军率军“一路攻打到了塞尼山脚下，山上敌军已架起多门火炮并设好了防线。但是仲马将军并未气馁；他攀上岩石，最终占领了要塞。萨丁尼亚军大败而逃，我军抓获了约 1700 名俘虏，缴获了 40 门火炮”。

俘虏人数究竟多少我们不得而知，但萨丁尼亚军战败、法国阿尔卑斯军团夺取了塞尼山却是不争的事实。仲马将军率军攻下了看似坚不可摧的山口要塞，自此，不仅是周围山麓地带，甚至是整个富饶的意大利半岛都逐渐向法国敞开了大门。

塞尼山大捷让仲马将军名声大震，成为了法国大革命战争先贤祠英雄中的一员。在那之前，他做士兵时的传奇经历为人津津乐道：拥有出众决斗技能的伟大骑士带领一小队龙骑兵以少胜多，击败俘虏了敌军的前哨部队。他是众人追捧效仿的勇士中的勇士，但这种传奇故事已被太多人在酒酣耳热之时讲述。如今，仲马将军率领数千士兵取得了具有战略意义的伟大胜利，在敌人炮火面前，他仍身先士卒，与士兵们生死与共。

在仲马将军的同僚们定期写给公共安全委员会数百封战况报告中，我偶然发现了一位真正懂得如何谈论自己指挥官的人。1794 年 6 月 28 日，一个名为让-雅克·罗吉并在整个春天追随仲马将军的军官写道：

> 每到一处，我们都会大败敌军，抓获大批俘虏。而我军只有少许伤亡。英勇的仲马将军不知疲倦，他无处不在，只要有他在，敌军就会一败涂地。

罗吉写道，自仲马将军率军攻占山口要道后，此地的局势正在悄然改变：

> 每天都有数十名逃兵来到这里：最近，一名上尉和一名炮兵中尉也来到军中，据他们说都灵的革命已经开始：爱国者们……被当局抓进监狱。但是暴政无法阻止人们追求真理的脚步，群情已然激愤，思想已经萌发。不久，意大利人必将如其祖先一般勇敢地奋起反抗暴政。

公共安全委员会“胜利的组织者”拉扎尔·卡诺签发了公文，同样对阿尔卑斯军团的胜利表示热烈祝贺：

> 荣耀归于塞尼山和圣伯纳德山的征服者们。荣耀归于不可战胜的阿尔卑斯军团和指引他们取得胜利的代表们！亲爱的战友们，在收到你们的胜利捷报时，我们的喜悦之情难以言表……对于你们以及仲马将军的智谋才干与勇猛善战，我们始终抱有绝对的信心。

仲马将军完成了他的使命。他确保了自由、平等的法兰西共和国登上了世界之巅，这也是它所达到的最高点。

# 第十三章 革命触底

1794年6月24日，仲马收到了卡诺与罗伯斯庇尔联名签署的军令，要求他立即前往巴黎，谒见公共安全委员会代表。

时值法国大革命雅各宾派恐怖统治的鼎盛时期。在仲马收到此军令两周前，公共安全委员会通过了一项法案，明文规定将处决涉嫌“滥用革命原则”的“人民公敌”。其实根本不需要开庭审理，因为嫌疑人已被判定有罪，且这些“反叛者”无权进行自我辩护，所有政治罪犯毫无例外都将被判处死刑。在当时扭曲、混乱而动荡的局势下，如果被公共安全委员会盯上，再大的战功也不足以庇佑一位将军免上“国家断头台”。①

“公民们，来信收悉，”仲马在回信中写道，“我将按委员会的要求，即刻前往巴黎。”

然而，这封信中有涂写删改之处，我推测仲马将军应该没有将它寄出，我发现了标着同一日期的另一封信，我猜想仲马将军应该是重新考虑了一下是否要“即刻”动身。在这封信中，仲马将军解

① 或许公共安全委员会认为处决生者速度慢，于是前一年夏天，公共安全委员会决定对逝者采取行动：委员会下令逐一挖掘皇家陵墓。自6世纪以来，法国大部分国王和王后死后都被安葬在巴黎北郊的圣德尼修道院，但在法国大革命中，他们的遗体被革命者们从墓穴中刨了出来，扔进了一个大墓坑，而后用石灰填埋了起来。棺木中陪葬的金银珠宝被“珠宝委员会”全数没收充公。

释道，在离开前要做一些人事调整，所以“预计最快只能在7月8日动身前往巴黎”，而这一延期却在无意中救了他的性命。

两天后，法军在比利时边境富勒里大败奥地利军队的消息传到巴黎，全市上下一片欢腾。连续几个月来，法军捷报频传（仲马率部在阿尔卑斯山大破敌军，力保东南边境的安宁也包括在内），而富勒里大捷更是将这一系列捷报推向了高潮——富勒里一直是革命战争的战略支点，极易引发入侵大恐慌。

战争为恐怖统治提供了条件。法国边境接连不断的军事危机既助长了报复情绪，也使得委员会极端主义成员们那些所谓的阴谋论看似合情合理。现在战况日渐好转，卡诺及其他不那么狂热的委员会成员开始对立法者的杀戮行径进行重新审视。

7月中旬，仲马来到巴黎，等待谒见公共安全委员会代表，此时国民公会已陷入风声鹤唳的状态：议员们人人自危，时刻提防他人暗算。任何人都有可能收到催命的信件或是登门拜访。谒见公共安全委员会代表，在某种意义上等同于被判死刑。

7月27日，法兰西共和国历热月8日，法国政局风云突变：那些之前的判官和刽子手们被一一送上断头台。国民公会议员们不再拥护罗伯斯庇尔，并宣布他“不受法律保护”，对其加以搜捕。罗伯斯庇尔逃到了巴黎市政厅，当一群武装人员和士兵冲进房间时，他对自己开了一枪。没有人知道他是准备开枪自杀，还是手枪意外走火，但无论如何，他失了准头。这位法国的首席刽子手之前并没有碰过枪。子弹打碎了他的下颚，他在书桌上躺了整整一夜，挣扎着没有被他的鲜血呛死。第二天早上，一位外科医生前来为他处理伤口。在罗伯斯庇尔的要求下，医生为他换上了干净的衬衫和领带，而后他被送上了断头台。同时被处决的还有圣茹斯特等公共安全委员会的极端激进分子。

于是，雅各宾派的恐怖统治结束了。公共安全委员会虽未被废除，但革命政府通过了一项新法律限制其参与军事和外交事务。实际上，公共安全委员会已失去了原有的统治地位，亦不再拥有处决人民公敌的绝对权力。参与策划热月政变的拉扎尔·卡诺成为了公共安全委员会的新任主事。

新组建的公共安全委员会似乎并不知道该如何处置亚历山大·仲马。令仲马颇为懊恼的是，他们并没有放他回阿尔卑斯山。相反，8月初，为仲马指派新的任命前，公共安全委员会交给他很多临时任务，而后来的任命却是一个苦差事，完全不像是对他春季战功的嘉奖。8月中旬，公共安全委员会决定任命"塞尼山英雄"仲马为法国西部军团司令，令其率部镇压法国西部旺代省保皇人士的起义——有人将该起义称为内战。

在大多数法国革命军队与外国敌军作战之时，有一小部分革命军负责肃清国内叛乱者和反革命势力。臭名昭著的西部军团就是负责这一肃清任务的主力军：其任务是消灭由当地贵族和农民混杂组建的自称为天主教皇家军的起义军。旺代人之所以叛乱由多种因素造成：很多人一开始就反对革命，也有人对革命政府迫害教士、没收教堂财物及1793年处决国王等做法心生不满。但是叛乱发生的主要导火索似乎是卡诺所推行的总体防御政策。

这一政策引起了当地农民的强烈不满。对于一个农民来说，参军一年意味着他的家人可能无力正常种粮收粮，甚至会忍饥挨饿。1793年春，愤怒的法国西部农民们袭击了数百处市政厅，很多共和政府官员的住宅也未能幸免。他们杀死或赶走官员，袭击国民自卫军，手段极其残暴，逐渐形成了一支"匪军"。维克多·雨果曾描述道："共和军根本不知道起义军究竟埋伏在何处。这些看不见的军队蛰伏在暗处，瞬间从地底下冒出来，又瞬间消失不见；他们会突然跃入视线，数不清到底有多少人，又突然消失……（他们）是化作尘埃的雪崩……又似具有鼹鼠习性的美洲虎。”

共和国政府对旺代发生的叛乱进行了血腥镇压，与之相比，巴黎先前的暴力事件实乃小巫见大巫。关于革命战争的极端言论在这里成为现实：“毁灭一切的自由天使”降临人间，随之而来的是横卧数千米的尸体。准将的战报中经常出现“我们如往常一样烧毁村庄、砍下头颅”的字样。如果用18世纪的标准来衡量，这句话背后隐藏的数字几乎让人难以想象：旺代约有25万男女老少在政府军镇压中丧生，约占该地区总人口的四分之一。（在历史学家所援引的大革命恐怖统治时期死亡人数中，大多数死者都是在这场旺代血腥镇压战争中以及战后爆发的流行病及饥荒中丧命。）“地狱纵队”的暴行是政府军在当地所犯的诸多罪行之一：大约3万名士兵，均分为十几个纵队，前往各个村庄进行大扫荡，毁灭途中遇到的一切——男人、女人、孩子、动物、树木及其他可被枪杀、砍杀或烧杀的一切活物。在南特，政府军为了节省昂贵的铅弹和时间，甚至发明了集体水淹的方法虐杀百姓。据托马斯·卡莱尔所述：“女人和男人的手脚被绑在一起，扔进水中：他们管这个叫做共和式婚礼。”多数情况下，西部军团会使用专门打造的驳船来实施集体水淹，每条驳船上约载130名受害者，在船驶到卢瓦尔河中央时，打开船底事先开凿的进水孔，使船沉没（一个负责打造这些“浮棺”的木匠在接受审判时供认了这一暴行的很多细节，他交代了这些驳船的使用方法，以及自己所造的第一艘船是如何被用来杀害整船教士的。）

一位正直的人在旺代待不了多久就会沦为嗜血杀手或是受害者。仲马将军的前任比隆将军就是如此。1793年比隆被派到旺代镇压叛乱。他很快就率部取得了胜利，但是军中屡屡有人违抗军令、虐杀平民，后来他被迫辞职。另一位将军指控他对革命心存二心，理由是他对叛乱分子过于仁慈。这一指控足以把比隆将军送上断头台，

1793 年 12 月，在西部军团宣布平乱行动取得阶段性胜利的时候，比隆将军被处决。

尽管旺代已无反叛分子公开作乱，对于中央政府来说，它仍是一个隐患。嗜血的西部军团需要学会法纪、回归常态。仲马将军是不二人选，因为他不是一个雅各宾派狂热分子，而是一位“优秀的共和党人”。他处事公正严明，为人坚忍顽强，广受下属的敬重，在阿尔卑斯山时亦展现出了过人的组织能力。

1794 年 9 月，仲马到达了旺达省，眼前的一切让他大为震惊。“旺达人不再需要以宗教或是保皇主义作为反叛的借口，”他后来在信中写道，“他们被迫捍卫自己的家园，保护妻女免遭强暴，保护孩子免被杀戮。”9 月 7 日，他向西部军团的参谋长下达了第一条军令：

> 特令参谋长……在地方建立一支执法严谨而公正的警察队伍。（他要）确保军中任何士兵无论军衔高低，如无特殊原因和任务，均不得踏入地方。军中雇佣的所有代理人亦需遵守此条军规。若无军令，任何人不得以任何原因离开营地或驻地。

仲马将军决定全力整顿所率领的这支军队。一直以来，西部军团掠夺平民，生活优裕。仲马下令军团重新学习简单的士兵美德，如露营等。他对军官更是严格要求：“军官必须为士兵做好榜样……要像士兵一样睡帐篷。”

他的这些军令一如既往地注重细节，确保每位士兵都遵守军规、公平地分得物资。在前几次任职时，仲马总习惯在信中表扬自己的手下，对他们赞不绝口，但自接任西部军团司令以后，他在信中却一改职业军队将领的口气，而更像一位新聘请来整顿学校校风校纪的校长。我选取了一段他对一位下级军官的命令，他的细致严谨可见一斑：

他告诉我为什么需要288人驻守要塞……如果他们没有必要留在那，（他）会命令他们回到军营。

……我收到消息称有的士兵偷卖弹药筒给盗匪。你要在议事日程里提及此事，要向众人申明，此种卑劣行径一经核实,将严惩不贷。为了确保不再发生此类事件，你要下令每日例行检查……要严惩那些已被核实偷卖弹药筒或粗心大意丢失弹药筒的士兵。

……除军事原因外，任何私自走出营地范围的士兵都将被视为逃兵；每隔十天重申一遍刑法典的内容。所有将官和首领都要亲自监督执行这一军令。

仲马将军以极大的热情投入工作，尽管他的努力常常费力不讨好。1794年9月至10月，他视察了数千支共和国部队，从贩卖奴隶和糖料的著名港口南特到村庄、麦田，一路上，他听到了很多村民的悲惨遭遇，看到了大量的集体坟墓。在一份官方报告中，仲马将军总结了对旺代地区现状的观察，表达了对这场暴力冲突的感受，大仲马在回忆录中也有所提及：

我延迟递交关于军队情况和旺代战况的报告，是因为我想完全依据事实，并且希望亲眼见证……不得不说，西部军团不论是军事上还是管理上，都需要着手大力改革……

不管从军团的新兵人数，还是从军队的彻底无能，您都可以判断出这一点。由于大部分士兵缺乏经验，剩下一小部分的称职士兵也无能为力，甚至有些军官也自由散漫，所以让他们去训练新兵根本毫无希望。

但是，情况远比这更加恶劣。

军中目无法纪、掠夺平民之风猖獗，这是长期养成的习惯，而违反军纪者并未受到处罚，则更加助长了这一风气。我敢说，军中的这一风气根本无法约束扭转，除非把这些士兵调至其他军团，调来一些懂得服从军令的士兵取代他们。

有些士兵甚至威胁要杀掉尝试执行禁止掠夺军令的军官。您或许会对此种行径感到震惊；但是，如果您意识到这是革命所带来的必然结果，想必也就不会那么震惊了……即使在将官的身上，您也不会找到足以唤起上下尊卑、重树公平正直的举止……

然而军人品德在内战中极为重要，但是现在军人品德已然缺失，我们要怎样执行您的命令？……我坚信如果我所提出的措施能被采纳的话，这场战争将很快结束，具体如下：

1. 重组军队；

2. 重组将官；

3. 认真挑选审查派往旺代的官员……

如不改变现状的话，我无法向您保证完成您交代的任务，终止旺代的这场战争。

10 月下旬，仲马将军被调离西部军团。旺代当地代表们在政府公报中刊发声明，感谢仲马将军在整肃西部军团军纪方面所做的努力，称“公正而严明的格局已经形成，并已初见成效”。代表们对仲马将军这么快就要离开旺代深表遗憾，表示即使仲马将军在旺代任职时间不长，但已帮助西部军团作出了很大的改变。[①]

① 1823 年的《法国将军传略辞典》中援引“仲马将军旺代回忆录”，声称仲马将军是被迫去职的：“我想整肃军纪，将正义和仁慈带回战场……那些在无政府状态下权力尽失的恶棍们却对我横加指责：诽谤我不愿流血、只求苟安。”但是，我从未找到这本所谓的回忆录，而 1823 年的这本辞典也是唯一提及这本回忆录的文本。

仲马将军对旺代地区暴行的耿直指控没有被后世遗忘，尤其是那些关注受害者的编年史作家。在接下来的一个世纪中，旺代叛乱的记忆与内战的记忆继续让法国社会分裂不和，仲马将军却罕见地同时得到了共和国敌人和共和国支持者的称颂。近一个世纪后，旺代地区的一位亲保皇派历史学家称赞仲马将军“英勇无畏、无可挑剔”，认为他“值得后世景仰，与同时代的那些刽子手们形成鲜明对比，而后者终将会遭到历史的唾弃”！

此次旺代任职让这位塞尼山征服者身心俱损。仲马将军不仅头痛欲裂，而且左眼上方出现囊肿——第六龙骑兵团那次决斗受伤的后遗症。12 月初，公共安全委员会批准他回到维莱科特雷家中休养。他终于有时间逗逗女儿亚历山大·艾梅，并在森林里打打猎。

1794 年至 1795 年秋冬两季的法国与往年相比格外平静。接连的军事胜利让政府十分受益，尽管公共安全委员会继续执政，但头脑冷静的人取代了狂热分子的位置。断头台再次被用做处决真正罪犯的刑具，与其他公开处决的方式没有太大区别，只不过基洛汀医生认为断头台可以减少受刑人的痛苦[①]。政府同意旺代农民免除征兵法规定的义务。

此时，几个月来一直躲在马赛的拿破仑·波拿巴回到了巴黎，培养与公共安全委员会成员，尤其是与卡诺的关系。到夏天时，拿破仑在写给哥哥约瑟夫的信中称自己“任职于公共安全委员会的测绘局”。

① 实际上，当时人们曾就犯人头颅被砍下后是否会立即死亡展开激烈讨论。在处决夏绿蒂·科黛这个将马拉刺死在浴缸里的吉伦特派暗杀者时，围观民众称刽子手在掌掴科黛的断颅时，科黛的脸变红了。一位著名的外科医生曾发表过一篇文章，认为头颅被砍下后可以继续存活几分钟，并且“会对死刑有所感知”。

1795 年夏，反法联盟中的大部分国家都在忙于其他事务，普鲁士、荷兰、西班牙都与法国签订了停战协定。在陆地上，奥地利几乎陷入孤军奋战。不过英国仍然是奥地利的坚定盟友，英国海军一直在远海不断骚扰法国船队，干扰糖料岛屿的殖民贸易。（同时，英国为一切反法势力提供资金支持。）

卡诺认为法国应该趁反革命联盟解散之际袭击奥地利。如果哈布斯堡帝国覆灭或者势力大大削弱，欧洲事务决断权将由法国掌控。因此，卡诺发动了莱茵河入侵战。他下定决心要在哈布斯堡帝国后院击败奥地利人。

仲马将军向来不会用心经营自己的职业生涯，而总是渴望参加行动，于是他加入了莱茵军团，与让-巴蒂斯特·克莱贝尔将军一起并肩作战。克莱贝尔将军的父亲是斯特拉斯堡一位体格粗壮的建筑工人。克莱贝尔将军满头卷发，下巴宽阔，热爱战斗。年少时，他曾在慕尼黑帮助几位贵族在酒馆里打架，之后便开始了他的军事生涯。起初，克莱贝尔在奥地利皇家军队中任职，法国大革命爆发后，与很多出身低微的年轻人一样，他觉得这是一个建功立业的大好机会，于是应征入伍加入莱茵军团第四志愿营。

仲马和克莱贝尔能够充分理解彼此，这为他们的友谊奠定了基础。1795 年 9 月，他们一同渡过莱茵河，以自由、平等、博爱的名义攻打杜塞尔多夫。公报报道称："在此次远征中，法军的伤亡人数为 400 人左右。仲马将军也不幸负伤。"

仲马将军在战斗中究竟何处受伤我们不得而知，不过可以确定的是，他并没有生命危险。从比利时到莱茵河沿岸，在那个秋天余下的日子中，他频繁往返于法国东部边境的各处军营。此时在维莱科特雷，他心爱的妻子正在怀着他们的第二个孩子。1796 年 1 月，玛丽-路易斯在寄给他的信中写道：

亲爱的：

前往德国送信的部队邮差今天在此停留了一下……会把这封承载着我们深深祝福的便笺交给你。预产期快到了，我希望你能赶回来陪在我的身边。请不要让我等太久，我需要你带给我勇气。家里每个人都祝贺你。玛丽·艾梅（即亚历山大·艾梅，他们的大女儿）为你送上一千个吻，我再送上一千个，盼望你早日归来。

玛丽–路易斯·仲马

不久后，他们的二女儿路易斯·亚历山大出生了。虽然并不清楚在她出生时，仲马将军究竟有没有赶回来，不过从信件中可以看出与艾梅出生时（也就是1793年他刚被晋升为将军的那个疯狂秋天）相比，仲马将军有更多的时间来陪伴妻女。然而，命运再次证明，时间依然不够。

1795年整整一年，法国政府在追求稳定的道路上遇到了巨大障碍：国家经济破败不堪。在三年战争中，政府为了购买长矛、火枪和大炮等武器，不断发行纸币，最终导致恶性通货膨胀。先前由于对战争的狂热以及后来的恐怖统治，恶性通货膨胀并没有引起人们的强烈不满，但如今法国已经回归常态，经济危机必然导致政治动荡[①]。

① 当时法国政府发行了一种特殊的货币：指券。法国大革命最初就是由债务危机所引发，所以革命政府的第一个目标就是要占有资本。为了实现这一目标，政府没收了天主教堂的大量资产，如修道院、女修道院、教堂、主教们的茶具及珠宝等，以这些教会资产作为支撑发行了一种新式债券，即指券。然而，政府并没有严格控制发行数量，甚至滥发指券，导致了恶性通货膨胀及面包暴动的出现，这些社会不稳定因素促使政府发行更多的指券，加剧了恶性通货膨胀。也许除了代表世界革命的信仰外，这些指券已经一文不值。1795年10月19日，在巴黎印刷指券的工厂里，有人在木架上堆放了太多的无用指券，木架不堪重负，竟然轰然倒塌。

当时的公共安全委员会成员没有极端的思想信念，却也因此受到各方攻击。在巴黎，意图推翻这个走中间路线政府的阴谋正在酝酿。春天的恶性通货膨胀和面包暴动逐渐发展成了“新雅各宾主义”运动，到了5月，这些极左激进分子发动了起义，但被政府残酷镇压。对极左新雅各宾派人士的压制却为极右保皇派人士创造了有利条件。

1795年10月5日，巴黎保皇党人暴动，反对中央政府。叛乱分子多达3万人，而政府只有区区6000名士兵。

政府找来了颇具影响力的普罗旺斯贵族保罗·巴拉斯子爵，任命其为军事领导人。巴拉斯则召回了拿破仑·波拿巴这位军界新秀镇压保皇党叛乱，拿破仑没有让他失望。

拿破仑下令用榴霰弹炮轰叛乱人群——用卡莱尔著名的话说就是“几发小霰弹”——足见这位苦瓜脸炮兵的可怕效率。成百上千的保皇党人陈尸巴黎街头，数百人受伤。与之相比，马尔斯广场惨案如同酒馆闹事一样不值一提。葡月暴动被迅速镇压。

事后，巴拉斯成为了法国的新任独裁者，而拿破仑凭借平乱中的突出表现得到了巴拉斯的赏识。法国政府再次重组：1795年11月3日，法国成立了新的政府机构督政府，保罗·巴拉斯位列五位督政官之首。拉扎尔·卡诺也是五位督政官之一。同时，还宣布成立了一个奇怪而庞大的新立法机构——五百人院。

尽管这个在18世纪90年代中后期统治法国的所谓督政府通常被嘲笑为法国大革命的低潮点——这一时期的法国政府任人唯亲、腐朽不堪，但鲜为人知的是，督政府也有了不起的功绩：督政府时期的法国种族平等运动，不仅在殖民地而且在巴黎都取得了进步。一个具有代表性的例子就是五百人院中出现了黑人和混血立法者。贝雷和米尔斯最先入选五百人院，而在18世纪90年代至少出现了十多位黑人和混血政治官员，包括混血儿让·里特、约瑟夫和让-路易·布瓦松、路易-弗朗索瓦·波瓦隆、让-巴蒂斯特·德维尔、让-弗朗索瓦·佩提诺、皮埃尔·托马尼、雅克·托那里埃，以及18世纪著名黑人活动家朱利安·莱蒙德。先前是奴隶的艾提埃纳·蒙托尔和让-路易·安奈希也是代表之一。安奈希是督政府长老会的书记。

在诸多被遗忘的故事中，也许最让人动容的当属在这个所谓的督政府统治下，法国建立起了世界上第一所没有肤色之分的精英中学。在这所学校里，前奴隶的儿子与曾享有特权的混血种族和白人废奴主义者的儿子一起接受当时世界上最好的教育，而在英语国家和地区，黑人孩子学习阅读仍被视为犯罪。

自18世纪90年代中叶起，应黑人之友协会成员的邀请，很多法国殖民地“有色”革命者们把他们的孩子送到巴黎读书。法国督政府予以大力支持，并创办了一所名为国家殖民学院的精英寄宿学校，这是世界上第一所综合中学。创始人中很多都是著名的民权活动家，如朱利安·莱蒙德、阿贝·格雷戈尔，以及下令最先废除圣多明克奴隶制的雷捷·菲力塞特·桑托纳克斯。

学校校长是一位与黑人之友协会关系密切的革命传教士。学生中包括贝雷、迪费、托马尼和桑托纳克斯等代表们的混血孩子以及亨利·克里斯托夫（后来的海地国王亨利一世）。由此可见，殖民地圣多明克日益凸显的黑人与混血人士之间的不和并没有在此时反映出来：在巴黎，黑人将军杜桑·卢维图尔与混血将军安德烈·里戈两人的孩子在学院里是同班同学，而众所周知两位将军在内战中是死敌。

督政府通过了一项法律，要求“每个地方在每年的芽月1日（青年节）都要选派六个孩子……不论肤色，送到法国，由政府出资在专门的学校接受必要的教育”。所以，国家殖民学院不仅仅接收社会精英的孩子，很多拿奖学金的黑人学生也可以在校学习。

内政部部长还下令规定，从除西印度群岛以外的其他地方招收学生，例如埃及和东非。除黑人和混血孩子外，政府也资助一些白人孩子，特别是那些像布里索一样的著名废奴主义革命家的孩子。(有趣的是，在此时期学校那些没有奖学金资助的学生，很多都是种植园主的孩子，他们的父亲都是公开的种族主义者。)

这所学院不仅是一个种族融合的实验，实际上，它为黑人和白人学生提供了当时世界上最为严格的教育。学生们无论何种肤色，只要成绩优秀，都可以参加巴黎综合理工大学的考试。巴黎综合理工大学是当时法国最好的军事院校。1796 年初，或许亚历山大·仲马曾想象将来他的儿子也可以进入这所学校或其他类似的学校学习。他不会想到将来由于一个人，法国大革命会发生巨大变化，而他的儿子亚历山大，尽管十分聪慧，却无法进入任何一所中学学习。这个人就是拿破仑，当时他只在政府和军务部小有名气，并不为众人所知。

1796 年初，卡诺决定对意大利的奥地利人开战，他任命拿破仑·波拿巴为法国意大利军团总司令，这位才华横溢的科西嘉炮兵指挥官最近刚为政府平定了保皇党叛乱。当时，许多人认为这是一种侮辱，因为意大利军团供给不足、情况极其糟糕。拿破仑却认为这是一次机遇。

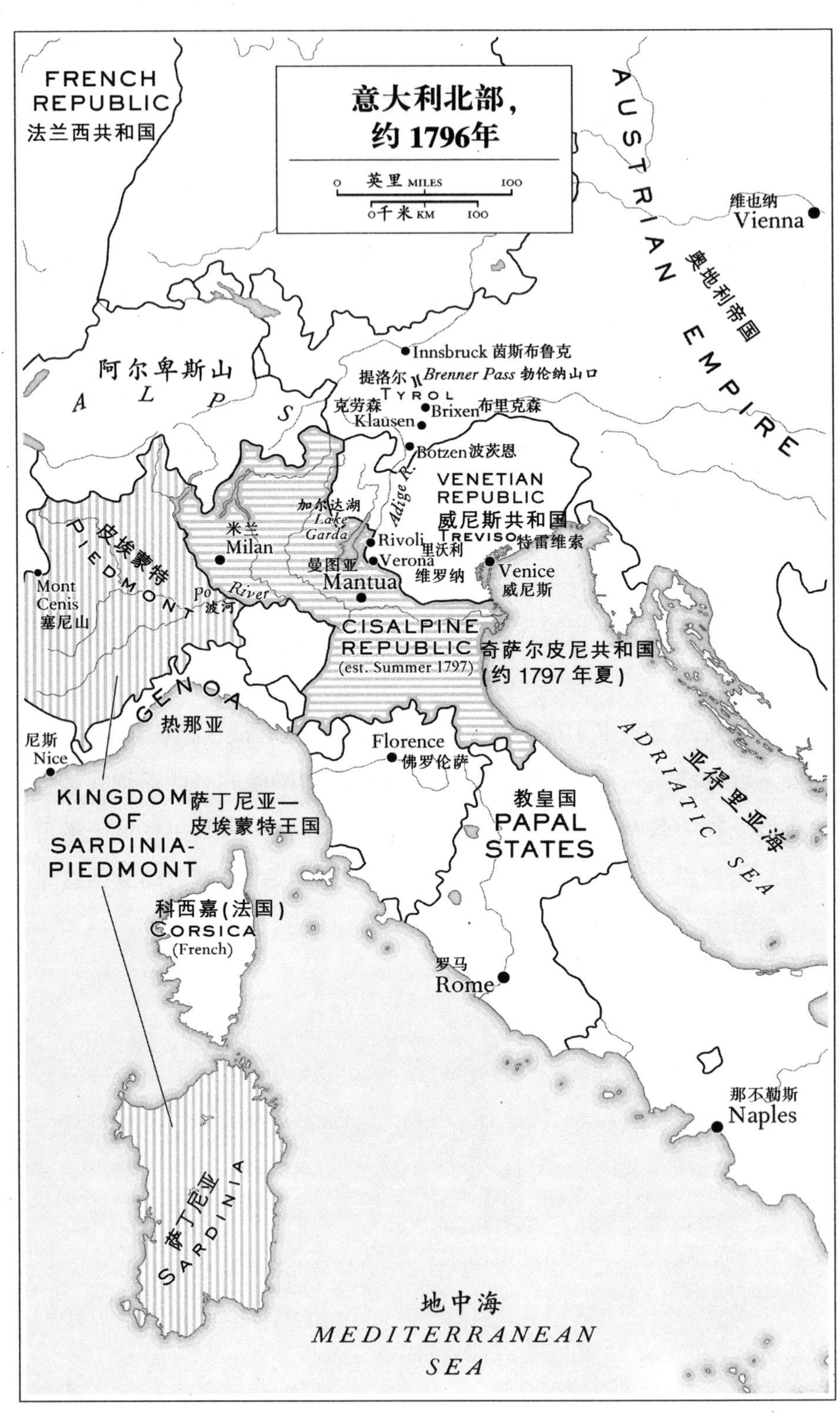

意大利北部，
约 1796年
英里 MILES
0
100
千米 KM
0
100
FRENCH REPUBLIC
法兰西共和国
AUSTRIAN EMPIRE
奥地利帝国
维也纳
Vienna
Innsbruck 茵斯布鲁克
阿尔卑斯山
ALPS
提洛尔
Brenner Pass 勃伦纳山口
TYROL
克劳森
Klausen
Brixen 布里克森
Botzen 波茨恩
VENETIAN REPUBLIC
威尼斯共和国
加尔达湖
Lake Garda
Adige R.
米兰
Milan
Rivoli
里沃利
TREVISO
特雷维索
曼图亚
Verona
维罗纳
Mantua
Venice
威尼斯
皮埃蒙特
PIEDMONT
Mont Cenis
塞尼山
Po River
波河
CISALPINE REPUBLIC
(est. Summer 1797)
奇萨尔皮尼共和国
(约 1797 年夏)
GENOA
热那亚
尼斯
Nice
Florence
佛罗伦萨
KINGDOM OF SARDINIA-PIEDMONT
萨丁尼亚—皮埃蒙特王国
教皇国
PAPAL STATES
亚得里亚海
ADRIATIC SEA
科西嘉(法国)
CORSICA
(French)
罗马
Rome
那不勒斯
Naples
萨丁尼亚
SARDINIA
地中海
MEDITERRANEAN SEA

# 第十四章 围攻

在曼图亚这座要塞之城，爬满苔藓的墙壁上仍然布满着仲马与他的战友们共同战斗时留下的弹痕。这是意大利战役中最为重要的一次围攻。在这里法国挑战了控制意大利北部的奥地利帝国，这为意大利的独立奠定了基础。

在这座要塞之城北方80千米处，迷雾中的里沃利山顶平原守卫着通往加尔达湖与阿尔卑斯山脉的要道，法国在这里发起了最为著名的一场战役。在树木零星的小村庄，一个小小的博物馆纪念着这场革命军最为荣耀的战役——历史将会见证，这是革命军真正如共和国兄弟般的并肩作战。在纪念拿破仑的无数绘画和装饰品中，我发现了一个意大利战役中其他法国将军的微雕作品。每一副作品中的将军都被椭圆形的框架所包围，就像在一个纪念盒里。

在众多肖像中，仲马将军从一群肤色较浅、有着浪漫的庞帕多发型和浓密鬓角的战友中跃然出现在我眼前。仲马的头发修剪整齐，脑袋转向一边，让人看到了他半个侧面，一边的眉毛高高挑起。大多数其他将军都是以一种命运召唤的姿态眺望左边或右边的远方，另一些则完全按照旧式的姿态来展现自己，或是以一种自我满足的气势直视艺术家。然而仲马却带着一种开放的，甚至有点揶揄的表情在凝视。我有一种不可思议的感觉，当其他人都在自我迷失的世界中冰封时，只有他在椭圆形的框架中如此鲜活——失去耐心却又充满好奇地从200多年的古老纸张上注视着我。

1796年11月，仲马到达米兰并加入意大利军团。法国人为军团所取的名字——“意大利军团”，可以说是对控制意大利半岛的各大势力的挑衅。然而军团所谓的意大利首都却根本不在半岛之上——罗马才是教皇国的首都，而巴黎则是最初意大利爱国志士们的灯塔所在。

自18世纪90年代早期起，很多渴求自由的国际梦想家就开始频繁进出巴黎——比利时人、日耳曼人、波兰人、圣多明克人，但“意大利人”的事业却最为渺茫。罗马帝国衰亡后，意大利四分五裂，自那时起，意大利人只有在自治的城邦中才能体验到独立。这些邦国各自发展艺术、商业和政治力量。南北方极端的地理分隔，带来了文化、政治和经济上的深层分化，阻碍着一个统一国家的形成。

18世纪末，“意大利”只是少数意大利人所理解或关心的一个概念而已。这有着历史的前因：但丁用诗一般的语言描绘意大利，而马基雅维利想象着一名解放者将祖国从外国占领（那个时候是西班牙）中解放时，则明显带有政治意识。在马基雅维利写作《君主论》250年之后，意大利陷入了更加深重的外国统治之下，此刻正处于奥地利帝国的控制。

曾经强大的北方独立城市，如佛罗伦萨和米兰，也像维也纳和萨尔斯堡一样成了奥地利帝国的城市。对奥地利人的怨恨为意大利新生的爱国主义提供了动力，为法国人带来了绝佳机会：因为与美国殖民地居民相比，佛罗伦萨人和米兰人有着更少的权利，但对他们的历史有着更加强烈的意识。美国独立战争鼓舞了他们，1789年法国大革命的精神带来了凝聚力和紧迫性的新意识。

1796年4月，法国的意大利军团在拿破仑·波拿巴总司令的带领下，突破了与奥地利结盟的意大利王国中最为强大的萨丁尼亚—皮埃蒙特王国西部战线。在一系列闪电战之后，萨丁尼亚王国投降，奥地利人撤退。5月15日，伴随着革命歌曲和赞誉，法国军队在米兰受到了欢迎。拿破仑下令停战，这似乎是他的一贯作风，转而整饬意大利北部的社会和政治。他宣布一众古代城邦将被并入两个新的"独立共和国"：波河以南的奇斯帕达纳共和国和波河以北的坦斯帕达纳共和国。这两个共和国相当于一个新型的革命特权：以这种模式，"被解放的"人们不需要数日等待代议政府在首都成立。1796年，两个新的意大利共和国分别有了一个督政府——巴黎从去年开始的共和政府风尚——及其自己的法式法典。次年7月，这两个法国支持的意大利共和国合二为一，合并成了更大的奇萨尔皮尼共和国。如今几乎没有人还记得这些奇怪的名字，但它们却是现代意大利的政治根源。

它们也展现了拿破仑如何为法国侵略军队正身及扩张法国大革命的模式。他懂得如何运用大革命的感染力和精神来发展自己的利益。奇萨尔皮尼共和国的宪法体现了他的这种方式；宪法开篇就为法国军队的入侵正名，宣扬其对当地人带来的利益：

> 奇萨尔皮尼共和国多年来为奥地利帝国所统治。法国共和国以征服之权利取而代之；是日它宣布放弃，奇萨尔皮尼共和国取得了自由与独立……（法国）现在赋予奇萨尔皮尼共和国人民自己的宪法，这是欧洲最开明的国度中最开明的思想所带来的成果……意大利多年来都没有共和国的存在；自由的圣火被扑灭，欧洲最美丽的地方生活在他国的奴役中。奇萨尔皮尼共和国正是以其智慧、能量及

军队的有序组织向全世界昭示现代意大利并没有堕落，它仍然值得拥有自由。

仲马为拿破仑的行事方式所困扰。在米兰，仲马窥见了一些最初的迹象，拿破仑更像一个君主而不是将军，他将自己包裹在大革命中扩大其影响力。

1796 年 3 月底，在拿破仑开始统帅意大利军团时，它是法国军队中装备最差、士气最为低落的一支队伍。4.2 万人的部队中很多士兵在行军时没有鞋子穿，更别说靴子了，他们穿着从当地农民家里偷来的破旧衣服；军官们也只能穿着山羊皮。部队士气低迷、军纪散漫，据说有些士兵哼唱保皇歌曲，甚至有一个连队更名为“王太子”，以纪念被谋杀的路易国王的儿子。政府因物资有限，克扣了意大利军团的物资，因为它觉得与奥地利对战更重要的战场是在法德边界或比利时。意大利被看做是一个附带行动，也是一个发动攻击的危险地带：几个世纪以来法国从未在这里赢过一场大战。拿破仑重振意大利军团的战略是首先使其可以自我维持，而让一个军队自我维持并不是一件容易的事。

“士兵们，你们吃不饱穿不暖，”当拿破仑于 3 月到达意大利军团总部尼斯上任时说，“我将带领你们打入天下最富庶的平原，在那里你们会看到丰饶的省区、富裕的城镇；在那里你们会找到荣誉、光荣与财富。”

但是这些煽动性的话语到底有何意义？军事哲学家吉伯特写道：“我们对以战养战的艺术一无所知。”他宣称，军队应该靠山吃山、靠水吃水，让敌方承担成本，并从笨重的补给车队中解脱出来。“如果一位有着如此才能的将军出现，我们会赋予其权力吗？”事实上，欧洲军队花了18世纪的大部分时间来杜绝这种战争模式，上一世纪三十年的战争因为这种模式毁掉了这片大陆的大部分地区。各国建立了复杂的后勤基础设施，通过大量的马车队给军队运输生存和战斗的所需物资。这曾经是奥地利、普鲁士、皮埃蒙特，以及所有的古老王国军队的战斗方式。从1793年起，法国革命军重新开始了这种古老的掠夺传统，不过为了避免极端痛苦和饥饿导致反抗，同时为共和国解放者们带来最大化的利益，法国革命军实行了一种高度有序的掠夺方式。每一场战役，巴黎艺术爱好者们都从中受益，卢浮宫的画廊中摆满了从欧洲各地运来的作品。

然而从1796年统帅意大利军团开始，拿破仑将有组织的盗窃上升到了一个新的水平。起初，他以帮助米兰摆脱奥地利统治为由，向米兰征收了2000万法郎现金的自由费，解决了士兵们的欠饷。此后，军队每入侵一个国家、城市和公国，他都会向对方征收同样的解放税。法国的艺术盗窃同样达到了一个新的水平：拿破仑要求政府给他指派足以判断哪些作品值得偷窃的专家；提香、拉斐尔、鲁本斯、达·芬奇的无价油画纷纷被运到巴黎。军队也盗取珍贵的手稿、书籍和科学仪器。拿破仑向每一个地方的公爵要求以艺术品为赎金来换取停战协议，而对教皇的赎金则是平常的五倍，因其收藏了艺术家的最好作品。在那些无法提供艺术品、珠宝、现金或黄金的小城镇里，征用就变成了源源不断的面粉和鲜肉美酒。

意大利军团的士兵们一下子从最低的生活水平过上了国王般的日子；他们曾经挨饿，如今从他们所解放的主人那儿征用了成千上万的牛排和成桶的美酒。这伙坚忍不拔的战士们拥有了不知道如何花销的现金。一名士兵描述了官员们买珠宝的场面："钟表匠和珠宝匠们眼睁睁地看着他们的店铺在24小时内抢售一空，每个士兵的手上都戴着两块表，其上的链子等装饰品一直垂到大腿，正如那个时候的巴黎时尚。"

1796年12月，在仲马效忠意大利军团的第一个月里，一份财产清册中的官方数据是约为45706493法郎现金，金银珍宝共计12132909法郎。解放了的意大利人开始思考法国所带来的自由是否过于昂贵。

在意大利军团任职期间，仲马与拿破仑就如何对待平民产生了分歧。就像在旺代时一样，这位仁爱先生试图在战争的纵容气氛中避免让他的部队剥削当地居民。他给手下骑兵军官写了无数封谴责信来斥责其违反军令的行为，如“一直到旅馆中免费吃喝”。他还下令解除其中一名军官的职务，将其逮捕，称其“不值得称之为法国人”，因为他可能以仲马的名义没收了居民的家畜。仲马在逮捕令的最后写道：

> 附：你要同样警告那些行为偏离的轻骑兵们，所有以我的名义进行征用的无耻行为都是无效的，所有没收的家畜都必须立刻归还给它们的主人……
>
> 亚力克斯·仲马

当其他大部分将军都在那个时代的旺代变得粗俗，仲马却似乎对维持军队和平民之间的正确关系更为敏感。他对待占领地区的平民与对待自己的士兵们的态度坚持一致：他们都值得尊重和保护(至少当他们没有积极对抗时)。

当拿破仑下令仲马对所控制的一个战斗区的平民进行疏散的时候，仁爱先生对这个征用一切可能对法国兵力有用的财物的命令感到恼怒。他小心翼翼地不直接违反拿破仑的指令，但他的行为可以总结为对掠夺政策的一种正直的反对。他给他的士兵写道要“柔化命令”，保证人们不被军队虐待或欺骗：

你指任两名或以上聪明并值得信任的军官来清查征收粮食、干草、麦秆、燕麦、马车和牛马，要给居民留下足以生活和喂养家畜的份额……

我们需要马车时，可以让马车的拥有者来驾驶，但通常需要一定数量的士兵伴随左右，以保证驾驭者不会与马车分离，（因为）一旦我们不再需要，他们可以在同样的伴随之下回到离开的地方。

你要给出最严格的命令（保证）这些离开的居民的房子不会被士兵们侵占，规定任何一个犯错的人都将按照法律受到惩罚。同样，你要（让你的军队）保证所有离开家乡的居民绝对安全……

亚力克斯·仲马

仲马接到“所有的女性必须24小时内离开战区”的命令，想必是为了预防强奸和性交易，他并不抗拒这个命令，但他代表这些女性向总部反映：“这些有300多个团之多的女人离家后去往何处呢？法外有情。因此我赞成推迟执行这个命令，直到马塞纳将军提出一个更可行的办法。”

仲马采取了一个历史悠久的战略——假装高高在上的人肯定会被虐待事件所震惊，且他们肯定被蒙在鼓里——试图避免与统帅发生直接冲突。在抱怨手下士兵的掠夺行径时，他将他们的一些行为归因于军官们的贪婪。

波拿马司令：

将军，我每日都会收到被迫为士兵供应物品的居民的抱怨，我们军队的军需部和管理者粗心大意，致使（我们的军人）在缺乏大多数基本物资的情况下继续前进……又不得不抵抗天气的蹂躏。军人们没有鞋子、衣服，必须在饥饿和失去生命里的其他事物的情况下战斗，因为军需部或军需官们更热衷于自己的欢愉和事务而不是为他人提供生存之道。将军，我因而十分痛苦，看到他们沦入一个革命者所不应有的荒淫行为中，只因他们已连续两三日饥不得食、食不果腹……

亚力克斯·仲马

毕竟，仲马理由充分，如果一边掠夺意大利人的财产，蹂躏他们的女性，那么就不能宣称解放了意大利。确实，当战争继续，有系统的掠夺政策会削减意大利爱国者对法国最初的普遍好感。

在拿破仑还是上校时，仲马便是一支分队的将军，直到 1795 年 12 月他的军衔一直高于这位科西嘉人。但是，波拿马将军确信自己将注定会比同辈更为杰出，会远高于将军一职。而对仲马来说，共和国的将军都在一条船上，也应该为此骄傲。除了自由，大革命的另外两个信条是平等和兄弟情谊。“法国大革命为军队盖上了一个奇特的印章。”身为小说家的仲马之子后来写道：

当偶然发现这个印记时，我就像得到一块很快将因生锈而消失的珍贵奖牌般加以珍惜，希望它的价值能影响同辈、它的品质能传承后代……如果只依靠那些幸存和生活在帝国之下的人来评价的话，我们很可能会误读共和国的这些人。帝国是一个高压时代，拿破仑皇帝是一个残忍的精神造币者。所有的钱币都必须带有他的头像，所有的铜像都在他的高炉中熔炼。

对意大利的战争拉开了拿破仑按照他的想法改造共和国将军的

序幕。亚力克斯·仲马将军拒绝了这个新印章。从一开始，仲马就无法认同拿破仑所期待的特殊敬畏。这势必激怒了拿破仑，实用主义的他紧盯仲马将军，看他能够有何贡献。正如他在意大利征战中所发现的，仲马大有作为，因此拿破仑容忍了他讨厌的态度和恼火的平等主义价值观，至少在一定限度上如此。

奥地利帝国在意大利北部的主要防线是建于古代贸易线并延伸至提洛尔区域、穿越阿尔卑斯山脉至勃伦纳山口的一连串要塞城市。直到罗马时代，这里一直都是连接意大利半岛和欧洲其他地区的主要陆上线路。线路的大部分都是树木茂密的山区，从浪漫之都维罗纳的正南面直到被广阔湿地平原所环绕的要塞线上的最南端：曼图亚。

占领意大利北部中心的曼图亚，奥地利不仅守卫着阿尔卑斯山脉以南的区域，也保障了连接地中海和亚得里亚海的重要东西向轴线，有效地控制着意大利北部。他们加强了曼图亚的防守，在拿破仑屡次获胜之后，成千上万的奥地利军队退至这个要塞之城。这个城市具有险要的地理优势：三面环河，另一面是无法通过的湿地。这片湿地几乎是一片沼泽地，产生了意大利北部最不良的气候之一——平静少风、污浊发臭以及糟糕的瘴气，只有通过一条堤道长桥才能进入城中。这使对要塞进行正面攻击几乎没有可能。拿破仑没有继续围攻，相反的是，他准备将23000名奥地利士兵困在城中饿至投降。

抵达米兰并到意大利军团报道六周后，亚力克斯·仲马被委任指挥第一分队继续包围曼图亚。仲马之前的两位前任都由于有害气候引起了身体不适而请辞；仲马到达时，他的上级病倒了。

也许因为成长在热带气候中，仲马并没有受沼泽气体影响——他决心想出一个办法来突破奥地利对这个城市的控制。他视察了包围圈的各方各面，检查哨所和炮位，询问麾下的每一个军官，并增设了巡逻，尤其是夜间。

不到一周时间，仲马的战略便取得了成效。

在平安夜，他的巡逻队抓住了三个试图穿越法国军队战线进入城中的男人。他们在午夜被带到仲马面前，他对其中一人尤为感兴趣。这个人的举止出卖了他藏着东西的信息和事实。仲马怀疑他也许是某个任务的执行人。他对其施压，说自己知道其正在为奥地利执行任务，肯定私藏一些文件。

此人抗议说他是无辜的，声称自己是一名维罗纳律师的儿子，很少在错误的时间到达错误的地点。在他的衣服和书中没有找到任何东西，仲马指责他将信件吞了下去。此刻，仲马决定恐吓他来供认事实。大仲马（基于德蒙库特的回忆录）就这件事情留下了纪念性的一笔：

> 父亲最喜欢的书籍之一是《恺撒纪事》。高卢征服者的《纪事》中的一卷摊开放在他的床头桌上。父亲睡前正在读的章节讲述了恺撒为了让他的中尉带着给拉比努斯的重要信息穿越防线，便将他的信藏在一个如同孩童玩具大小的象牙球中；当信使来到敌方的营地或任何可能会被发现的地方，就可以把象牙球含在嘴中，在千钧一发时将它吞下。
>
> 恺撒的这一段落突然在脑海中闪现。
>
> “好的，”父亲说，“既然他否认，就把他拉出去枪毙。”
>
> “什么！将军！”（他）在恐惧中申诉，“为什么要枪毙我？”
>
> “为了剖开你的肚子找出你吞下去的急件。”父亲镇定自若地说。

这个人承认自己的间谍身份并证实确实吞下了急件后，如何不开膛破腹将信件从他身上取出就成了一个难题。在小说家的描述中，仲马派德蒙库特去找一个药剂师准备泻药，回来后将泻药给了那个间谍；“然后将他带到德蒙库特的房间里，由两个士兵进行监视。德蒙库特度过了一个痛苦的夜晚，每次间谍将他的手捂在肚子上时，他都会被士兵们叫醒。最后大约在凌晨 3 点，他得到了一个类似榛子大小的蜡球”。

仲马将军次日（1796 年圣诞）给拿破仑去信将此事不带任何感情色彩地进行了汇报。仲马告诉他：“如果他不想被当场击毙，每次他要解手时都要告知我。”他总结道：

> 他没有糊弄我，而是遵循了我的命令。他向我报告了几次，但每次都没有结果，直到今天他才排出了信件，我让我的一个副官专程呈递给您。

实际上在蜡丸中有两封写在牛皮纸上的信。

其中一封来自奥地利皇帝：皇帝告诉城内的将军，“他的英勇和热诚让我期待他能守卫曼图亚到最后一刻”。然而，如果增援部队来得太晚，曼图亚的人开始因缺乏物资、饥饿而大批死亡，他们可以毁灭城中任何东西，这可能被法国人所利用，尤其是城中的大炮，然后从南面沼泽地突破围攻，冲向教皇国，在那里他和他的手下可以找到避难所。这是一条有趣的信息，因为法国一直假设，如果奥地利人从城中撤退，他们是否会向北方撤回他们的家乡。教皇为奥地利人提供避难所对意大利军团来说是一个可以利用的消息，因为拿破仑一直苦于没有攻打梵蒂冈的理由。

小说家写道，仲马将军和他的军官们很担忧“信件可能是德语书写的，并且那里没有人说德语……幸运的是，两个军官看到信件是法语时喜不自胜；也许是因为国王和他的统帅已经预见了信件落入我父亲手中的可能性。”

另一封信来自一位带领28000人的军队来支援要塞的奥地利将军。信中解释他会从提洛尔一路赶来，但不知道军队到达的具体时间。

拿破仑向仲马传达了嘉奖令，并就这次反间谍成就给法国政府写了一个赞许性报告。然后他任命仲马担任圣安东尼奥防御营的指挥官，圣安东尼奥是护卫着从北面阿尔卑斯山脉通往曼图亚道路的小村庄。

随着围攻的持续，冰冷的雨天和物资的匮乏使得这件枯燥费神的事情让双方都变得极为糟糕。这时，神秘而零星的炮火响起，仲马和他的军官们以为是某种敌方讯号。事实上，他们后来了解到这只是“威尼斯恶棍”——在冲突中保持官方中立——庆祝新年的焰火。喧闹中，法国军队彻夜难眠。

关于奥地利人突围的谣言也是持续不断。仲马经常整晚骑在马背上四处巡视，有时独自一人、有时带领一小队骑兵寻找奥地利人行动的迹象。除了警惕敌军突围而引起的骚动，仲马每天都要书写发送和收取一打打的信件处理这个有几千名士兵的营地中所有的日常事务。他请求增加口粮和衣物，并建议他们利用当地河流系统来运输面粉做法国长棍面包。

仲马发现数千双鞋子不翼而飞，他深信军需部充当掮客，将部队的军需用品出售换取利润。他给重点怀疑对象写了这封信：

公民：

很长一段时间以来部队都需要米、盐和很多必需用品；我以为我给过您的初次警告将促使您采取一切必要手段来终止这种拮据情境。我再次警告您，我已经开始对您如此粗心大意感到厌倦，如果您不赶快予以纠正，接下来我一定会采取必要措施。

亚力克斯·仲马

在上千页往来信件——精心书写、带有水印的18世纪办公室邮件——中费力前行，我想象着仲马这样进取坚韧的战士握着鹅毛笔一天坐上12小时的感受。有时他和他的顶头上司塞律里埃将军会就炮位或马料等所有一日内就会失去时效的话题进行一个完整的信件往来。信使会从城市南部驱马赶到北部，又因将军们的讨论而南北来回。这种千篇一律的信件加剧了包围的单调，在曼图亚湿地寒冷腐臭的气候中，等待着某种突破。①

1797年1月13日，蜡丸信件中提到的奥地利军队占据维罗纳北部的消息传来。43000人的奥地利精锐部队向10300人的法国部队进攻，后者因前期的遭遇战已退至了里沃利。拿破仑派出了增援部队，然而法国仍然寡不敌众，火力不足。

① 我找到了另一个再现围攻的办法：当我参观曼图亚，在要塞漫步时，我碰到了一个有趣的导游——一个医疗器具推销员，他成为了一名周末版的18世纪法国步兵团步兵，是当地拿破仑重演社团中的一员。马西莫·宗卡不是一名普通的周末战士，他花了很多年时间学习1796—1797年的意大利北部战役，自行出版了关于这些战役的一系列书籍，并配有精确的地图和参考资料。他带我看了战场、墓地和战争发生的堡垒。他还带我看了他的戏服，包括一杆正宗的沙勒维尔步枪，重得我根本举不起来，刺刀足有一把短剑那么长。我们参加了他的重演团队在维罗纳的“历史击剑学会”聚会，在那里，用真的锋利的武器像武术一样表演旧式的对抗。

大多数奥地利部队都在里沃利战役中受到牵制，只有两队骑兵躲开了埋伏，直接挺进曼图亚。在日落前的厮杀中，奥地利不费吹之力地击溃了守卫通往要塞的北方道路的小支法国军队。

塞律里埃将军给仲马写了一封绝望的信函——他似乎花了一个多小时才完成，思考是撤退还是重组。

仲马近乎于反抗地从他所在的圣安东尼奥村据点告诉驻守在罗韦尔贝拉的塞律里埃，他怎么做都可以，但是仲马和他的战友不会转移，会一直坚守与奥地利人战斗。（塞律里埃早已习惯了仲马的无礼不羁；四天前两人的一次通信中，仲马写给他的指挥官：“我正要骑马出去，明天我再向你汇报我整夜留在那里的原因。”）仲马手下只有600名战士，在回忆录中，小说家大仲马借用了亚历山大·仲马对塞律里埃的嘲笑作为拿破仑和他父亲对话的基础，其中拿破仑假装谴责，事实上却私下赞同：

“啊！你来了，先生。”波拿马怒视着他道。

父亲不能容忍对方这样的表情而不加以解释。

“是的，是我！啊，怎么了？”

“塞律里埃将军昨日给你写了两封信，先生。”

“哦！关于什么？”

“第一封信中，他警示你他可能会撤退……你是如何回复的？”

“我回复他：‘如果你愿意的话，撤退到地狱里去吧；我一点也不在乎；但对我来说，我宁愿自杀也不愿意撤退。’”

“你知道如果你给我写这样的一封信，我会杀了你吗？”

“也许吧；但是你可能不会像塞律里埃将军一样写那

种信给我！”

“那倒是。”波拿马简单说道。

然后，他对着德蒙库特说：“去把队伍重组成三个纵队，好了来向我汇报。”

德蒙库特离开了。（拿破仑）又对正准备回房的父亲说：“留下来，将军；刚才在你的副官面前，我只好那样和你说话；真该死！当一个人给首长写出那样的信件时，他至少也要亲笔执信，而不是口述给秘书代劳。不过我们不必再谈这个了。”

等待已久的堡垒突围终于在1月16日的早晨降临。如果城里的部队与赶来营救的奥地利部队会合，仲马的力量将会被淹没，双方的人数悬殊将变成十比一。

但是目前只是略多于三比一，有几分胜算让仲马热血沸腾。同时，仲马听说有人看到里沃利战役中的一些法国分队正从维罗纳的大路上赶来。他跨上马鞍，重整士气。他们将驱马与这些法国分队会合，然后一起回来面对奥地利敌人。因此，仲马带领着600名骑兵离开了他们守卫的岗位，踏上通往维罗纳的大路。当奥地利人到达之后，不费一兵一卒就占领了圣安东尼奥，他们想必十分开心。但是他们的开心非常短暂。在骑行一小时之后，仲马与法国分队会合，经过简短的介绍，他们快马加鞭一路赶往圣安东尼奥面对奥地利。

仲马带着新的部队冲向城里，奥地利人仍然在数量上超过他，但是现在大概是二比一。

仲马往往会在胜算不大的情况下表现出色，这个早上也不例外。穿着白夹克的奥地利士兵从四面八方涌来，骑在马背上的仲马高高在上，身着蓝色制服系着红白蓝相间的腰带，他的马刀如雨点般落下。他持剑的手臂如此有力，一击就可以将一名骑士斩落马下，这在战役中具有强大优势。他对同时迎战多个对手有一种本能。对他来说，混战像家常便饭。

他的马一度被来自身下的射击所伤。但仲马跳起身，找到另一匹马骑了上去，继续横扫敌军。一枚炮弹直接在他面前落下，他的新坐骑倒了下去，他再次跌落，不过，他再次跳起。早晨即将结束，仲马继续砍杀敌军，尽管受了伤，但无一处重伤。他的联军最后胜利地驱逐了奥地利的纵队——不仅将其逐出圣安东尼奥，而且将其赶到湖畔。敌军跨过大桥，通过城堡的大门，仓皇而逃。

仲马在那个早上对奥地利军队的反击阻止了可能突破围攻的奥地利军队与城外奥地利援军会合。此时奥地利大部队终于到达北部，却发现自己被困在外面，孤立无援，无法执行任务。他们在战场上与法国军队抗衡，但那时其余的法国军队都从里沃利战役中凯旋。倒霉的奥地利将军一路赶往曼图亚，却发现自己被精练的指挥官所带领的不断壮大的法国军队所包围。数小时的浴血奋战后，奥地利援军投降了。两周之后，曼图亚投降：奥地利人在他们主要的意大利要塞城市举了白旗。在巴黎，里沃利战役被奉为意大利战争中最大的胜利，举国欢庆。但是里沃利的所有功劳只是阻止了奥地利援军的营救及其与曼图亚城内被困守军的汇合。其实，仲马率领的小分队才是让法军在这个要塞之城反败为胜的关键。

后来，仲马在读到关于这场战争的官方报告时大发脾气，这并不足以奇。这份报告由拿破仑的副官贝尔蒂埃将军所写，仲马发现自己的功劳被缩减成“在圣安东尼奥观察”。贝尔蒂埃对仲马在战斗中的杀敌功绩只字未提。“好的”，但这并没有让亚历山大·仲马重新思考如何书写意大利战役的官方战役记录。仲马提起笔给拿破仑写了一封信，这种幻想的傲慢在每份历史记录中都成为描述其传奇脾气的例证：

**1797 年 1 月 18 日**

将军：

我听说了向您汇报 27 日（雪月 27 日，1 月 16 日）战役的蠢蛋说我在整个战役过程中在观察。我可一点都不想观察他，因为他会尿湿裤子。

致敬，兄弟！

亚力克斯·仲马

虽说意大利军团崇尚硬汉，但这并非明智之举。贝尔蒂埃将军是拿破仑的得力干将（之后成了他的参谋长）。我查看了贝尔蒂埃的报告，寻找他激怒仲马那句话，在第十五页集中描述意大利军团曼图亚围攻战役中找到了。报告描述了一些大的行动，如奥地利皇帝从欧洲各处调动兵力到曼图亚也只用了一个段落。考虑到报告的长度，作者明显收集了多方来源，着眼于一种战略概述，贝尔蒂埃对仲马在围攻最后一日的功绩描述固然失实，但绝非像仲马所理解的那般具有侮辱性。

在大捷之后，拿破仑有重整兵力、论功行赏的习惯。贝尔蒂埃发出了任命，毫无意外，仲马得到了一些坏消息：他甚至没有得到自己的部队；相反，他被任命指挥他并不喜欢的马塞纳将军手下的一支分队。

**雪月 28 日**

波拿马将军：

我收到了您的指令，将军……我并不想向您掩盖我对调令的惊讶之情。在我拼尽全力打了胜仗后的第二天，我看到自己如此被羞辱！……而且您，将军，一直都给予您军队中勇敢的共和主义者以尊严，这次甚至没有接见我，将我尽我所能值得拥有的（您的尊重）从我身上拿走。我本想可以得到一丁点儿的考虑；我多次指挥军队，从未战败，此刻发现自己成了军队中最老的将军。当我相信自己已经有（赢得）新的权利来向我的长官和我的同志们表达信心的时候……我却被派去指挥一支分队！

这封信很长，当然对改变他的处境于事无补，也没有帮他得到后面所称的“应得的公正。”

在这件事情的心酸结尾中，我在仲马的军事文档中发现了下面这封证明信，第二天写好的并寄给了波拿马，并由“曼图亚封锁部队第1师第20龙骑兵团”的25名成员联合签字：

作为第20龙骑兵团的指挥官、军官、士兵和龙骑兵，证明我们所（服役）军队的仲马将军，尽其全力采取了所有可行的措施和行为来完成任务。据我们所知，将军连续三四晚到前哨查看，无论何事也不休息……

此外，我们证实在本月27日最后一战中，作为共和党人的将军，带着无上的荣耀和勇气，他率领我们迎战。因此，我们联名签署这份声明。

当拿破仑向督政府汇报1月战况时，他表扬了曼图亚围攻战中所涉及的每一位军官，而仲马将军的名字却一次都未被提及。

# 第十五章 黑魔

这次降职使仲马蒙羞，后来却证明其实这是个机会。虽未能如愿升职为掌管数千人的师长，却将他从行政俗务和政治争斗中解放出来，使他可以投身赖以成名的任务中去：带领一队骑兵执行侦察任务；在大部队尚未到达的崎岖或危险的地带和敌人作战。

1797 年 1 月，拿破仑将意大利的法军重组为三大主力纵队，目的是将奥地利人赶出意大利，将其逐回阿尔卑斯山。如果法国纵队赢得了这次战争，他们甚至可以乘胜追击，直捣黄龙，直取敌人首都维也纳，因为骑马从奥地利中心位置到维也纳不过一天时间。

1797 年 2 月最初的两个星期，在安德烈·马塞纳将军无情推进的命令下，仲马带领一支龙骑兵分队将奥地利军队驱赶至北部临近国界线的地方。当时流行一个说法："(仲马) 从一座城市飞到另一座城市，从一个乡村飞到另一个乡村，把所有东西都砍个粉碎，在这里抓住两千俘虏，在那里又抓住一千俘虏。他每次出击总让人意想不到。"奥地利人为这位穿过雪地偷袭他们的无情法国将军起了个外号：黑魔。

仲马抵达意大利的时间太晚了，没有成为自称"意大利之星"的核心将军小组成员。仲马的勇气比这些将军要胜出许多倍，但是他总是保持一种超然的态度。将军们对波拿巴将军的偶像化让他感到不安。没有得到巴黎政府的允许，拿破仑就按自己的规格定制了荣誉宝剑，将自己的名字和功绩铭刻在上面，并在战后授予表现英勇的军官。他给了“意大利之星”的小组成员大量现金，表达对他们的感谢之情。“意大利之星”们总是说起自己和聪明的总统帅，却很少谈论共和国的目标和价值，这让仲马感到不安。《马赛曲》的歌词给仲马将军留下了深刻的印象，对于他来说这不仅仅是军事歌曲。

不过，其中一位名为巴泰勒米·卡特林·儒贝尔的将军十分敬佩仲马的忠诚。他非常想将仲马招纳到自己的纵队中去。儒贝尔是一个真正的共和党人——是典型的18世纪90年代爱国者。去年9月，作为准备围攻快讯的一部分，他给仲马写了几行诗，读起来就像一位革命将领给另一位革命将领的柏拉图式的情书：“将军，当我碰到像你一样优秀的共和党人，都等不及要见你。我会竭尽个人所有荣誉以表达对他的尊重。”

当时儒贝尔将军指挥两万法国士兵迎战数量更为庞大的敌军，而敌军已沿着阿迪杰河的岩石地带北上，挺进至提洛尔，位于奥地利和意大利之间的阿尔卑斯山地区域。那是法国有史以来所遭遇到的最为艰险的战斗之一。此区域不仅有奥地利常规军把守，还有提洛尔山地民兵，两者对该地区的了解都远胜法国人。

2月底，儒贝尔得偿所愿：拿破仑将仲马调到他的纵队。儒贝尔向仲马简述了任务：把奥地利人一直赶到意大利的“大门”：勃伦纳山口。无数野蛮人曾取道此处发动入侵，只是这次法国人是朝相反的方向，向北穿过意大利的提洛尔地区，翻过阿尔卑斯山，直取奥地利心脏地带。

脱离马塞纳将军，被调配到儒贝尔将军麾下，仲马一定感到长舒一口气。第一个星期，仲马带领一支小部队沿着阿迪杰河支流迂回包抄奥地利人。敌人沿着河流扎营，每座桥都有守卫。仲马一个接一个地拿下。在近身搏斗中，马匹和人有时需要站在湍急的河流中，而仲马将军娴熟的技巧——刺杀、跳跃、用单刀或仅仅是拳头将敌人摔下马来——使得敌军人心溃散，而己军气势昂扬。仲马一次又一次冲向奥地利大队人马，迫使他们投降或溃逃。

3 月第一周的官方军事报告中描述了占领河边一处战略地点的过程，几乎将仲马描述成了电影里的战争英雄："战争局势不明，直到仲马指挥骑兵冲入特勒密小镇，俘敌六百，缴获两门大炮；于是，敌军被挡在了波茨恩城外（意大利提洛尔地区的关键城市），被迫撤回山区。"随后，仲马赶去营救儒贝尔将军。仲马的新指挥官儒贝尔将军在调动军队时中了大批奥地利军队的埋伏，仲马绕到敌军后方展开攻击。儒贝尔向拿破仑汇报时总是满怀对这位勇猛善战的手下无限的敬意。

仲马自己在描述这场激烈的遭遇战时表现出了实事求是的专业精神："我冲向前面的敌军，虽然敌军有数量上的优势，但是却被一举击溃：我刺伤了指挥官的脸，切断了一位骑兵的脖子；我指挥的团杀死砍伤并俘虏了许多奥地利骑兵。"他在赞赏其他军官时也很谨慎："副官勃隆多表现英勇，贝利亚德将军的纵队在第八骑兵团的帮助下俘虏了 1200 人：这位将军表现卓越。"

整个 2 月和 3 月，尽管天气寒冷萧瑟，仲马坚持与骑兵团一起驻守在阿迪杰河边的营地，而没有进驻到法军占领的奥地利城镇和要塞。正如德蒙库特所说，仲马打仗"更像是一场比赛"。自己远不能及。

⟶⟵

然而，仲马英勇战斗的背后不仅仅是对荣誉的渴求，更有深深的痛苦。3 月 3 日，他写信给玛丽-路易丝："亲爱的，过去 19 天我都没有听到你的任何消息；我不知道这可恶的延迟是什么原因造成的。现在是我们最担心的时候，而且我觉得原因不止一个。”

两天后，在终于收到她的回信后，他又写了封信。玛丽–路易丝寄给他的信件如今已遗失，但信中她似乎暗示了他的担忧是有道理的。他们的小女儿路易丝，这个13个月大的婴儿遇到了一件可怕的事情。

致世上我唯一关心的人：

我善良的朋友，你告诉我的事情让生活陷入停顿，我确信我担心的更可怕的事情已经发生；如果真如此不幸，你一定要告诉到底发生了什么……（即真相）

……可怜的路易丝，不幸的孩子。我呼唤你也许并没有什么用！……神圣的朋友，我不会安宁的，直到你写信告诉我真相（我还在颤抖）……

再见了，亲爱的。你的信让我如此痛苦，我已无力再说什么，我要好好地吻我的孩子（不敢说我的孩子们）、我们尊敬的父母，还有你。永远！

不清楚是生病还是意外，但是仲马很快就会得知小路易丝已不在人世。可以说是他的失落和悲伤让他在接下来的几个星期或几个月里作战更为勇敢。这位被奥地利人称为黑魔的人继续率部战斗，誓将奥地利军队逐出阿迪杰河山谷。仲马功勋卓著，儒贝尔一度称他为师长仲马，尽管仲马没有一个师。儒贝尔正式给他几个团的控制权，但是一旦有机会，他都会身先士卒地冲在骑兵团的前方。

仲马向儒贝尔报告，在波茨恩北部约40千米处，奥地利军队占据了克劳森一处可怕的位置。克劳森是提洛尔的一个小城市，坐落在险峻的悬崖边上，背靠与瑞士阿尔卑斯山一样高的雪山。奥地利人在城市上方布置了大炮，并有数千守卫军。数百提洛尔士兵躲在从林和巨石间，狙击看到的法国部队。这就是个打靶场，奥地利人和他们的当地盟军占领了所有的高地。

3 月 23 日清晨，仲马和德蒙库特带领 30 名骑兵，在“敌军的火力之下穿过克劳森”。儒贝尔向拿破仑报告，就算是法军的大部队也会被压制。城镇另一端的埃萨克河上有一座具有战略意义的桥，不过这里的水流狭窄而湍急，汹涌地向陡坡下方流去。不穿过这座桥，法国人无法挺进北方，追击奥地利军队。奥地利人决心死守此桥，与仲马想要拿下此桥的决心不相上下。德蒙库特回忆道，他们把装满巨石的手推车推入河中。“仲马那赫拉克勒斯般的力量比我们 25 个人加起来还要强大”，做得比我们都多。我说 25 人有些夸张；奥地利人的子弹打伤了我们五六个人。

最后援兵到了，当他们把最后一辆车推到河里时，仲马穿过桥攻入了小镇布里克森。仲马和德蒙库特发现只有他们两人攻破敌军防线。敌军在岸边高地的岩石边和桥的另一头向他们射击。奥军将他们两人团团围住，展开了白刃战。德蒙库特回忆说，他看到仲马“高举佩剑，就像打谷机举起连枷一样，佩剑每落下一次就有一个人倒地”。德蒙库特被三个骑兵围住，肩负重伤，肌腱被割断。奥地利人“继续用佩剑砍我，如果不是我左手从手枪皮套拿出了手枪，我早就成了肉串了”。

先前仲马的战马在战斗中被打中，倒地的方式让奥地利人确信仲马已经被击杀。“黑魔死了！”叫喊着越来越大。但是仲马从死人堆里或者说从他的马后面站起来，并利用战马作为掩护发动反击。他发现了奥地利贮存枪支的地方，以此作为反击的火力来源。

德蒙库特躺在血流成河的尸体中间，后来回忆起当时的情景，“我朝将军望去；他站在克劳森桥头，独自一人守卫，对抗敌军小队；因为桥面狭窄，仅容两三人同时面对他，仲马将军当真是一夫当关，万夫莫开”。

虽然手臂、大腿和头部都流血了，仲马依旧无情狂暴地砍杀，他的力量惊人，每个被刀锋剐到的人都倒地身亡或从桥上跳入河流，拼命逃窜。最后几十位法国骑兵赶来支援，奥地利人慌忙撤退。仲马顾不得休息，又跳上马，追击逃散的敌人十余千米，一直追到阿尔卑斯森林。

“我必须将仲马将军的事迹全部上报，”战后儒贝尔在写给拿破仑的信中提到，“他带领骑兵队冲锋三次，手刃数位骑兵；他的勇气无人能敌，今日战役的成功他功不可没。”

根据儒贝尔信中所写，那天最终的战果是“俘虏1500名敌军，我军伤亡约千余人”。而在此次行动中冲在最前面、被敌军围住射击砍杀的仲马将军，他是这样描述的：“(仲马) 在桥上独自迎战奥地利骑兵时受了两处刀伤。”另外也有说法，毛瑟枪在他的厚大衣上打了七个洞，但仲马竟然毫发未伤。

在维莱科特雷的保险箱中保存着一封仲马从意大利总部写给朋友的信。他在信中描述了带领骑兵杀入提洛尔的具体情形以及“这些胜利如何驱散我无可挽回地失去了可怜的路易丝所带来的悲伤……多么珍贵而可爱的孩子，她总是在我眼前，日夜陪伴我”。接着，如同往常，他的思绪转到了心爱的妻子身上：“我更为担心的还是妻子的状态，因为这一事件对她影响太大了。”

这一次，拿破仑在给巴黎的报告中没有抹去仲马在克劳森一役中的功劳：

> 仲马将军带领骑兵，手刃数位敌军骑兵。他本人被敌人刺了两刀，受了轻伤；副将德蒙库特受了重伤。这位将军独自一人长时间抵抗意图过河的敌军骑兵，拖延了敌人

前进的步伐，直到援军到来。

3 月底，仲马收到拿破仑的信：“仲马将军近日在提洛尔战役中表现英勇，总统帅对此十分满意，因此任命仲马统管驻扎在提洛尔的所有骑兵。”

拿破仑完全原谅仲马的另一信号是，他在每周战报中补充了下面的话：“仲马将军不仅折损了战马，而且丢失了一对手枪。我请求凡尔赛的武器制造商为其打造一对手枪。”

拿破仑同样给予仲马新的称号，称赞他为“提洛尔的霍雷休斯·科克利斯”——在那个时代确实是很高的荣誉。“罗马处于被占领的巨大危急关头，敌军正在朝木桥推进，”普鲁塔克描述道，“霍雷休斯·科克利斯……守卫着桥头，阻止了敌军前进的步伐。”仲马在 20 世纪早期之前的所有记载中都被称为“提洛尔的霍雷休斯·科克利斯”，之后所有古典引喻都已失宠。

1797 年，拿破仑战胜了奥地利人，强迫他们谈判并签署了羞辱的《坎波福米奥条约》，条约承认了所有在法国支持下新成立的意大利共和国的合法地位，并割让非意大利的奥地利区域给法国，包括奥属尼德兰地区和地中海海域的关键岛屿。拿破仑还强迫国王允许了一系列的特权。（其中一条让所有思想自由的人都爱戴他：拉法耶特将军从法国军队脱离之后企图带着美国护照逃离欧洲大陆，却一直都被奥地利人扣押，这次终于被释放。）

条约还在谈判当中，拿破仑任命仲马将军为特雷维索的军政府长官。这个省非常富有，它和距离威尼斯 40 千米的另一城市同名，在那里到处都是数世纪以来威尼斯商人修建的肥沃的葡萄园和民居。仲马帮助居民重建生活新秩序，并参与当地的打猎探险。这在当地居民写给他的信件中可窥一斑，信中展示了仲马的不偏不倚，让治下的居民都感到惊讶不已。维莱科特雷的保险箱里保存了这些特雷维索居民给仲马将军的信件，信中融合了恭维、感谢和证明他们都是真正法国式的共和党人的过度陈述：

> 在这对于我们来说非常新颖的革命时代和伴随意大利新生发展起来的民主社会中，我们亟须你——将军公民和父亲——您指引我们的步伐，支持我们努力守护法国所慷慨赠予这个国度珍贵的自由。我们从最可恶的奴隶制解放出来，处在您正义而无私的保护之下。

# 第三卷

**BOOK THREE**

## 第十六章
# 远征队队长

根据老德蒙库特的回忆，大仲马描述到父亲取得伟大胜利后的时期是其最为悲伤的时期之一。当时他的父亲被视为罗马的拯救者，甚至为拿破仑所推崇。

> 他得到了心中最渴求的东西，可又产生了深深的厌恶之情。当追寻梦想的激情褪去时……他递交了辞职信。值得庆幸的是，德蒙库特就在身边。德蒙库特拿到这些要派送的辞职信后，塞进办公桌的一个抽屉里，锁上并将钥匙放入口袋，然后静静地等着。
>
> 一个星期、两个星期，或者是一个月之后，我父亲心头掠过那朵厌恶之情的乌云终将消失，而英勇冲锋或者冒险成功的回忆会在心中重燃激情，甚至渴望继续追求不可能的事情，这时他会叹一声，说："我敢说，递交辞职信是个错误的行为。"
>
> 而德蒙库特正等待着这样的场景，他会答道："不要担心，将军，您的辞职信——"
>
> "嗯，我的辞职信——"
>
> "在桌子里，正准备一有机会就送出去；唯一需要改

变的是送出去的日期。”

仲马辞去意大利军政府首长一职后，回到维莱科特雷休假三个月。期间和妻子女儿待在一起，同时在雷茨森林猎杀野猪和雄鹿，磨炼自己的打猎技巧。1798 年 3 月末，他接到战争部部长的命令到法国南部的土伦报到，担任指挥官。虽然仲马在家期间过得很愉快，但这一新任命也是一种安慰，至少大仲马是这样认为：他认为自己的父亲并不是真的厌恶战争（因为意大利战役之后父亲有些失落）。现在他重立遗嘱，吻别家人，朝南方去了。他才 36 岁，正年轻力壮，渴望得到更大的荣耀。

去往土伦的途中，仲马发现港口一片混乱，港口的供给品似乎预示着一支庞大的舰队正在组建中。这里有数以千计的士兵、水手、马匹和枪炮，而且所有的物品不仅可以满足一支军队的供给，更可以维持一座小城的需求。（这支舰队组建完毕后，将会有 13 艘大型战舰，42 艘小型战舰和 122 艘运输船。船上共有 54000 人，包括 38000 名士兵和 13000 名水手，并配备 1230 匹马，171 座野战炮，63261 发炮弹，8067280 发步枪子弹和 11150 枚手榴弹。）很明显，一次大型的军事行动正在策划中，但是目的地却鲜有人知。仲马和土伦其他的军官一样，对此茫然无知。

“这次庞大行程的目的并不为人所知，可以确定的是他们有大量的印刷设备、书籍、器械和化学仪器，这暗示着路途遥远。”一位参与者在 4 月 11 日的一封信中写道，此信被英国情报部门截获。这封信的作者可以让人稍稍了解此次远征的不同寻常之处，因为他既不是士兵也不是那种经常跟着军队远征的平民。他名叫德奥达·多洛米厄，是欧洲著名的地质学家之一。1791 年，他发现了一种矿石，命名为白云石，其后意大利北部整个山脉以他命名，称为多洛米蒂山脉。

但是多洛米厄并非唯一一位等待上船的著名科学家和文人。还有十几位其他人，他写道，包括“地理工程师、军事工程师、数学家、天文学家、化学家、医生、艺术家，还有博物学家，以及两位研究阿拉伯、波斯和土耳其的专家”。从杰出的法国知识分子中找出这么多的专家，而且都在这次远征的花名册上，这和他们的名气一样让人惊奇。“所有人都知道要出国，却不知道要去哪里。”

神秘的远征目的地达到了理想的特定效果：敌人困惑了。英国海军部了解到法国舰队正在聚集后，派出了最优秀的侦察人员。他就是海军少将霍雷肖·纳尔逊。尽管39岁的他在英国海军中相对年轻，但他谋略过人，在骚扰和击沉法国舰队方面十分勇敢，因而颇负威名。同时他也是一位传统主义者，蔑视法国大革命。

纳尔逊被派往地中海，指挥一支仅由三只战舰和三只巡逻舰组成小舰队，目的是确定法国无敌舰队的目的地。在5月19日即无敌舰队出发的前一天，他抵达土伦南部，并将舰队布置在“恰好能够截住敌军船只的位置”。纳尔逊很幸运地截住了一艘从土伦出发的法国小型轻巡洋舰，他抓来船员进行拷问。但是法国船员没能告诉纳尔逊任何有关无敌舰队目的地的信息，因为就像其他人一样，他们自己也不知道。但是他们却提供了一些虚假的信息，包括拿破仑本人并不计划跟着舰队一起远征。纳尔逊的好运也到头了：他的船队在狂风和惊涛骇浪中颠簸航行了9小时后，三只战舰都毁坏了，旗桅杆也折断了。狂风将护卫舰吹得不知所踪。英国小舰队被迫撤到中立的撒丁岛上休整——没有护卫舰，舰队就像瞎子一样。

同时，拿破仑的无敌舰队已经驶离土伦，避过大风，安全地航行到了意大利的西海岸。纳尔逊在6月5日回到土伦附近，看到11艘英国战舰加入他的舰队，十分高兴。如果他能够在法国舰队防守薄弱的地方攻击，新舰队的加入无疑会增加他的胜算。但是拿破仑的无敌舰队到底在哪里？这恶魔又将驶向何方？

这位顶尖的英国海军上将猜测法国远征军计划穿过地中海，沿大西洋海岸北上，侵入爱尔兰或英格兰。入侵的风险让英国神经紧绷，焦灼不安。岛国性格的形成就是因为一系列伪装的入侵，这已是历史的一部分，如公元 53 年罗马人的入侵和 1066 年诺曼人的入侵。但是从 1588 年西班牙无敌舰队的失败开始，至少六七次外国入侵的意图，最近的那次是 1759 年，都被英国海军挫败了。传闻法国政府近期会跨过英吉利海峡发动袭击，这让英国公众陷入恐慌。①《泰晤士报》呼吁应急准备："每一条大街上都设立路障"，以对抗即将蜂拥而来的雅各宾派。

事实上法国计划春天进攻英国。这是政府在意大利战役之后选定并且委派给波拿巴将军的任务。1797 年年底侵略英国的命令已经起草好：亚力克斯·仲马被任命为骑兵统帅和"骑兵团参谋长"。他的主要对手贝尔蒂埃——仲马将军讥讽其遇到危险会吓得"尿裤子"——被任命为"英国军团"参谋长。1798 年 2 月，拿破仑视察加来和敦刻尔克时，克莱贝尔将军正巡察一支诺曼底部队。但之后拿破仑和政府官员举行了秘密会议，说服他们放弃进攻英国的无敌舰队计划。拿破仑没有准备好进攻英国，他会在下一个十年中再考虑这个问题。1798 年春天，他有了另外的想法。他将目光投向了埃及。

欧洲人一直都觊觎埃及。它象征着古老世界的权力——这是一个比罗马政权古老 3000 年的王朝。人们认为埃及的粮食和神话一样

① 法国即将入侵的恐怖谣言在此后的 70 年间一直困扰着英国。1801 年至 1805 年间，拿破仑曾认真研究攻打英国的战略计划，但英国海军在特拉法格之战的胜利让这一计划永久搁置。入侵恐慌之后再度卷土重来，特别是在波拿巴的侄子拿破仑三世（1848—1870）统治时期。1871 年德军占领法国，德国也取代法国成为英国恐慌入侵的对象。之后，德国并未入侵英国，但是这种恐慌为英国小说家们提供了无限灵感，催生出了多部现代惊悚谍战小说。当赫伯特·乔治·威尔斯在《世界大战》将侵略者变成火星人后，现代科幻小说便诞生了。

多；王朝战略家们认为控制农田就能够养育人民和军队。正因为如此，亚历山大大帝在公元4世纪征服了埃及，并建立了统治。拿破仑梦想追随他的脚步，建立自己的王朝①。

如今，“远征埃及”——这一血腥的远征仍在法国流传——被广泛认为是拿破仑征服世界的迷梦中最痴心妄想的一步。但是法国人长久以来认为埃及是一片充满冒险、机遇和财富的土地，是走出欧洲，走向世界的垫脚石。整个18世纪，识字人数的增加和印刷书籍的广泛流传使公众接触到大量有关近东的旅行见闻。一位观察家1735年写道：“尼罗河和塞纳河一样为人所熟知。”在专家们的帮助下，这次远征可能会发现著名的罗塞塔石碑、挖掘帝王谷的陵墓，并记录无数的古老文化，而且可以以学术研究的名义，将他们全部拉走。

1769年，路易十五国王的外交部部长竭力怂恿国王入侵埃及——“以提供同样产品和更广泛市场的殖民地代替（法国）在美洲的殖民地，以防失去美洲的殖民地”。也许槐蓝、棉花和更重要的甘蔗等等这些农作物只能在埃及和圣多明克生长。关于埃及的最好的资料之一便是乌托邦哲学家伏尔尼那极具争议性的旅行见闻。伏尔尼给自己取这个名字是为了向伏尔泰表示敬意。伏尔尼在1783—1785年间旅行到了中东，并在当地学习了阿拉伯语。他穿着当地服饰，生活在埃及人群中间。他的著作《埃及和叙利亚旅行记》对埃及的经济、社会、政府和军事力量做了全面的描述。在伏尔尼看来，埃及虽然因为东方专制主义而没落，但是却有巨大的潜力且很容易征服，这是法国殖民的诱人目标。占领埃及，法国就掌控通往亚洲的黄金航线并且可以复兴埃及古老的历史，获得难以想象的声誉。

---

① 继马其顿君主亚历山大大帝的法老王朝后，托勒密王朝在埃及统治了3个世纪。公元前30年，托勒密王朝最后一位君主克利奥帕特拉七世自杀，标志着埃及亚历山大时代的结束。

# 拿破仑的埃及远征，1798 年

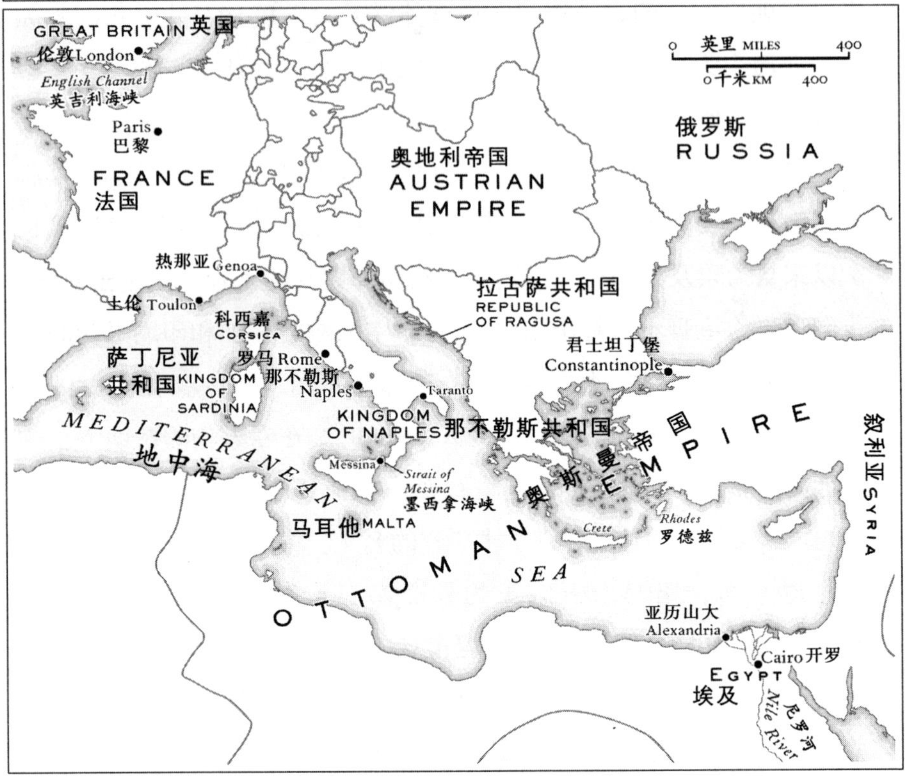

GREAT BRITAIN 英国
伦敦 London
English Channel
英吉利海峡
0 英里 MILES 400
0 千米 KM 400
Paris
巴黎
FRANCE
法国
奥地利帝国
AUSTRIAN
EMPIRE
俄罗斯
RUSSIA
热那亚 Genoa
土伦 Toulon
科西嘉
CORSICA
拉古萨共和国
REPUBLIC
OF RAGUSA
君士坦丁堡
Constantinople
萨丁尼亚
共和国 KINGDOM
OF
SARDINIA
罗马 Rome
那不勒斯
Naples
Taranto
KINGDOM
OF NAPLES 那不勒斯共和国
MEDITERRANEAN
地中海
Messina
Strait of
Messina
墨西拿海峡
马耳他 MALTA
奥斯曼帝国
OTTOMAN EMPIRE
SEA
Crete
Rhodes
罗德兹
叙利亚 SYRIA
亚历山大
Alexandria
Cairo 开罗
EGYPT
埃及
Nile River
尼罗河

MEDITERRANEAN SEA
地中海
BATTLE OF THE NILE 尼罗河之战
(ABOUKIR BAY)
(阿布吉尔湾)
亚历山大
Alexandria
Rosetta 罗塞塔
BATTLE OF
ALEXANDRIA
亚历山大之战
Damanhur 迈曼胡尔
BATTLE OF
THE PYRAMIDS
金字塔之战
Cairo 开罗
Giza
吉萨
埃及
EGYPT
Nile River
尼罗河
红海
RED SEA
阿斯旺
Aswan

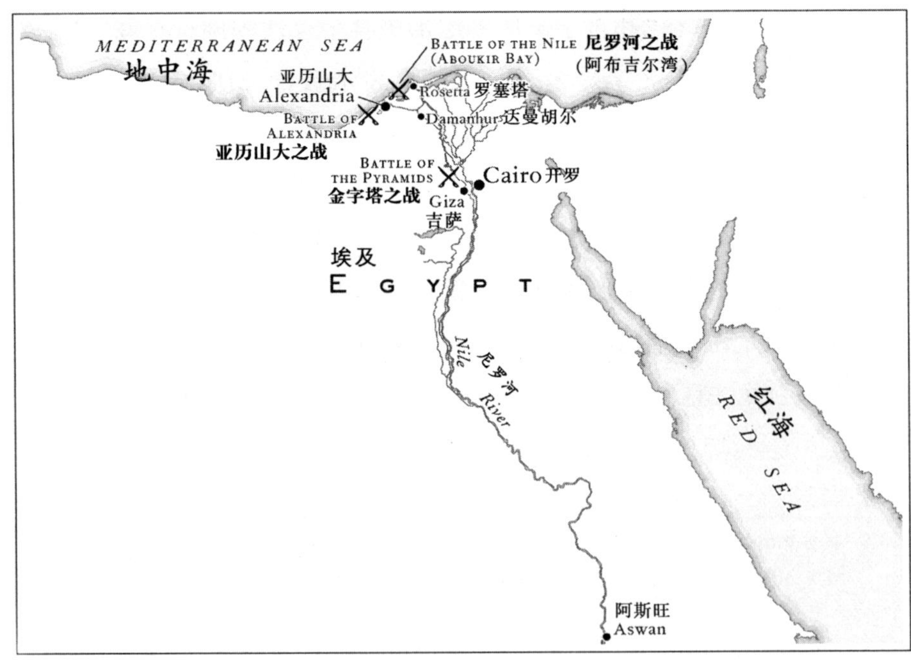

伏尔尼在1971年出名成为明星哲学家。他的书《废墟：关于帝国革命的沉思》是像雪莱那样的英国浪漫派诗人和汤姆·潘恩那样的政治活动家推崇的著作；托马斯·杰斐逊将这本书翻译成英文。伏尔尼的作品影响了一代激进的民主党人，但是他更具争议的是对另外一个完全不同的人有很大的影响。1792年伏尔尼在科西嘉岛上买下一处房产，拿破仑曾前往拜访过这位哲学家。年轻的拿破仑·波拿巴当时留在自己的故乡科西嘉岛，躲避法国本土危险的动乱。拿破仑是伏尔尼岛上的业余导游，同时也增加了他对于埃及的理解。

拿破仑12岁时通过阅读有关亚历山大大帝的书籍，对埃及就有了初步的认识。在他的晚年，获得而又失去欧洲后，他还是会记得在埃及那令人陶醉的时光。他沉思着："我曾有过很多梦想，我看到了自己如何实现所有的梦想。我想象着自己在去往亚洲的路上，骑着一头大象，头上戴着穆斯林头巾，手里拿着一本《古兰经》。我会在事业中融合两个世界的经验，为自己的目的四处搜索世界历史的资料。"尽管这位将军吸收了伏尔尼对于埃及的渊博知识，他却忘记了最为重要的一课：中东王国的梦想不过是海市蜃楼。

伏尔尼对法国领导者描述了在埃及能够获得的财富之后，立刻警告说不要试图去占领埃及。任何侵略都会带来一场无法取胜的与英国人、土耳其人以及埃及人的四方战争。当地人会很快厌恶我们，他警示读者："何况我们的官员可能会用傲慢、专制和轻慢的语气，以至于外国人根本没法容忍我们。"伏尔尼预测三分之一的法国军队会因病而死亡，一些唯利是图的阿拉伯叛徒会变得富有，最终整个远征都将成为戈壁的沙尘。法国将精力投入到国内会更好。

对于拿破仑来说，如果他能够逆流而上，努力实现梦想，这个警告指向的只会是更大的荣誉。

1797年，安抚被征服的意大利北部之后，拿破仑开始着手准备远征埃及。在忙着监管将威尼斯的艺术珍品运往巴黎时，包括圣马可大教堂的铜马，这是威尼斯人在第四次十字军东征时从希腊掠夺回来的，拿破仑已经在考虑即将到来的任务了。在意大利提前做的秘密准备中，让人印象更为深刻的是拿破仑派出特务在整个半岛上搜索一家安全的阿拉伯印刷厂。这样他就可以印刷为埃及人准备的革命性小册子和布告。（他们最终找到并且占领了梵蒂冈的教皇宣传办公室。）

在巴黎与政府官员会面讨论入侵英国时，拿破仑反而强调占领埃及，这样他就可以切断从英国到印度的陆上商路，这是英国最珍贵的财富。他可能并没有完全透露建立一个广阔的法国—非洲—亚洲帝国的梦想。这个帝国横跨从西部的突尼斯巴巴利海岸城市和阿尔及尔到东部的印度的广阔区域。占领埃及后，“东方军团”会征服叙利亚，横切伊拉克、伊朗和阿富汗，穿过开伯尔山口进入印度——所有这一切都将打着解放东方专制的旗号。拿破仑希望得到当地叛乱者的支持，比如印度南部迈索尔的蒂普苏丹。蒂普是法国大革命的狂热粉丝，也是英国在印度最棘手的敌人。他在 1792 年协助建立了迈索尔雅各宾俱乐部，并自称“公民蒂普苏丹”。拿破仑试图给公民苏丹传达消息，承诺法国军队会为了建立新的印度共和国和他肩并肩作战（一旦法国占领了埃及，横穿美索不达米亚、伊朗和阿富汗，就可以实现诺言），但是蒂普还没来得及看到这一天，在 1799 年和英军作战中他就倒下了。①

1798 年 5 月 10 日，拿破仑视察土伦的军队并发表了著名的演讲：

① 蒂普军勇猛善战，并以“火箭旅”闻名，从钢管和竹管中发射出的火箭射程特别长。1799 年 4 月，在一次战斗中，蒂普军火箭旅将一向镇定自若的亚瑟·韦尔斯利上校（后来的惠灵顿公爵）打得晕头转向，仓皇而逃。（“火箭小子们纠缠个没完没了，往哪个方向走都不安全。”一名英国军官写道。）但后来英军开枪击中了蒂普军火箭旅的弹药库，造成了大爆炸，终于占了上风。获胜后，英军拖走了数以百计的火箭发射器和上了镗的火箭。四年后，在威廉·康格里夫的指导下，英军开始在英国伍尔维奇皇家兵工厂制造自己的火箭，即在公民蒂普苏丹火箭基础上改良而成的所谓的康格里夫火箭，1812 年英国轰炸华盛顿特区时提供了“火箭的红色炫光”。

士兵们，欧洲所有人的目光都在注视着你们。一个伟大的使命等待你们完成，一场战斗等待你们去获胜，还有许多的危险和考验等着你们去克服……自由之神自诞生之日起就让共和国成为欧洲的主宰，同样也将成为海洋和最遥远陆地的主宰。

他承诺如果任务成功，每人都能获得两公顷土地。士兵、水手和工程师们还不知道这块土地在何方——他指的是不是爱尔兰牧场、印度果园或是黎凡特橄榄园？当法国人将目光第一次投向埃及的荒原时，他们会不假思索地感叹这次军事行动的口号之一，苦涩之味尽显其中："看，这就是他们承诺的两公顷土地！"

在大仲马的回忆录中，记录了父亲和拿破仑在远征出发前的一次会面。但是这次见面可能是杜撰的：仲马将军和拿破仑的关系或许只是作者的一厢情愿。根据大仲马的描述，拿破仑刚到土伦不久，就遇上了仲马将军，并邀请他第二天早上前来做客，多早都行。于是，第二天早上6点，仲马将军碰到了他的助理德蒙库特（他是这位小说家了解自己父亲故事的主要来源，当然除了母亲之外）。

"将军，这么早您要去哪里啊？"

"跟我一起吧，去了就知道了。"我父亲说道。他们一起出发了。

快到达目的地时，德蒙库特问道："您不是要见波拿巴吧，将军？"

"是的。"

"但是，他不会接见您的。"

> “为什么呢？”
>
> “因为太早了。”
>
> “哦，那没关系的。”
>
> “但是，他可能还在床上。”
>
> “很有可能。”
>
> ……总之，（德蒙库特总结道）我父亲一定约了一个很特别的观众，就一直跟着他。
>
> 我父亲走上楼梯，穿过走廊，打开一扇小门，推开纱门，他和一直跟着的德蒙库特出现在了波拿巴的卧室里。
>
> 拿破仑和约瑟芬躺在床上，因为天气炎热，两人都只盖着一席床单，身体的曲线都展露无遗。
>
> 约瑟芬正在哭泣，波拿巴一只手正尝试着抹去她的眼泪，另一只手却在她身上高兴地地打着军队进行曲的节拍。
>
> “啊，仲马，”他看到我父亲说，“你来得正是时候；你一定要帮我让这个疯女人理智起来。她应不应该跟我们一起去埃及？你会带你的妻子去那里吗？”

“要我说的话，肯定不会。”仲马说道。那两人难受地吻了一下，努力想要为这个泪眼婆娑的妻子赶走忧郁，但是当拿破仑说这次远征会持续几年的时候，她变得更加忧郁了。他再次向仲马求助，告诉约瑟芬，如果是这样的话，她和仲马夫人都可以在护卫队的护卫下一起去埃及。（“‘这样合适吗，仲马？’‘非常合适。’父亲答道。”）然后，这位著名的、无儿无女的拿破仑继续没完没了地唠叨着。这对重归于好的夫妇可以集中精力造人的事情了，因为“仲马……还有女儿（原文如此），而我……连女儿都没有”。如果成功了，他欢欣鼓舞地告诉约瑟芬，他们将会一同成为教父教母，最后他说道：“好啦，我都保证了；不要哭了，我要谈正事了。”

波拿巴转向德蒙库特说："德蒙库特先生，你刚才听到了一个词，这个词暗示了我们远征的目的地。没有任何人知晓这次远征的目的地：不要让埃及这个词逃出你的嘴巴；你知道在这种情况下秘密的重要性。"

德蒙库特做个了手势，表示会像毕达哥拉斯学派的学徒一样装聋作哑。

事实上，仲马从来都不是拿破仑的心腹，所以他应该不是能够知道这次远征巨大隐情的人，尽管在给玛丽–路易丝的告别信中，他猜测得没错（或者可能泄露了事实上他已经被告知的秘密）：

**匆匆——经由巴黎**

致家中仲马女公民：

……我将在一小时后登船，但我会在船上再给你写一封详细的信，再见了，我实在太匆忙了，我的父亲（可能是一个教父，给她捎钱过去？）早上带着115个金币离开了，我想我们将去埃及，再见了，祝所有人的友谊永恒。

亚力克斯·仲马

仲马和德蒙库特登上船，这是一艘名为"威廉·退尔"号的中型船。[①]（拿破仑乘坐的是"东方"号，这是一艘巨大无比的船，地球上任何海军的船都没它大，三层夹板上共装有120门大炮。）这支无敌舰队出发到了第一个会合地点，距西西里岛海岸不远的马耳他岛。

① 威廉·退尔是瑞士的民族英雄，对法国大革命有着巨大影响。在民间传说中，退尔箭术精湛，暗杀了14世纪奥地利的一个暴君，使瑞士获得了民主和独立。因为他刺杀的是一位奥地利暴君，所以法国人愈发迷恋他。在法国大革命期间，巴黎有几个行政部；其中一个更为激进的行政部就取名威廉·退尔。

而此时，英国的纳尔逊在一场突如其来的风暴中和两艘主要的护卫舰失去联系，也就失去了追踪拿破仑的重要工具。损失这些快捷灵活的侦察舰——类似今天雷达的侦察工具——意味着纳尔逊找到法国无敌舰队的可能性十分渺茫：就算天气晴朗，纳尔逊使用当时最为先进的杜兰德望远镜，海面上的可视距离也只有 30 千米。18 世纪末的海战就是躲猫猫的最高形式：将敌人定位就可能花掉几天、几个星期甚至几个月的时间。

马耳他岛防御工事十分坚固，自 16 世纪以来挡住了每一个入侵者。奥斯曼人曾围攻马耳他，损失 5 万兵力后不得不放弃围攻。拿破仑的计划是占领这个岛屿，然后带着国王的财富离开，再加上意大利战役的战利品，可以用于入侵埃及。

从古至今，马耳他就被一系列让人眼花缭乱的征服者统治，如腓尼基人、拜占庭人、迦太基人、罗马人和阿拉伯人。但是这个岛的名字与它特色鲜明、统治最久的征服者同名：马耳他骑士。11 世纪，这些骑士首次在耶路撒冷组建圣约翰骑士团，他们是现实世界中骑士制度的基础，像亚瑟王和他的骑士一样也成了传奇。为了回报教皇的支持，骑士们宣誓保卫朝圣者和病人，并维护十字军从穆斯林手中夺取的土地上的信仰。他们开始自称“圣骑士”，并佩戴属于自己的标志：由四个 V 形的手臂拼接而成的白色八角十字架，通常印刷在红色或白色的底子上。①

① 十字军王国没落后，骑士们失去了叙利亚和巴勒斯坦的城堡，但他们并没有返回欧洲，而是辗转至希腊罗德岛，建起了一支强大的舰队，与异教徒继续海上作战。在罗德岛上，他们据守了近百年，直到土耳其苏丹苏莱曼大帝率军攻破了他们的防线；不过苏莱曼大帝也付出了高昂的代价，折损了 400 多艘船只和 20 万名军士。但作为基督教欧洲和伊斯兰世界之间的最后一道防线，骑士们从神圣罗马帝国皇帝那里得到了他们的新家：一座名为马耳他的小岛，岛上多山而贫瘠，有成片的橄榄园，是西西里王国的领地，拥有自己的国王。唯一的条件是圣约翰骑士团成为西西里国王的封臣，每年需向国王缴纳封建税费，其中包括传说中的“马耳他之鹰”。这尊神秘雕像——一个世人垂涎竞相争夺的宝藏——颠覆了侦探山姆·斯佩德的世界，就像另外一个马耳他宝藏将很快颠覆亚力克斯·仲马的世界一样。

中世纪以来，骑士们就驻守在马耳他岛，这座岛因此成为欧洲最难以攻下的要塞。想成为圣骑士的人从各处冒出来，希望能够在晴朗的日子为上帝征讨穆斯林，赢得名声和荣誉。但是这座岛同样也是各种恶棍亡命之徒的避难所，比如意大利文艺复兴画家卡拉瓦乔犯下谋杀案后于1607年逃到马耳他，并通过贡献自己的名作《被斩首的圣施洗者约翰》成为一名骑士。（据史料记载，后来卡拉瓦乔爵士又与另一位骑士陷入激烈争执，狼狈地逃离了马耳他。）

尽管有骑士团的誓约，包括贞洁，但是马耳他还是因其美丽和妓女的放纵闻名，而最好的妓女都投入了骑士们和宾客的怀抱。他们在远海和异教徒作战，俘虏了众多的囚犯，掠夺了大量的财富，俨然一群披着基督徒外衣的野蛮海盗。教皇听说骑士道德败坏，便于1574年派出了一位检察官；而他在商业区的一栋房子里开了一家店。

骑士们曾经是为了基督耶稣乘风破浪、意气风发的十字军；现在这个岛屿堡垒更像是十字军版的美国旅游城市棕榈泉。在此，老骑士们靠着所囤积财富的固定收入，以及税收和他们所拥有的家乡土地上的封建地租过活。后一种来源的收入尤为重要，因为很多骑士来自法国贵族家庭，骑士团奢侈生活方式背后的封建地租或多或少都来自法国。1789年夏天法国国民议会废除封建地租之时，也重重地打击了马耳他。欧洲贵族们发怒了，马耳他骑士的生活也被毁了。考虑到骑士贵族和宗教的遗产，他们有充分的理由反对革命，因为革命摧毁了他们的生计，骑士们对革命深恶痛绝。他们曾积极表态要和法国的敌人奥地利、俄罗斯结盟，并和传统封建地主那不勒斯的波旁皇族密谋。

所有这些都给了法国无敌舰队完美的干涉借口。1798年6月9日，舰队抵达马耳他首都瓦莱塔港口。对于骑士们来说，似乎整个世界的军队都包围而来。他们只允许四艘船同时进港。直到这时拿破仑才意识到地质学家多洛米厄和他们关系不寻常：作为一个年轻人，他曾经是圣约翰骑士团的成员之一，却因为杀掉另一名骑士而身陷囹圄。不过，多洛米厄在监狱中服刑9个月后，曾试图竞选领导者的位置，最终落败。原因不在于他的犯罪前科，而是因为他的自由政治主张。事实上，马耳他骑士的首领骑士团团长曾试图与他联系。“骑士团团长写信给我……”后来多洛米厄在报告中写道，“并请求我好好利用和（拿破仑）的关系。”多洛米厄还没来得及这样做，拿破仑就命令他上岸并将自己开出的条件带给骑士们。

“告诉这些骑士，我会给他们最优惠的条件，”拿破仑命令这位科学家，“他们想要什么我都答应，不管是现金还是签订条约；所有法国人能够回到法国享受政治权利；想要留在马耳他的人会得到保护；骑士团团长可以在德国获得封地和任何他想要的财富。”

谈判很成功，但是骑士们打开海港的大门让无敌舰队进来后，拿破仑马上宣布了另一个完全不同的计划。他命令所有骑士在三天之内无条件撤离岛屿。“在要求把马耳他卖给他后，”多洛米厄苦涩地回忆道，“波拿巴以最廉价的方式占领了马耳他。”

法国人惊奇地发现不费一兵一卒就进入了这座传奇堡垒。“到过马耳他的人都无法想象，一座防御工事做得如此坚不可摧和无懈可击的岛屿竟然会在两天内投降。”拿破仑的私人秘书写道，他同样也记录了远征军的军事工程大臣在视察防御工事后惊呼，“将军，我敢保证，幸好城里有人给我们打开这些门！”

拿破仑将在梵蒂冈估价的那批专家送上岸，记录骑士团修道院和仓库里的珍宝。他们很快记录了价值1227129法郎的战利品并运到了“东方”号上。

但是拿破仑在马耳他做的主要事情还是实行了由革命原则决定的新社会秩序。他废除了封建特权，宣布宗教自由和政治平等；他关闭了检察官办公室，废除了迫害。他给予犹太人完全的政府保护，使其免遭迫害，完成了革命反对奴隶制的使命，释放了超过 2000 名北非和奥斯曼苦工，并意图把这些事迹作为对埃及的宣传材料。他起草计划，建立医院、学校、警察局、当铺和邮局，更不用说街灯、房租管制条例和税收了。他将整座岛看做是中世纪的乐高积木，可以一夜之间拆散重建。他建立了法典，后来经过一段时间修订后成为《拿破仑法典》，这是罗马法律的升级版本，其后可以在法国和整个欧洲实行。到那一天，这一法典将成为所有现代欧洲法律和条令的基础。①

拿破仑在此地采取这些行动都是为日后改造欧洲做演习，这预示着结局是让人恼火而又与初衷相悖的。他虽背叛了骑士团，掠夺了整座岛，但却将这座岛屿改造成了现代精英社会。他是一个独裁者、破坏者、未来的极权主义领导者；他同样也是摧毁千年来阻碍欧洲进步暴政的解放者。②

"威廉·退尔"号仍旧停靠在瓦莱塔港口，仲马将军的心头再次蒙上了黑色的忧郁。也许是因为这次南行让他想起了在热带的童年，他写给玛丽-路易丝的信中说自己感觉被这次旅行给牵绊住了，感觉

① 《拿破仑法典》编纂了法国大革命时期关于法律、政治、家庭和社会的诸多原则，对欧洲其他国家产生了不可复原的深远影响，尽管最终拿破仑在滑铁卢战役中惨败，欧洲古老君主制又得以重建。法典确立了诸多准则，如法律面前人人平等、精英教育和公务员体系、经济自由主义和现代产权。或许最为重要的是，世俗取得了对大多数社会机构的控制权，如教育和婚姻。

② 尽管随着拿破仑的不断征伐，《拿破仑法典》几乎成了所有欧洲国家现代生活秩序的基础，但是马耳他人却迅速摆脱了新秩序。1800 年，英国从法国手中夺取了马耳他，成立了英国皇家海军地中海舰队总部。第二次世界大战期间，马耳他经受住了另一次令人难以置信的围攻——纳粹的围攻。不论是骑士还是非骑士，马耳他人向世人展示了他们能够对抗最凶狠的敌人。英格兰国王将乔治十字勋章授予"马耳他堡垒……纪念这里勇敢的人民"，这是大英帝国史上罕见的一次将表彰勇气的最高平民奖章授予了一个团体，而不是某个独立个体。富兰克林·罗斯福称赞马耳他为纳粹欧洲大陆上"黑暗中的一个小而明亮的火焰"。

“不是远征更像被驱逐出境”。这次航行对他来说似乎充满了种种不祥的征兆。其中之一是他的男仆尼古拉斯从船上失足落水淹死在海里（但是仲马的思想紧跟时代潮流，除了哀叹此事给自己生活带来的不方便之外，更加哀叹生命的流逝）：

> 我的好朋友，我不想让你难过。可怜的尼古拉斯喝醉了，晚上九点左右，在和兰伯特的仆人打闹时迷迷糊糊地掉进了海里。我们去营救他时，他已经淹死了。我可以很确定地说在这件事上我受了很多的罪。我没有办法不忧伤。没了仆人，所有的事情都陷入了混乱，我都不知道要做什么。
>
> 我无法告诉你我的心灵和身体到底受了什么罪。但是这又有什么关系呢。我总是在想这是为了我们的国家。这个想法让我可以忍受任何将要来临的痛苦……把我的事情讲给我的孩子和我们敬爱的父母亲听。我一有钱，就会给你寄过去。当你宽裕时，应该给尼古拉斯的父亲100金币。这个时候我无能为力。
>
> 再见。我没有办法跟你详谈我们的兴趣和我们可爱的孩子的教育了。一小时后我们就要出发去一个未知的地方。告诉我们的邻居、你的兄弟姐妹、我们的父母亲和朋友，我真心地祝福他们。我要拥抱你们。当然最为重要的是，我是且将来也是你们最好的朋友。

仲马同样在沉思他仍旧没有正式指挥权这个事实。实际上，他有所不知，拿破仑已在两周前命令他的参谋长贝尔蒂埃：“仲马将军将会指挥整个军队的骑兵。”很明显，拿破仑决定嘉奖这位如同霍雷休斯·科克利斯的勇士了，而贝尔蒂埃（毫无疑问不会忘记仲马将军对他的侮辱）并未将这个消息传达给仲马。

⟶⟵

现在，纳尔逊将军在那不勒斯已经了解到拿破仑攻占了马耳他。纳尔逊猜测占领马耳他之后，拿破仑可能要进攻西西里岛，不然，法国舰队可能会驶向埃及。纳尔逊迅速给亚历山大港的英国领事写了一封警告信：“我认为他们的目标是占领埃及的某个港口，并在红海的北部休整。如果那样的话，他们进入印度时将气势昂扬难以战胜；如果可能的话，他会和蒂普苏丹一起将我们赶出印度。”但是猜测无敌舰队的目的地并知道他们什么时候抵达或者目前所处的位置是两回事。事实也是如此，正当他快要截住拿破仑的船队时，纳尔逊却选择了一条错误的航线。

6 月 22 日早晨，纳尔逊在刚修好的旗舰“先锋”号上和舰队一起驶往马耳他。据纳尔逊的航行日志记载清晨 4 点 20 分，舰队中的一艘船“反抗者”号紧跟一艘商船。这艘船来自拉古萨共和国（即今天的克罗地亚），一个与法国和法国的敌人都有商业来往的中立国。经过几次叫喊，拉古萨人告诉英国人，法国占领马耳他的日期是 6 月 15 日，并在第二天也就是 16 日离开了。但是拉古萨人错了：拿破仑命令舰队离开的日子是 19 日，并将重建马耳他社会烂摊子的任务留给了一批行政管理官员。就在和拉古萨人交换信息的过程中，纳尔逊的另一艘船观察到远方有四艘身份不明的船只。纳尔逊派出了“利安得”号去侦察。6 点 30 分，“反抗者”号将无敌舰队离开马耳他岛的错误情报报告给纳尔逊。纳尔逊确信法国舰队的目的不可能是西西里岛；如果是的话，早在 6 月 20 日就应该到达。6 点 46 分，纳尔逊得到信息：“陌生的船只是护卫舰”——轻型战船。载有 50 门大炮的“利安得”号要追上载有 36 门大炮的护卫舰有一定难度。他应该冒着和“利安得”号分开的风险继续深入调查这些护卫舰，还是应该尽快追赶法国舰队——很明显他们在去亚历山大港的路上比自己早了三天路程？纳尔逊没有跟踪这些船只的护卫舰，而是命令“利安得”号归队。

纳尔逊有两条理由选择忽略那四艘身份未知的护卫舰：他希望自己的船只聚在一起，防止损失任何一艘船。此外他得到情报让他相信无敌舰队已经在去埃及的半路上了。他把副官们召集到“先锋”号上一起商议，上午9点，他们得到命令转舵驶向埃及。

那四艘陌生的护卫舰正是法国无敌舰队的先驱舰队，他们恰好在地平线上。

6月23日，就是差点碰到纳尔逊舰队的第二天，拿破仑终于向他手下的54000人宣布（命令从一艘船传达到另一艘船）这次远征的真正目的地。仲马将知道自己最高的指挥职位：他将成为这支东方军队骑士团的高级指挥官。

仲马对于这一位高权重的任命相当满意，这也在一定程度上驱散了他的阴霾心情。拿破仑发布了一条消息，法国将会把埃及从马穆鲁克的暴政中解放出来。他们本是侍奉当地埃及人的奴隶士兵，他们的后代逐渐成为外国雇佣兵阶层。（像中世纪盛期的其他奴隶一样，马穆鲁克是白人，直到今天一些埃及的精英家族拥有雪白的肤色和蓝色的眼睛，这都是祖先的血统。）这些可怕的奴隶士兵是13世纪时埃及统治者从黑海和高加索山脉附近购买来增强自己军事力量的。但是马穆鲁克后来战胜了自己的主人，获得控制权，数百年后他们战胜奥斯曼军队并由此反过来迫使埃及人和他们以一种不平等的伙伴关系共享权力。

马穆鲁克实际上在1250年夺取了权力，这是法国国王路易九世上一次进攻埃及的结果。他们修建了新的首都开罗以替代古老的亚历山大港。在18世纪后期，他们仍旧牢牢地统治着埃及，并且他们的生活被繁杂的军事仪式所制约。他们和埃及当地人的互动就是收税和把他们当做奴仆。

拿破仑向下属们保证埃及人会将法国人当成解放者一样欢迎，他们会在亚历山大港和开罗发现比意大利还要富有的城市以及更多的财富。

➸➸

6 月 26 日快要抵达埃及时，纳尔逊派出一艘船加速行驶。它在 6 月 28 日日落时分抵达亚历山大港，并侦察了整个城镇；一位军官上岸收集情报，但是他带回来的消息却是当地没有听说过法国舰队的消息，也没有任何人看到法国船只。第二天早上这艘船和纳尔逊的旗舰再次会和时，纳尔逊很遗憾地表示他错了——拿破仑根本不是要侵略埃及，于是他命令自己的舰船离开埃及，驶向土耳其。英国船队离开亚历山大港只有三小时，法国无敌舰队的第一艘先遣船就抵达了埃及。但是，这么戏剧性的擦身而过是如何发生的呢？最后一艘英国舰船和第一艘法国舰船相差仅仅通过望远镜就能看到的距离，两者却都没有看到对方。纳尔逊在接下来的两个月里搜索了整个地中海，他一边眯着眼睛在地平线上搜索法国的三色国旗；一边咒骂失去护卫舰所带来的不便。

午夜时分，“东方”号、“威廉·退尔”号和其他法国舰船出发驶向埃及海岸。黑暗中，风暴抽打着舰船。有些舰船被掀翻，水手的尖叫声和大喊声伴随着风声和浪声飘来。那个时代的水手和士兵一般不会游泳。官员向督政府报告说有 29 人被淹死；其他的报告则认为死亡人数超过 100 人。经过两天的输送，到 7 月 2 日早晨大约有 4000 名法国人站在了亚历山大港外，仍有另外 8 倍人数的法国士兵留在船上。岸上的人没有大炮、没有围城装备、没有马匹，只有少量的食物和较少的水。在这种情况下，拿破仑下令进军。

仲马将军把枪扛在肩上随着拿破仑一起赶往亚历山大港。远征军步兵副总司令让–巴蒂斯特·克莱贝尔在莱茵河战役中曾是仲马的指挥官，也随他们一起远征。尽管克莱贝尔的出生地阿尔萨斯几乎与仲马的出生地圣多明克没有多少关系，但是两人都是同一个民主国家的子民，都威震敌军，又都经常与上级闹矛盾。仲马敬佩克莱贝尔并将他当做至交。

登陆地点距离城墙大约 16 千米。尽管仲马是骑兵团指挥，却没有马，正如炮兵团的指挥官没有大炮一样。在风暴的影响下，卸载大炮十分艰难。同样，“东方”号送上岸的战马仅有 1200 匹，而且很多战马经过六个星期的航行后健康状况都很差；这 1200 匹战马包括运送大炮和拖拉补给车的马以及军官的个人坐骑。剩下来给骑兵的只有几百匹，但正常情况下每个骑兵需要的马不止一匹。这和诺曼底登陆的军队没有吉普车、卡车或者坦克的情况是一样的。根据旅行者的记载，拿破仑相信在埃及可以很轻易地买到多达 12000 匹马，结果这是不可能的。

法国军队的庞大规模提供了一些保护。但是在日出前，几百个贝都因族人在法国队伍向城市行军的途中攻击了队伍。当法军反击时，贝都因人很快撤退，但仍旧掳走了一些不幸的法国人，然后消失在沙漠中。

城中，亚历山大港的长官——当地贵族，掌管马穆鲁克市——吓得发抖。亚历山大港守卫薄弱。只有几十位马穆鲁克士兵守卫着城墙。长官派出了一位斥候去开罗，拜访两位马穆鲁克大地主中的一位：“尊敬的大人，突然出现的舰队数量巨大，既看不到头也看不到尾。为了上帝和先知的爱，请派给我们打仗的士兵吧。”但是骑马到马穆鲁克的首都开罗要一天多的时间。

早晨，拿破仑命令吹响军号，法国军队开始冲锋。尽管城墙看起来坚不可摧，但是法国军队开始攻城的时候，古老建筑的很多地方都崩塌了。很快，进攻者就涌进了城里。仲马带着枪，率领第四轻骑兵越过城墙。亚历山大港人守卫城市十分顽固，争夺每间房子都要经过战斗，但是第二天法国人就占领了整座城市。克莱贝尔头部被毛瑟枪射中了，但是他活了下来。仲马毫发无伤地离开了战场。

仲马的出现让埃及人印象深刻——一位高大的黑人穿着将军的制服在一支白人军队的前面。几天后拿破仑想起了这一点，命令仲马和贝都因人联系，试图赎回被绑走的法国人。他给了仲马 24 位自己的精英护卫完成这项任务，并告诉他："我要你成为他们看到的第一位将军、第一位和他们打交道的领导者。"

仲马的任务完成得很成功。但是安排支付俘虏赎金时——100 比索换一个人头——贝都因人杀掉了一些法国人，而且剩下的俘虏境况极差。拿破仑询问一位哭哭啼啼无法冷静讲述自己所受非人待遇的士兵，最后终于撬开了他的嘴：所有人都被强奸了，这是法国人在埃及最终都会明白并且担心的命运，欧洲的性规范在这里并不奏效。

很明显，尽管仲马将军在战役开始时就很突出，但拿破仑并不喜欢他的这种方式。在第三卷未出版的回忆录中，远征军首席医生尼古拉-雷内·德热内特生动地回忆了远征军最高指挥官们给当地人留下的印象：

> 不论穆斯林的哪个阶层看到波拿巴将军时，都会惊异于他的矮小和瘦弱……而我军中另外一位将领的容貌更让他们惊异不已，他……是骑兵团指挥官仲马。他肤色黝黑、身材高大如同人马。当他们看到他骑着马越过壕沟去赎回俘虏时，所有人都相信他是这次远征军的统帅。

## 第十七章

# “共和理念的谵妄”

“法国人——希望真主彻底摧毁他们的城市，并将耻辱印在他们的旗帜上——是一个充斥着顽固的异教徒、恣意妄为的暴徒的民族。”奥斯曼苏丹、伊斯兰教哈里发听到法国入侵的消息后说道，“血河浸透了土地，法国终于在臣服于他们的民族身上完成了犯罪计划。他们沉入了罪恶和错误之海；他们在罪恶的旗帜下聚集，只有混乱才能取悦他们，只有地狱才能给予他们灵感……希望我们所信仰的全知全能的真主让他们自食恶果！”

“在先知的保护下，”他补充道，“这些无信仰的军队会在先知面前溃败终结。”

拿破仑命令立刻进军开罗。他的计划是沿途攻占较小的城市，如达曼胡尔、罗塞塔和厄尔拉马尼亚。夺取了尼罗河三角洲，法国人就可以把马穆鲁克战士驱逐出首都城市，进而控制全国。克莱贝尔需要休养头部的伤口，与亚历山大港的军政府首长留在了后方。海军上将布律伊留守舰队，舰队停靠在尼罗河河口亚历山大港东部的阿基布尔湾。

最后离开船队的是奴仆们。当军队向亚历山大港进军时，法国最著名的科学家、学者、作家和艺术家都被留在了船上，被迫向留下的船员乞求乏味的饼干和难喝的盐水。后来，终于来了一艘护卫舰运送他们上岸。护卫舰在一处花岗岩石柱遗址附近的海岸丢下他们，一同丢下的还有他们的个人物品和专业仪器。他们开始零星地朝城市走去。

维望·戴农是一位艺术家兼考古学家，他绘制的精美草图对于构建埃及学有重要贡献。他回忆起进入亚历山大港的狼狈模样：“我被一群野狗攻击，他们从门口、大街上、屋顶四处朝我跑过来，他们的叫声在一间又一间的房子里回响。我离开大街，沿着海岸线跑……我跳到大海里才摆脱了狗群。当游到深水区后，我开始朝岸边游过去。到了岸上，衣服全湿透了，全身冒着汗，饥肠辘辘，又吓得不知所措，终于在午夜抵达了士兵值班的地方。我觉得野狗是《圣经》记载的埃及第六大也是最为恐怖的灾祸。”

拿破仑最喜爱的奴仆被留在了营地，其余的奴仆基本上在亚历山大港无家可归。负责管理他们的将军正忙着准备开罗的行军。他告诉奴仆们尽可能地自我求生。法国最聪明的人发现自己还不如最底层的士兵过得舒坦。

拿破仑本想竭力用他在马耳他那样极端的方式从上到下快速彻底地改造埃及社会。但是埃及人更加抵制革新，而且恐吓他们接受名为“所有人的权利”的外国条令很难，法国人引发的风暴至今仍在触发东西方的冲突。未来的麻烦之一就是当法国人想要在亚历山大港旧城给军队安排住处时，有部分士兵惨遭割喉，所以新条令只能废弃不用。

数量庞大的步兵车队率先向开罗进发，他们像拖着巨石一样拖着武器。从亚历山大港到达曼胡尔的50多千米的行军中需要经过气候恶劣的不毛之地，还有大量贝都因人以猎杀掉队者为乐。这些掉队者要么被斩首，要么被留着虐待或换取赎金。法国人试图反击，但是效果甚微：部落成员退到安全地带后又返回，总是寻找机会袭击长长的行军队伍。攻击的对象通常是看起来虚弱、疲惫或干渴脱水的士兵。尽管去开罗的路上极度缺水，拿破仑安排的运输水的车辆并没有做重大调整。

时值7月，白天的温度超过43摄氏度。英国人没想到法国无敌舰队进攻埃及的原因之一就是在夏天最炎热的时候侵略埃及是非常疯狂的。但是理性的疯狂——挑战传统智慧和谨慎以获得优势——是拿破仑最喜欢的策略之一。

法国军队穿着深色羊毛制服，带着20千克重的包裹。走过光秃秃的土地和荒原后，他们踏上了怪石嶙峋的骆驼道。这条骆驼道沿着一条废弃的状况尚好的尼罗河–亚历山大港运河蜿蜒延伸。仲马的一位同级将军意识到了从亚历山大港行军的致命缺点："放弃亚历山大港，却沿着尼罗河向上游走，你只能找到荒芜的沙漠，像手一样空无一物。走了十几千米，都只能看到苦涩或酸涩的井水。想象一下一支军队被迫穿过荒芜之地，无法逃脱这难以忍受的炎热，身穿羊毛制服，背上背着五天的供给，在一小时的行军后，士兵就会被酷暑和负重击倒。他会丢掉背上的东西，并失去理智。他只会关注目前的情况，根本不顾及未来。当饥渴来临的时候，却没有水。这就是为什么在这样的恐怖场景中，你看到士兵们因为干渴、饥饿、酷暑而死，而他的同袍们看到这样的苦难会吓破了胆。"

仲马跟着拿破仑一起在亚历山大港待了几天，大概是想为士兵购买马匹。但是亚历山大港太穷了，没办法提供如此多数量的马匹。7月4日，拿破仑给所有没有马匹的士兵一个选择：他们可以背着马鞍加入前往开罗的大军或者接受临时调遣加入步兵，以减少行军负重，但是背着马鞍的士兵在未来有获得马匹的优先权。

7月7日骑兵团撤出亚历山大港，加入了朝东南部的开罗进发的大军。只有一小部克莱贝尔的军队驻守在亚历山大港。仲马和一小部分有马匹的军官跟着拿破仑。其余的骑兵有的背着马鞍，有的没有携带马鞍，不得不徒步行军。仲马和拿破仑从亚历山大港抵达达曼胡尔只花了不到24小时。在这里他们与在途中忍受了令人厌恶的三天路程的大军会合了。正是在这里，仲马真正的苦难开始了。

法国首批军队抵达达曼胡尔城郊时——“一堆堆的帐篷像鸽窝一样”——只有一件事最重要：这里有水。军官和士兵们争先恐后地冲过去抢水。他们跳进水塘，嬉闹戏水，高声大笑，又唱又跳，制服都湿透了。一位军官一口气喝了20杯水，然后在水塘边躺倒歇息。他回忆道：“这给我们师的士兵都留下了深刻的印象，是每个人生命中最美好的记忆之一。”

拿破仑忽视了将军们从亚历山大港到达曼胡尔的紧急行军，他到前线时几乎没有受到任何欢迎。首席医生德热内特的职业让他可以亲密地接触到所有人，上至总司令下至最底层的士兵。他回忆起人们的情绪：“当时有人绝望地大喊：没水了！整个部队都在深深叹息或愤怒咒骂。绝望情绪四处蔓延，有人选择了自杀。这让人想起拿破仑曾经许诺过的2公顷土地，这一切多么讽刺。崩溃的感觉侵袭了每个士兵，甚至激怒了他们，这也强烈地影响到了领导者。”拿破仑回忆道：“看到两位骑兵离开队伍，拼命地奔向尼罗河，结果淹死在河里。”另一位特别有前途的年轻陆军准将痛骂这次的远征组织混乱，损失惨重，然后绝望地自杀了。①后来拿破仑流放到圣赫勒拿岛时回忆起埃及远征，他把失败归咎于人：“这种军事行动对于他们来说更加艰难，因为这与意大利比萨和赌场的舒适相比差别

① 28岁的艾蒂安-弗朗索瓦·米勒是仲马骑兵团中最年轻的准将，他也是一位医生。6年前，刚从法国最好的医学院毕业的米勒在马赛自愿参加革命军，在那里他得到了一个奇怪的头衔：他被认为是第一位带领志愿军演唱当时刚刚写好的那首法国著名革命歌曲的人。他唱得激情似火，这首歌后来便以米勒和那些志愿军最初演唱歌曲的地方命名：《马赛曲》。但无论米勒保持了多少革命热情，仍没能成功地从亚历山大港走到达曼胡尔。7月初的一天，远征军日志中直白地记录道，米勒“骑上马……黎明前，进入了沙漠，并将脑袋击穿”。而据其他记载，米勒鲁莽行事，几乎像自杀一样被贝都因人射杀了。

太鲜明了。”

没有马，骑兵们感觉到特别沮丧和愤怒。他们痛恨匆匆忙忙，缺乏准备。仲马的情绪更加沉重。德热内特医生记得仲马是如何“将他镶边的帽子扔在地上，并踩上两脚。他感到一种强烈的受挫感，他告诉部队士兵：（政府）因为痛恨他们的领导人而将他们驱逐出境，因为他们都害怕他”。当然这些话有些是对的，但后来仲马肯定希望没有如此唐突地说出这些话来。

在达曼胡尔扎营的一个晚上，仲马购买了一些成熟的当地水果。这些水果非常营养美味、生津止渴，士兵们都称之为“圣瓜”。他邀请了一些将军——拉纳、德赛和年轻的狂热分子若阿尚·缪拉到他的帐篷中一同分享。谈话的主题后来转变成目前的生存问题：他们在那里做什么？政府是不是有意让他们陷入瘟疫流行、缺衣少食的荒漠陷阱？拿破仑是受害者还是这一计划的策划者？他们还谈到了要求总司令宣布军队到了开罗后就不要再远征了。

正如德热内特医生后来在他的回忆录中所记载的那样，拿破仑的一位线人听到了会议上的一切。亚历山大·仲马拼凑出了这一事件较为准确的版本，他从老兵那里搜集了那晚的许多细节，这些老兵在父亲危险越界时就在军中。

> 在我父亲帐篷中聚会的唯一目的是吃三个西瓜，但是当将军们开始表达沮丧情绪时，这次聚会很快有了政治意味。
>
> 在这个被诅咒的国家我们来做什么——这个地方吞噬了每一个征服者，从冈比西斯二世到圣路易国王？我们到这里是为了成立殖民地吗？为什么离开法国那温暖和煦的阳光、茂密的树林和肥沃的土地来到这炽热的、毫无遮蔽的荒漠和烧焦的土地？波拿巴是不是希望像古罗马帝王那

样建立自己的帝国？他最起码应该问问其他的将军，做这块新辖地的首领是否满意。那可能对于古老军队中的自由人和奴隶很有吸引力，但是却吸引不了1792年的爱国者们，他们并不是如同卫星一样围绕着某个人转，而是一个国家的士兵。

是不是这些批评仅仅是处于压力之下冒出的一些无伤大雅的牢骚？或者这已经开启了一场反对未来领导者野心的叛变？这些将军们可能很难给出确切的答案，但是送到波拿巴手中的情报却是将军们在猛烈攻击他的权威，而送出这一情报的恰恰是最大声夸赞西瓜甜美、批判拿破仑堕落的那位将军。

法军继续朝西南方向的开罗进发。第二天抵达尼罗河，部队的干渴缓解了许多，但是很快又被痢疾困扰。更糟糕的是并发症开始影响他们的眼睛：队伍经过干涸的尼罗河河床时，数以千计的士兵的眼睛一只或两只都出现了红肿、刺痛，而且常伴有流脓的症状。他们这才意识到为什么这么多的当地人一只或两只眼睛混浊，眼神迟钝。法国人把这种情况叫做埃及盲人症，这成为这次远征流行最广的灾难，因为上千士兵视力都受损或失明了①。尽管波拿巴警告说，“马穆鲁克是你们的敌人，不是当地居民”，士兵们还是开始罔顾禁止掠夺的军令。指挥官们并未反对，因为对供给的所有希望都荡然无存了。

“你无法相信行军的疲惫啊，”仲马在给亚历山大港的朋友克莱贝尔的信中写道，“多数时间都没有食物，只能被迫收集走在前面

① 一些法国医生错误地认为埃及失明（他们称之为“埃及眼炎”或“肉芽肿性眼炎”）是由沙漠的气候引起的。对于此病因的争论使得眼科医学逐渐发展为一个独立的医学领域。

的队伍劫掠后的村庄残留的食物。”

很奇怪的是，没有村民把他们当成解放者欢迎。每到一地村民们似乎都准备着反抗。贝尔蒂埃亲眼看到一个农妇抱着孩子靠近，突然拿出剪刀刺向副官的眼睛。仲马将军写信给克莱贝尔说他们“在行军过程中被一群贝都因人的强盗骚扰，他们在离队伍二十五步的地方就可以杀死我们的士兵和军官。前天迪加将军的副官基尔瑞传达命令给掷弹手时，在距营地一箭之地的地方被刺杀了。”

7 月 13 日法军在一次冲突中遇到了真正的敌人，他们杀死了 300 个马穆鲁克人，另外还有 4000 人逃走了。拿破仑断定他们在法国人占领开罗之前都不敢来挑战了。早上 2 点出发，第二天下午 3 点左右才停下来，经过 30 小时行军的法国人在 7 月 21 日终于到了将要进行一场决定性战役的地方：数以千计的马穆鲁克骑兵站在对面，他们的佩刀在午后的阳光中闪闪发亮。

“马穆鲁克人精神可嘉。”仲马在这次战争后给克莱贝尔的信中轻描淡写地记叙道。

每个骑兵都穿着颜色鲜艳的刺绣夹克，象牙珠子和宝玉缀在袖子上，如同外壳一样。每个人腰间都别着手枪、大口径短枪、匕首和著名的马穆鲁克佩剑。这是一种轻轻一挥就能削下人头的稍稍弯曲的剑。①

一位法国军官看到这些人都惊呆了：“这些人外穿闪亮的盔甲，饰以黄金和宝石，内穿颜色鲜艳丰富的套装，头戴饰有羽毛的头巾，有一些人戴有镀金的头盔。他们的武器有佩剑、矛、棍、弓箭、毛瑟枪、大口径短枪和匕首。每个人都配有三对手枪……这富有和新奇的打扮给我们的士兵留下了深刻的印象；从那一刻起，他们就只关心战利品了。”

---

① 马穆鲁克佩剑被公认为设计完美，埃及远征五十年后，几乎所有主要西方国家的军队都将其作为骑兵的佩剑，直至今日，马穆鲁克佩剑仍是美国海军陆战队佩剑。

对于马穆鲁克人来说，他们并没有认真地对待这个新威胁。他们击退了无人能敌的蒙古人。每个马穆鲁克人都从小习武，学习千年前的传统。对于他们来说，这些法国战士不过是身穿统一制服的没有信仰的男仆而已。

法国拥有25000名士兵，而他们所面对的马穆鲁克军队人数却众说纷纭，但是历史学家常常引用拿破仑记录的数字：12000名马穆鲁克士兵，每个人都有三四个武装奴隶，8000名贝都因人，20000名土耳其士兵（奥斯曼步兵）。马穆鲁克的军事奴隶会随他们一起参与战斗，为他们装填弹药、选择合适的武器，就像高尔夫球童为球手选择合适的球杆一样。战士们后面还有音乐家在演奏笛子和小手鼓，还有一群妇女和孩子观看异族人如何被杀。

法国人组成了方阵，这种阵法是为了抵御并挫败骑兵的冲锋。一排排步兵形成了人墙。每个方阵的中心，仲马和缪拉都布置着骑兵，还有粮草和弹药。大炮安置在方阵的四角。

马穆鲁克骑兵们猛烈地攻击法国步兵方阵，但却毫无组织。每个骑兵都像坦克一样勇猛地冲向军队。如果他们能够把法国士兵孤立成五个人、十个人或者十二个人的小组，这些终极人体战争机器可能会轻松打赢。如果他们能够协调一致，像现代骑兵冲锋一样，他们也许能够打乱方阵。但是事实上他们连一个方阵都没法突破。虽然法国人士气低下，而且彻夜未眠，但是他们在面对凶狠的敌人冲锋而来，传奇的佩剑就要砍掉他们的头时却表现出极强的纪律性，能够耐心等待杀伤力最大的齐射的最佳时机。“毛瑟枪喷吐的弹丸穿过他们贵重的、轻柔如薄纱同时饰有金银的制服。”方阵的一位士兵回忆说。

马穆鲁克骑兵的冲锋从未失败过，但是如今却一再失败。一旦有法国士兵被击倒，马上就被拖进方阵中并换上其他人。法国方阵从没有遭到破坏，但是马穆鲁克的骑兵一直无畏地冲锋，却收效甚微。同时法国炮兵用榴弹炮攻击他们的后方，另外一个师试图切断马穆鲁克部队撤回城堡或其他地方的退路。

意识到法国人正在试图包围他们，马穆鲁克人决定对五个方阵中的两个全力以赴做最后的冲锋。数以千计的士兵同时向两个方阵冲锋，但是两个方阵都守住了。法国人使用刺刀反攻，将数以千计的马穆鲁克人逼到尼罗河里，据说有1000多人淹死在尼罗河里。仍有数千名马穆鲁克人逃进了沙漠。在仲马和缪拉追击下，大部分逃到南部的上埃及重新集合。法国人走后，马穆鲁克人试图重新夺回全国的统治权，但最终以失败告终。拿破仑的入侵敲响了他们的丧钟。讽刺的是，1248年圣路易的东征军入侵标志着他们在埃及统治的开始。

法国人称这次战争为金字塔之战，但是这里距吉萨金字塔其实还十分遥远，在战场上根本不可能看得见。（有插画描述战斗时大金字塔在远方若隐若现，这或许是一种种宣传，拿破仑曾长篇大论地鼓励人们参军；抑或是东方学家的臆想。）尽管马穆鲁克的失败意义重大，但是战后拿破仑似乎主要迷恋他们在战场上或附近留下的纪念品："大量的地毯、陶瓷和银器。战后数天，士兵们都忙着在尼罗河里打捞尸体，许多尸体上都有两三百块金片。"

➸➸

18世纪末，开罗约有250000名居民，但是法军进城后却发现街道空荡荡的，因为没有马穆鲁克人，人们都不敢面对征服者。首先出现的是欧洲人。一个意大利药剂师告诉法国官员，马穆鲁克领导者警告开罗居民，"入侵的异教徒有着一尺长的指甲、血盆大口和凶残的眼神。他们都是恶魔拥有的野蛮人，并且他们都被锁链锁在一起进入战场"。但是，阿拉伯历史学家艾尔·亚巴蒂（他的描述是非法裔学者中关于这次远征的最可靠的资料来源）吃惊地发现：

“法国军队走在开罗的街上并没有携带武器，也没有骚扰任何人。”法国人希望受到欢迎：“他们和当地人开玩笑，并以很高的价格购买所需物品。他们花一埃及元购买鸡，十四帕拉购买鸡蛋。换句话说，付自己该付的钱……因此商店和咖啡店都重新开门了。”

像往常一样，拿破仑下令进行旋风似的社会和政治改革。数星期内，法国组织收集垃圾、修建医院，并要求商店每晚都在店外点一个灯笼照亮街道。他们修建磨坊和面包店，因此他们可以学习法国最基本的厨房技巧：如何烘焙法国面包。专家和工程师开始绘制城市地图，画出所有的山脉和重要建筑。他们测量了狮身人面像并调查大金字塔周围和内部，这惊扰了数千只沉睡的蝙蝠。

在意大利和马耳他，拿破仑践踏了宗教，但在埃及他采用了新的策略。拿破仑可笑地认为他必须被视作先知的使者，所以他向埃及民众发布了精心制作却又奇怪可笑的册子，这些册子是在梵蒂冈的阿拉伯印刷厂印制的。阿拉伯语版、土耳其语版和法语版共印刷了4000份；宣言长篇大论斥责“奴隶帮派”，宣称马穆鲁克人是篡位者，并证明拿破仑的荣耀和穆罕默德先知的荣耀是手手相传的。

法语版的宣言写道：“告诉人们，法国……是穆斯林真正的朋友，因为他们进入罗马毁坏了教皇的君权，教皇常常煽动基督徒向穆斯林开战。”然而在阿拉伯的传单中，“穆斯林的真正朋友”简单地翻译成“真正的穆斯林”，这一鲁莽的挑衅势必会受到阿拉伯语读者的谴责。

拿破仑的宣言和其后的公报是阿拉伯学者翻译的，因为许多革命性的政治概念在阿拉伯语中没有对应说法，翻译着实不易。更糟糕的是这些学者的翻译助手是一些签约参与此次远征的说马耳他阿拉伯语的人。但是马耳他阿拉伯语年代久远而且是独特的岛国方言，与埃及的阿拉伯语少有共同点。许许多多的可笑的翻译错误让埃及人觉得法国人的宣言荒谬可笑。

开罗当地的神职人员提出发布一份认可拿破仑为埃及合法统治者的裁决，但条件是法国所有军队完全皈依伊斯兰教。事实上拿破仑曾考虑过这个提议，但是当他明白了穆夫提（伊斯兰领袖）的要求包括大规模的成年人的割礼并全面禁酒时，这一信仰转换计划被废除了。

对于攻占开罗的数千法国军官和士兵来说，这种情况很难说获得了承诺的荣耀。他们怀念以前生活的一切：欧洲、革命、意大利和莱茵河战役、马耳他。所有的一切都比陷入疾病蔓延的城市、周围都是深不可测且极有可能怀恨你的居民中要好。

“我们终于到了这一片我们渴望已久的土地，我的朋友，”仲马写信给克莱贝尔，“但是天啊，这和我们想象的相差太远。开罗这座可怜的城市居住着一群懒惰的乌合之众，整天悲惨地蹲在自己的帐篷前，吸烟、喝咖啡或吃西瓜、喝水。我们很容易一整天都迷失在这座著名首都狭窄而臭气难闻的街道中。”

酒的运输线被切断了，占领的士兵们用当地的无花果和枣子制作啤酒和蒸馏烈酒，但是许多人同样开始吸当地的大麻、喝当地大麻浸泡过的果汁和茶。长时间吸食大麻将成为军人的一个大问题，法国人最终将强制实施自己的毒品法律，开始没收并烧毁大麻叶。

一天，总司令没有任何警示就冲进了仲马的营地。拿破仑晚年在圣赫勒拿岛上口述他的传记时饶有兴趣地回忆他如何斥责这位胸部和他鼻子齐高的人：“你散布煽动性的言论。你要明白我没有执行我的职责，虽然你身高 1.8 米，但这不能使你免于两小时内被毙的厄运。”

拿破仑从未忘记，从达曼胡尔开始他就认为仲马是在煽动兵变，他对反对自己的言论十分生气。即使在一群骑兵军官中，仲马的脾气和咆哮也都是富有传奇性的，他令人难忘，同时可能也是众军官中最受尊敬的一位。[①]拿破仑考虑让仲马随行可能让开罗的其他将军无话可说。但数十年帝国灭亡后，在他忆起此事时，还是觉得仲马实在让人恼火。

事实上，他怀疑仲马不忠是错误的。仲马是靠灵感指引的将军，就像华盛顿的大陆军一样，在为信仰而战时愈战愈勇。在一个人为了正当的理由而战时，没有必要盲从纪律。

但是仲马对自己合众国的理想，对自己国家、对自己同袍的奉献都让总司令感到背脊发凉。对于拿破仑来说，只有一种忠诚是重要的：忠诚于他。拿破仑不是辛辛纳图斯，他是恺撒。

拿破仑后来抛弃埃及，并没有充分告知同行的将军们——让他们面对沙漠中的地狱，而自己却回到法国实现自己的野心，但他期待他们有较高的忠诚度。君臣关系的逻辑正在占领上风，尽管拿破仑当时其实只是众多将军中的一位。

拿破仑质问仲马几天后，他命令仲马到他的营地并关上了大门。大仲马描述了这一场景（是后来他父亲对他的心腹德蒙库特将军讲述的）：

> “将军，你的行为对我不忠，你正在破坏军心，”拿破仑告诉他，“我知道发生在达曼胡尔的一切……我会像枪毙一位鼓手一样毙掉一位将军。”
>
> “有可能，将军，”仲马说，“但是我觉得有些人您是不会不经过三思就枪毙的。”

---

① 似乎是命运使然，远征中反对拿破仑行为的长官都是身材高大的人：除了仲马，克莱贝尔将军、地质学家德奥达·多洛米厄、政治学学者让·塔利安身高都超过1.8米，这身高在那个时候非常引人注目。拿破仑原本正常的心态因为对手的身材而变得更加敏感了。

“如果他们阻挡了我的计划，我不会客气的！”

“将军，一秒钟前，您说到纪律，现在您却只谈到您自己，”仲马道，“是的，我们在达曼胡尔开了个会……没错，我说过为了祖国的荣誉和骄傲，我可以征战全世界，但是如果只是您的心血来潮，我在第一步就停下来……”

“所以说，仲马，你把你的想法分成了两部分：你把法国放在一边，把我放在另一边。”

“我相信法国的利益应该摆在个人利益之前，不管这个人如何伟大……我相信国家的命运不能被个人的命运所操纵。”

“所以你准备离开我？”

“这是可能的，我不会赞成独裁者，不管是苏丹还是恺撒。”

“你是在要求……”

“一有机会就回到法国。”

“我承诺不会在你离开的道路上制造任何障碍。”波拿巴说道。

“谢谢您，将军，这是我唯一想要让您帮忙的地方。”

仲马离开后，波拿巴嘟囔道：“他如此短视，竟不相信我的命运。”

这段对话的另一个版本来自德热内特医生，他从拿破仑那里得来的。拿破仑的描述很有趣，因为他热衷于描述当时微妙的心理差异；因为他很快就意识到仲马的理想主义是如此坚定，这是他的最大弱点。德热内特医生回忆称，与拿破仑的对话开始于他询问自己对仲马将军的看法。

“仲马将军这个人混合了最甜蜜、最友善的性格和一个士兵所需的所有强悍。”医生答道。拿破仑相信仲马会服从他的计划，说他告诉过仲马，如果他“不幸让我知道不想再去比开罗更远的地方，我会就地将他正法”。拿破仑继续说道：“仲马态度不错，处理得很好。于是我补充道：‘这次远征结束，我会让掷弹手审判你，我会让你背上骂名。’然后（仲马）开始抽泣，并流下了许多眼泪。”随后拿破仑告诉德热内特医生：“(仲马）在桥头一队骑兵面前主动停下，手部动作很漂亮，我立刻感到了内心安宁。”然而，拿破仑最后说道，他并不反对仲马离开埃及：“让他带着妄想的共和理念和愤怒到别处去吧。”

与此同时，在公海上，法国舰队依旧毫无踪影，海军上将纳尔逊对此火冒三丈。这让他成为了英国人的笑料。伦敦一份报纸反映了这种情绪：“一支拥有 400 艘船的舰队，占据海面如此庞大的面积，竟能在如此长的时间里不被我们的舰队发现，这种情况真是难以置信。”纳尔逊像所有英国海军一样蔑视拿破仑和大革命后的法国，但是失去法国舰队踪迹让他名声受损，这让他寻找并且消灭法国舰队的心愿更加强烈。7 月 28 日，英国人追踪了一条法国人进攻克里特岛的错误情报，最终，他在克里特岛的奥斯曼长官那里得到了确切的消息：拿破仑现在在亚历山大港。纳尔逊的舰队立刻起航了。

5 月和纳尔逊舰队失散的护卫舰一直在地中海上游荡。法国人在尼罗河战役前八天看到它们在亚历山大港——如果他们没有忽略这个现象的话，这一危险的信号也许会拯救他们。1798 年 8 月 1 日下午 2 点 30 分，法军正在开展占领开罗后的日常活动，纳尔逊船队爆发出一声欢呼，因为他们终于看到了拿破仑的舰队，正整齐地停在阿布基尔港。

事实上，法国哨岗在下午2点时就率先发现了纳尔逊的舰队，他们正准备围住阿布基尔小岛，以确定沿海滩涂上的登陆点。海军上将布律伊认为日落之前英国人都不会有足够的船只发动进攻。18世纪晚期海军武器的运作仍旧十分缓慢，而且船只需要花费很长时间准备战斗。此外，在横帆航行的年代里，船只可以顺风航行，但是逆风而行却很困难。这是英国舰队进入阿布基尔港的一个挑战。另一挑战是占据有利位置，布置船队，迎战法国舰队。18世纪，船只的火力都集中在两侧。船只火力的大小取决于大炮的数量和装载大炮的层数。纳尔逊船队中最大的船只有74门大炮；法国舰队中，仲马到埃及乘坐的“威廉·退尔”号装备有80门大炮，大约是无敌舰队的平均水平；而庞大的旗舰“东方”号载有120门大炮。要想击沉或俘获法国无敌舰队，纳尔逊火力稍逊的舰队需要找到开火的最佳位置。

英国船只接连进入港口，许多法国军官和水手仍在岸上挖井，为船队供水。法国海军上将们把船只停在十分靠岸的地方，确保敌人不会冒险将船只调遣到法国船队和海岸之间的狭窄的浅水区，以便向陆地方向开火。因此绝大多数法国船只靠岸这边的大炮甚至都没有做好战斗准备。布律依依然认为纳尔逊不会如此大胆地在光线不足的危险情况下作出任何举动。为了防止友军之间的误伤，那个时代的海军通常都会推迟到凌晨才开始战斗。然而，像拿破仑一样，纳尔逊根本不在意是否谨慎，更别说常规战术了。他称呼他的船长们为兄弟连，并希望他们执行任务时有创新性。

数小时的紧张调遣和穿透海上烟雾弥漫的炮击后，纳尔逊的一位船长发现两艘法国船只中有空隙，并且认为刚好可以容纳一艘船通过。法国舰队中许多领头的船只，包括“东方”号，发现自己被包围了，以为英国船只能够开到法国船只和危险的海岸之间的位置。布律依一定意识到了自己的错误，但是太迟了。

法国船只在这种对峙中首先开火，炮火点亮了阿布基尔港的夜空。强大的法国舰队火力猛烈——法国炮弹的弹片击中了纳尔逊的头部，他差点以身殉职。但是法国舰队的位置不利，而且风向有利于英军，因为英军比法军更为灵活，而且法军的风帆朝向相反的方向。

交火几小时后，法国船只“人民帝王”号面对英国炮火攻击撤退时拉开了一道口子，这时纳尔逊最小的船只“利安得”号开进去了。“利安得”号可以在不搁浅的情况下溜进法国舰队和海岸之间的水域。从这里，它用密集的火力进攻载有 120 门大炮的、高大的“东方”号。在这一过程中，“利安得”号猛烈攻击挡在中间的以电气大使的名字命名的法国船只“富兰克林”号。另外两只英国船只加入了“利安得”号的进攻行列，一起围住了“东方”号。

尽管半数船员不在船上且一半的大炮没有配置好，“东方”号比任何一艘英国船只都要大且装备的大炮都要多，起初它的表现的确不俗。“‘东方’号几乎摧毁我们两艘 74 门大炮船，即‘柏勒罗丰’号和‘曼杰斯’号，而且毫无疑问会造成更大的伤害。”一位英国海军候补少尉回忆说，但是法国水手“给船上油漆时，真是法国式粗心大意，竟然把油漆罐都留在中层甲板上。英国炮击的火花落在甲板上将油漆罐里的油漆和松节油引燃了。英国人看到大火点燃了船尾，便集中火力进攻着火的目标。火势蔓延很快，大约晚上 10 点时，大火引爆了“东方”号弹药库里囤积的大量炮火弹药。

世界上最大的舰船像一颗巨大的炸弹一样爆炸了。木材、武器和尸体四处横飞，被纷纷抛入夜空，然后落下。离亚历山大港 15 千米的地方，克莱贝尔将军看到一团明亮的火焰升入夜空。（“‘东方’号爆炸时，我们能够辨别出空中起火的尸体、大炮、船帆、绳索；整个海湾都在燃烧；在爆炸的一瞬间，整个亚历山大港都被点燃了。”一位法国军官在城里看得清清楚楚，他如是回忆。）而从马耳他攫取来的积累了上千年的财富——金块、无价的宝石和文物，这些拿破仑赖以资助这次远征的财富——都沉入了阿布基尔港。钱币和珠宝随着炮灰、燃烧着的木材、炸断的手脚等像雨点一样落在法国和英国战舰的甲板上，船员们都蜂拥而上开始争抢。其他的直到整整200年后，潜水员开始将来自马耳他、西班牙和法国的钱币打捞起来，① 这些财富才重见天日。

法国少数幸存下来的战舰之一是运送仲马将军到埃及的“威廉·退尔”号，它后来在马耳他附近被英国人俘获。

① 1983年进行了一次“东方”号残骸的小型打捞活动，但是首次全面的研究是在1998年8月1日，恰好是尼罗河战役的200年之后。在这些传奇的马耳他财宝中，海洋考古学家发现了马耳他、威尼斯、西班牙、法国、葡萄牙、奥斯曼帝国铸造的硬币，这说明了马耳他在地中海贸易中的中心位置。但是并没有大量财富被发现的报道。这些财富真的存在吗？尽管主流的观点是拿破仑掠夺的马耳他财富都随着“东方”号沉入海底，但一些学者持有不同观点，认为多数财宝在战役之前都被搬上岸熔掉了。

## 第十八章

# 如梦燃火

尼罗河之战是海军历史上最具决定性的胜利之一，它立刻切断了法国和埃及间的信息沟通和供给链条。

当拿破仑知道法国舰队毁灭时，他把将军们召集到一起说道："我们别无选择，只能取得更大的功绩……我们无法控制的海域把我们和祖国分隔开了，但是任何海洋都不能把我们和亚洲或非洲分开。"①当前，生存下来比征服更加急迫。没有了供给，步兵和骑兵突然学会了新的尊重，这得益于他们之中的 200 名平民：学者。之前，学者们近似军装的特殊制服被士兵们嘲笑，但是现在所有人都被孤立在埃及，这支混有科学家、教授、工程师和艺术家的队伍成为整个东方军在一个充满敌意的地方最好的希望。

在这群最聪明勤奋的人中有一位名叫尼古拉·孔蒂，43 岁，靠自学成为工程师、物理学家、画家和发明家。他为国家所做的贡献之一是成立了世界上第一支空军——法国军队中的"空军旅"。他把路易十六的一个古老宫殿改建成空军基地。18 世纪 90 年代中期从这里放出的许多军事气球在法国前线的战场上空盘旋，以刺探敌军动向。

① 英国东印度公司的管理层对于阿布基尔海战的影响有不同的结论。纳尔逊取胜后，他们奖励了他大量现金，感谢纳尔逊为他们拯救了印度。

拿破仑任命孔蒂掌管埃及远征军中的空军小队，但是舰队沉没时，绝大多数的气球和其他技术装备一样，都沉到了海底。

孔蒂的标志性装扮是用围巾蒙住一只眼睛，这只眼睛是他在试验用氢气代替气球中的热气时发生爆炸失去的。他无惧于当前的情形，急忙赶往开罗，提出制作军队和城市平民需要却缺少的任何东西。他建立了一个铸造厂，制造出他们失去的工具和设备；他建造机器设备、工厂、面包店、风车以及制造武器、铸币的冲压设备；他训练当地工人，给所有工厂配齐工人。另外一位学者回忆称，孔蒂“脑袋中有所有的科技、手中有所有的技艺”。

他同样从无到有地制造了新气球，这是作为拿破仑向开罗居民展示法国超凡技术的一部分。埃及人对于气球的第一次发射很感兴趣，但是看到它被用来在开罗城中散发拿破仑宣言时显得很迷惑。第二次发射显然给他们留下了不好的印象。“这个东西被用纸做成了球形；表面绘上了红白蓝三色条纹，表示爱国，”远征官方报纸《埃及邮报》叙述道，“当（开罗人）看到这个巨大的球自己升起来时，在飞行轨道下的人都吓得跑开了。”据报道当时有十万观众在观看，不幸的是，升空之后，这个高科技产品着火了，毕竟这是用纸做成且用火作为燃料的设备，然后满身是火地坠落在地上。幸运的是无人乘坐。历史学家艾尔·亚巴蒂阐释了阿拉伯人的观点：“法国人看到它坠落很尴尬。他们宣称这一装置像船只一样，人们可以坐在里面到其他国家旅行，并发现新闻……这显然是不真实的。相反的是，这更像是家里的奴仆为了假日和欢乐的场合而制作的风筝。”

除了支持军队和殖民的努力，学者们随行的另一原因——这次远征的主要原因直到今天仍被铭记——是增加西方对于文物和近东文化的知识。尽管他们只是15000多名法国士兵队伍中的200人，但拿破仑认为这些学者们的任务异常重要。于是在1798年冬天，他下令孔蒂、多洛米厄和其他学者在开罗心脏地带建立一个永久的总部，致力于“埃及的前进和启蒙的传播”。名字就叫做埃及学院，它研究和出版考古、自然科学、历史事件的书籍。拿破仑自称知识分子，也因在巴黎法兰西学院的会员身份而自豪。他向学院提出了大大小小的问题：我们如何净化尼罗河水？风车还是水车在开罗更实用？埃及的民法和刑法是什么，我们如何扬弃？是否有不需使用啤酒花就酿酒的方法？

当我去埃及找寻仲马和远征军的遗迹时，发现庞大军事活动场所的所有踪迹虽然都化为沙尘，但学者们进行的文化和科学活动留下的遗产却仍然保持奇特的生命力，至今仍不可思议地在现代开罗的中心位置继续发挥影响力。法国东方考古研究所由身穿三色制服的士兵把守，高大的铁门后，是一个精心料理的花园，有着笛卡尔式的布局和新古典主义的建筑。在这里，我遇到了一位年轻的埃及人，他在一台房间大小的印刷机上印制东方学者的书籍，使用可移动的字母块，包括小的铅制象形文字。我还看到老人们用长针和保龄球瓶大小的线轴缝制书籍。走过几个街区，我找到了埃及学院的真身，还是原来革命时代的建筑，里面藏有 20 万本历史、地理、科学和艺术方面的书籍。所有这些都在世界战争和革命中幸存下来，这说明研究古老世界的重要性高过现代世界的纷争，这也是拿破仑在埃及想要建立殖民地的不幸尝试留下的一份有价值的遗产，最起码直到 2011 年 9 月 17 日。在那一天，“阿拉伯之春”中示威者和警察的冲突从附近的解放广场蔓延开来，学院也燃起了大火。数千本无价的书籍、手稿和地图都化为灰烬。那天过后，法国远征埃及最有意义的遗产消失了。①

① 学者们的工作保存在 1809-1828 年出版的 23 卷不朽著作《记录埃及》(*Description de L' Egypte*)。这套书融合了东方学家笔下法老王时期慵懒的风景以及革命战士与中世纪马穆鲁克人的沙漠战役，又把所有的书籍饰以让人想起罗马的东方帝鹰，产生了类似科幻小说的效果—就好像这些大部头的书是生命跨越人类古代和现代的外星人留下的。《记录》的一份原版书稿也是在 2011 年学院大火中被毁烧掉的书籍之一。

法军舰队遭到重创，至少2000名士兵丧生，对此亚力克斯·仲马的反应我们无从考证，但并不难想象。考虑到在开罗维持秩序和应对贝都因人的不断威胁，仲马在灾难发生后的数星期里都专注于为手下将士寻找马匹。他和养马场、经销商和贝都因酋长交易，购买马匹和骆驼。渐渐地，龙骑兵团和骑兵们都配备好了马匹，有些甚至骑上了马穆鲁克人抛弃的出色的阿拉伯战马。

拿破仑认为骑兵是震慑埃及人很重要的一部分，他们被骑兵统治了数个世纪。有时候，仲马深入埃及北部追击马穆鲁克暴动者和贝都因人；其余时间，他会突袭三角洲地带，因为尼罗河附近的道路都不稳定。开罗和亚历山大城外的任何地方，法国士兵和平民都可能遭到绑匪、暴动者和帮派的袭击。

仲马将军在埃及写的家书表明他日渐心寒。这在一封收藏在小城维莱科特雷保险箱里他写给玛丽-路易的信件中可知一二：

**开罗，共和国六年热月30日（1798年8月17日）：**

如果有可能给你写信的话，还是很高兴的，因为对于我来说这里了无生趣，除非有一天我还能再看法国一眼，但什么时候才可以呢？……我非常渴望向你倾诉我心中的所有想法，但是我却不能说，这让我窒息。拥抱我所最最亲爱的孩子、母亲、父亲（即他的岳父岳母）和所有的亲戚朋友。

我能找到的写于1798年秋天的另一封信是写给亚历山大港的克莱贝尔将军的。克莱贝尔——两人对于拿破仑的看法一致——有个概括拿破仑带兵理念的最著名论断：“一位一个月搭上一万名士兵生命的将军。”克莱贝尔厌恶拿破仑仅仅像使用工具一样地用人，厌恶他愿意牺牲数千将士的性命来换取哪怕最小的优势。“有人爱他吗？怎么可能呢？”克莱贝尔在笔记本里随手写下这些话，“他不爱任何人，但是他认为他可以用升迁和礼物代替爱。”像仲马一样，克莱贝尔也相信 1789 年的信念。对于他们来说，拿破仑正领导着伟大的法国革命军走向毁灭。

但是埃及的现状——仿造的“共和”意味着从废除产糖岛的奴隶制中弥补经济损失——对于仲马来说一定是极其痛苦的。他欣然接受平等和自由的观念，抛弃奴隶制。但是在开罗到处一转，仲马能够看到努比亚黑奴在家庭、农田上干活，在市场上被出售。尽管阿拉伯的黑奴交易比欧洲的历史悠久，但是在埃及这样的社会里，从来没有人对这一贸易有任何质疑。“从埃塞俄比亚来的旅行队沿着尼罗河从陆路抵达开罗，共运输了 1200 名男女黑奴，”一位法国下士写道，“看到这些人类暴行的受害者，感到人性都被扭曲了。看到这些可怜的人大多光着身子、用链条锁在一处，黝黑的脸上挂着死一样的面容，沦落到要卑劣地像牛一样被出售，我全身都害怕得发抖。”

埃及社会从底层到高层的每一阶层都建立在奴隶制的基础上，即使作为统治阶级的马穆鲁克人最初被带到埃及时也是奴隶。在仲马看来，释放数千生活悲惨的非洲奴隶确实有些为难。但是军队宣称的任务不就是解放人类，实施 1794 年的法律吗？“我们看到奴隶制如何像癌症一样蔓延全球，”革命分子宣称，“我们看到奴隶制在旧世界和新世界带来死亡，但是今天永久正义之钟已然敲响，强大而高尚的人们的声音宣布了这些神圣的话：奴隶制被废除了！”

但是这里仍有奴隶制，完整无缺地出现在法国的埃及殖民地上，而总司令并不打算做任何改变。解放马耳他的奴隶是一回事，因为拿破仑打算颠覆当地的制度，而奴隶制是制度的一部分（在登陆埃及之前，解放穆斯林奴隶还能够给伊斯兰世界留下很好的印象）。在埃及完全是另外一回事，他想利用当地的制度支撑他的权力。一些法国士兵甚至在市场上购买了自己的黑奴，这违反了共和国的法律，一部拿破仑可以在这个偏远的国度尽情嘲弄而不受惩罚的法律。他曾经一度命令购买 2000 名奴隶充当士兵。这些奴隶没有买到，不过大约 150 位黑人确实进入了在埃及的法国军队，组成了一支特殊的队伍。他们最终分配到不同的岗位上且和来自加勒比海的黑人士兵组队，这是一种种族隔离，同样违反了共和国宪法里保证种族平等的规定。

1798 年 8 月，这个故事很可能直接来自仲马将军的儿子大仲马的一部小说中的情节，仲马将军因为偶然的机会获得了一批金银珠宝，但是结局和《基督山伯爵》一样。

他在开罗市监管修缮一处房产时，在房子底下发现了一处废弃的藏宝处，这可能是某个马穆鲁克战士的财产。尽管仲马在意大利北部时反对大规模地掠夺珠宝和金钱，但是现在他在处理这批宝贝时采用了不同的原则，毕竟这批珠宝的主人就算还活着，也逃进了沙漠。

我们不知道仲马将这批财富带到法国心理是否会内疚，但是却很容易看出来马穆鲁克人是当地埃及人的贵族统治者和外国篡位者。①

① 不管怎样，1798 年 9 月 7 日舰队被毁之后，拿破仑确实下令所有 8~16 岁的马穆鲁克年轻人和同样年纪的马穆鲁克奴隶和仆人都可以参加法国远征军。其后数月，约 200 名马穆鲁克人整合进入法国军队。他们头戴白色或黄色头巾、全红或全绿的帽子，就像陆军帽子和土耳其毡帽的杂交品，更像极了生日蛋糕。他们最终随着拿破仑回到法国。在拿破仑帝国时代，这些迁入的马穆鲁克人在奥斯特利茨战役和俄国战役中表现出惊人的勇气（他们像哥萨克人一样勇敢）。奇怪的是，这些到达法国的马穆鲁克人对拿破仑（这个破坏他们文化并结束他们统治的人）格外忠诚。滑铁卢战役后，虽只剩下了 41 名马穆鲁克法国人，但是那天他们依然对英国骑兵方阵做了一次无用的冲锋——这就是金字塔战争中冲锋的可怕再现——以保护“他们的帝王”。

据他的儿子记载，他将所有财宝都上交军队，而且给拿破仑写了下面的便笺：

> 美洲豹无法改变自己身上的斑点，我也不可能改变我的性格和原则。作为一个诚实的人，我必须向您坦白我刚刚发现的财宝……
>
> 我交给您处置，并想告诉您我是一位父亲，没有财产。

拿破仑很高兴地接受了这些财宝，因为马耳他的战利品沉入海底而且法国的供给线也被切断了，秋天时军队会急需所有能得到的资助。除了1798年8月23日拿破仑写给一位学者的便笺之外，我从没发现他对仲马的自制有任何的赞许：

> **致公民普西格：**
>
> **开罗总部，共和国六年果月6日：**
>
> 仲马将军知道一处海湾房产底下埋有宝贝。向他咨询一下并安排挖掘工作。
>
> 波拿巴

那个秋天仲马为拿破仑做的另一件大事是协助他镇压开罗暴乱。暴乱主要集中于开罗主要的清真寺：爱资哈尔清真寺。这些天毛拉一直在宣扬法国人是比马穆鲁克人更糟糕的统治者，因为他们不相信神的指引。因此暴乱就被神化了，而且他们宣称这是真主和穆罕默德先知要求的。拿破仑发布了亲穆斯林的宣言并且试图将他及其对其他自然神论者的解放写进《古兰经》，也许正是因为这些行为，许多埃及平民都准备和入侵者战斗。暴乱爆发于10月22日，接下来整整三天，谋杀掠夺和纵火的可怕情景让整个城市血流满地。

学院自己有武装队伍应对暴徒，仲马在拯救了这些学者后，着手驱散主要的暴乱团体。暴乱者在爱资哈尔建立防线，成立总部。据相关记载，仲马自己冲进了清真寺，散布在四处的暴徒都大喊，“天使，天使”——他们显然是相信黑人骑士是《古兰经》中的死亡天使。亚历山大·仲马在他的回忆录中记载了这件事和下列对话，对话中表明他父亲在叛乱平息后受到了拿破仑的热烈欢迎：

> “你好，赫拉克勒斯，”他说，“你已经击杀了九头蛇。”他伸出手。
>
> “先生，”他继续说道，转向他的随从，“我让人画幅画，内容就是攻占大清真寺。仲马，你将会成为主要人物了。”

但11年后，拿破仑命令画家吉洛地绘制名作《开罗暴乱》，主要描绘了清真寺内史诗般的混战，仲马将军这个“主要人物”却被抹去了；或者，更确切地说是被一个金发碧眼的骑士代替了。他骑在高头大马上，高举佩剑，似乎在嘲笑仲马标志性的英雄主义。在描绘这一事件的另一幅画中，一位军官正进入清真寺，佩剑低垂，他是拿破仑本人。

拿破仑在夏天一声不响地离开开罗，乘船回到法国，让克莱贝尔接任指挥官，为失败的埃及远征扫尾。克莱贝尔一直都想回到家乡。拿破仑甚至都没有直接告诉克莱贝尔把最高指挥权交给他；他是通过邮件传递他的指示。知道拿破仑在晚上已离开了并让他接管埃及，据说克莱贝尔直言不讳地表达了自己的感受：“那家伙把我们甩在这里了，他脑子进水了。我们马上赶回欧洲，给他好看的。”

这让他的朋友仲马很是欢喜。但是克莱贝尔并没能践行自己的誓言：他在开罗的街上被一位奥斯曼雇佣来的叙利亚学生刺死了。（这位刺杀者的头骨被运到法国，一代又一代的骨相学学生都以此研究“谋杀”和“狂热”的表征。）

仲马将军在1799年3月离开埃及——克莱贝尔的死毫无疑问让他深感遗憾。与上一个春天的方向正好相反，他从开罗一路骑到亚历山大港，并找到一艘船回家。在他的身旁是让-巴普蒂斯特·曼斯考特·迪罗祖瓦，他俩都曾参与围剿曼图亚的行动。曼斯考特比仲马大15岁，是一个贵族，而且是一位和蔼仁慈的旅伴。他们一同骑向海港，打听如何租用船只。现在没有军用船只到法国去，但是可以考虑乘坐一艘民用船只，越低调越好。

于是仲马、曼斯考特和另一位著名的乘客、学者德奥达·多洛米厄雇佣了一艘名为“马耳他美人”号的旧轻巡洋舰。这艘船的状况让人担心，但是它是亚历山大港现存最好的船只之一，而且他们几乎没有其他选择。船长是一位马耳他水手，仲马给了他为此次航行做准备修理船只的所有费用，但是后来他发现这些钱其实都进了船长的腰包。

仲马在开罗卖掉了大部分财产，购买了11匹阿拉伯良马，他还购买了2000千克阿拉伯咖啡，准备在法国销售。他把马匹、咖啡和他搜集的马穆鲁克佩剑装上船只。

除了将军、马匹、地质学家，船上还有马耳他人、热那亚人以及大约40位法国伤兵。所有的法国士兵在身体上和心理上都饱受重创，现在只盼望着回家。他们恨不得马上起锚航行。

就要出发的时候，四个那不勒斯海军军官走向仲马，对他说他们的船被英国人击沉了，他们正努力找一艘可以回欧洲的船。他安排他们上了这艘船。

1799年3月7日，“马耳他美人”号离开了亚历山大港。我在维莱科特雷发现了仲马在两星期前写给“女公民仲马”的便笺：

> 亲爱的，我打算回法国。这个国家严酷的气候大大地损害了我的健康状况……我希望能够随着（这封信）不日回家。
>
> 我最希望的是避开英国的舰队，这样我就可以拥抱这世界上对我来说永远最珍贵的东西。
>
> 你终生的朋友！
>
> 亚历山大·仲马

此后两年，他便杳无音讯。

## 第十九章

# 神圣信仰军囚犯

“马耳他美人”号在1799年3月7日的晚上离开埃及。这艘船看起来装备精良、补给充足，而且幸亏这伸手不见五指的夜晚和凛冽的风，它避开了英国的巡航舰，到早上时已在40里格开外。仲马后来描述了他的苦难——我在维莱科特雷的保险箱里找到了污损的羊皮纸手稿，上面用羽毛笔写的一行又一行的优雅而愤怒的文字——他后来发现“这艘船已经荒废”。他不加渲染地记录道：“航行的第一天晚上，这艘船四面都开始进水，这把我们吓到了。”这艘船上只有一艘能够容纳大约20人的救生艇，但是船上的乘客大约有120人。

“我们离开埃及海岸已经有40里格了，而且风向对于返航绝对不利。”仲马写道，在没有其他办法的情况下只能够抛弃重物，包括供给品、炮弹、淡水、锚和绳索。仲马牺牲了2000千克重的阿拉伯咖啡以及大多数贵重的阿拉伯马匹。（多洛米厄在一封信中责怪仲马为了让马匹上船切掉一个横梁，这破坏了船的结构。）“为了不沉船，我觉得有必要把十门大炮扔下海，还有我那11匹马中的9匹，”仲马将军写道①，“虽然轻了很多，情况仍在恶化。”这艘轻型巡航

① 但是这些人并没有将自己的私人武器扔下大海，因为根据我找到的船上留下物品的清单表明每个人的武装仍很完备。即使他们即将沉没，在向外舀水并和大海作斗争时，他们重视的东西依然是：最起码有37支双管步枪、40把佩剑、27把刺刀、21把大口径短枪、2把战斧、7把马穆鲁克佩剑及4个木箱子，每个木箱子都装有30个铁制手榴弹。

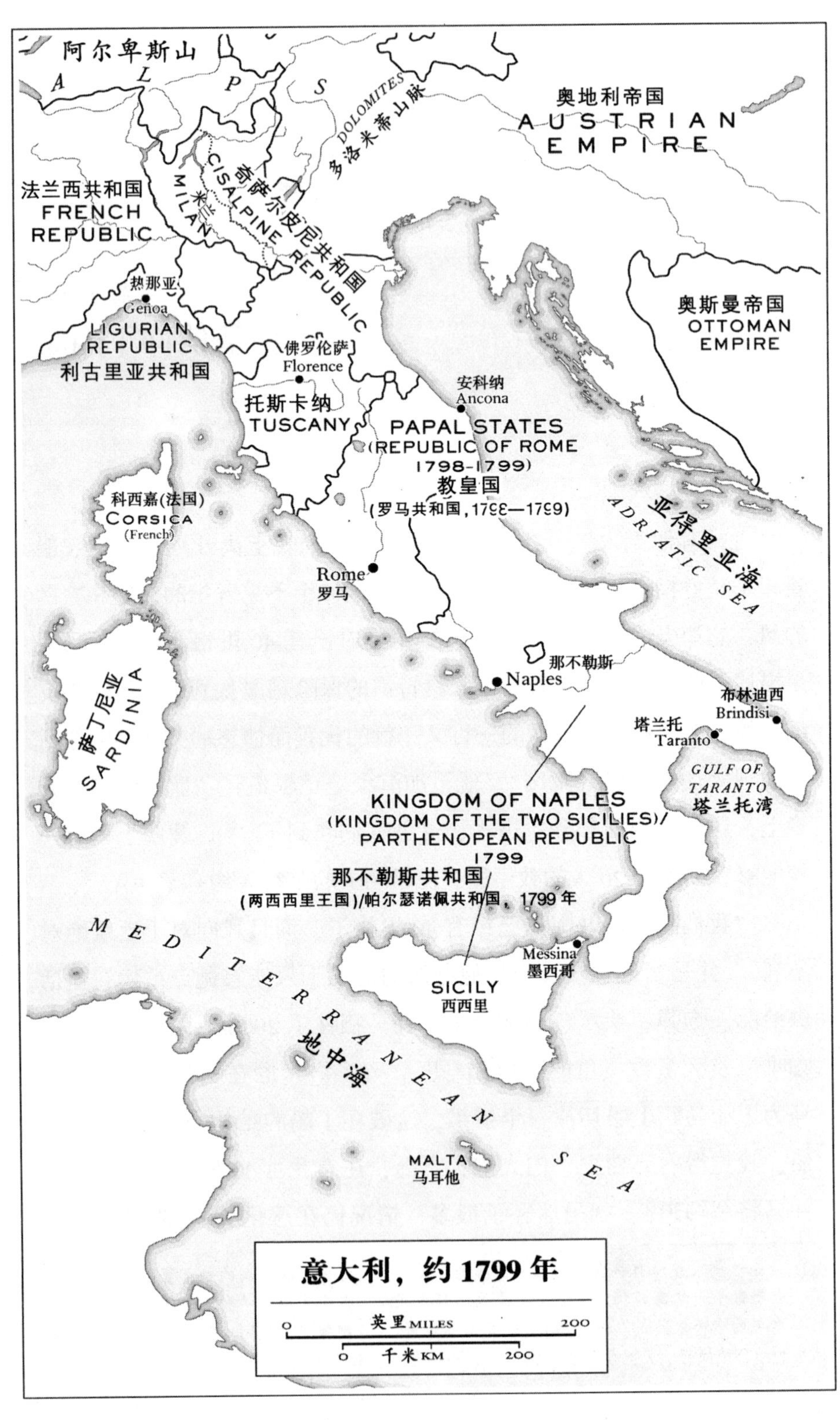

阿尔卑斯山
A L P S
DOLOMITES
多洛米蒂山脉
奥地利帝国
AUSTRIAN EMPIRE
法兰西共和国
FRENCH REPUBLIC
MILAN
米兰
奇萨尔皮尼共和国
CISALPINE REPUBLIC
热那亚
Genoa
LIGURIAN REPUBLIC
利古里亚共和国
佛罗伦萨
Florence
托斯卡纳
TUSCANY
安科纳
Ancona
PAPAL STATES
(REPUBLIC OF ROME 1798-1799)
教皇国
(罗马共和国，1798—1799)
奥斯曼帝国
OTTOMAN EMPIRE
科西嘉(法国)
CORSICA
(French)
Rome
罗马
亚得里亚海
ADRIATIC SEA
萨丁尼亚
SARDINIA
那不勒斯
Naples
布林迪西
Brindisi
塔兰托
Taranto
GULF OF TARANTO
塔兰托湾
KINGDOM OF NAPLES
(KINGDOM OF THE TWO SICILIES)/
PARTHENOPEAN REPUBLIC
1799
那不勒斯共和国
(两西西里王国)/帕尔瑟诺佩共和国，1799年
MEDITERRANEAN SEA
地中海
Messina
墨西哥
SICILY
西西里
MALTA
马耳他
意大利，约1799年
英里 MILES
0
200
千米 KM
0
200

舰仍旧以让人担忧的速度进水。更糟糕的是一场猛烈的暴风雨袭来，船只在暴风雨中颠簸摇晃。

一位马耳他老水手提出一种保护船体的方法，起初仲马和多洛米厄并不相信，但是最终还是同意让他一试。虽然这样做可以救所有人的命，也包括他自己的，但他还是要求得到报酬。他要下去到船的货仓，找到漏洞，持续不断用稻草和垃圾填补漏洞。这位水手报告说船体不是一处地方漏水，而是沿着船体的许多条裂缝进水。幸好，他的方法让水位下降并且减缓了进水的速度。

这艘漏水的船在暴风雨的海面上航行了一个多星期。人们面对的不仅仅是沉船的威胁，而且食物和淡水的供给也日益减少。多洛米厄思考着他们的死亡会是怎样的无声无息而且不会被发现。考虑到 18 世纪末气象科学的发展程度，他后来记录道："春分对天气产生的恐怖影响竟然持续很长的一段时间。"

"法国水手和外国人"之间举行了一个会议，船长说服了每个人，现在唯一能做的是驶向最近的港口。所以"马耳他美人"号颠簸地进入了隔断意大利高跟鞋鞋跟和鞋头[①]的塔兰托海湾，并沿着希腊罗马船只经常来往的航道航行。塔兰托市曾是意大利半岛上的斯巴达城邦人迹稀少的殖民地前哨站。时至今日，斯巴达古代的波塞冬神庙遗址仍旧是最漂亮的景点之一，如今遗址之上已修建了雄伟的灰色城堡。

⟶⟵

"我让船长送一封信给这座城市的统治者，信中解释了我们不得不进入他们领地的原因，"仲马叙述道，"在这种不幸的情况下，我请求帮助并希望得到热情招待，直到修理好船只可以继续航行。"

---

① 意大利半岛状如高跟鞋，塔兰托海湾位于高跟鞋鞋跟和鞋头的部分，故有此说。——译者注

两个月前塔兰托市还属于那不勒斯王国，统治者是国王和王后：玛丽–卡洛琳（玛丽–安托瓦内特的姐姐）和丈夫斐迪南，他像其他君主一样十分厌恶法国大革命。但一群受法国大革命鼓舞的自由主义爱国者将他们驱逐出境，并建立了一个由法国支持的共和国。2 月中旬，这一事件的消息传到了埃及。因此仲马和其他人都感觉可以很安全地通过并且会受到热烈欢迎。

"经历了一系列极度猛烈的狂风之后，"多洛米厄回忆道，"我们得知已抵达了欧洲，都十分高兴，相信我们脱离了危险，并且认为很快就能看到其他的法国人，他们可能是塔兰托的主人。"

船长回来后告诉仲马，城市的统治者欢迎他们进入港口，但是必须得隔离检疫。这个要求看来并无恶意；亚历山大港瘟疫正在肆虐，大量的法国人因为得瘟疫而死，"马耳他美人"号上有一位乘客就是最新的一位受害者。

但是当"马耳他美人"号的乘客乘大艇上岸时，法国人开始感觉到不安和后悔。这给仲马当头一击，因为这不是一个友好的国度。"我们看到所有的塔楼上都没有悬挂三色旗，"多洛米厄回忆道，"而是那不勒斯的旗帜。"港口里的旗帜不仅有被推翻的那不勒斯王国的旗帜，而且还有一种法国人以前从未见过的新的混合的标志：波旁王室的标志百合叠加在十字架上。这是法国革命已经推翻的两种势力标志的融合：王室和教会。

这些旅客遭受了粗暴的搜身，接下来被法院官员、总管、律师还有手持长矛以及各式武器的士兵永无止境地盘问，这些人都听命于一个他们不可能透露名字的人。"我们被人盘问、搜身、解除武装、隔离。"多洛米厄写道，"我们 120 多人被关押在一个大的储藏室里。"反对法国革命和法国人的意味非常明显。一个陪同多洛米厄的学生认为反而是隔离救了他们的命。"如果不是我们中的一个人染上了瘟疫，"他在写给埃及学院图书馆员的信中提到，"我们可能当晚就被屠杀了。”（负责人鞭挞他时完全不把他当人。）到目前为止，这批旅客允许保留自己的财物。

当然许多人在海上航行时留下了伤口，且所有人都营养不良；他们都挤在一起，没有人能够在不推开其他人的情况下躺下。但是第二天，狱卒把仲马、曼斯考特和多洛米厄从大仓库中转移到单间去了。像所有其他特权一样，这也是受金钱的影响。仲马还向官员提出他剩下的两匹马需要食物和照顾，官员表示如果给更多的钱就可以满足他的要求。贿赂能够让所有事情变成临时的命令。仲马提前打点了狱卒，希望他们照顾马匹，尽管随后他会明白这些马匹是不可能还给他的。（值得注意的是，这些人的做法越来越露骨且过分，越来越像是狱卒而不是主人，但是他们不会简单地没收仲马全部的随身物品和金钱。也许对于所有希望能够快速索取和敲诈的人来说，索贿的恶习是如此根深蒂固。）

“我们都以为会是真诚的欢迎，都感到很高兴，”仲马回忆道，“但是在道德的面具下藏着那不勒斯政府惯常狠毒的谋划和罪恶。”但是就算到了后来，仲马也没有弄明白这些人根本不代表“那不勒斯政府”，最起码不是通常意义上的政府。

那不勒斯王国的历史奇怪而充满暴力，但是也不如 1799 年春天那样奇怪而暴力。事实上，在仲马、曼斯考特和多洛米厄登陆过的欧洲的所有地方中，这是最危险的地方之一。

那不勒斯王国覆盖了整个意大利南部，一直延伸到教皇辖地的边界（即 1799 年法国支持的罗马共和国）。这是一个相当年轻的王国：它大部分历史都是在斐迪南的统治下，在他之前只有 1759 年登上王权的父亲查尔斯。在那之前，这块区域自从罗马帝国灭亡后都是作为殖民地或是属地被统治：首先是拜占庭人，其后是穆斯林、日耳曼人、德国人、法国人，最后终于轮到想要统治意大利南部的西班牙人掌管。从 16 世纪开始，西班牙人的军队征服了意大利南部，而此时科特斯正在攻占墨西哥。即使现在，许多人，尤其是意大利北部的人，认为南部总是让他们觉得这里比欧洲的任何地方都更像一个拉丁美洲国家，虽然他们这样的说法总是带有恶意，但是这种比较还是因为两者的历史相近（标志性的事件是南美的新物产西红柿极大地改变了意大利南部的饮食）。从15世纪到17世纪早期，西班牙人像统治布宜诺斯艾利斯和波哥大一样统治着那不勒斯和塔兰托。在他们的统治之下，首都那不勒斯是欧洲最大城市巴黎的主要竞争对手。

但是18世纪早期，西班牙失去了意大利南部的殖民地。18世纪中期，一场名不见经传的纷争让西班牙国王的亲戚有机会高价卖掉公爵领地，并将意大利南部的殖民地转变成一个新的王国：那不勒斯王国。这就像年轻的太阳王接管了香蕉共和国（指中南美洲发展中国家）。不过那不勒斯成为意大利启蒙运动的中心；附近庞贝古城的挖掘唤起的科学和文化热情让那不勒斯成为遍游欧洲大陆的教育旅行的最佳地点之一。

1759年，这个王国的创建者在通往王权的道路上平步青云，之后承袭了西班牙国王之位，便将新成立的王国留给了8岁的儿子斐迪南。斐迪南继任了那不勒斯王国，并在17岁时娶了玛丽–安托瓦内特的姐姐。玛丽–卡洛琳王后对政治的精通程度一点不逊色于她妹妹轻佻放荡的程度，她为斐迪南生了18个王室后代，并且主导对外政策方针走向激进。在18世纪70年代，她邀请一位名叫约翰·阿克顿的人担任那不勒斯海军大臣，因为她觉得一个英国人知道如何从头开始建立一支海军。约翰伯爵还担任了那不勒斯的战争大臣、财政大臣等等，最后他掌管了这个王国的多个部门。

这个时候，那不勒斯香蕉共和国的专制主义进入了令人不安的第二阶段，而仲马很不幸就碰上了。玛丽–安托瓦内特在1793年被斩首时，玛丽–卡洛琳王后宣誓法国是永久的敌人，并指示阿克顿投入所有力量防止法国思想、印刷品和法国人渗入。虽然有审查制度，但是“法国思想”仍旧扎下了根，特别是在教育程度良好的上层阶级。其后在1796—1797年间法国的意大利军团解放了北部，一场解放的浪潮席卷意大利半岛。自由之树栽种在罗马臭名昭著的犹太人聚居区，这里的居民都获得了自由。那不勒斯人对于革命的言论都很兴奋，并呼吁行动。1798年春天，当拿破仑的无敌舰队经过意大利南部海岸开往马耳他的时候，斐迪南和玛丽–卡洛琳认为法国人似乎想要四面围剿那不勒斯。

但是埃及远征给那不勒斯皇室打击法国人提供了绝佳的机会：王室和阿克顿及英国大使威廉·汉密尔顿公爵一起以抵抗法国的姿态安排国事。英国和那不勒斯关系的关键是汉密尔顿年轻的妻子艾玛·汉密尔顿，她和海军上将纳尔逊（那时还是尼罗河的纳尔逊勋爵）正打得火热，英国海军因此和那不勒斯关系密切。[①]斐迪南和玛丽–卡洛琳的同盟不仅有地缘政治优势，而且纳尔逊经常会来拜访他的情人，这也让同盟更加密切，国王和王后都认为那不勒斯不可战胜。那年秋天，仲马正在开罗镇压动乱之时，那不勒斯攻击了法国支持的罗马共和国。但是那不勒斯士兵和训练有素、身经百战的法国意大利军团对峙时却畏惧了，在法国人面前扔掉武器四散溃逃。（这次动乱对那不勒斯军队的名声并没有起到作用。当他的儿子改换制服时，斐迪南国王蔑视这种行为，嘲弄道：“我亲爱的孩子，士兵们穿白的还是红的制服，他们跑得都一样快。”）法国军队把那不勒斯军队赶回了家，并建立了另一个意大利共和国，而且消除了半岛上王权最后的痕迹。斐迪南和玛丽–卡洛琳攫取了所有皇室的财产，与阿克顿一起逃到了西西里岛。

① 歌德在一次旅途中写道，威廉·汉密尔顿伯爵“致力于艺术和自然研究多年后，在一个20岁、长相漂亮、身材极佳的英国女孩身上找到了这些乐趣的最高点。他为她做了一身希腊服装，这大大增加了她的魅力”。

斐迪南国王一走，那不勒斯王国就迎来了奇怪的岁月。没有一个人能够主掌大权。另一方面，法国革命军到了。当法国军队进入那不勒斯时，爱国者从藏身处出来宣布于1799年1月21日成立法国支持的帕尔瑟诺佩共和国，这距仲马抵达塔兰托还不到两个月时间。爱国者栽种自由之树，并且在所有建筑上都插上三色旗帜。（当地革命性的颜色主要是蓝、黄和红。）在意大利南部的所有城市，受法国革命鼓舞的爱国者和自由思想家都获得了统治的权力。塔兰托也不例外。当地自由主义者也宣布自由共和。

但是同时，王国的所有城市和城镇都有大量愤怒的暴徒走上街头，寻找赞同平等、启蒙、自由或是任何“法国思想的”贵族或富商。他们把有关“法国”的图书拖到广场上焚毁。有时候他们不仅仅烧书，而且将书籍的读者绑到木架上活活烧死。这种对异教徒所处的火刑自从西班牙宗教法庭的全盛日之后在欧洲就再也没有见过。这些人“无知愚昧，高度迷信，对斐迪南的忠诚近乎狂热，而对法国十分敌视”，法国占领军的一位士兵写道，“如果他们有机会和方法，他们不会让任何一个人逃走的……（我们）似乎忘掉了我们仍在一片发生过西西里晚祷的土地上”。①

法国军队在乡村也发现自己陷入了和一群群非正规的反革命民兵的激战中。他们甚至都没有名号或者任何真正的组织结构。流亡在外的斐迪南资助了这次动乱——一场集合农民、贵族、牧师和盗

① 此处是指意大利最为可怕的历史事件之一。1282年3月西西里首府巴勒莫的暴徒因为法国士兵对一位西西里妇女荣誉的莫须有侮辱感到十分愤怒，因此对法国士兵进行了疯狂的屠杀。暴徒也是在执行希望肃清法国影响的保守力量的命令。高大金发的北方维京人和诺曼人在11世纪时首先来到西西里岛；到13世纪时，在拥有一半诺曼人血统的天才腓特烈大帝的统治下，给岛上带来了宽容和创新：诗歌、科学和理性思维百花齐放；甚至基督徒和穆斯林都达成和解。但是1282年，复活节后星期一的日落时分晚祷开始时爆发了可怕的暴乱，这终结了所有的一切。所有文明包容都与被愤怒的暴徒砍死的法国士兵尸体一起烧为灰烬。西西里晚祷将欧洲的十字路口变成了一潭死水。

匪的反法、反对民主的混战。他们的领导者是来自著名的那不勒斯贵族家庭的红衣主教法布里齐奥·鲁福。斐迪南授权鲁福为“总主教”，并命令他“采取一切必需的措施”清洗意大利南部自由和亲法思想。

主教宣称这一行动是神圣信仰军行动，也是他设计了同时代表王室和教会的旗帜。在这一红白旗帜指引之下神圣信仰军将和邪恶的身穿蓝-白-红服装的法国军队作战。

“马耳他美人”号向塔兰托海域前进的时候，神圣信仰军正在巩固在意大利最南端的势力。塔兰托共和国已经陷落。现在，“臭名昭著”的自由之树被从海港广场拔起并被焚毁。三色旗帜也被鲁福主教的白合十字架的标志取而代之。

神圣信仰军屠杀自由主义者、犹太人、共和党人以及被指控和任何法国事物有一丁点牵连的人。仲马和其他人回答他们的问题时，这个古老的城市仍然尸体遍布，但是在海港广场却没办法看到这些。这艘不幸的船抵达港口时，神圣信仰军的当地代理人斯查瓦侯爵被任命为新的塔兰托要塞地方长官——“大法官”。

侯爵给鲁福主教送信说抓住了两位遭遇海难级别很高的法国将军和一位国际著名的法国科学家，然后等待主教如何处置这些俘虏的命令。由于神圣信仰军组织不完整，暴动节奏混乱，要得到直接的答案是不可能的。除了最高统帅之外，人们称之为代理统帅的人在掌管斐迪南国王的丝绸业务之前是教皇的财务主管。尽管鲁福致力于在王国重新建立起教会的统治，但是根据他的一位官员说法，他领导的军队吸引来的都是“希望掠夺、复仇和谋杀的杀手和强盗”。不知道从哪里冒出来的各种各样的人都宣称可以代表神圣信仰军或是主教。

因此，尽管仲马多次抗议，这么多天看到的也只是小喽啰，然而，突然有一天他迎来了一位自称是“那不勒斯国王斐迪南儿了弗朗西斯王子”的访客。仲马试图向他讲述他们受到的不公正待遇并且提出会见法国大使的请求，但是这位王子打断了他。“问过波拿巴将军和贝尔蒂埃将军的健康状况和埃及军队的情况后就匆匆离开了”，仲马回忆起来时也是一脸茫然。

根据后来意大利人的叙述，这个自称是斐迪南儿子的人实际上是一个叫做波切西博的科西嘉冒险家，他一直以王子的身份发布命令，在神圣信仰军控制的各个城镇往来行骗。这位冒牌弗朗西斯王子开除地方法官、任命地方长官、提高税收并且用公款消费。他能做到这一切并且没有被抓说明他一定比真的弗朗西斯王子聪明千万倍。真的弗朗西斯王子和他父亲一样，是一个懦弱的半吊子。同时也说明了那个时候整个王国陷入一片混乱。

这个恶棍不可能是真的王子，但是他却让仲马和鲁福主教有了直接的联系。

这个骗子到访后不久，一天，狱卒给仲马一封主教的信。“他要我们，曼斯考特将军和我，写信给那不勒斯法国军队的统帅，用我们来交换关在安科纳的波切西博先生，并补充说那不勒斯国王(鲁福的主人）只关心波切西博先生，而忽略掉了其他所有被法国俘虏的将军们。”

这位“弗朗西斯王子”在探访了仲马之后，似乎就领着一队神圣信仰军向北，朝半岛的另一边走去。他打算一路抢夺，直到海岸边。但是他被法国军队俘虏了，这才有了人质交换的可能。（虽然波切西博在塔兰托恶迹斑斑，但是他和其他三位自称为皇室的科西嘉亡命之徒为斐迪南国王谋划，成功地从法国的盟国手里夺回了普利亚。）

“因此，我给主教写了一封必要的信”，仲马写道，并且希望这次奇特的战俘交换能够让他获得自由。但是消息传来，称事实上法国人杀掉了波切西博而非将其作为战俘。鲁福主教也就失去了用仲马和曼斯考特作为谈判筹码的兴趣。

没有得到自由，仲马反而得到命令，从拘禁以来七个星期后，他和曼斯考特现在是神圣信仰军正式的囚犯。这一命令只对他们有效；“马耳他美人”号上的其他乘客被分开监禁。

仲马报告中关于这次事件的描述得到了证实，我发现了一份1799年5月4日的命令批准“所有法国和热那亚俘虏离开，除了两位将军，他们将留在塔兰托，并受到护卫队的监视”。文件规定其他所有的俘虏在签署“发誓两年之内不得拿起武器反对那不勒斯国王陛下，上帝保佑他和他所有的盟国”的誓约后都被释放。但是在被释放之前，他们首先都被“解除了所有武器……甚至是小刀”，当局还命令没收“他们的钱和珠宝或其他有价值的物品，只给予少量钱财作为旅途费用”。这些被没收的珠宝、手表、金银币、杯子、小刀、丝质围巾和布匹等都被一一登记入册。这份清单记载细致，物品数量庞大，典当铺老板或保险精算人对此一定会欣赏，但是总的来说没收“马耳他美人”号让神圣信仰军收益颇丰。这份清单最后写道：“所有的金银币都放入一个外饰条纹的箱子……并用绳索加固并以西班牙蜡封口。”

另一份命令明确批准释放“多洛米厄”，认为他是“法国自然历史教授，并且几乎是所有欧洲科学院的成员”。可悲的是，多洛米厄既没有被释放，也没有和仲马和曼斯考特一样被关押在塔兰托。他被一些马耳他的西西里骑士发现了，他们痛恨多洛米厄说服他们向拿破仑交出岛上要塞。虽然他并不是有意背叛骑士，骑士们仍是怪罪他促成了拿破仑两面三刀的策略。但是整个“科学界”都以多洛米厄的名义动员起来了。请求释放科学家的抗议来自欧洲各国，包括大不列颠。著名的英国探险家、植物学家约瑟夫·班克斯写给驻那不勒斯英国领事的信引发了这一动乱：“你无法知晓对他的监禁给文坛造成了多大的轰动，欧洲各地科学家们都非常关心他是否释放。”另外，孔蒂和另两位学者从埃及以学院的名义写信请求释放多洛米厄："当公民多洛米厄接受政府的命令签约参加远征时，他认为这是一次文学之旅的机会。他从未想到过侵略马耳他。"

但是这些都不能让马耳他骑士放弃复仇。多洛米厄从塔兰托要塞被转移到西西里岛墨西拿的地牢中，他被残忍地单独拘禁了两年。在拘禁期间，他用削尖的木头做笔，用油灯烟灰制作墨水，在狱卒允许他拥有的几本书的行间和页边写作了一部地质学专著。他被释放后将其出版为《矿物哲学》一书，科学年鉴称赞其为地质学上的里程碑式的作品。书籍出版几个月后，多洛米厄也与世长辞了。

当然仲马将军在塔兰托要塞囚禁的经历成为他儿子《基督山伯爵》一书中被诬陷入狱的主人公爱德蒙·堂泰斯经历的原型。爱德蒙·堂泰斯从一艘船上跳下，希望能够活下去。结果他发现自己陷入了困境，并被囚禁在中世纪要塞的监狱中，既没有机会得到审判，也没有办法将自己的遭遇告诉外界。他成为了其他人阴谋诡计的一颗棋子。在墨西拿地牢中的多洛米厄对这部小说影响同样重要：多洛米厄是法利亚神甫的原型。法利亚神甫是一个精通各行各业的天才，他挖掘隧道误入爱德蒙的监狱并成为他的好朋友。神甫教会爱德蒙科学、哲学、宗教和击剑的知识，并给了他一幅藏宝图，让他得到了大量财富。

像多洛米厄一样，法利亚在现成的物品上用木炭写作学术著作，以此保持旺盛的精神。"你探访我的牢房时，年轻的朋友，"法利亚告诉爱德蒙，"我会给你看我整部作品，这是我一生思考和反省的结晶……我无法想象这本作品在伊夫堡监狱围墙之内整理好的样子。"他将部分作品写在了他的衬衫上。他用一块木头当做铅笔，木头上蘸上烟灰，"用每周日带给我的一份红酒将烟灰溶解做成墨水；我可以向你保证没有办法获得比这更好的墨水了。至于非常重要的笔记，需要更加的细心，我会刺破我的手指，用血记录这些引人注目的事实”。

⟷

在塔兰托的档案中，我发现了一份1799年5月8日的文件，非常详细地记述了仲马和曼斯考特一直关押在塔兰托要塞，直到把他们转交给“法布里齐奥·鲁福阁下，斐迪南四世陛下的仆人，愿上帝永远保佑他”。

无限期关押且不提审仲马和曼斯考特的命令是用典型的精心制作的18世纪蓝色墨水书写的。但追溯到仲马将军所处的那段时间却让我心安，因为我在典雅的羽毛笔笔迹和人性之间看到了一些浪漫的联系。

这份命令有7页，概括了从“那不勒斯王国基督徒军（即神圣信仰军）第五师和第六师统帅”的指令：这两位法国将军将移交给“杰出骑士、皇家要塞军事统帅詹巴迪斯塔·特罗尼爵士”。这份文件有一个冗长的见证人名单，多为中世纪有名的当地权贵，当然也有不是贵族的见证人，比如当地房产律师。

所有这些人都确认，在5月13日囚犯身体状况正常，但是因为在塔兰托没有一个可以安全安置他们的地方，他们将会被“关押在要塞堡垒……这里守卫严密。一个他们的仆人，也是法国人，被允许照顾他们。”（即使最恶毒的狱卒，特别是为教会和皇室工作的狱卒，也不会剥夺一位绅士的男仆的。）

按照这个命令，仲马被移送到要塞的监狱，他睡觉的地方是石质长凳铺以稻草做成的床。冬季时，湿冷的空气从小小的铁窗吹进来。仲马和曼斯考特分开监禁，但是他们每天可以在监视中会面数次。“我们感觉有必要花光我们剩下的钱，并卖掉我们的随身物品以提供补给”，仲马回忆道，“我们被迫自己补给自己”才能在关押期间活下来。

在最初的几个星期里，仲马和曼斯考特监狱的门经常不上锁，因为这些门通向一处重兵把守的内院，从这里逃脱被认为是不可能的。我曾参观过可能关押仲马的牢房——塔兰托要塞现在是意大利海军的财产——内院到外墙之间，有几个宽阔的护墙和守卫塔，这似乎证实了这一事实。

牢房比我想象的要大，即使我是和一群身着洁白军装的愉快优雅的海军军官一起参观，但这让身在其中的我依然倍感绝望。这可能是一间储藏室（现在也是用做储藏之用），但是海军上将指给我看墙上一个严重锈蚀的铁窗，“这让我们知道这是一处监狱”。窗户朝向内院，仲马将军从这看出去能够看到的唯一事物，除了灰色石头之外，就是神圣信仰军护卫，他们拎着没喝完的红酒瓶子及各种各样掠夺来的武器。这位海军上将向我展示了一对锈迹斑斑饰有1796—1797年法兰西共和国标志的纽扣。“我们在挖掘一个毗邻的牢房时发现的……可能就是仲马的？”

囚犯如果买得起红酒的话，可以喝酒，同样也可以购买狱卒拥有的任何白酒。他们的食物并不固定，通常仅仅是饼干，不过，每个星期他们都可以吃到当地的鱼，这一切要看狱卒的心情。囚犯有时候可以在老旧的金属浴盆里泡个澡。

每天他们都被关押在一处25平方米的地方，因此他们可以在院子里散散步。这种“散步”对于常在野外活动的运动员——仲马将军来说十分重要。因为如果身体状态不是很好，也可以让他保持良好的心理状态。但是真正让他存有希望的是想到有一天他可以从这噩梦中醒来，能够把这离奇的误解解释清楚，可以坐上一艘快船回到土伦，并在那里找到一匹好马，骑着穿过法国，直到家乡维莱科特雷与家人团聚。

每次狱卒送饭的时候，仲马都会要求会见要塞长官。斯查瓦侯爵还没有拜访这位地位很高的犯人。仲马知道一定是有原因的。也许主教下达命令说他和曼斯考特必须单独监禁。

狱卒总是居高临下地微笑着——这可能仅仅是不相信犯人的要求可以实现，并说可以代表仲马通过各种渠道向鲁福提出疑问。除此之外，他无能为力。当然必须花费一笔钱来打点一番。

仲马将军的儿子花费了数年的时间思考他父亲在塔兰托要塞的困境——被从未见过的人以未知的罪名无限期地监禁，并想象他和狱卒之间发生的无数次陷入死胡同的对话。他们表达的这种困境在将来的一天也会成为卡夫卡忧虑的事，但是这些忧虑在80年前就提出来了，而且是以一种任何人立刻就可以理解的形式提出来的。在《基督山伯爵》中，爱德蒙哀求狱卒："我想要见一见长官。"

> "我已经告诉你了，这不可能。"
>
> "为什么？"
>
> "因为规则不允许。"
>
> "那么什么是允许的？"
>
> "如果你付足够的钱的话，可以买到书，还可以出去走走。"
>
> "但是我想见见长官。"
>
> "如果你还拿同样的事情来烦我，我就不给你送饭了。"
>
> "好啊，如果你不送饭，我就饿死算了……"爱德蒙说道。
>
> 因为每个犯人每天都可以给狱卒带来六便士，他的语气稍显屈服，说道："你的要求不能满足；但是如果你表现好的话，你可以出去走走，也许有一天你就可以见到长官了；至于他搭不搭理你，就是他的事情了。"
>
> "但是，"唐戴斯说道，"我到底需要等多久？"
>
> "啊！一个月、六个月、一年吧。"
>
> "太久了，我希望立刻见到他。"

“啊！”狱卒说道，“不要总想那些不可能的事情，否则，你两个星期就会疯掉的。”

疯狂的 1799 年 4 月，鲁福主教几乎没有时间考虑两位高级法国俘虏的命运。他忙着协调神圣信仰军同盟与英国人、俄国人和土耳其人的关系。英国战舰占领了卡普里岛和阿马尔菲沿岸诸岛，封锁了那不勒斯湾，切断了法国支持的帕尔瑟诺佩共和国的供给线。一支土耳其军队在意大利南部亚得里亚海主要港口布林迪西附近登陆，加入神圣信仰军。鲁福的批评者猛烈批评这位天主教大统帅依靠新教、东正教和穆斯林军队完成改革运动。但是法国思想的威胁让这历史悠久的宗教争论有些奇特。在所有人都面对自由、平等和友爱等无神论思想的冲击之际，神圣信仰军每到一地依旧在招募恶棍和盗匪。

6 月 13 日，神圣信仰军进入那不勒斯，实行了一场暴行的狂欢。大部分从附近乡村招募的恶棍组成的军队加入了这个卑鄙之人对抗受教育之人的造反——这是 1 月对异教徒实行火刑的重演，只是这一次是真正的“教会军”在领导抢夺。[①]斐迪南直到 7 月才回到那不勒斯。就算到了那个时候，皇家舰队抵达海湾时，国王仍旧害怕登陆。在海上，他和朝廷仍在等待着，而陆地上，半官方的神圣信仰恐怖行径仍在继续。整个夏天，大屠杀都在零星地继续着。

与此同时，在塔兰托，仲马将军和曼斯考特得知了那不勒斯共

① 神圣信仰军有很多恶行与之前 12 世纪和 13 世纪十字军是一样的。在这些恶行中，有一条是无论走到哪里都屠杀犹太人。其借口是犹太人支持法国式共和国的建立，这一指控基本上正确。无论法国人在哪里建立共和国，不论是米兰、那不勒斯还是罗马，犹太人的境况都获得了改善，所以他们支持革命。现在，无论哪里的共和国陷落了，迫害犹太人的行动又以同样的热情开始了。

和国陷落的消息。囚犯们了解政治事件最通常的方式是：规矩变了。

“一个狱卒过来告诉我们，既然共和国已经灭亡，法国人被驱逐出王国，我们不会再让囚犯每天散步了，”仲马回忆道，“然后就在同一天工人过来把我们的门给闩上了。”

但是如果他们是真正的战俘，他们就应该有符合“战俘和我们军衔的补给”，仲马将军抗议道。他们应该可以锻炼。因为在庭院中没有地方可供散步，所以拒绝他们每天散步的请求就是虐待咒骂。

“狱卒们对于我们的请求总是报以嘲弄，”仲马回忆道，“我不会重新描述这些懦弱的士兵们在上司的怂恿之下无耻下流地威胁我们，这让我们日日夜夜都怒不可遏，但是我应该让法国政府知道那不勒斯皇家政府虐待我们的严重程度，特别是代表塔兰托政府的恶棍们。”

如果是以前的仲马将军，他可能会击倒一位狱卒，然后试图越狱。要塞的神圣信仰士兵装备精良却整天无精打采，非常不专业，而要塞日常的守卫更加松懈。塔兰托要塞曾经有瑞士雇佣兵驻守，近些年由那不勒斯伤后复原的战士把守，他们中的许多人都和家人一同住在要塞，这让这个地方有些老兵之家的感觉。这就是看守在克劳森之桥击溃奥地利人的将军的兵力吗？如果仲马可以攀上冰崖拿下敌人的一座要塞，难道他不能智取守卫，从这要塞的墙上速降下去吗？

但是仲马已不是十年前通过战斗获取荣耀的那个人了。他离开埃及，是因为他觉得健康状况日益恶化。抵达塔兰托之后，他的脸上患了一种“奇怪的面瘫”。在他被隔离时，塔兰托当局给他安排了一名医生，他“开始接受治疗”。这名医生持续地在他的牢房里给他看病。6 月 16 日上午 10 点，“根据医生的要求，在浴室喝了一杯红酒，并吃了一块饼干”，之后仲马瘫倒在地，疼得身体蜷曲。

## 第二十章

# “女公民仲马……担忧丈夫的命运”

1799 年夏天，玛丽–路易斯急疯了。虽说当时信件送达很慢，而且英国人时不时地在半路截获信件，对于几个星期没有丈夫的音信，她早已习以为常。然而，她曾收到亚力克斯·仲马 3 月 1 日所写的家书，说他准备离开埃及，并表示热切希望自己能在书信寄达后“不日”回到妻子的怀抱。如今，距仲马写下上述文字已有三个月了。即使他所乘坐的船被英国人抓获，到现在，仲马夫人也该收到消息。法兰西共和国的将军不可能凭空从地球上消失。

她写信到军务部，询问部里是否收到了她丈夫所乘坐的船被抓获的消息。虽然仲马夫人没有收到部里的回复，但是到 7 月底，她打听到了丈夫可能被俘而身陷囹圄的消息。或许是多洛米厄的朋友们告诉了她这个消息，他们收到了多洛米厄 6 月写的来信。仲马夫人联系了仲马将军的同僚，请求他们竭尽所能帮忙打探仲马将军的下落。①

我所找到的第一封信是由让–巴普蒂斯·儒尔当将军所写。1799 年儒尔当将军率军与奥地利人作战时遭遇惨败，临时退出军界投身政界，不过此后在政界也算颇有威望。儒尔当曾在 1794 年与仲马将

① 直到 9 月 11 日，在仲马被俘近 6 个月后，《国家箴言报》才刊登了一则关于“仲马将军被那不勒斯人羁押”的通告。这也是我所找到的关于仲马将军被俘事件的唯一报道。

军共同效力于北方军团，1795年再次与其共事于莱茵军团。7月25日，他写信给新上任的军务部部长让–巴普蒂斯·贝纳多特：

> 女公民仲马，即仲马将军的妻子，非常担忧丈夫的命运。仲马将军此前与波拿巴将军一起驻守埃及，曾写信给妻子告知将不日返回法国……她收到可靠消息，称仲马将军在芽月（法兰西共和国历7月）于塔兰托湾被俘，而后被押解到了墨西拿。如果您有任何关于他下落的明确消息，望您能及时转告我，不胜感激。
>
> 请您代为打探。

除了请儒尔当帮忙询问外，玛丽–路易斯自己也多次写信给军务部的大小官员们，包括下面这封三个星期后写给贝纳多特部长的信：

> **维莱科特雷，共和国七年热月24日（1799年8月11日）：**
>
> 法兰西共和国，统一而不可分割！
>
> 女公民仲马
>
> 致军务部部长贝纳多特将军：
>
> 我很荣幸曾在本月4日给部长您写过一封信，但尚未收到您的回复，担心您可能并未收到那封信。我恳请您，能抽出点时间将我丈夫现在的情况告诉我。
>
> 芽月26日（公历4月15日），我曾收到他在风月11日（公历3月1日）所写的家书，信中说他身染重病，将回法国休养。在风月11日到17日（公历3月7日），他乘坐"马耳他美人"号离开埃及亚历山大港……从那天起，我再也没有收到他的任何书信，不过大家都说他已被俘。现在似乎一切

迹象都表明，他在塔兰托湾被俘，而后被押解到了墨西拿。

我恳请部长您能告诉我您所了解到的情况……您对战友袍泽一向关怀有加，相信这次对我丈夫也不会例外。我和仲马会永远不忘您的恩情，企盼您的回复！

致敬！

仲马的妻子

贝纳多特与她丈夫一样，是一位共和国的将军，玛丽-路易斯相信他一定会帮助自己。但是，军务部部长贝纳多特此时却是事务缠身、分身乏术。

1799 年夏天，法国及其盟国、附属国被一个新的联合势力所包围。联合势力由英国、俄罗斯、奥地利、葡萄牙、土耳其及那不勒斯组成，并决心要夺回法国七年革命苦战的战利品。自去年夏天英国海军在阿布基尔湾击沉法军舰队以来，英军联合土耳其军队已经牵制住了法国在中东的主要兵力。

如今，在泛欧共和革命的中心地带，法国在意大利的“姐妹共和国们”如多米诺骨牌一样接连倾覆。那不勒斯失利后，北方战线也全线溃败，奥地利军队和俄罗斯军队在英国资金支持下，四处袭击法军。仲马将军和他的战友们经过一年多苦战建立的这些共和国国家在短短几周内土崩瓦解。奇萨尔皮尼共和国于 1799 年 4 月被推翻。该月月底，奥地利军队占领了米兰。事实证明，意大利爱国者们一方面无力自卫，而且在法国的占领下，他们也时常质疑自己的共和革命理想，在防守作战时畏首畏尾。在维罗纳和其他意大利北部城市，相继发生了对亲法人士的血腥屠杀，特别是在托斯卡纳，所有共和标志都被一一摧毁，自由树用来吊死贾科比尼。在锡耶纳，反革命武装大肆屠杀犹太人，他们重新建起了犹太人区——犹太人区的解散曾被他们视为法国自由主义地狱的重要标志。然而，多数情况下，意大利北部的亲法共和政府是在奥地利和俄罗斯铁骑入侵下垮台。欧洲老牌势力重振雄风。

由于法军的一部分主要兵力仍在中东，奥地利只用了三个星期就夺回了之前仲马和他的战友们耗费 9 个月才攻下的军事要塞：7 月 28 日曼图亚法国守军战败投降。经此一役，奥地利俘获了曼图亚法军指挥部的所有大小将领。这完全是 1797 年光荣战役的大逆转。仲马的前指挥官朱伯特将军被任命为法国意大利军团司令，但 8 月 15 日，他在上任后的第一场战役——诺维战役中就不幸殉职。罗马共和国于 9 月 30 日灭亡了。

这个最近几年刚刚将革命火种带到欧洲各个角落的国家，再一次滑向了被入侵和战败的边缘。贝纳多特将军作为法国军务部的掌舵人，此时无暇帮助玛丽–路易斯寻找她丈夫的下落也就不足为奇了。在 8 月最后一个星期，他回复道，很遗憾，军务部“无法提供关于仲马将军目前情况的确切信息”，但是“如果收到关于他的任何消息，请您放心，我会立即告知您”。

未能从军中获得帮助，玛丽–路易斯开始动手给政府要员们写信求助。10 月 1 日，她给保罗·巴拉斯写了封信，恳请他帮忙打探她丈夫的情况。巴拉斯是首席政治指挥官，并曾是拿破仑的支持者。但巴拉斯向来不做自己捞不到好处的事情，他拒绝了仲马夫人的请求。他毫不在意共和国将军们的死活。那年早些时候，他一直做着背叛共和国的勾当——向被谋杀的路易十六的弟弟路易十八手下的间谍提供情报，帮助其复辟恢复路易王室正统，巴拉斯从中谋取了 1200 万法郎。

随着共和军在战场上接连失利，共和政府逐渐失去了民众的支持，甚至是政府内部那些腐败的官员也心存二心。法国再一次走到了经济和社会崩溃的边缘，各地陆续出现了政治派系率众上街游行示威。在农村，一些游兵散卒抢劫村庄，掠夺财物。财政失控和军事失利让巴黎当局无力维持法律秩序，更不必说维护医院和学校这些基础设施。国家掌权者们急于寻求出路。10 月初，这个出路终于找到了。

10 月 9 日，波拿巴将军重返法国，这位埃及征服者正是法国政府所需要的强者。虽然拿破仑身后的埃及简直就是人间地狱，但最新传到法国的消息却是十个星期前他率部在阿布基尔战役中大败土耳其军队。尽管埃及距离法国很近，但却在另一块大陆上，英国海军的封锁让其距离显得更加遥远，从那里传来什么样的可靠消息，基本都由拿破仑本人所掌控。船只抵达法国后，拿破仑及其随员按规定接受了严格的隔离检疫，以确保他们没有感染瘟疫，不会将瘟疫带回法国，当时瘟疫已经在埃及的法军中流行。但是检疫人员并未能制止喊着“瘟疫也比奥地利人要好”的热情民众冲上拿破仑的船。

拿破仑被众星捧月般一路从停靠的码头迎回了巴黎，老谋深算的塔列朗主教已经安排好了拿破仑与督政府成员们会面。同时，拿破仑的弟弟吕西安·波拿巴成功进入五百人院，甚至当上了五百人院的主席。为了达成夺权目的，吕西安隐瞒了自己的真实年龄，实际上他当时只有 24 岁，而法定督政府成员年龄必须在 30 岁以上。但与其真实意图相比，谎报年龄根本不算什么：吕西安之所以想方设法坐上国家主要立法机构主席的宝座，就是为了帮助哥哥发动政变，结束督政府的统治。

11 月 1 日晚饭后，在吕西安·波拿巴的家中，众人密谋政变的细节。曾力主进军埃及的哲学家伏尔尼参与发动了这场政变。此外，拿破仑的财政顾问财阀科罗也决定出钱资助这场政变。

⟶⟵

玛丽–路易斯继续给她所能想到的所有人写信，请求他们帮忙寻找她的丈夫。终于，10 月 29 日，她收到了一封政府要员的回信，确认她的丈夫仍在人世：

> 女公民仲马，日前我收到了您的两封来信，您说对您的丈夫的现况甚为担忧。请相信，我与您一样记挂着仲马将军的命运。我们想尽一切办法查访他被扣押在何处，但至今尚未能确定。不过，根据我们目前得到的消息，基本可以确定他在那不勒斯或西西里岛。您可以放心他尚在人世，我们收到的所有消息都表明这一点。请您相信，我们将利用一切办法去交换解救他。希望您放心，我会将此事放在心上，一旦有任何其他消息，必将第一时间告知您。
>
> 致敬！
>
> 穆兰

玛丽–路易斯应当庆幸她收到了这个回复，因为穆兰和其他督政府官员一样，在 11 天后被免了职。

在同一星期，她也收到了法国海军和殖民地部部长的回复，称已就仲马将军事宜与驻新成立的利古里亚共和国[①]首都热那亚的法国总领事取得了联系。经总领事确认，她的丈夫确实已“被那不勒斯人俘获”，海军和殖民地部部长表示他们正准备与西班牙开放通道，如此，仲马就可以联系上家里人。部长承诺会“呼吁西班牙政府释放您的丈夫”。（之所以不去直接呼吁扣押仲马的那不勒斯王国，而是选择西班牙，是因为此时法国与那不勒斯王国并无外交关系。）“我希望呼吁会有所成效。”部长最后写道。但是这个周末发生的事情却转移了所有人的注意力。

① 过去几个月的动荡，使得沿海小国利古里亚共和国成为意大利仅剩的一个共和制国家。因此，在意大利，只有利古里亚共和国才有法国领事。

1799 年 11 月 9 日，警察部部长约瑟夫·富歇命令手下在巴黎的大街小巷张贴拿破仑发布的公告：“在当前特殊形势下，五百人院需要爱国者们的一致支持和信任。我们只有团结一致，才能确保共和国的公民自由、家庭幸福以及胜利与和平。”第二天一大早，五百人院成员被从各自家中叫醒，告知他们有人在策划颠覆共和国的大阴谋，所有五百人院成员需立即集合召开特别会议。同时，为了安全起见，会议将不在巴黎举行，他们即刻启程前往安全地点。这个所谓的安全地点就是距巴黎 9 千米外的圣克鲁宫，在那里五百人院成员可以得到更好的“保护”。

11 月 10 日是一个寒冷而灰暗的星期天，天刚破晓，拿破仑就调集 5000 名士兵包围了五百人院成员在圣克鲁宫的集会点。起初，事情进展得并不顺利。军队包围集会点后，身罩红色宽袍制服、戴着三色围巾的五百人院成员们发现这是一个骗局，拿破仑在会上露面时，愤怒的成员们大喊了起来：“打倒独裁者！”拿破仑何曾见过这种平民政治的阵仗，顿时失去了冷静，高喊答道：“你们现在处境非常危险！”但四周嘘声和咒骂声仍不绝于耳，甚至有人朝他吐口水。“打倒独裁者！打倒暴君！”有人冲上前来，一把抓住拿破仑的衣领不放。成员们要求“罢免”波拿巴将军，这在当时无异于死刑。

后来，未达五百人院主席法定年龄的吕西安挽救了大局。看到五百人院代表们在猛烈攻击自己的哥哥，他挺身而出，驳斥他们对拿破仑篡夺民主成果的指控：“这里自由早已不在，”他喊道，脱下罩在衣服外面的红色长袍，放在了讲台上，“作为五百人院主席，我在此沉痛宣布放弃此大众地方行政职位。”语毕，吕西安走出了大厅，与哥哥拿破仑一同骑马立于庭院中。骑在马上的吕西安向军队发表讲话称：“里面那些大胆的匪徒，无疑受到了英国政府的致命蛊惑，已背叛了法国政府。”他以哥哥拿破仑的名义，呼吁士兵们从这些匪徒手中解救法国政府，将他们驱逐出议会——“如此一来，没有了匕首和刺刀的威胁，我们或许能够坐下来仔细思考共和国的未来。”

拿破仑试图为士兵们进一步理清头绪，因为吕西安讲得太不明显：“如果有人反抗，杀，杀，杀！跟我来，我是战神！”此时，据说吕西安曾低声提醒哥哥，他不是在埃及，而是在巴黎，所以要保持缄默。“他们不是你的奴隶！”然后，他摆出了政变时最绚烂而有效的姿态，拔出拿破仑腰间的长剑，用剑指着哥哥的胸口，大声道：“我发誓，如果我哥哥有任何侵犯人民自由的举动，我会亲手将剑插入他的心脏！”尽管在埃及时，缪拉将军与仲马将军一样，对拿破仑的专制颇有微词，但此刻，他却选择鼓舞手下士兵颠覆民主秩序。他勒马挥剑，高呼：“将军万岁！主席万岁！”随后，他剑指代表集会厅大门，下令进攻。刹那间集会厅内涌入了大批全副武装的骑兵，代表们纷纷跑向窗边，仓皇跳窗而逃。①

当晚，政变密谋者们组织代表连夜投票表决、起草文件，使政变合法化。直到凌晨3点，才结束。法国组成了新政府，拿破仑成为法兰西共和国第一执政，为执政府三执政之首。实际上，拿破仑独揽大权，第二执政和第三执政都得遵从他的旨意。众所周知，“执政官”是古罗马时代遗留下来的，而独裁者恺撒就曾任罗马执政官。

从此，欧洲的每人每事都与这位身系三色饰带的法国独裁者息息相关。法国结束了十年以来的共和与民主，一个好似带来无限解放、恐惧与希望并存的时代结束了。

雾月政变后的第六天，玛丽-路易斯收到了她丈夫昔日同僚缪拉将军寄来的一封语焉不详、官话连篇的信件，如今缪拉已是共和国

① 法军中排在仲马将军之后的第二号有色人种将领约瑟夫·赫拉克勒斯·多明格斯也参与了此次政变。多明格斯出生于古巴，曾经是一名奴隶，跟随拿破仑在意大利和埃及四处征战。

执政府的一颗新星：

**法兰西共和国八年雾月25日（公历1799年11月16日），**
**于巴黎骑兵师指挥部：**

师部将军若阿尚·缪拉

致维莱科特雷女公民仲马：

仲马夫人，本月15日我曾有幸接到您的来信，就您在信中所提之事，我特命我的副官公民博蒙特进行了一番调查。经查，据外交部有关办公室的报告称，驻罗马大使公民贝特兰曾于果月15日（公历9月1日）写信给热那亚总领事公民贝勒维拉，请他转告外交部和海军部官员仲马将军和曼斯考特将军在塔兰托被俘的消息，并称红衣主教鲁福想以他们作为交换条件来满足那不勒斯的各种要求。公民贝勒维拉履行了其职责，将这一情况上报到了外交部，但当时外交部以为您的丈夫已被释放，认为没有必要再去处理此事。不过，我已将此事再次告知有关部门，相信很快就会与西班牙事务部和意大利军团司令取得联系，通过他们来呼吁释放您的丈夫。夫人，我很高兴能有此机会尽一己绵薄之力，我向您保证，将全心全意助您解决此事。

你的同胞公民，

若阿尚·缪拉

几年后，拿破仑封他的妹夫缪拉为那不勒斯国王、妹妹卡洛琳为那不勒斯王后。两人在老友仲马将军曾受尽折磨的地方修建起了一座富丽堂皇的宫殿。

# 第二十一章

# 地牢

仲马将军蜷缩在潮湿的石头上，耳畔传来地牢高窗外大海的阵阵涛声和塔楼守卫的叫骂声。尽管通往庭院的木门并没有锁，但这些木门还是有一定的分量，再加上他病痛缠身、身体羸弱以至于没有力气走到木门，或大声呼喊求救。终于他的仆人发现他倒在黑暗中的一摊呕吐物中，精神恍惚，疼痛万分。他白色的军马裤污渍斑斑，全身上下大汗淋漓。仆人急忙跑去找曼斯考特将军帮忙，将军很快来到仲马身边，随后他找到城堡长官，恳求立刻派个医生来，否则仲马将军恐有性命之忧。

曼斯考特和仆人一边等着医生的到来，一边努力帮助仲马恢复神智。仲马低声吩咐仆人，仆人拿给他一些羊奶。这些羊奶是仲马将军从埃及带回的一头小山羊所产。起初他强忍疼痛，情况看起来还不错，但很快更加剧烈的疼痛让他直不起腰来。

待仲马体力有所恢复，可以勉强坐起时，仆人喂了他几勺混合了柠檬汁的橄榄油，又“在三小时内给他服用了 40 多支灌肠剂”，这是 18 世纪广泛用于治疗寄生虫疾病的治疗方法。后来，多亏了这些药物，仲马才捡回一条命。①

① 灌肠剂，历史上最常用的药品之一，其历史可追溯到古埃及。17 世纪，国王路易十四将灌肠剂的使用作为了一项文明卫生的礼制每日加以施行。他因服用了数以千计的灌肠剂而闻名。在莫里哀的喜剧中，灌肠注射器扮演了重要角色。19 世纪之前，家家户户在炉边都有一个灌肠便桶，完全开放，每个人轮流使用。

他们一直都在等待，医生可能已被召集，正在赶来。几小时过去了，最终城堡长官冷冷地通知他们医生在乡下，不在城里，而且一段时间内不会回来。

后来医生在一队神圣信仰军官员和12个全副武装士兵的护卫陪同下来到牢房。曼斯考特将军“无法抑制内心的愤怒”，勒令所有人滚出房间。一些士兵离开后，医生凑了上来。仲马认出了这个医生就是过去一周里一直为他治疗面瘫的那个人。

“这个医生一看到我就变得面如死灰。”仲马将军回忆道。他注意到这个医生脸上闪现出尴尬的神情，好像他压根没有料到这个特殊的病人竟然还活着。这让仲马确信这个人若不是幕后主谋也在阴谋中扮演了重要角色。

医生先让仲马躺下，又吩咐他喝一些冰水，然后就急匆匆地离开了。仆人准备了一杯冰水，但是“即便喝一点点都让我感觉到如果再喝我就会死掉。因此我重新采用之前的治疗方法”。他服用了更多的柠檬汁橄榄油和灌肠剂。一段时间后医生回来了，他为仲马制定了一揽子的治疗方案，其中包括了会让皮肤起水疱的疗法和“一度使患者完全失聪的耳朵注射治疗”。（尽管18世纪70年代的医学研究已证明耳朵注射治疗能够导致失聪，但这种疗法仍是那个时代的标准做法）。

接下来两个星期的治疗，仲马回忆道：“我毫不怀疑他们想用毒药置我于死地。”曼斯考特将军也患了一种突发性的可怕疾病——他的头痛不断加剧，以至于“到了损害他大脑的地步”。正如后来仲马将军所言：“曼斯考特将军只好一边迅速抽出一些血液，一边饮用大量灌肠剂和酒以摆脱疼痛。这些酒都是我们亲眼看着，我亲手做的。”（防止被别人下毒。）

➸➸

仲马确信这个医生正想方设法杀死他俩，尽管他不会明目张胆地直接割断他们的喉咙，但他会使用一切可以使用的手段来达到目的。但究竟医生仅仅是依照那个时代的医疗标准和惯例开出这个“反常的治疗方案”，还是背后有其邪恶的目的，这个并不能轻易作出判断。不管怎样，仲马始终认为之前“三小时内服用的 40 剂灌肠剂”真正救了他的命。尽管 18 世纪的科学革命让人们对自然科学和医学产生了浓厚的兴趣，但这种兴趣并未加深人们对于疾病的了解。(一些医生甚至辩称，启蒙运动本身提倡人要举止儒雅，多读书，多自省，而正是这些导致了疾病的发生。）医生不是对病人的体质特征进行周密细致的检查，而是创造出一种高度个人化的治疗手段来治疗病人而不是治疗疾病。莫里哀通过对前一个世纪社会生活的观察了解得出结论：“患者几乎都是因医生治疗不当而死，真正因病而死的少之又少。”这一观点仍然适用。

两个前来探望仲马将军的医生认为所有症状（失明、失聪、面瘫再加上剧烈的胃痛）都是抑郁的表现。读了这两个医生的诊断报告，我心想：“多么现代！”但事实上在 18 世纪有这样一种观念根深蒂固，那时人们认为不管是传染病、心脏病还是癌症，所有的病都是由抑郁引起的。

尽管 17 世纪的科学革命已正式否定这一理念，但在 18 世纪末年代久远的人体体液原理依旧是医学常识的根基。在体液范例中，健康与疾病间存在一个连续过渡区。在这个连续区中，不管男女每个人都可以在任何特定时间找到自己身体状况所处的位置。人体内各种体液的相互平衡决定着人体的健康状况——体液是各种神奇的能够决定人体健康的身体物质：这种太多或那种太少都会引起疾病或者造成整个生物体的“腐坏”。许多经久不衰的疗法，像出汗疗法、排便疗法、放血疗法和呕吐疗法，就是根据这一原理设计出来的。

他的身体每况愈下，但仲马自认为找到了医生试图谋害他的更多证据：一天下午医生的意图暴露无遗。当时他正裸身在浴盆中洗澡，医生走了进来说想与仲马将军私下里密谈。“他告诉我他很确信，就像我们的同胞一样（比如多洛米厄被送去墨西拿），我们所有的东西都将被人偷走。所以他希望我们能把一些最值钱的东西交给他保管。等我们离开时，他将如数奉还。坐在浴盆中，我注意到这个医生不会刻意避开一个叫萨马洛的炮手，也不怕让他看到或者听到什么”，仲马写道，“尽管他的神态表明他在试图策划某种阴谋”，但他并未全力保密。（此时此刻仲马对其囚禁经历的描述几乎让人有一种幻觉感，除了让他在那种他竭力所远离的软弱无能中苦苦挣扎外，他认为这个阴谋是什么呢，我们不得而知。）

尽管仲马并没有在自己的食物或药物中发现下毒的痕迹，但他相信他已经找到曼斯考特将军突患头疾的原因。一天，在检查他的鼻烟盒时，仲马发现似乎有人在鼻烟里混入了一种金属粉末，这种粉末“具有高腐蚀性，以至于将鼻烟盒都烧了几个洞”。

最后一件让仲马对医生产生怀疑的事情极具讽刺意味。几天后，医生突然蹊跷地倒地而亡。仲马由此得出，“正是那个想要毒杀我的幕后真凶”将医生下毒害死，而其“无疑是为了避免阴谋败露才出此下策”。

仲马一直对他日益糟糕的健康状况和所接受的治疗感到焦虑不安。在报告中他花了数十页的篇幅描述了医生虽多次来访，但每次带来的“治疗方法”不仅血腥还没有效果。这种巨大的反差形成了一幕幕悲喜剧。长久而来的焦虑更加剧了他的妄想。他常常怀疑由于一些未知的原因，一些完全陌生的人正逐步将自己置于死地。就在医生暴毙的第二天，仲马醒来时发现他的小山羊被掐死了。这让他的情绪更加糟糕。守卫解释说，山羊的死纯属意外。但仲马确信“山羊被杀是因为凶手们担心这个小动物可能仍然对我有用”。

在接下来的两个月里，不管是不是有人在下毒害他，居住在这个潮湿的堡垒中，恶劣的生活条件进一步损害了仲马的身体。他写信给法国政府、那不勒斯国王，以及家中的妻子玛丽–路易斯和女儿小路易斯·亚历山大。监狱长虽然带走了这些信件，但并没有迹象表明这些信件曾发出去过（后来他在一份信函中提到了这些丢失的信件）。仲马的一只眼睛失明了，一只耳朵也失聪了，而且仍在饱受面瘫的折磨。

最终，尽管凶险万分，鉴于病情严重仲马只好再次请求就医。这次派来的医生不仅会说一口流利的法语，还坦率告诉他之前治疗的危害多么大；随后他开了一套全新的治疗方案。毕竟，每个医生都会采用不同的方式来衡量人体体液的失衡状况。这位医生诊断，仲马的病主要是由抑郁引起的，他“给我的耳朵扎了几针”，又开了一种吹到眼里的药粉，还用了15克鞑靼霜，“这种疗法远远不能缓解我的病痛，却加剧了胃部的不适”。

但这个医生非常友善，“足足一个月，他常常来探访我，而且利用各种机会将谈话引到政治方面，更是努力展现他对法国和法国人民的热爱和友善，以此来博取我的信任”。对于一个远离家乡、身陷囹圄的人而言，能够听人用母语讲些新闻和看法弥足珍贵。渐渐地，他的听觉障碍有所缓解。但有一天，城堡长官突然不允许这个医生来了，理由是他可能无意间泄露了机密，而且狱卒不会讲法语，无法监控他们之间的谈话。仲马怀疑这是他们玩的新花招，医生主动地参与进来：先让他放松警惕，逐渐让他对医生产生依赖，然后再剥夺这种依赖，进一步摧毁他的意志。

后来城堡长官虽同意医生和仲马见面，但规定了两个前提：禁止医生和仲马用法语交谈；在做身体检查时城堡长官必须在场。医生到了，牢门还没开，仲马就听到他冷冰冰地告诫医生："你要见到你的仲马将军了。如果你胆敢再说法语，你就惨了。看到这扇牢门了吧，这将是它最后一次为你开放。"一位陪同的法国外科医生也得到了同样的警告。

"所有人都走进房间，围住我"，仲马写道，"我试图与那个法国外科医生进行眼神交流"，但他避开了我。"我主动跟医生说话，但他却保持沉默"。他们进行了一个简短的讨论。法国外科医生一方面迫于城堡长官的威胁；另一方面他理解意大利语有难度，因此，他的处境很尴尬。讨论结束后，他建议：

> 我重新采用最初的治疗方式治疗，于是我的胳膊、颈部和双耳后又增加了新的水疱。这一残酷的疗法比服用含有有害物质的药丸给我的身体造成的伤害更大。治疗一个月以来，我无休止失眠，精液连续大量流失，又引发了全身虚脱，我觉得自己将不久于世。①

此时，仲马从地牢外收到了一条消息，也许正是这条消息挽救了他的性命。塔兰托的法国支持者们（当地地下共和党爱国者）"得知我所遭受的折磨后，悄悄送给我两卷提梭的书《乡村医师》"。（事实上，提梭从未出版过这样一本书籍；这本书很可能是提梭的《大众健康指南》，共两卷，于 1761 年到 1792 年间出版发行 11 版。）

正如囚犯很难与高墙外的世界沟通联系一样，1799 年病人也很难接触到提梭的作品。塞缪尔–奥古斯特·提梭是 18 世纪医界的名

① 在 18 世纪，精液连续大量从体内流失是患了绝症的典型症状。在体液医学领域，精液并不仅仅指我们今天所认为的精液，而据说是一种从头部流到脚部的"神经液体"。

人，他是体液失衡领域的“路易·巴斯德”。在18世纪50年代到80年代30年间，提梭的著作相继发表，许多内科医生、外科医生、助产师及各类治疗师都使用他的这些著作治病救人。[①]当时，印刷出版的图书是珍贵的东西，突然间，好像现代医学知识的全部力量尽在仲马手中。看来高墙之外，有人想让他活着！

仲马狂热地翻阅提梭的这本著作。他发现了一些更加让他匪夷所思的事情：书中关于毒药的文章都做了记号加以强调。这是有人给他传递信息，足以证实他先前的所有怀疑。从那时起，仲马虽然继续接受医生给他开的所有药丸，但他只是假装服用。实际上，他把这些药丸放在一边，小心地包起来，打算将来再分析药品成分。“我很高兴能掌握一些物证，来证明那不勒斯国王手下的那些走狗们所犯下的罪行。”仲马写道。他现在重新有了活下去的意志，他要活着离开这里，他希望“终有一天这些药丸会让法国政府看到谋害我的凶手所犯下的罪恶”。

↠↞

几天之后的一个夜晚，法国地下支持者们又给他带来了一个包裹——他们通过仲马牢房的窗户，用绳子吊着包裹送进牢房。包裹里有一大块白纸包的巧克力，还有一些草药。在18世纪，巧克力可不仅仅是美食，在军队里，它也是一味神奇的药材。草药是金鸡纳树皮，这种热带树木的树皮含有奎宁，据说具有退烧、缓解神经紧张的功效。

仲马写道：“这些仁慈的爱国者们大晚上用绳子和钩子悄悄把

① 提梭声称让人丧失生命力最有效的方法并不神秘。众所周知，他在1758年出版的有关保护精子的名为《交媾中断：关于手淫所致疾病的论述》的论著中辩称，手淫所导致的精子流失会引起疾病甚至导致死亡。提梭揭示了手淫和疾病的关系，尤其是他“证明”了手淫能导致失明，这一理论成为了医学界在此问题上的主流观点。直到后来性学教授金赛的《男性性行为》一书问世才推翻了这一观点。

草药和巧克力送给我，我的身体应有明显的好转才不枉费他们的苦心。”然而，事与愿违，这并未能阻止他身体状况的恶化。他的左耳几近失聪，右脸神经瘫痪，右眼也近乎失明，同时还患有严重的头痛和反复性耳鸣。

1800 年，局势的变化使得对法国囚犯采取宽大处理的方式更为合理。在那年夏天，塔兰托的每个人，不管是囚犯、监狱守卫，还是神圣信仰军及地下共和党人，一定已经察觉在北方将有大事发生。其实，法国早已拉开了第二次入侵意大利的序幕。拿破仑已经离开巴黎，赶到前线亲自指挥这场战役。拿破仑似乎想要保护雾月政变的果实，巩固自己独裁的权力，因此这位法兰西第一执政跨上战马，率领军队穿过了圣伯纳德山口——仲马曾率军取得大捷的地方，指挥军队再次南下进入意大利平原。（事实上，拿破仑翻越阿尔卑斯山时骑的不是马而是骡子，但为他歌功颂德的宣传家们刻意隐瞒了这个事实）。

1800 年 6 月 14 日，法军在马伦哥大败奥地利军队，彻底扭转了 1799 年法军溃败的颓势。马伦哥大捷标志着第二次意大利战役的结束。到了秋天，意大利似乎再一次经历了国家体制的巨变，它成为了法国境外“大革命理念”传播的主要基地。意大利人又一次挂起各式各样的法国国旗，种下许多自由树。没有人确切知道关押在塔兰托的战俘们对这一消息了解多少，但俘获仲马的那些将军们无疑觉察到欧洲大陆的均势正在被打破，法国的国旗也将很快飘扬在塔兰托的上空。

仲马获悉，他和曼斯考特将军还有其他的囚犯将被转移到另一处要塞：位于亚德里亚海沿岸的布林迪西。有人告诉他这次转移暗藏阴谋：“直至临行当天，才有人来到我们的窗前，根据他们的手势判断，我们明白他们将把我们转移出塔兰托，并在途中杀死。”

那天晚上 11 点左右，他的牢房门闩被拉开了，紧接着斯查瓦侯爵（莱切省总督）带领着手握长剑短刀的士兵“冲进了我们的房间”，通知囚犯们前往布林迪西，并命令仲马立刻收拾东西出发。侯爵这么晚闯进来，还带了这么多士兵，让仲马更加确信了他的真实意图。“我大声地对他的这种无理行径表示强烈不满，”仲马写道，“侯爵拔出了佩剑。”

此时，仲马抓起了他的那根旧手杖。在牢房里，这就是最好的武器了。他向侯爵和卫兵挥舞着手杖。他知道自己没有胜算，但不管有没有用，他都准备奋力一搏。仲马一贯足智多谋，他一定是想吓倒对手，让他们知难而退。后来，“国家与战争部”写了一纸诉状，起诉仲马在卫兵试图带走他时做出了“鲁莽”而“有威胁性的行为”。由此观之，他的武力防御的确有效。双方僵持了一段时间后，卫兵们退出了房间。

此时仲马盛怒之下出现了幻觉，怀疑任何想要抓他的人都想害他。事实上，1800 年 9 月，经过大约一天的路程，他和曼斯考特将军一起被转移到了布林迪西要塞。途中，他们根本没有受到生命威胁，而且在布林迪西，他们的境遇得到了极大改善。在这个可以俯瞰亚得里亚海的城堡里，仲马常常和一个名叫波拿文都拉·瑟提扎的牧师聊天。他俩显然成为了真正的朋友。关于这段友情现存的唯一记录是仲马在出狱后，牧师给他写的一封心酸感伤的信：“我最挚爱的将军，你应明白，不管过去、现在还是将来，我对你的敬仰之情都不会改变。事实上，我一直千方百计地搜集关于你的消息。我知道无谓的赞扬只能让你徒增烦恼。但以我对你的了解，你心地温暖善良，不会介意我这么说。说真的，要不是这该死的距离阻隔，我真希望能给你一个拥抱。”牧师保证如果仲马到他家来拜访，他承诺不会有任何废话，并表示自家的大门永远向他敞开。

相比而言，仲马和一个叫乔瓦尼·比安奇的监狱长恼人但有趣的交情有更多的证据可查。比安奇是地区监狱长，负责管理那不勒斯南部所有的监狱要塞。尽管比安奇好像常驻布林迪西监狱，至少多数时间如此，但从1800年的9月开始，两人一直书信不断。（曼斯考特将军很可能也收到同样的礼遇，但仲马关于他的记录很少，直到他们被释放后相关记述才多起来。）比安奇寄给仲马的信，收信地址都优雅地写着“绅士，法国将军，关押在沿海城堡里的战俘”。这些信件让仲马知道他对于食物、衣服和基本生活用品（如一个铁煎锅也要费尽周折、经历繁琐的交换才能获得）的要求正在一步步向上级传达，直到递交到国王斐迪南的手里。好消息，比安奇通知他：国王已经批准了！要个做饭的锅，这一小小的要求都要经过国王的批准。单从这一点，你就会对那不勒斯王国的国家体制状况有一个全面的了解……但一个重要的细节问题除外，比安奇遗憾地通知仲马，国王的批准真正在“地方上”得以施行还需要“一些时间”。所以，目前仍然没有蒸煮锅。

因此他们开始写信聊一些无关痛痒的话题。信中比安奇向仲马将军询问了一些东西，如他鞋子的草图以及他每天使用的引火柴数量。（这是首次提到允许犯人生火。）我可以想象到，一个是狱长，一个是犯人，身处中世纪城堡的不同角落，坐在木桌前——一个宽敞精致，另一个窄小粗糙——轻沾墨水，准备以同样优美的文字写下请求或表达歉意。

1800年10月31日，比安奇要求仲马核实“所需的夹克衫、鞋、衬衫及其他物品的数量及相应价格。我希望您能尽快将（列表）给我，这样王国的财政部就可以加以核实了”。比安奇安排了鞋匠、裁缝还有木匠来到监狱里为他服务，然而仲马不得不继续找些东西来换取这些服务，或是卖掉些东西来支付费用。他也不得不为食物和炉子里烧的木材付费。

渐渐地，比安奇开始免费为仲马提供基本的生活服务，甚至开始补偿仲马之前的花费。在一封日期为1801年1月8日的信件中，比安奇宣称他决定补偿仲马“7达科特金币和90格拉尼”以“改善你和你的官员们的食宿”。比安奇让他提供一个收取补偿金的地址：这表明此时监狱的长官至少大体上知道战俘们不久将被释放。

1801 年 1 月 22 日，比安奇给仲马写了一封不同寻常的信。信中，他解释道，仲马将军对斯查瓦侯爵的攻击成为朝中丑闻，国王怒不可遏，亲手就这一事件写了一份备忘录，并将它交给军队的最高长官。比安奇描述说，国王斐迪南谴责仲马使用手杖攻击侯爵是一种“不合作的、具有威胁性的行为”。国王已经下令，将仲马和曼斯考特单独关押，并抱怨当局对关押的法国将军太过仁慈。但比安奇这封信真正不可思议之处是尽管他对国王的备忘录旁征博引，说了一大堆，但他笔锋一转，表明他不会依照国王的命令将他俩单独关押。他将“违抗王命”，他说，因为他已认定仲马和其同伴都是好人。

读了这些 19 世纪初文学色彩浓厚的文献资料，我想起了从小到大看过的有关第二次世界大战的电影，片中那些“好的”纳粹德国空军指挥官都会违抗上级要求虐待战俘的命令，善待他的英国或美国战俘。难道比安奇这样做部分原因是想感受一下挑战权威所带来的乐趣？这种获取乐趣的方式在意大利南部很常见。就在他破旧漏风的地区监狱里，他对装腔作势的长官不屑一顾，总部的钱一分也没有拨下来，导致他都没钱批准给要塞里购买一批柴火。但为什么比安奇会无所顾忌地将整件事写下来，以此来表达他对于国王的不满与反抗吗？还是他故意为之，希望这封信将来可以被人读到，因为比安奇知道法国对意大利的入侵，猜测用不了几个星期听他汇报工作的将会是一位法国长官和法国政府，而不再是一个巴勒莫皇室成员吗？读了他的这些信件，我开始怀疑乔瓦尼·比安奇不仅预料到法国将会攻占他的国家而且强烈盼望这天早早到来。看守仲马的这位监狱长之所以对法国战犯情有独钟可能是因为他喜欢法国、喜欢法国大革命的理念思潮。

1801 年 3 月，仲马获知，按计划他和曼斯考特将乘船取道罗马南部的亚得里亚海岸城市安科纳被遣返回国，但他们仍然保持警惕。“我们明白，”仲马写道，“他们想把我们丢给英国或北非的海盗。”他请求比安奇跟他的上级汇报，“把我们暴露于遍布敌船的海上是十分轻率鲁莽的”。

比安奇想方设法打消仲马的疑虑，他一次次地给仲马写信，而且信的结尾总是像“我永远鞍前马后为您效力”和“我仍乐意为您效劳”这样滑稽谄媚的句子。这愈发加重了仲马的疑虑。其实真没有什么可让亲爱的将军好担心的，比安奇回复道——船都是沿着海岸航行，而且为了防止意外发生，船在航行过程中可以轻易靠岸停泊。为了博取仲马的好感，他想趁现在这个机会给仲马送一些“布料样品”，以便给他做身出狱后的新制服——漂亮、中等重量的蓝色毛呢可以“满足你们军官们的需求吗”？比安奇询问道：“请告诉我您喜欢哪一种布料？”

比安奇给仲马写信对他被没收的财产作出解释，特别是他的武器和装备，这些东西在他被关押的前几个月就被带走了。但仲马并不领情，他认为所有的这些官方主动示好的姿态都是懦弱胆小的敌人使出的阴谋诡计。他们现在惴惴不安，生怕法国挥舞正义之剑而来。当比安奇写信向仲马道歉时，仲马实际上被激怒了，因为他说：“将军的双管步枪……被扔到了海里……然而，我会尽我所能找到它，如能让这杆枪物归原主，我将倍感荣幸。”

乔瓦尼·比安奇总能把阿谀奉承的功夫转到他最喜欢的话题——服装上。他没有办法做出仲马将军喜欢的那种帽子来，这让他感到很遗憾，但他能做出另一样式的帽子，这种帽子对于海上旅行而言“更安全、更舒适”。他向仲马保证他会“立刻”派人给他展示这种帽子的样式，而对于仲马而言，经历了地牢里 18 个月的虐待和投毒后，他一定不想再为贸然选择帽子样式而担惊受怕。比安奇“恳求”仲马将军出去“透透气”，然后“无须担心地选择”。为了打消仲马对于着装的顾虑，比安奇让这位共和党将军放心，说在高墙之内你大可随意“佩戴你国家的帽章”，比安奇补充道：“就像我们的人佩戴我们国家的帽徽一样。”（红衣主教鲁福专门为神圣信仰军设计了一枚帽章：纯白的背景上印有耶稣钉在十字架上的受难像。）

1800 年 12 月末，从奥地利国王到罗马教皇，所有人都与拿破仑签署了停战协定。那不勒斯国王斐迪南突然发现他成了意大利抵抗重新崛起的强大法国的唯一力量。拿破仑派出了仲马的同僚、派头十足的骑兵将军缪拉率领南部军团进攻那不勒斯。面对来势汹汹的法军，斐迪南很快提出议和，并商谈投降事宜。因此，他的臣民给他起了个绰号：“逃跑国王”。

1801 年 2 月，缪拉将军通知斐迪南派来的使者，作为投降协定中的部分条款，立即释放所有关押在那不勒斯王国境内的法国战俘。缪拉将军为此感到开心。根据他所收到的仲马妻子玛丽–路易斯的来信和军务部的命令判断，缪拉知道这一最终协定将会救出他的老战友亚力克斯·仲马将军。

国王斐迪南很快同意了这一条件，但缪拉还没来得及庆祝成功签署停战协定，拿破仑就下令更改条款。他添加了一条新条件，要求斐迪南承认法国对于塔兰托湾的占领。拿破仑想要以此为基地，重新夺取埃及，然后再进攻英国和土耳其。斐迪南很快又同意了。这样，缪拉将军的军团未放一枪一炮就进入了那不勒斯。要是仲马得知他的老战友正骑着高头大马进入这片他备受压迫的土地该有多好啊！

仲马一定很快就得知了这一喜讯。3 月底，仲马穿着新做的羊毛马甲和新衬衫、脚穿新袜和新鞋、头戴一顶时髦的新帽子，乘船前往法国在安科纳的基地。尽管才39岁，但他一定已经被折磨得难以辨认。出狱后的头几个星期，仲马的听觉和视觉部分受损，而且由于营养不良他的身体非常虚弱；之前的放血疗法截断了他的肌腱，他走起路一瘸一拐。他下定决心要康复起来，但他心中“对于那些自称是法国人的压迫者们的仇恨没有丝毫的减弱或停止”，他发誓，他永远都不会忘记被关押期间的任何细节，他也丝毫不会忘记他所遭受的“天底下最为残暴的压迫”。

安科纳的法军指挥官热情迎接了仲马将军。由于缺乏对待战俘的官方政策，他自掏腰包给了这个在监狱中被虐待的同僚一些钱以供他买些食物和生活必需品。4月13日，仲马写信给法国政府说：“我很荣幸地告知你们，我俩（我和曼斯考特）及94个（前）囚犯于昨日到达此城……大部分人都已失明或是残疾。”当他到达佛罗伦萨时，仲马肯定在计划书写他被关押期间不同寻常的经历，记述他自乘坐“马耳他美人”号离开埃及以来一路上的种种遭遇。后来他的儿子在其作品《基督山伯爵》①中根据他的这段经历，描绘出了人类身受苦难的经典场景。在给政府写信时，经过深思熟虑后，仲马简要归结说：“我们在那不勒斯所经历的非人遭遇足以让其政府在所有国家面前颜面扫地。”

当天，他第一次以自由人的身份给妻子玛丽-路易斯写了一封信。信中提到了女儿亚历山大·艾梅，“如果幸运的话，她仍将是这个世界上最幸福的孩子”，他“从埃及给她带回了各种各样的小

① 小说家在他的回忆录里重新塑造了他父亲对于这段经历的记述，但我发现与保险箱中仲马将军的记述相比，他对父亲所遭受的许多苦难细节都进行了弱化处理，可能是因为这些细节让他十分痛苦难过以至于无法下笔。本书中对于仲马将军监狱遭遇的描述首次根据将军本人的原始记述所写，而非其子著作的删减版。

玩意”。

即便从埃及远征归来一路磨难重重，船只险些失事，又被敌人关押了将近两年，但仲马竟能为他的女儿保存了一些埃及远征纪念品，这不禁让人啧啧称奇。

两个星期后，仲马在佛罗伦萨给玛丽–路易斯又写了一封信。在这封信中，他诉说着他在收到她和他们八岁女儿来信时的喜悦。他已经把她俩的信“吻了 1000 次”：

> 我怀着深深的感激之情，意识到你对女儿的教育倾注了多么大的心血和关注。你的付出与你的伟大如此相配，这让我对你的爱意愈加强烈。我等不及想要向你证明我对你的感情到底有多深。

他踏上了回家的路，回到了革命的法国，那片充满着机遇和博爱的土地。就在那里，他曾功成名就，但他发现这一切都将不复存在。在归途中，他没有选择写信将他所遭受的磨难向妻子一一倾诉。因为，正如他所写的那样：“长久而来生活的贫困已经将你折磨得千疮百孔。我不想再给你带来痛苦，我希望在这个月里我的慰藉可以抚平你内心的创伤，带给你珍贵的精神力量。”在信末，他写道：

> 再见了，亲爱的，不管是现在还是未来，我会永远如此爱你，因为不幸只会让我们更加紧密相依。替我抱抱我的孩子，我们敬爱的父母，还有我们所有的朋友。
>
> 毫无保留爱你的，
>
> 亚力克斯·仲马，军团将军

# 第二十二章 等待与希望

“未来究竟向我们隐藏着怎样黑暗血腥的秘密，”亚历山大·仲马有一天会在他的回忆录里写下这样的话语来思考他父亲的命运，“当秘密揭开，人们可能会明白这就是上帝的安排，时候到了，答案自然会揭晓。”

1801 年 6 月，仲马回到了法国。这时他所钟爱的轰轰烈烈的大革命和共和国几乎和他的身体状况一样早已在陡然间急转直下。他一定和瑞普·凡·温克有同感，只不过当瑞普·凡·温克从山中返回时看到的是国王的专制被革命的浪潮所取代，而某种程度上，仲马看到的却是革命的果实被独裁者所窃取。这个独裁者不是别人，正是他离开埃及想要竭力避开的那个阴谋家。当仲马抵达法国海岸时，拿破仑早已按自己的想法花了一年时间利用大革命的成果重塑了法国。

拿破仑重塑法国的第一步就是建立政府。一切看起来必须仍然是民主的，因为这里是革命之地，即使这个独裁者也仍然穿着红白蓝相间的服饰。设立“执政官”的想法——设置三个执政官——制造了一种假象，让人民误以为国家高层行政权力一分为三，相互制约，就像之前的督政府或更早的国民公会（法国之前从未尝试过只选举一位总统或一位首相来行使国家权力）。但披着民主光鲜外衣的独裁者们就像异装癖者一样倾向于过度装饰那层虚饰的外衣。拿破仑想要人民毫不怀疑地相信他领导下的法兰西共和国要比之前的任何政府都更加民主。督政府时期，政府与两个立法机构权力共享，然而现在与政府进行权力共享的机构不下四个：参议院、护民官、立法机关及国家委员会。显然，设置如此多的机构以保证权力的制约与平衡会使民主的进程举步维艰。护民官虽然对法律有发言权但没有投票权。立法委员有投票权但没有发言权。参议员拥有为其他两个机构任命成员的权利，但他们自身没有投票权，每年他们只可以对他们裁定为违宪的法律进行投票。国家委员会里充斥着拿破仑的亲信，尽管它是唯一有点实权的机构，但它实质上就是拿破仑的顾问团。

1799 年 12 月 15 日，雾月政变仅仅一个月后，拿破仑及其阴谋家们就颁布了《共和国八年宪法》。《宪法》序言有如下宣言："本宪法基于代议政府的真正原则而立，基于保卫人民的财产不受侵犯、人人平等自由的神圣权利而立。本宪法拥有强大稳固的权力，旨在保证公民的权利和国家的利益不受侵害。同胞们！轰轰烈烈的大革命为了实现我们当初所追求的信念，如今实现了。"①

那个时候，真正了解拿破仑·波拿巴的人，除了对他心生畏惧的母亲和兄弟姐妹外，就是他的将军们。将军们不同程度地对他有一些害怕、一些敬畏、一些轻蔑，还有一些谄媚。军队里，除指挥官

① 拿破仑假民主的另一种手段也堪称经典。他把为他量身定制的宪法交由公民投票以证明大众的赞成和认可。但他是个急脾气，还没等到大众投票结果公布就强行公布了新宪法；然而当他想把对政府或法律的一些原则性的改变合法化时，他也经常选择通过公民投票的方式加以批准。尽管象征意义大于实际意义，但这为他政策的巨大转变提供了最好的借口：人民的意愿。在远征意大利和埃及期间，拿破仑也认识到了新闻媒体的重要性。在 1799 年 12 月，巴黎还有 73 家独立的报纸和杂志经常刊登对政府的评论文字。在宣扬完宪法"保障公民权利"之后，在不到一个月的时间里，他就关闭了 60 家媒体。《国家箴言报》自 1789 年革命爆发后就成为了大革命时期的主要报纸，该报因为转变成了政府的喉舌而得以继续存在。

之外，大多数人都认为他是一个料事如神的军事奇才。一些曾经与拿破仑近距离接触过的人说，他有一些不为人知的品质是与人们对他的崇拜不相符的。“他会给人以难以想象的恐惧感，”史达尔夫人在拿破仑哥哥约瑟夫的庄园与他共度周末后，写信给她的父亲，“当你靠近那个人时，就会有种狂风在耳畔呼啸的感觉。”

在仲马回国途中，玛丽–路易斯给他写了一封非同寻常的情书，信中提及他在地牢里所受的折磨，并且为了彼此，她将克服这一困难：

> 我发誓，我会向你证明，我知道如何去爱，我要让你知道我一直都爱着你。你知道你在我心中仍然那么重要。正因为你的心和我在一起，所以你大可以放心，我很快乐。

他们夫妻终于在仲马老朋友布隆将军巴黎的寓所里团聚了。我们只能想象，玛丽–路易斯将发现丈夫的变化有多大，她将多么努力地去掩饰她的反应。但是毋庸置疑，他们内心一定会感到高兴和解脱。不久，仲马回到了维莱科特雷家中，尽情享受着家人的关爱。尽管他不再像以前那样孔武有力，但没过多长时间他便能再次跨上马背驰骋了。他开始期待能够重新入伍，继续他在埃及登上“马耳他美人”号时丢失的军旅生涯。

但仲马很快发现前方道路困难重重。首先，他很需要钱。在他成为战俘后，家里根本没有收入，当他听说法国政府已经和那不勒斯王国达成了赔款协议时，他认为自己应得的战争赔款将高居榜单。1801 年 4 月 22 日，当时仲马还在意大利，法国驻那不勒斯大使告诉他，他会“收到那不勒斯王国支付的 500000 法郎的赔偿金，作为对他这个失去所有财物的法国公民的补偿”。可问题是，大使说，那笔钱已经送到了巴黎，仲马不得不向外交部部长索要这笔钱。他想要追回那笔赔偿款，但结果连一个法郎也没拿到。

他发现，他不仅没有收到有关这笔赔偿款的任何回复，就连发给政府的所有信件和问询也都石沉大海，杳无音讯。对于仲马而言，最重要的官员就是那些军方部长；不幸的是，新任陆军部部长正是他的宿敌贝尔蒂埃将军。贝尔蒂埃通知他执政官已下令像仲马这样的军官，不论关押多久，都只补发两个月的薪水。于是仲马在 1801 年 9 月给拿破仑写了一封抗议信：

> 我希望……当您有权力给予曾与您并肩作战、出生入死的人以国家恩赐时，您不会让他饱受乞讨之苦，毕竟您执掌这个国家。

对于仲马而言，还有一件与拿回赔偿款同等重要的事，就是重新入伍指挥军队。1802 年 2 月，他写信给“公民贝尔蒂埃部长”：“我很荣幸地提醒您，我在巴黎时，您曾答应会招我入伍。我可以毫不羞愧地说，政府必定会重视我身受的那些苦难，让我重返战场。”

但在新的政治环境下他的诉求是行不通的。19 世纪 20 年代早期，一位仍研究该事件的历史学家发现，仲马“很难在当时新的国家形态下展示才华，因为他的政治观点，还有关于他的一切乃至于他的黑皮肤在这个国家中都不再受到欢迎”。

拿破仑掌权时，法兰西共和国已于 8 年前便赋予了殖民地有色人种自由人以完全的公民权利和公民资格，并于 5 年前废除了奴隶制。自1794年起，只要是世界上有法国国旗飘扬的地方，法国宪法和《人权宣言》都适用。①值得重提的是历史上最伟大的奴隶解放运动发源于这个可能从奴隶制获取了最多利益的国家。

在拿破仑发动政变时，法兰西共和国政府虽然做了许多错事，但有一件事至今大多数人都认为是相当正确的：不管何种肤色，政府都给予每个人基本的权利和机会。尽管革命期间法国的政府机构、在巴黎的名字不断改变的立法机构有这样那样的过错，但他们都承认机构内的黑人及混血议员与其他议员是平等的。虽然法国人称在法国境内的黑人和混血人种为“美国人”，但是当时的美国国会，除了允许黑人端端点心，扫扫地外，几乎不接受黑人议员。

拿破仑政变的成功很大程度上要归功于奴隶贩子和被流放的种植园主的鼎力支持，他们认为一个独裁者要比任何形式的代议制政府，尤其是包含黑人、废奴主义者和各色的革命理想主义者的代议政府更有可能恢复奴隶制度。在访问诺曼底期间，拿破仑接受了查尔斯·佩勒特里在奴隶贸易上的宿敌康斯坦丁和斯坦尼斯拉斯·弗阿什的宴请。他们企盼着依靠奴隶贸易来催生利润的新时代到来。

这些商人认为，在法国的其他竞争对手仍然在推行奴隶制的情况下，法国难以承受继续推行其奴隶解放和平等人权的古怪政策所付出的代价。革命的思想理念实在会造成巨大损失。尽管杜桑·卢维图尔将军——圣多明克黑人中的法国大革命领袖、一位英明的统帅——努力让工人返回种植园干活，但圣多明克在1799年到1800年的出口额比1788年到1789年的四分之一还要少。数以千计的奴隶成

① 尽管1794年法律明文规定了在法国所有领土废除奴隶制，但实际上奴隶制只在三块领土上得以废除：位于南美洲北部边缘的法属圭亚那、瓜德罗普岛以及非常重要的圣多明克。此前圣多明克爆发的大规模奴隶起义加速了法属殖民地的奴隶解放。在许多其他岛上，如马提尼克、圣卢西亚、法兰西岛等，1794年奴隶解放进程受阻，有的是因为岛屿已被英国占领；有的是因为奴隶主自身成功挫败了千里之外法国政府想要施行新法律的企图，法属印度洋殖民地就是后一种情况。

为了革命士兵，他们不再想回到种植园工作了。

就在拿破仑政变数日后，他收到了一个提案，建议他取消法国对于奴隶贸易的禁令。采取这样大胆的行动还为时过早，但他的确开始向曾给予他重要帮助的亲奴隶制团体偿还他的政治债。他取代了身为黑人之友协会会员的海军和殖民地部部长，然后把不少支持奴隶制的人安排进了政府。在夺权一个月后，即1799年12月，拿破仑颁布了《共和国八年宪法》，这部宪法在种族问题上的态度含糊不清，但其中一句话让所有有色人种隐隐感到不安："法国殖民地的政治体制将由特殊法律决定。"

但拿破仑玩起了两面派的把戏。1799年圣诞节，在新宪法颁布后不久，他向圣多明克人民宣告："请铭记，勇敢的黑人朋友们，只有法国人民认可你们的自由和平等的权利。"5天后，他做了一个秘密决定，开始组建一支新的舰队，这支舰队可运送40000名法军士兵横渡大西洋到达美洲新大陆。最终，舰队的规模比他远征埃及的那支还要大。建造它的目标是重新占领法国最赚钱的殖民地。拿破仑掌权后刚刚一个月便筹划了对圣多明克展开全面军事入侵。

种族因素可能是对这次入侵目的的正确解读：圣多明克对于法国而言不是异国。它本身就有一个法国的行政机构，而且自从奴隶解放运动以来，数年来，它也一直认同自己为法兰西共和国的一部分。此外，受过教育的圣多明克混血种族公民和黑人公民专门研究法国的思想和政治，而岛上的白人为了继续享有奴隶主的身份已经做好准备甚至急切地想要出发去英国或西班牙。（拿破仑给马提尼克的一个种植园主写了一封信，信中对他宁愿选择叛逃到英国也不放弃奴隶的决定表示支持。）大举入侵圣多明克并无任何意义，除非是为了让时光倒流、恢复奴隶制，重新让白人成为岛上的主人。但是拿破仑不得不等待，等待和英国人签订和平协定，这样他的舰队在横跨大西洋时才不会被英国舰队拦截。现在，他把自己伪装成了黑人的朋友、一个共和国黑人权利的守护者。

杜桑·卢维图尔将军既是出色的外交官，也是优秀的军事战术家。他在严守心中的秘密。正如过去十年常常做的那样，他挑拨英国、西班牙和法国之间的关系，与任何他认为可以增强自身或岛国实力的人达成交易。与其他许多革命者不同，他信奉实用主义，也善于长远思考。他决心让圣多明克重新繁荣起来，如有必要，甚至恢复白人种植园主的地位。只有一条底线不能被逾越：禁止恢复奴隶制。

卢维图尔将军有两个儿子住在巴黎。艾萨克·卢维图尔是全日制学生，他还有一个同父异母的兄弟叫普拉西德，是一名法国将军的副官。1802 年初，这两个出身高贵的黑人青年仍然在法国过着近乎平常的生活。这在其他国家是闻所未闻的事情。然而，他们对巴黎城里的一些变化感到不安。城里谣言四起，传说政府准备对他们的家乡进行“强大的远征”。他们也收到消息说大批战船正在很多法国大西洋港口，如布雷斯特、洛里昂、罗什福尔和土伦集结。

一天，艾萨克·卢维图尔就读大学的校长接到命令要去海军和殖民地部会见丹尼斯·达克斯部长，他对此感到奇怪。校长心里清楚达克斯讨厌有色人种，反对种族混合教育，所以他一定很担心会受到一顿批评或罚款抑或更糟的处罚。相反，达克斯部长“邀请”校长陪同杜桑·卢维图尔的两个儿子跟随法国舰队返回圣多明克。尽管这可能会被认为是政府下达的驱逐令，但达克斯部长巧妙地履行了自己的职责，因为校长回到学校后，正如艾萨克后来在他的回忆录里所回忆的那样：“他向年轻的学生们公布了这个消息，拥抱了他们，眼含热泪地说法国政府之所以这么做仅仅是出于对和平的考虑。”几天后，达克斯部长给校长发了一封信，信中说第一执政本人想在卢维图尔兄弟出发前亲自见见他们。达克斯亲自到校园来护送兄弟俩去杜伊勒里宫面见拿破仑。拿破仑对兄弟俩的到来表示衷心欢迎。

“你们的父亲是一个伟大的人。”拿破仑对艾萨克·卢维图尔说：

> 他为法国作出了杰出的贡献。你可以告诉他，我以法国第一执政的身份向他保证将给予他保护与荣耀。不要轻信法国欲与圣多明克开战的谣言。法国派出军队不是为了攻击圣多明克军，而是为了壮大他们的力量。这位是我的妹夫勒克莱尔将军，我已任命他为这支军队的总司令。按照之前下达的命令，你们应该比他提前15天到达圣多明克，最后可能由两位向你们父亲传达远征军到来的消息。

拿破仑还询问了艾萨克一些数学问题，对他的答案表示很满意。在这两个年轻人出发之前，达克斯部长还以“法国政府的名义”送给他们一套产自凡尔赛的金光闪闪的盔甲和“一件华美艳丽的官服”。

他们很快就发现，其实政府在利用他们来对付他们的父亲——跟随拿破仑的妹夫和40000法国士兵横渡大西洋让他们对政府的这一意图确信无疑——当他们到达圣多明克时，他们几乎被公认为人质。然而，开战后，他们的父亲用四个月的时间击退法国入侵者的进攻后才在法军的欺骗下同意进行非正式的外交和谈。在谈判中，拿破仑的士兵伏击了这位圣多明克的黑人共和英雄，并给他戴上镣铐押回法国。按照拿破仑的命令，适应了热带生活的杜桑将军被关押在极度寒冷的囚室里，囚室的墙壁湿淋淋的，炉子也没有足够的柴烧。“他钢铁般的身躯尽管挺过了十年不可思议的贫困和劳累，现在却蜷缩在拿破仑分给他的柴火面前，”C·L·R·詹姆斯写道，“这位迄今为止还难以入睡的奇才常常陷入长达数小时的昏迷中。在春天到来之前，他已奄奄一息。4月的一个清晨，看守发现他坐在椅子上与世长辞了。”

杜桑将军的被捕并没有让反抗停止。8 月时，绝望的勒克莱尔将军写信给拿破仑："抓了杜桑还不够。我们还需要在这里逮捕 2000 个反抗的首领。如果我采用武力的话，暴动和叛乱仍然会成为这里的主题。我已下令没收了 20000 支枪，但至少还有同样数目的枪仍然掌握在被解放的奴隶手中。"

拿破仑给勒克莱尔下了死命令，在圣多明克，军中上尉军衔以上的军官禁止由有色人种担任——之前的这些有色族裔军官或被杀，或被逮捕，并被遣送回法国。在这片盛产蔗糖的岛屿上，法国旧有奴隶制中最残酷的传统得以死灰复燃。法国士兵用能想到的一切残忍方式折磨、强奸、谋杀黑人。超过 3000 名有色族裔士兵被强制驱逐出境，他们中的大多数人都被腐败的海军军官当做奴隶非法卖到了加勒比海其他地区。

1804 年，海地正式宣布独立，并恢复了印第安人的传统名称："海地"。超过 40000 名法国士兵死在这场徒劳无功的战争中——占法国派到海地军队的一半，战争中有色族裔士兵和平民的死亡人数是法军的好几倍。在太子港停靠的一些法国舰船上，法军故意在一些密闭的空间内使用硫黄让一些黑人窒息而死。这让我想起了 20 世纪几次大屠杀中令人毛骨悚然的景象。黑人战士对待当地白人群体的手段也同样残忍，但他们也对一些白人表示欢迎（比如波兰士兵，他们曾和法国人来到这里，但倒戈支持黑人）。

1802 年夏，法国也入侵了瓜德罗普岛。该岛是法国的另一个蔗糖产地，奴隶制已被废除。法军在这片殖民地上横冲直撞，碰到穿着军服的黑人就把他们抓起来，要么杀掉，要么关起来。岛上的 300 名主要有色族裔抵抗者（有男有女）被困在了苏弗雷火山山坡的一处种植园内。他们宁愿自杀也不愿活着看到奴隶制卷土重来。他们高喊着"不自由毋宁死"，引爆了身上剩余的火药。他们的领导者是路易斯·达格瑞斯上校。他曾于 1792 年在仲马麾下的黑人军团服役。

18 世纪 90 年代，巴黎的国家殖民学院采取了一项革命性的举措，让黑人孩子、混血孩子和白人孩子在一起学习。现在，拿破仑政府削减了该学院的经费，结束了这一不分种族的教育试验。

路易斯–布莱斯·勒沙是该学院的一名学生，他是一位来自圣多明克的黑人军官的儿子。他记得 1801 年那位曾“邀请”艾萨克·卢维图尔和普拉西德返回圣多明克的海军和殖民地部部长对学校进行了一次正式访问。几年以后，勒沙在给艾萨克和普拉西德的信中提到了这次访问：“达克斯部长来到学院后，把所有的美洲学生（即黑人学生）召集在院子里，然后对他们进行了非常严厉的训话。政府将不再为他们的教育买单：他们已经为我们所钟爱的事情付出太多了。”

随着学校声誉的直线下降，付款的学生纷纷离开。到 1802 年的时候，学校里只剩下 20 多个依靠公共奖学金上学的学生，其中 9 个是黑人，6 个是混血人种，7 个是白人。在年底时，学校突然宣布关门。许多有色族裔的学生被送到了孤儿院，而大一点的孩子，尽管只有十几岁还未成年，被送进军队成了供差遣的童仆。

亨利·克里斯托夫是圣多明克的一名高级黑人将领，也是海地后来的国王亨利一世，他十岁的儿子费迪南·克里斯托夫很不幸在 1802 年来到这所学校，当时正赶上学校被拆得四分五裂。当局把他带到一家名为“仁慈之心”的孤儿院。他随身带的用来支付上学费用的“一小笔钱”（珠宝和金子）也被偷了。人们最后一次见到他时，这个年轻人已被充作孤儿院的保安。1814 年一位女士向传记作家回忆了一件她十年前亲眼目睹的事：

> （她）看到一个年轻人在“仁慈之心”孤儿院门口站岗。由于玛丽小姐讲述过有关克里斯托夫儿子的事情，他

们走到那个年轻人近前大叫起来：“克里斯托夫的儿子。”这个年轻人高兴地应道：“是的，我就是。”紧接着一个在孤儿院门口的人突然猛击了小克里斯托夫两拳，他的步枪被打掉了，人也被打倒了。袭击后，为了安全起见，他只能躲在孤儿院里。从此，再也没有人见过他了。但大家都知道当局送他去学制鞋的手艺，要求他从事制鞋的工作。小克里斯托夫一再拒绝，他说，父亲送我来法国是为让我接受好的教育而不是让我成为一个鞋匠。

费迪南·克里斯托夫继续拒绝从事政府为他选择的工作。1805年，他被发现死在孤儿院里，年仅12岁。

拿破仑因他所创立的荣誉军团勋章制度被世人铭记。这是第一个名副其实的“荣誉勋章”。尽管它的设置仿照了旧王朝的封爵制度，但不同的是只要为法国建立了卓越功勋的人，不管职业如何、背景如何，都有机会成为荣誉军团的成员。这项授勋制度在1802年5月19日被正式写进律法。直至今日它仍然是拿破仑统治时期的法国为后世遗留下来的最好的遗产。

后来，仲马将军的儿子在书中哀叹他父亲不幸的命运。他的父亲直到去世也“没能成为荣誉军团的一员。在莫尔德……在塞尼山口、在围攻曼图亚之时、在布里克森桥头、在开罗平乱中，他战功卓著，英勇无敌。拿破仑任命他为特雷维索的长官，并向督政府称赞他为“提洛尔的霍雷休斯·科克利斯”。（的确，我找到了一封缪拉将军写给仲马将军的信，信中表明他很乐意为仲马加入荣誉军团的申请进行审核。）

然而，即使拿破仑个人不讨厌他，仲马也无法成为荣誉军团的成员。原因很明显。1802 年 5 月 20 日，就在创立荣誉军团的第二天，拿破仑发布了一份声明，揭开了他在对待法兰西帝国奴隶制这一问题上的真实立场。1794 年颁布的废奴法令还未生效的殖民地将正式保留 1789 年之前的蓄奴制度。这些殖民地，如马提尼克，在法国国内陷入革命战争期间被英国占领，刚刚回归法国。尽管圣多明克和瓜德罗普岛不会明显受此影响，但该声明里有一项条款，规定 10 年之内，“不管之前的法律条款如何规定”，所有殖民地都要遵从于中央政府颁布的新规章。至此，完全恢复奴隶制的大门已经打开。在这项臭名昭著的条款公布后，一揽子已被人遗忘的法律条款相继粉墨登场，把大革命所赋予法国境内有色人种的诸多权利毁于一旦。

蓄奴法令颁布后的两个星期里，拿破仑发布了一条法规，禁止所有已退伍或被军队开除的有色族裔军官和士兵在巴黎及其周边地区居住。7 月，一纸新法令重新组建执行这些法律的旧时皇家警察，不同的是，如今他们“禁止黑人、混血人种和有色人种以任何借口或缘由进入法国本土，除非有特别授权才可以”。这次，种族主义的法律不再是嘴上说说那么简单。所有不配合的人都将被关押直至驱逐出境。在这样的时局下，仲马的荣誉军团梦只能沦为空想了。

第二年，拿破仑宣布不同种族的人通婚是非法的。司法部部长写信通告全国所有省长，“政府认为黑人和白人通婚是不可接受的”，贯彻执行这项法规是他们的职责所在。当拿破仑自己家里的一个混血族裔的女仆想要嫁给一个白人时，约瑟芬为了能让法律破例允许两人结婚，不得不亲自向她的丈夫求情。

仲马从城堡地牢里被释放后发现他的世界变成了另一个地牢。随着政府有条不紊地限制、削减，并最终消灭法国有色族裔公民的权利，国家中正在发生的许多令人匪夷所思的倒退对仲马构成了威胁。在回到法国不到一年的时间里，仲马将军需要申请一个特别许可才能被允许继续待在维莱科特雷的家中——维莱科特雷部分地区禁止有色族裔退伍军人居住。

这位战场上的英雄现在不得不求助于他之前的战友暗中帮他牵牵线，以使他不被驱逐出境。

曾几何时，当仲马为军方没有交给他重要的作战任务而感到被轻视时，他给陆军部部长写了一封措辞强烈的信声称，如果他真的应该受此待遇，他会证明“因为我家乡气候的原因，我不再适合从事这份对我来说具有双重意义的职业”。这就是仲马曾经怀着最为深厚的热情为法兰西共和国服务的写照。现在，他不会有这种激情了。

在凡圣城堡的档案室里读着仲马那些年所写的信，我偶然发现了另一个文件夹，里面的信件也是当时所写。写信的是黑人先锋营的成员们，黑人先锋营最初由约800名来自圣多明克和瓜德罗普岛的战俘组成。他们被遣送到法国，被迫在曾入侵并蹂躏他们祖国的军队中服役。在许多复杂的岛屿交战中，他们所效力的法军常常难有建树。拿破仑把他们运到了南边的意大利。在那里，数年来，他们仅仅从事着繁重的体力活。在法国军用术语中，“先锋兵”指步兵中的几个连队。他们常常从事军队中最脏的准备工作，在士兵们冲锋陷阵前搭建好防御工事，挖好战壕。

黑人先锋营的文件夹中全是被降职的黑人军官写来的信。当仲马请求他的将军朋友们帮他向政府申请少量的赔偿款时，他并不知道这些低级黑人军官也在向政府写信，请求官复原职。那时他们和仲马都经历着同样的背叛。从1802年开始，也就是仲马出狱之时，拿破仑试图倒行逆施，回到大革命前只允许白人军官指挥军队的局面。这个文件夹中还有一封由拿破仑和贝尔蒂埃联名签署的法令。法令要求在医院中实行种族隔离，以便“把接受治疗的有色人群置于单独的房间里，防止他们与白人患者交流”。

有才华的有色人群处境如此凄凉，甚至加入被隔离的黑人先锋连队都要面临残酷的竞争。在档案馆中翻阅了大量的信件，我读了许多黑人士兵写的信，这些信篇幅长、文采佳，信中说明了他们适合参军的优势条件和表达了他们对于慷慨的法国政府所给予的庇佑的无限感激。这些信的开头常常是这样的："我发现我在法国陷入了困境。我无法返回我的祖国，也不被允许去工作。"

最终，这些在黑人先锋营服役的约1000名士兵构成了所谓的皇家非洲军团。该军团在1805年和1806年名声大震。黑人和混血族裔士兵都曾在大革命中享有过作为"美国人"的殊荣，现在却发现他们自己被诋毁成了"非洲人"。随着法国重新加入了世界蓄奴国家俱乐部，让有色人种晋升到掌握权力或受人尊重的职位是危险的，也是与这个时代不符的。在仲马将军曾率领过的军队里，突然之间，大家认为黑人士兵是不可能指挥白人军队的，黑人将军或黑人司令就更令人难以想象了。

⁂

1802年7月24日，玛丽–路易斯生下了他们的第三个也是最后一个孩子。亚力克斯·仲马将他生命里最后四年时光毫无保留地给了他的小亚历山大。

但即便沉浸在儿子出生的喜悦中，仲马将军也意识到他的身份地位已大不如前。在回忆录中，他的儿子写道："在远征埃及之前，就说定了，如果我母亲生个男孩，那么拿破仑和约瑟芬将会做这个男孩的教父母。但自那以后，事情就发生了巨大的变故。我父亲也不想去提醒这位第一执政让他履行诺言。"

相反，孩子出生两天后，仲马给他的旧友布伦将军写了一张便条：

**自由、平等。**

**来自维莱科特雷家中，法兰西共和国五年热月 7 日**

亚历山大·仲马，军团将军

致我最好的朋友布伦将军：

亲爱的布伦，我迫不及待地想要告诉你，我妻子顺利产下一个体重达 4.8 千克的大胖小子。他身高 45 厘米。我希望，如果不出意外的话，他在 25 岁时个子不要太矮。我的朋友，你需要让我相信你适合做她及我女儿的教父。这件事不急，因为小孩自身发育很好，而且我女儿因为外出度假有一个月的时间不在家。我亲爱的布伦，我需要你尽快给我一个答复。再见，我的朋友，你最好的朋友！

亚历山大·仲马

对于这封言辞温暖的便条，布伦回复道，“因为一些封建迷信思想的缘故，我无法遵从你的请求”，他恳求仲马原谅他“不得不向仲马的女儿艾梅·亚历山大和你漂亮的妻子致以最诚挚的歉意”。

仲马不禁对他朋友的冷漠和拒绝感到疑惑。他拒绝接受朋友这样的行为。他尝试了好几个星期想让朋友做小亚历山大的教父，但布伦只是找借口推脱。最后，布伦虽然同意做教父了，但表示不会去参加仪式，所以后来孩子的外公克劳德·拉布莱特代替他出席了典礼。

仲马继续给拿破仑写信，要求给他安排作战任务。尽管他的健康状况不容乐观，但他最后的请求是希望有机会进攻英国：“只要目前的战争一发动，我就有幸再次写信向你请战。现在请接受我再次服役的请求。”他所写的另一封信中显示出一丝他曾有的狂傲：“不管我遭受多么大的苦难和痛苦，只要政府一召唤，我就会有足够的精神力量支持我飞赴火线，拯救我的祖国。”

仲马将军喜欢陪他智力超群的儿子玩耍。他会把他在耶利米度过的童年生活讲给儿子听，并假称他们家曾租住过的维莱科特雷郊外的小城堡的护城河里有鳄鱼出没。尽管他们是社会的弃儿，但他们在一起很开心，尤其是仲马将军和小亚历山大这父子俩。小亚历山大从小就被认为是“高大健壮的人”，他继承了父亲惊人的力量、高大的身躯、健硕的体格。即便仲马身上的伤从未痊愈，但他仍能做出一些给儿子留下深刻印象的壮举。在回忆录中，大仲马回忆了他父亲在救了一个溺水的仆人后从水里出来的样子：“我看到我父亲光着身子，身上湿淋淋的；他做了一件神圣的事情，救了另一个人的性命，正因为如此，他的微笑给了我一种近乎神秘的感觉。”他注视着“父亲高大魁梧的身材（仿佛是和大力神赫拉克勒斯和安提诺乌斯的雕像一个模子里造出来的一样）与仆人瘦弱的身体形成鲜明的对比”，这给他留下了深刻的印象。

“我深爱着父亲。可能，在我那么小的时候，这种今天我称之为爱的感觉其实只是对于父亲如赫拉克勒斯般高大魁梧的身材和父亲在许多情况下所展示出的巨人般的力气的一种天真的好奇。也可能只不过是孩子对于父亲那穗带装饰的大衣、三色帽徽，还有我几乎提不起来的佩剑的一种自豪和钦佩。但是，尽管如此，对于我而言，直到今天关于我父亲的记忆，他身体的每个细节，他的音容笑貌，都历历在目，仿佛他昨天才刚刚离我而去。不管什么原因，今天我爱我的父亲，爱得那么温柔，那么深沉，那么真实，仿佛他已经见证了我的成长，我好像也感受到了依靠在父亲那有力的臂膀上一路长大成人的幸福。”

“父亲也很爱我”，大仲马写道，“我已经说过了这句话，我不想将它常常挂在嘴边，尤其是如果逝者可以听到对他们评论的话；尽管在他生命的最后一刻，病痛将他折磨得无法忍受卧室里的任何噪音或响动，但对于他而言，我是个例外。”

1805年，仲马将军的身体状况急转直下。他的胃痛被确诊为胃癌。他去巴黎看了一位名医。然后，他举办了一个午餐会。在餐会上，小亚历山大见到了布伦将军和缪拉将军。仲马嘱咐他的这些老战友在他死后帮他照顾他的家人。小亚历山大一定记得那时他把玩缪拉的宝剑和布伦的帽子。在午宴结束时，“我父亲拥抱了布伦，并与缪拉握了手。第二天他拖着病重的身体，怀着绝望的心情离开了巴”黎。

小说家大仲马还记得跟随父亲去拜访宝琳·波拿巴。她是拿破仑最漂亮的妹妹，是勒克莱尔将军的遗孀。父子俩到了她在维莱科特雷郊外的城堡中。在回忆录中，有以下描述：

> 一个女人斜靠在沙发上，这是一个年轻漂亮的女人，非常年轻、非常漂亮;她是如此美丽，以至于连我一个小孩子都能注意到她的美貌。我父亲进来时她并没有起身。她只是抬起头并伸出了手。我父亲想坐在她旁边的椅子上；她让父亲坐在她脚边，她把脚放在父亲的膝盖上，用拖鞋的足尖部摆弄着我父亲大衣上的纽扣。
>
> 那玉足、那纤手，白皙丰满、美丽娇小的女人在饱经风霜但依然俊朗威武的混血赫拉克勒斯身边构成了你所能想象到的最为迷人的画面。
>
> 我看着他们，笑了起来。公主把我叫到她身边，给了我一个龟壳做的镶满金子的糖果盒。
>
> 我惊讶地看着她把盒子里的糖果清空后才把盒子给了我。我父亲对她说出了自己的看法。她弯下身子，跟父亲耳语一番，然后两人开始大笑起来。
>
> 在公主弯下身子时，她白里透粉的脸颊掠过我父亲棕色的脸旁，显得父亲的肤色更深，而她的肤色更白。

在保险柜中，我发现了一张便条，便条上邀请“仲马夫人”到宝琳公主在巴黎的宅邸拜访她。便条上标明了时间（下午 2 点）和地点，但日期却很模糊。我认为日期可能是在仲马将军死后的 1807 年。公主可能想帮助仲马将军的遗孀和孩子。但真实情况不得而知。自从拜访过宝琳公主后，大仲马写道：“很快，我父亲变得更加虚弱，他出去的次数更少了，也很少骑马了。更多时候，他都待在自己的房间里，怀着更加巨大的悲伤将我抱在他的膝上。此后，所有的这一切经常从我脑海中闪过，就像夜空中一道闪电划过并照亮一切。”

1806 年 2 月 26 日夜，他仍清楚地记得父亲生命中的最后一晚。当然具体情况是他的母亲告诉他的：

> “啊！”他哀叹，“一个在 35 岁就指挥三军的战将，在 40 岁就这样可怜巴巴地死在床上！上帝呀！上帝呀！我怎么得罪你了，惩罚我这样年纪轻轻就要离开妻子儿女？”
>
> 第二天晚上 10 点，仲马预感到了死亡的来临。他要求见他的神父……他不是要像将死之人那样对自己犯过的罪恶进行忏悔。我父亲纵其一生从未做过一件坏事，没干过一件可能受责备的事情；可能在他心底还埋藏着对于拿破仑和贝尔蒂埃的一些怨恨……但所有的怨恨在他死前的那几小时里也烟消云散了。因为他要尽力去安抚那些他走后留在世界上孤苦无依的亲人。
>
> 他一度要见我；然而，当人们准备把我从暂住的表姐家接来时，他说：“算了吧，可怜的孩子正在睡觉。不要叫醒他。”

父亲离世的那天夜里，他们听到敲门声后，表姐重新安抚他上床，入睡前，孩子感到“像呼出的气一样的东西”吹过他的脸庞，使他平静下来。对于那一刻，大仲马写道：“这并不奇怪，父亲的灵魂在升入天堂之前会在他可怜的儿子那里停留片刻。他的离去带走了他儿子对这个世界所有的希望。”

我找到了一份关于仲马将军家庭财产情况的详细清单。这份清单是公证员在仲马将军死后第二天所列的，上面还事无巨细地列出了家里的未偿债务，显然这才是列这份清单的目的所在。在这份包含小桌、扶手椅、“一对釉面黄铜柴架”以及“30件帆布衬衫（360法郎）”众多条目的清单中，我发现了以下的一条：

> 一幅装裱黑色木框的古罗马英雄霍雷休斯·科克利斯画像，价值约10法郎。

对于小亚历山大而言，父亲死后一切都改变了。仲马将军的抚恤金被扣，家里一下陷入了贫困。这一贫困的状态一直伴随着他的童年。

玛丽-路易斯靠在烟草店工作的微薄收入抚养她的孩子。事实上，在回忆录中，大仲马对于自己贫穷的少年生活的描述一定是令人沮丧和倍感耻辱的。尽管他很聪明，但由于缺乏奖学金的资助，他错过了接受基本中学教育的机会。他觉得之所以上学被拒是因为拿破仑对于他父亲的憎恨：“这种憎恨甚至延续到了我的身上。尽管我父亲的老战友帮我做了许多努力，但我还是未能获得进入任何军事院校或平民大学的机会。”

大仲马接连不断碰到想要向他父亲表达敬意的人。我所找到的记录中，第一个向他父亲表示问候的人在1807年9月给玛丽-路易斯发了一封便笺，为曾到小镇拜访仲马将军时所受到的热情款待表示感谢。那时，他还不知道仲马过世了。“朋友已去，只能与骨灰相对，这对我来说是多么沉重的打击。我离开巴黎，企盼能见到他，但很快希望就变成了泪水与悔恨。谁能比仲马将军更高贵？谁会珍视他灵魂中那些美好的品质？”写信者杜马先生让玛丽–路易斯相信“你可爱的孩子将会继承他的优良特质和美德，你的儿子将会成为像他的父亲一样伟大的人。他已经具有了他这个年龄所应有的真诚与友善”。

之后的10年中，玛丽–路易斯用尽一切方法向皇帝申请她和孩子们应得的最低限度的政府资助。但是这些第一批现代意义上的官僚们对她的敌意难以消除。不管仲马的哪个同事想见她，她都会去拜访。在陆军部的档案馆里有许多她写的申请信。这些信件令人心酸地证明了她一个人面对一群奉皇帝之令无视她合理要求的顽固不化的官员们的坚持。1814年，拿破仑被流放厄尔巴岛时，她又燃起了希望，坦诚地给新任陆军部部长写了一封的信：

> 仲马将军死后没能给家里留下任何财富，也没能为妻子留下可以收到政府正常发放将军遗孀抚恤金的希望，他的遗孀受到了不公正的拒绝……勇敢的仲马将军没有死在战场上，却死在了悲痛和困苦之中，死的时候没有任何饰物或军方的补偿。他受害于拿破仑对他的积怨，也受害于他善良的心性。
>
> 仲马遗孀
>
> 维莱科特雷，1814年10月2日

缪拉和布伦设法履行他们对于仲马将军的诺言，努力帮助他的家人。“布伦表现得很积极，缪拉则不是很上心，”大仲马写道，“但这一点用都没有。”当拿破仑麾下的一名将军试图向他提出有关仲马将军家庭的问题时，据说这位皇帝跺着脚骂道：“不要再向我提起那个人。”

玛丽–路易斯活到69岁。她不仅有时间将她关于仲马将军的所有记忆告诉大仲马，而且还有机会亲眼目睹儿子收获国际级的名誉和财富。颇具讽刺意味的是，在他的小说中作者塑造了独特的、充满神秘意味的拿破仑的形象——可能是最好的，深受19世纪早期所有法国人的喜爱。这一经典的拿破仑形象也将继续受到年轻读者的喜欢。

当然，拿破仑终究是爱德蒙·堂泰斯所有苦难和牢狱之灾的罪魁祸首。如果爱德蒙不代表皇帝执行那项任务的话，他将邂逅真正的爱情，也不会有牢狱之灾，从此幸福地生活下去，但接下里就没有故事可讲了。

“不幸只会让我们更加亲密。”这是仲马将军在他回国途中写给妻子玛丽–路易斯的话语。他的儿子在《基督山伯爵》小说结尾让爱德蒙·堂泰斯在一封信中对他的朋友表达了相同的情感：“经历过最残酷的痛苦才可以体会到最极致的快乐。勇敢地活下去，牢记这个道理，直到上帝为你屈尊揭晓未来的那一天，人类所有的智慧都蕴含在这两个词中：‘等待和希望’。”

由于父亲遭受了最深重的背叛，于是大仲马虚构了一个世界，重新恢复父辈的梦想，重塑那个荣耀、非凡、充满理想主义的时代，重建父亲所倡导的奴隶的解放。

“您看，父亲，”他在回忆录中写道，这段话又像是写给他自己的，“您让我保存的记忆，我都没有忘记。从我可以独立思考的那天起，关于您的记忆就像一盏神圣的明灯驻守在我的心间，照亮您经历过的所有事和接触过的所有人，尽管死亡已将这盏明灯从我身边夺走！”

# 后记

## 遗忘的雕塑

亚力克斯·仲马将军的第一篇生平传记出版于1797年法国在意大利北部大获全胜之后。[1]此时正值十年法国大革命的高潮之一，而当时亚力克斯·仲马将军被拿破仑称赞为击退野蛮人的罗马英雄。这篇文章对仲马将军英勇事迹尽情渲染，与两年后仲马将军的命运一对比，顿时令人唏嘘不已。但是这篇文章中另外一点让我震惊：它公正地记录了仲马的种族问题。

**亚历山大·仲马将军**

**有色人种**

**共和国五年芽月4日**

共和国历史只会向子孙后代纪念伟大行为，地位或军衔对于个人来说毫无差别。在记录伟大人物的生平年鉴时，

---

① 在法国国家图书馆查阅文献时，我发现了一个破损的文件夹中装有从18世纪90年代开始仲马将军指挥军队期间所写的或有关他的信件及其他文件原本，其中就有这两页传记材料。图书馆记录显示这个文件夹是仲马的家人在1946—1956年间某个时间赠予图书馆的剪贴簿的一部分；不巧的是，没有资料显示具体是谁捐赠了这一材料，也没有办法证明这个短短的生平介绍是从哪本书上撕下来的。但是它的大事记在1797年3月戛然而止，但是其与众不同的语气——带有法兰西共和国最高峰和解放热情的语气——让人确信这是在那不同寻常的年代夏天出版的，似乎就是仲马将军在特雷维索担任军政府长官之时。

其信实的笔触应该描写这个英雄，描写他的高尚道德及不朽荣誉，而不应考虑他是否出生在欧洲或在非洲炎热的大地上，抑或他的肤色是古铜色还是更接近黑檀色。黑人用勇气铸就的功绩与那些出生在旧世界的人的丰功伟绩一样值得尊敬。事实上，谁能够比这个经历了所有奴隶制的苦难之后依旧为自由而战的有色人更有权力获得公众的尊敬？他只要记住所经历过的所有苦难，就可以和最有名的战士平起平坐了。

这就是亚历山大·仲马——1762年出生在圣多明克的混血有色人种——自大革命以来的行事方式。这个年轻人来到法国与祖国的保卫者们并肩战斗……展现了无畏的勇气和超人的智慧，很快就闻名军中，甚至包括意大利军队，并升迁为第二骑兵师的指挥官。将军身高1.8米，将是你见过的最潇洒帅气的人之一；他不仅外貌出众，而且举止优雅亲切。他的卷发好似希腊和罗马人的卷发。

带着攻占意大利时所获的荣誉，亚历山大·仲马跟随不朽的波拿巴转战提洛尔。共和国五年芽月4日（1797年3月24日），他奉命率领约20名骑兵前去侦察敌军动向。仲马命令一位准将占据山谷后的位置，掩护他的侧翼。奥地利人见前方法军人数很少，便气势昂扬地冲了过来；敌军人数众多，仲马所率的骑兵们渐渐不敌。到了布里克森小镇前面的克劳森尔桥前（原文如此），（法军）还未来得及摆开迎敌阵势，就被紧紧地困在一条狭窄的过道里。眼见情势危急，仲马将军独自拍马前往桥头，抵抗敌军骑兵小队的进攻长达数分钟，最终迫使他们撤退。他被20个奥地利人围住，但他杀死3名，并重伤了8名；他身上却只受了三处轻微刀伤。敌军被他的英勇气势吓倒，掉头四处逃窜。为了增加气势，他大喊一声："投降吧！法国大军就在我身后！共和国的将军永远都不会落后于他的士兵。"

我找到的另一篇小传出版在 11 年后的 1808 年。当时仲马已然辞世，拿破仑继承了皇权。这篇简短的传记摘自一本名为《军队轶事》的书籍（由一位叫皮埃尔·努加雷的巴黎出版商编写）。在阅读时，奇怪的是，我总有一种似曾相识的感觉。开头也是"亚历山大·仲马，1762 年出生于圣多明克，来到法国与祖国的保卫者们并肩战斗"。

> 他在法国意大利军团中表现突出，升迁至第二骑兵师的指挥官。他跟随不朽的总统帅（波拿巴）转战提洛尔；共和国五年芽月 4 日（1797 年 3 月 25 日，原文如此，应为 24 日），他奉命率领约 20 名骑兵前去侦察敌军动向。仲马命令一位准将占据山谷后的位置，掩护他的侧翼。奥地利人见前方法军人数很少，便气势昂扬地冲了过来；敌军人数众多，仲马所率的骑兵们渐渐不敌。到了布里克森小镇前面的克劳森尔桥前（原文如此），（法军）还未来得及摆开迎敌阵势，就被紧紧地困在一条狭窄的过道里。眼见情势危急，仲马将军独自拍马前往桥头，抵抗敌军骑兵小队的进攻长达数分钟，最终迫使他们撤退。他被 20 个奥地利人围住，但他杀死 3 名，并重伤了 8 名；他身上却只受了三处轻微刀伤。敌军被他的英勇气势吓倒，掉头四处逃窜。为了增加气势，他大喊一声："投降吧！法国大军就在我身后！共和国的将军永远都不会落后于他的士兵。"

这篇小短文我读了很多遍，终于知道为何如此熟悉：这就是

1797年的传记！只是没有描写种族、奴隶制，共和国的价值观也被抹去了。仲马将军的功绩以及克劳森桥保卫战与之前的版本一模一样，用词和句序也都没变。但是赞许仲马“经历了所有奴隶制的苦难后依旧为自由而战的有色人”却被删掉了。

巴黎曾经有一座仲马将军的雕塑，出自19世纪晚期雕塑名家阿尔佛雷德·蒙赛尔之手。雕塑坐落在马尔塞布广场，这个广场后来也被称为三仲马广场，因为有仲马将军、小说家大仲马和剧作家小仲马的雕像。这一设想在19世纪90年代提出，当时整个法国掀起了怀念一个世纪前大革命的浪潮。建造仲马将军雕像的经费不是来自政府或任何军事组织，而是由一小群大仲马小说的爱好者通过捐赠筹集的款项——大仲马也曾试图为父亲树一尊雕像，终未能如愿。筹款活动由法国当时最有名的两位名人牵头：作家阿纳托尔·法朗士和女演员莎拉·伯恩哈特。波恩哈特为此举行了专场表演。雕刻这尊雕塑花了整整十年，1912年秋天正式将雕塑立于马尔塞布广场的右侧，后官方手续的繁琐拖沓又让这座雕像遮盖了大半年。

经过两年的搜寻，我找到了这座雕像现存唯一的一组照片，是由市政雕塑摄像师于1913年拍摄的。仲马身穿双排扣的筒式大衣，露出胸部，以一个坚定爱国者的姿态凝视远方，握着来复枪的方式就像提着一根拐杖。除了五张从不同角度拍摄的照片之外，还有一张照片仲马将军的铜像覆盖着破烂白布，只露出了手臂和来复枪；背景是一位留着翘八字胡的马夫驾着一匹马拉的货车。看着这些珍贵的照片，我的感觉是雕像确实不错；它抓住了仲马直白而敢为的神韵。但是让我迷惑的是蒙在白布里的那尊雕塑。1913年5月28日《晨报》的一张剪报提供了些许线索，标题是《遗忘的雕塑》：

可怜的将军！看来他们把他抛弃在这里。他手握步枪，躺在草地中央，就像被永远抛弃一样。另外两位仲马——大仲马和小仲马的铜像已经立于此很久了。但是他，这位老兵，他们的父亲、祖父……却被遗忘了。我们必须还他以正义，因为广场空间开阔，我们也从不缺少雕塑，我们应该把老将军的铜像竖起来……但是竖起雕塑是一回事，为其举行落成典礼又是另一回事。

据这份报纸报道，上一年雕像就搬到了这里，不过一直蒙着白布，由于各个官僚机构之间通信缓慢——市长、市议会、内政部、分管艺术的副国务卿、分管艺术的行政委员会、艺术和博物馆局、建筑与景观规划局，最后是雕塑家。从他抱怨落成仪式推迟的投诉信的潦草字迹可见他异常烦闷。官方的落成仪式似乎无限期延迟。5月27日，著名漫画家波布带着一群诙谐幽默的人举行了一次模拟落成仪式，他们拉下了“作为其面纱的肮脏的摩尔斗篷”。波布女士引用了一首诗并说道：“为了纪念将军，由一个小女孩表达了所有法国年轻人的敬意。不必说，一大批参与的民众在惊讶中见证了这次可笑的落成仪式。”

第二天，编辑收到了一封匿名信，补充了这一故事：

数月以来，马尔塞布广场都有一个稻草人：就是穿着僧人长袍的仲马将军……请给出一个理由，为什么没有部长主持落成仪式？星期二，一群欢乐的喜剧家决定自行行动……今天早上，仲马将军再一次打扮得像圣方济会托钵僧。

1913年初夏，共和国总统签署命令批准竖立这一雕像，但是没有记录显示举行了落成仪式。7月，一位负责景观规划的官员抱怨说，蒙在老将军身上的破烂白布已碎成一片一片的。书面记录到此为止。

我耗费了很大精力去寻找雕塑的踪迹，因为 1941—1942 年纳粹毁掉了雕像。[①]德国占领者熔化了数百尊法国雕塑，他们更关注的是雕像的主题而非雕像的大小：对于他们来说熔化那些为了自由、平等、友爱而战斗的混血战士的雕像是很容易做的决定。

2008 年，我坐在三仲马联合会创建者安高特先生的小居室里同他一起观看录像片。他的居室在奥尔良公爵以前宫殿的对面，那里曾上演过《亚当与夏娃之夜》，现在是一家养老院。这是一部纪录片，记录了一位高大威武、肤色较浅的黑人，穿着 18 世纪的军服，正骑着马穿过维莱科特雷；从背景里的小型汽车和 DVD 店面来看，这显然不是 18 世纪的场景。这位骑士穿过现代小镇来到坟地，系上马，走到仲马将军的坟前，表达了自己的敬意。他是来自瓜德罗普岛的法国作家兼政治活动家克洛德·利布，他邀请了影片摄制组帮他拍下自己骑马穿过小镇的画面。安高特看过影片的一部分。摄影机关掉后，利布大哭起来，他说这是为了证明他对仲马将军的热爱。

我在巴黎找到了克洛德·利布。他正在游说萨科齐政府给仲马将军颁布一个荣誉军团勋章并在城市中央树立新的雕像。其实，利布领导了一个小型的法国政治社团，这个社团正在就法国政府有关加勒比地区奴隶遗产的问题进行游说。社团成员非常少，但是利布常在媒体上陈述自己的观点，并发表长篇辩论文章。在他的网站上，他自称为“多样化的历史学家”。他异常活跃。他向我展示了写给法

① 战争过后，导演兼作家让·谷克多和他的朋友皮埃尔·贾汉写了一本书，书中描写了纳粹有选择地破坏法国雕塑的事实。贾汉拍摄了大量珍贵且让人不安的有关纳粹敲碎雕塑并拉走的照片。但是他没有拍到仲马将军雕塑被毁的照片。

国总统和巴黎市长的成摞信件，还有自己出版过的书籍和文章。

“为什么仲马将军没有得到荣誉军团勋章？”他表示很疑惑。

“大革命时代每位将军都有一个！为什么纳粹把他的雕像毁坏之后，就再没有重塑一尊？巴黎的每个街区都有雕像。种族主义、种族主义，完全是种族主义。”

利布坚持不懈的活动显然产生了作用。我第二次见到他时，他正与巴黎市长在一起，市长同意了他竖立雕像的提议。又过了一段时间，在一个法国电视剪辑中我看到他与市长站在一起，两人分别掀起一面小三色旗帜，其下分别是一个戴着镣铐的壮观的奴隶铜像，两尊都有 4.5 米高。在 21 世纪种族政治盛行的法国，仲马将军带着巨大镣铐的雕像已经成为纪念法国殖民奴隶制所有受害者的纪念碑。一支军乐队为亚力克斯·仲马奏响了《马赛曲》，市长和这位活动家都发表了激情洋溢的演讲，然后大家各自回家。

法国依旧没有一尊真正纪念亚力克斯·仲马将军的雕像。

# 致谢

对于我来说，探寻已经去世 200 多年的仲马将军的过往生活是一次全新的历程。途中，与之前一样，我有幸遇到了很多了不起的人，但没有人对我的研究对象有深入了解。所以我的此次研究不得不依赖于旧的文本资料，如信件、日记、回忆录、手稿、剪报、战场报告等。这就是为什么我要首先感谢保管这些珍贵纸张和羊皮纸手稿的人们，他们付出了大量时间和精力协助我筛选了成千上万片拼图，最终拼成了一副完整的图画。我要感谢法国所有的档案管理员和图书馆馆员，他们以极大的热情保护着法国的文化遗产——法国曾长时间占据西方世界中心的地位，留下了很多文化遗产——我要特别感谢以下人员和机构慷慨无私的相助：首先是（维莱科特雷）亚历山大·仲马博物馆过去、现在和将来的所有员工；维莱科特雷历史学会；凡圣城堡内陆军历史档案处的德古伯特夫人和阿兰·盖纳；巴黎市历史图书馆的克劳丁·布鲁克、吉勒斯·亨利；法国国家档案馆的奥雷利亚·罗斯坦；拿破仑基金会的马内瓦尔男爵和图书馆工作人员；南特大学图书馆的凯瑟琳·弗夫里耶、让·乌尔农、阿尔弗雷德·菲耶罗；索邦图书馆的布丽奇特·朱利安·雷诺德；法国国家图书馆的研究人员；法国道德与政治科学研究院的米歇尔·艾伯特和皮埃尔·柯布拉特；法国学院图书馆的米雷耶·帕斯图罗；军医图书馆中心；巴黎宗教和文化艺术作品保护中心的艾格尼丝·普莱尔；巴黎警察博物馆图书馆中心；加莱海峡大区档案馆的弗德瑞克·德斯迈特；埃纳省档案馆；莫尔比昂省档案馆；国家档案馆海外部（普罗旺斯地区艾克斯市）；塞纳海事档案馆的瓦莱丽·休伯特；装饰艺术图书馆的卡罗尔·皮拉兹；法国经济、财政与外贸部经济金融档案中心的薇罗尼卡·纳什特卡尔；巴约讷博纳–埃勒美术馆的亚历山德拉·瓦克罗·尤鲁蒂和苏菲·阿朗；法国东方考古研究所（开罗）的安德烈·阿札姆；驻塔兰托圣天使古堡（海防堡垒）及驻布林迪西海上和内陆堡垒的意大利海军官员；意大利那不勒斯国家图书馆；意大利塔兰托国家档案馆；巴黎摄影影像修复与保存工坊文献中心的塞西尔·博斯盖尔；罗杰·维奥莱特图片社的让·克里斯托夫·克拉玛吉朗；影像工作室的杰西卡·阿尔蒙特；新亚历山大图书馆（埃及亚历山大）的米米·阿瓦德。

在各大洲搜寻查找有关资料时，曾有无数人向我伸出了援助之手，我要再次感谢他们热情陪伴与慷慨帮助。首先，我要特别感谢维莱科特雷的仲马社团，正是有了他们的相助，我的探寻之路才得以开始。之后访问维莱科特雷时，我的心情也变得愉悦起来：感谢前任主席弗朗索瓦·安高特、阿兰·戈尔迪、泽维尔·布鲁戴尔、芭芭拉·内文，以及时任维莱科特雷副市长的法布里斯·杜福尔。除维莱科特雷众人外，我还要特别感谢带我参观南特和巴黎奴隶房旧址的埃里克·诺埃尔、仲马故居负责人克劳德·绍普，以及为我介绍普利亚奇观的乌尔丽克·福斯温克尔。感谢安德烈·艾西蒙、阿布费拉夫人、查尔斯·阿戴、诺加·阿利卡、查黑拉·阿诺特、乔乔·布拉德、伊莱恩·布罗斯·布莱恩、彼得·坎比、让·查尔斯·德·卡斯泰尔巴卡克、马里恩·沙罗比姆、让·吕克·科隆纳、多伯夫一家、卡琳·德拉波特、帕特丽夏·德鲁瓦德、埃米尔与娜塔莉·法曼·法玛、亨利·芬德、约翰·格拉斯、贝斯蒂·高特鲍姆、希腊迈克尔王子、奈杰尔·赫瑟林顿、托德·杰克逊、梅里克·凯兰、西尔维与凯斯·金、阿里·柯罕、利兹·麦克林、基诺·玛塔莲娜博士、恰赫·马哈福兹、艾达·玛黛拉、曼斯特·拉蒙·马丁内斯（马丁内斯武器研究院）、梅里亚姆·马谢克、艾米·马图克、法比亚娜·梅伦斯、大卫·雷姆尼克、亚伦·雷蒂卡、碧翠斯·蒙蒂·冯·雷佐利、克劳德·里贝、海军上将弗朗西斯科·里奇、杰奎琳·若尔桑·洛克、保拉·罗马尼亚尼、穆罕默德·萨比特、亨利与埃斯特尔·圣布里斯、（警局）专员朱利安·萨波里、苏·夏皮罗、丹·西蒙、马塞罗·西蒙内塔、雷蒙德·斯多克、本·泰恩、鲍伯·韦伊、马克·威茨曼、多萝西·威肯登、马西莫·赞卡。另外，还要感谢三个人：一位是教我砍甘蔗的海地人，一位是教我种咖啡的多米尼加农民，还有一位是给我演示仲马将军在狱中如何用手杖击退袭击者的普利亚击剑教练。

我要感谢曾向我伸出援手、帮助我把仲马将军的故事写成书的人们，尤其感谢那些让我时刻保持理智、条理与活力的人们：

在金小鱼去中国做电视节目主持人、歌手和电影武术明星前，她是世界上最棒的助理。她帮助我处理各种事务、文档摄影、电脑编程、档案筛选、向各方游说和制定战略，以及翻译法语、意大利语、阿拉伯语的文本，并提供饮食建议和音乐选择等。（我曾因她不会修理汽车而恼怒。）一直以来，她不断学习掌握新技能，不由得让我想起了一个有用的真理：无论什么事情，都可以通过学习来实现自我提高。

我要向罗琳·玛格丽塔表示衷心感谢，有了她的相助，我才不至于迷失在法国18世纪和19世纪的书林浩海中。罗琳对档案管理极有天赋，接触时间久了，我发现她拥有更多的才能及旺盛精力。起初，罗琳只是帮助我誊写、翻译我所找到的资料；不过后来，她将数千张高分辨率照片整理分类，竟然建成了一个巨大的在线资料库。历经数年游历、积累、研究和编写，在我自认为已搜集齐了能找到的所有材料时，罗琳提出可以帮我做个小研究，您瞧，她竟又帮我找到了我多年来梦寐以求的宝物，尤其是被纳粹摧毁的仲马雕像的照片、仲马当年到达法国时的相关文件、《德热内特医生埃及回忆录》第三卷等。尽管我们身在不同的时区，彼此间有时差，罗琳却总能在关键时候坚守在 Skype 的那端。

研究阶段完成后，要进一步考证。亚历山德拉·施瓦兹以其敏锐的观察力、惊人的毅力以及做《纽约书评》的聪明才智帮我检查了手稿的每一行文字（很幸运能有她的相助），后来又有幸得到了保罗·萨格尔的慷慨相助。亚历山德拉和保罗对所有手稿进行了系统梳理，一一修改了其中的大小问题。事实证明，保罗是一位专家级的校对员、最优秀的研究者和伟大的参谋，幸亏有了他，我的书稿才看起来像是学术历史学家所著。

值得庆幸的是，在纽约我一直得到出版界才俊们的鼎力相助。毫无疑问，我的经纪人蒂娜·班尼特是一个传奇式的人物。自我向蒂娜提起仲马将军之日起，她就在积极准备重走仲马将军当年走过的冰崖。这本书得以问世，与她的坚定信念有莫大的关系。（如果蒂娜与拿破仑和仲马对战，结果或许很难预测。）我还要感谢斯维特拉娜·卡茨——仲马将军的另一位忠实支持者，多年来她一直默默支持我的工作。

我要衷心感谢我的编辑里克·豪根，他明白希望和等待意味着什么，并一直坚信终有一日我可以把书稿交给他。里克喜欢简明扼要地阐述自己的观点（当然，他坐下来给你写 20 多页的长信时除外），每次与他不管是书信交流还是当面谈心，都让我由衷庆幸自己选择了这个疯狂的职业。能遇到这样一位说话耿直而又让人心情愉悦的“老板”实乃人生一大幸事。纳森·罗伯森作为里克的助手，协助里克与很多麻烦的作者周旋，所以在此也要向他表达我的谢意。

皇冠出版集团这个大家庭，如同一个军团，自我签约加入以来，虽有很多人事变动，出现了很多新面孔，但是集团的企业文化和凝聚力却似乎越来越强。在我之后加入皇冠的玛雅·马弗耶和莫利·斯特恩如同两位将军，让整个集团军心大振；在此，我想对他们所给予的支持表示深深感谢。这支军团中的其他军官也同样优秀。感谢杰伊·颂尼斯、迪亚娜·梅西纳、安斯利·罗斯纳、吉尔·弗拉克斯曼的一路相伴。感谢蒂娜·康斯特勃之前的帮助和倾注的热情，尽管我后来没有与她合作。感谢琳达·卡普兰、考特尼·斯奈德、卡琳·舒尔茨以及瑞秋·波克维茨为《黑伯爵》在欧洲签下了其他几家大出版商。感谢萨姆·韦伯为仲马将军所做的传神肖像画，感谢克里斯多夫·布拉德和埃里克·怀特选用此幅肖像画为《黑伯爵》设计出了不同寻常而又赏心悦目的封面（英文版封面）。感谢辛迪·伯曼的耐心细致，感谢玛丽亚·伊莱亚斯等所有参与本书后期制作的工作人员，他们曾无数次修正本书中的地图。

在欧洲战区，我要感谢那些把《黑伯爵》带到英国的卓越非凡的人们。在得知责任编辑丽贝卡·卡特改行做了经纪人时，我颇为失落。不过值得庆幸的是，格兰塔的米甲·沙维特很好地接替了她的工作。此外，在我还在修改书稿时，汤姆·德雷克·李就接连写信给我，竟让我萌生了自己也买上一本《黑伯爵》的念头。他显然是一位成功的营销经理。莉兹·福利、菲奥·娜墨非同样也给予了我很多帮助。我还想提一下我的新法国出版商。鉴于本书的主题，没有一个翻译版本能比法语版更为重要。所以能由弗拉马里翁集团的爱丽丝·丹缔涅负责本书法语版的翻译，我倍感开心。

经朋友克雷蒙斯·布鲁克的介绍，我认识了爱丽丝。此前，在将《东方学家》引进法国时，我有幸结识克雷蒙斯：能够与她相识是这些年来我醉心于法国主题研究的丰厚奖赏之一。她总是慷慨大度，又常妙语连珠（我听说，尤其是她在用古阿拉姆语时）。

与上次一样，伟大的巴诗雅·格罗霍尔斯基允许我把她从现实世界拽入字体和标题间距等重要问题的世界中。感谢查克·林和丹尼尔·卡科尼奥带着他们禅意网站建设艺术回归。

还要特别感谢梅勒妮·特恩斯特伦——我的骨灰级好友，也是一位优秀的多产作家，她牺牲宝贵时间、暂别可爱的双胞胎，为我审阅最后的书稿。她非凡的见识与中肯的建议让我受益良多。虽说父母都是历史学家，梅勒妮从未对历史产生兴趣，但却意外让她成为我的理想读者：她对军事战术的认知远远超出我的想象，她能提出最基本的问题，并且只接受我最清晰的答案。最重要的是，我不得不拿出军刀，砍掉那些“无聊的部分”。我采纳了她的建议。梅勒妮的丈夫迈克尔·卡拉汉也帮了我很多忙。当我需要一个安静地方工作时，他们邀我住进他们租住的那栋老房子的空房里，那是一栋建于20世纪20年代的老房子；让我可以不分昼夜、不受外界打扰地工作，而当我需要人陪伴时，他们又能风趣幽默地与我聊天。我实在不知该如何感谢他们才好。

后来这处完美的作家隐居点来了一位访客：梅勒妮的父亲斯蒂芬·特恩斯特姆教授。他是一位顶尖的历史爱好者，他热心地帮我审阅了书稿。在此，我想感谢他提出的宝贵意见，特别是有关13个殖民地和早期美利坚合众国的。

感谢我伟大的妻子朱莉·贾思特，她在认真用心帮我审阅编辑书稿的同时，既要照顾我们的两个女儿，又要继续从事自己的编辑和代理人工作，真不知她是如何办到的。尽管她是所谓“青少年文学”的忠实粉丝，不知为何她却错过了《三个火枪手》；很高兴我能够送给她一本全新的小说。我相信我的那些个不眠之夜会对任何与我共同生活的人产生影响，但我也相信，总有一天我们会发现优质咖啡和灵感迸发的夜晚事实上是治疗现代很多疾病的良方。至少，朱莉的耳朵仍然无人能比，她的味觉堪称完美，而她经常从事编辑工作的眼睛也很好。与她一道琢磨书中语句，是我人生的一大乐事，而看到她阅读书稿时的反应，几乎占据我创作乐趣的一半。

与往常一样，我要感谢我的兄弟皮特，他同时也是我最好的朋友，在写此书期间一直给予我支持与帮助。感谢我的两个女儿露西和戴安娜，她们总能让我极尽疯狂。感谢我博学多才的岳母吉恩·鲍尔及其他家庭成员，感谢你们对“家中的作家”所给予的支持和鼓励。感谢我的父亲詹姆斯为我营造了良好的读书环境，并教会我尊重知识甚于任何物质。最后，我要感谢我在法国长大的母亲露丝，20世纪30年代在德国人毁掉包括雕像在内的大量事物时，母亲还是一个不谙世事的孩子。后来，在一家战后孤儿院里，有人给了当时只有9岁的母亲一个救济包裹。包裹中有一本书：阿歇特出版社于1938年出版的《基督山伯爵》。母亲躲在被窝里一直看到深夜，结果被人发现，书也被没收。她整整盼了六个月，才拿回了书，也终于看到了爱德蒙·堂泰斯逃出伊夫堡后所发生的事情。之后，她把这本书带到了美国，如今这本绿皮老版《基督山伯爵》仍然与亲爱的洛莱克叔叔送给母亲的其他几本大仲马小说一并珍藏在父母书房的书架上。洛莱克叔叔是母亲的养父，是他给了母亲在乔治·华盛顿大桥底下的新家。在过去十年中，我把大部分的时间都用于追踪这个故事，当然这与母亲珍藏的这些书籍不无关系。

# 参考资料

## PRIMARY SOURCES

### ARCHIVES

Most of this book is based on unpublished archival sources, including the all-important contents of the blown safe in the Villers-Cotterêts Museum. For a full list, please see the beginning of the Notes.

### MEMOIRS, DIARIES, LETTERS, AND OTHER PRIMARY TEXTS


Barrière, François, and Mme Maigné. *The Private Life of Marie Antoinette: Autobiographical Memoirs of Madame Campan, First Lady-in-Waiting to Marie Antoinette, Queen of France and Navarre*. Vol. 2. London, 1883.

Bayly, Richard. *Diary of Colonel Bayly, 12th Regiment, 1796–1830*. London, 1896.

Berthier, Louis-Alexandre. *Memoir of the Campaigns of General Bonaparte in Egypt and Syria*. London, 1805.

Bonaparte, Napoleon. *Correspondance de Napoléon Ier publiée par ordre de l'empereur Napoléon III*. 32 vols. Paris, 1859–70.

———. *A Selection from the Letters and Despatches of the First Napoleon*. Edited by D.A. Bingham. 3 vols. London, 1884.

———. *Collection générale et complète de lettres, proclamations . . . de Napoléon*. Edited by Christian Fischer. Leipzig, 1808.

———. *Mémoires de Napoléon*. Vols. 1 & 2. Edited by Thierry Lentz. Paris: Tallandier, 2010, 2011.

———. *Oeuvres de Napoléon Bonaparte*. Vol. 1. Paris, 1821.

Bonnefons, Antoine. *Un soldat d'Italie et d'Égypte: Journal d'Antoine Bonnefons, 7 novembre 1792–21 février 1801*. Paris, 1903.

Boudeaux, Guillaume Imbert de. *Correspondance secrète, politique & littéraire. . . .* Vol. 8. London, 1787.

Bourrienne, Louis-Antoine Fauvelet de. *Mémoires de M. de Bourrienne, Ministre d'État, sur Napoléon*. 10 vols. Paris, 1830.

Campi, Andrea. *Memoirs of the Political and Private Life of Lucien Bonaparte*. Vol. 1. London, 1818.

Chaumette, Pierre Gaspard. "En réjouissance de l'abolition de l'esclavage" (speech), February 18, 1794. *Notes et Archives 1789–1794* (website, Philippe Royet), http://www.royet.org/nea1789-1794/archives/discours/chaumette_rejouissance_abolition_esclavage_18_02_94.htm.

Chépy, Pierre. *Un agent politique à l'armée des Alpes: Correspondance de Pierre Chépy avec le ministre des affaires étrangères, Mai 1793–Janvier 1794*. Grenoble: F. Allier, 1894.
Chevrier, Edmond, ed. *Le Général Joubert d'après sa correspondance*. Paris, 1884.
*Le Code noir et autres textes de lois sur l'esclavage*. Paris: Sepia, 2006.
Denon, Dominique Vivant. *Voyage dans le Basse et le Haute Égypte pendant les campagnes du Général Bonaparte*. Vol. 1. Paris, 1802.
Desgenettes, René-Nicolas. *Souvenirs de la fin du XVIIIe siècle et du commencement du XIXe, ou mémoires de R.D.G.* Vol. 3. Paris, 1836. Unfinished manuscript of the third volume of five intended volumes, copies of which are held at the library of the Institut de France (Paris), and at the Bibliothèque Centrale du Service des Armées (Val de Grâce, France).
Desmoulins, Camille. *Oeuvres de Camille Desmoulins*. Vol. 3. Paris, 1866.
Desvernois, Nicholas Philibert, Baron. *Mémoires du Général Baron Desvernois*. Paris, 1898.
Dillon La Tour du Pin Gouvernet, Henriette. *Journal d'une femme de cinquante ans, 1778–1815*, Vol. 1. Edited by Aymar de Liedekerke-Beaufort. Paris: M. Imhaus & R. Chapelot, 1914.
Doguereau, Jean-Pierre. *Journal de l'expédition d'Égypte*. Edited by Clément de La Jonquière. Paris: Perrin, 1904.
Dolomieu, Déodat de. *Sur la philosophie minéralogique et sur l'espèce minéralogique*. Paris, 1801.
Dumas, Alexandre (*père*). *Le Comte de Monte-Cristo*, 6 vols. Paris: Michel Levy Frères, 1861.
———. "État-civil du Comte de Monte-Cristo." In *Causeries*, 115–32 (Paris: Maisonneuve & Larose, 2002 [1854].
———. *Georges*. Vol. 1. Brussels: Imprimerie du politique, 1843.
———. *Histoire de mes bêtes*. Paris, 1867.
———. *Mes mémoires*. 10 vols. Paris, 1881.
———. *My Memoirs*. 6 vols. Translated by E. M. Waller. London: Methuen, 1907.
———. "Préface en forme de causerie ou causerie en forme de préface." In *Les armes et le duel*, by Augustin Edme François Grisier, 13–54. Paris, 1847.
———. *Sketches of Naples*. Philadelphia: Ferrett, 1845.
———. *Les trois mousquetaires*. Paris: Michel Lévy Frères, 1860.
Elliot, Sir George. *Memoir of Admiral the Honourable Sir George Elliot*. London, 1863.
Ferrières, Marquis de. *Correspondance inédite 1789, 1790, 1791*. Paris: Librairie Armand Colin, 1932.
"The Final Sale of the Relics of General Washington" (catalog). Philadelphia: Thomas Birch's Sons, 1891.
Goethe, Johann Wolfgang von. *Italian Journey*. Translated by W. H. Auden and Elizabeth Mayer. London: Penguin, 1985 [1962].
Grégoire, Henry (Abbé). *Lettre aux philanthropes sur les malheurs, les droits et les réclamations des gens de couleur de Saint-Domingue, et des autres îles françoises de l'Amérique*. Paris, 1790.
Guibert Jacques-Antoine de. *Essai général de tactique*. Vol. 2. Paris, 1773.
Hecquet, Philippe. *La médecine, la chirurgie et la pharmacie des pauvres contenent des remèdes faciles à préparer . . . à donner aux empoisonnés et aux asphyxiés*. Paris, 1740.
Henrion de Pansey, Pierre. *Mémoire pour un Nègre qui réclame sa liberté*. Paris, 1770.
Hilliard d'Auberteuil, Michel-René. *Considérations sur l'état présent de la colonie française de Saint-Domingue*. Vol. 2. Paris, 1776.
Hoare, Prince, ed. *Memoirs of Granville Sharp*. London, 1820.
Jabarti, Abd al-Rahman (Al Jabarti). *Al-Jabarti's Chronicle of the First Seven Months of the French Occupation of Egypt*. Translated and edited by Shmuel Moreh. Leiden, Netherlands: Brill, 1975.
Jefferson, Thomas. *Memoirs, Correspondence, and Private Papers of Thomas Jefferson, Late President of the United States*. Vol. 2. Edited by Thomas Jefferson Randolph. London, 1829.
Kléber, Jean-Baptiste. *Kléber en Égypte*. Edited by Henry Laurens. 4 vols. Cairo: Institut français d'archéologie orientale, 1988.
———. *Mémoires politiques et militaires: Vendée, 1793–1794*. Paris: Tallandier, 1989.
Lacroix, Alfred, ed. *Déodat de Dolomieu*. 2 vols. Paris: Perrin, 1921.

———. ed., *Dolomieu en Égypte, 30 Juin 1798-10 Mars 1799 (Manuscrits retrouvée par A. Lacroix)*. Cairo: Institut français d'archéologie orientale, 1922.
Larevellière-Lépaux, Louis-Marie. *Mémoires de Larevellière-Lépaux*. Vol. 2. Paris, 1895.
Larrey, D. J. *Mémoires de chirurgie militaire et campagnes*. 3 vols. Paris, 1812.
Las Cases, Emmanuel. *Mémorial de Sainte-Hélène: Journal de la vie privée et des conversations de l'empereur Napoléon, à Sainte Hélène*. Vol. 1. London, 1823.
Mallet, Jean. *Mémoire pour Jean Bocaux*. Paris, 1738.
Martin, Pierre Dominique. *Histoire de l'expédition française en Égypte*. Vol. 1. Paris, 1815.
Mercier, Louis-Sébastien. *Panorama of Paris: Selections from "Le Tableau de Paris."* Edited by Jeremy Popkin. Translated by Helen Simpson. University Park: Pennsylvania State University Press, 1999.
———. *Paris*. Vol. 2. London, 1817.
Métral, Antoine Marie Thérèse, and Isaac Toussaint Louverture. *Histoire de l'expédition des Français à Saint-Domingue, sous le consulat de Napoléon Bonaparte*. Paris, 1825.
Molière. *Le malade imaginaire*. Edited by Everett Ward Olmsted. Boston: Ginn, 1905.
Moreau de Saint-Méry, Médéric. *Description topographique, physique, civile, politique et historique de la partie française de l'isle Saint-Domingue*. 2 vols. Paris, 1797–98.
Murat, Joachim. *Lettres et documents pour servir à l'histoire de Joachim Murat*. Vol. 1, *Lettres de jeunesse: Campagnes d'Italie et d'Égypte; Corps et armée d'observation du Midi*. Edited by Paul Le Brethon. Paris: Plon, 1908.
Plutarch. *Lives of Illustrious Men*. Vol. 1. Translated by John Dryden. New York, 1880.
Rémusat, Madame de. *Mémoires de Madame de Rémusat, 1802–1808*. Edited by Paul de Rémusat. Paris, 1880.
Richelieu, Louis François Armand du Plessis de. *Mémoires historiques et anecdotiques du duc de Richelieu*. Vol. 6. Paris, 1829.
Rousseau, Jean-Jacques. *Du contrat social, ou Principes du droit politique*. Paris, 1791.
Saint-Germain, Claude-Louis, comte de. *Correspondance particulière du comte de Saint-Germain, ministre d'état, avec M. Paris du Verney*. Vol. 1. London and Paris, 1789.
Saint-Just, Antoine Louis Léon de. *Oeuvres de Saint-Just, représentant du peuple à la Convention Nationale*. Paris, 1834.
"La statue oubliée.: Les humoristes réparent la négligence des gouvernements à l'égard du général Dumas." *Le Matin*, May 28, 1913.
Thiébault, Paul. *Mémoires du général baron Thiébault publiés sous les auspices de sa fille, Mlle Claire Thiébault d'après le manuscrit original par Fernand Calmettes*. Vols. 1 and 2. Paris, 1893.
Tissot, Samuel. *Avis au peuple sur sa santé*. 2 vols. Lausanne, 1761.
———. *L'Onanisme: Dissertation sur les maladies produites par la masturbation*. 4th ed. Lausanne, 1770.
Vertray, M. *Journal d'un officier de l'armée d'Égypte*. Paris, 1883.
Volney, Constantin-François. *Voyage en Syrie et en Égypte pendant les années 1783, 1784 et 1785*. Vol. 1. Paris, 1787.
———. *Les ruines ou méditation sur les révolutions des empires*. Paris, 1791.
Voltaire. *Histoire du siècle de Louis XIV*. Paris, 1752.
———. *Oeuvres complètes*. Vol. 2. Paris, 1870.
Young, Arthur. *Travels During the Years 1787, 1788, 1789*... Vol. 1. Dublin, 1793.

## SECONDARY SOURCES

### BOOKS

Abbott, Elizabeth. *Sugar: A Bittersweet History*. Toronto: Penguin, 2008.
Adams, William Howard. *The Paris Years of Thomas Jefferson*. New Haven: Yale University Press, 2000.

Ader, Jean-Joseph. *Histoire de l'expédition d'Égypte et de Syrie*. 1826.

Adkins, Roy, and Lesley Adkins. *War for All the Oceans: From Nelson at the Nile to Napoleon at Waterloo*. London: Little, Brown, 2006.

Andress, David. *The French Revolution and the People*. London: Hambledon & London, 2004.

Arikha, Noga. *Passions and Tempers: A History of the Humours*. New York: Ecco Press, 2007.

Ashton-Wolfe, Harry. *True Stories of Immortal Crimes*. London: Hurst & Blackett, 1930.

Asprey, Robert B. *The Rise of Napoleon Bonaparte*. New York: Basic Books, 2000.

Astarita, Tommaso. *Between Salt Water and Holy Water: A History of Southern Italy*. New York: Norton, 2005.

Atteridge, Andrew Hilliard. *Joachim Murat: Marshal of France and King of Naples*. New York: Brentano's, 1911.

Audebrand, Philibert. *Alexandre Dumas à la Maison d'or: Souvenirs de la vie littéraire*. Paris, 1888.

Baedeker, Karl. *Paris and Its Environs*. 6th ed. Leipzig, 1878.

Baines, Edward. *History of the Wars of the French Revolution*. Vol. 1. London, 1817.

Bajot, M. *Chronologie ministérielle de trois siècles*. Paris, 1836.

Baldick, Robert. *The Duel: A History of Duelling*. London: Hamlyn, 1970.

Banat, Gabriel. *The Chevalier de Saint-Georges: Virtuoso of the Sword and the Bow*. Hillsdale, NY: Pendragon Press, 2006.

Bangou, Henri. *La révolution et l'esclavage à la Guadeloupe, 1789–1802*. Paris: Messidor, 1989.

Bardin, Pierre. *Joseph de Saint George, le Chevalier Noir*. Paris: Guénégaud, 2006.

Barrère, Albert Marie Victor. *Argot and Slang*. London, 1889.

Barthorp, Michael. *Napoleon's Egyptian Campaigns, 1798–1801*. London: Osprey, 1978.

Barty-King, Hugh. *Eyes Right: The Story of Dollond & Aitchison Opticians, 1750–1985*. London: Quiller Press, 1986.

Beauvoir, Roger de. *Le Chevalier de Saint-George*. Paris, 1856.

———. *Duels et duellistes*. Paris, 1864.

Bégouën Demeaux, M. *Mémorial d'une famille du Havre, Stanislas Foäche*. Paris: Société française d'histoire d'outre-mer, 1982.

Bell, David A. *The Cult of the Nation in France: Inventing Nationalism, 1680–1800*. Cambridge, MA: Harvard University Press, 2003.

———. *The First Total War: Napoleon's Europe and the Birth of Warfare as We Know It*. New York: Houghton Mifflin, 2007.

Bell, Madison Smartt. *Toussaint Louverture: A Biography*. New York: Pantheon, 2007.

Bell, Susan G., and Karen M. Offen. *Women, the Family, and Freedom: 1750–1880*. Vol. 1. Palo Alto: Stanford University Press, 1983.

Benot, Yves. *La démence coloniale sous Napoléon*. Paris: La Découverte, 2006.

Benot, Yves, and Marcel Dorigny, eds. *Le rétablissement de l'esclavage dans les colonies françaises: Rupture et continuité de la politique coloniale française (1800–1830)*. Paris: Maisonneuve et Larose, 2003.

Benson, John Lossing. *Harpers' Popular Cyclopaedia of United States History from the Aboriginal Period to 1876*. Vol. 2. New York, 1881.

Berlin, Ira. *Cultivation and Culture: Labor and the Shaping of Slave Life in the Americas*. Charlottesville: University of Virginia Press, 1993.

Bernier, Olivier. *Pleasure and Privilege: Daily Life in France, Naples, and America, 1770–1790*. New York: Doubleday, 1981.

Blackburn, Robin. *The Making of New World Slavery: From the Baroque to the Modern, 1492–1800*. London: Verso, 1997.

Blanc, Louis. *Histoire de la Révolution Française*. Vol. 2. Paris, 1847.

Blanning, Timothy C. W. *The French Revolution: Aristos Versus Bourgeois?* London: Macmillan Press, 1987.

———. *The French Revolutionary Wars: 1787–1802*. New York: Edward Arnold Publishers, 1996.

Boiteau d'Ambly, Paul. *État de la France en 1789*. Paris, 1861.
Bouchard, Charles. *Historique du 28e Régiment de Dragons*. Nancy, France, 1893.
Boucher, François. *American Footprints in Paris*. Translated by Frances Wilson Huard. New York: George H. Doran, 1921.
Boulet, François. *Leçon d'histoire de France: Saint-Germain-en-Laye, des antiquités nationales à une ville internationale*. Paris: Les Presses Franciliennes, 2006.
Boulle, Pierre. *Race et esclavage dans la France de l'Ancien Régime*. Paris: Perrin, 2007.
Bourgeois, Henri. *Biographies de la Vendée militaire: Alexandre Dumas*. Luçon, France: M. Bideaux, 1900.
Boyve, Jonas. *Annales historiques du comté de Neuchatel et Valangin*. Vol. 4. Berne & Neuchatel, 1858.
Branda, Pierre, and Thierry Lentz. *Napoléon, l'esclavage et les colonies*. Paris: Fayard, 2006.
Braudel, Fernand. *Civilization and Capitalism, 15th–18th Century*. Vol. 3, *The Perspective of the World*. Berkeley: University of California Press, 1992.
Brette, Armand. *Histoire des édifices où sont siégé les assemblées parlementaires de la Révolution française et de la première République*. Vol. 1. Paris: Imprimerie Nationale, 1902.
Broers, Michael. *Napoleon's Other War: Bandits, Rebels, and Their Pursuers in the Age of Revolutions*. Oxford: Peter Lang, 2010.
Brown, Howard. *Ending the French Revolution: Violence, Justice, and Repression from the Terror to Napoleon*. Charlottesville: University of Virginia Press, 2008.
Browning, Oscar. *Napoleon, the First Phase: Some Chapters on the Boyhood and Youth of Bonaparte, 1769–1793*. London: John Lane, 1905.
Bruce, Robert B., Iain Dickie, Kevin Kiley, Michael F. Pavkovic, and Frederick C. Schneid. *Fighting Techniques of the Napoleonic Age*. New York: Thomas Dunne, 2008.
Bucquoy (Commandant). *Dragons et guides d'état-major*. Paris: Grancher, 2000.
Burns, Thomas. *Rome and the Barbarians: 100 B.C.–A.D. 400*. Baltimore: Johns Hopkins University Press, 2003.
Cabet, Étienne. *Histoire populaire de la Révolution Française, de 1789 à 1830*. Vol. 2. Paris, 1839.
Capefigue, Jean-Baptiste. *L'Europe pendant la Révolution française*. Paris, 1843.
Capponi, Niccolò. *Victory of the West: The Great Christian-Muslim Clash at the Battle of Lepanto*. Cambridge, MA: Da Capo Press, 2007.
Carlyle, Thomas. *The French Revolution: A History*. Vols. 2 and 3. London: George Bell, 1902.
Castillo, Dennis. *The Maltese Cross: A Strategic History of Malta*. Westport, CT: Praeger Security International, 2006.
Chambrier, James de. *Marie-Antoinette, reine de France*. Vol. 1. Paris, 1868.
Chandler, David. *The Campaigns of Napoleon*. New York: Scribner, 1973.
Chappey, Frédéric. *Les trésors des princes de Bourbon Conti*. Paris: Somogy, 2000.
Charles-Vallin, Thérèse. *Les aventures du chevalier géologue Déodat de Dolomieu*. Grenoble: Presses universitaires de Grenoble, 2003.
Chartrand, René, and Eugène Leliepvre. *Louis XV's Army*. Vol. 1, *Cavalry & Dragoons*. London: Osprey, 1996.
Chassin, Charles-Louis, and Léon Clément Hennet. *Les volontaires nationaux pendant la Révolution*. Vol. 1. Paris, 1899.
Chernow, Ron. *Washington: A Life*. New York: Penguin, 2010.
Chevrier, Edmond. *Le Général Joubert: Étude sur sa vie, fragments de sa correspondance inédite*. Bourg-en-Bresse, France, 1860.
Chuquet, Arthur. *Les guerres de la Révolution: La trahison de Dumouriez*. 2d ed. Paris, 1891.
———. *La première invasion prussienne (11 août–2 septembre 1792)*. Paris, 1886.
Clarence-Smith, William Gervase. *Islam and the Abolition of Slavery*. New York: Oxford University Press, 2006.
Clarke, I. F. *Voices Prophesying War: Future Wars, 1763–3749*. New York: Oxford University Press, 1993.

Clarke, James Stanier, and John MacArthur. *The Life of Admiral Lord Nelson: From His Lordship's Manuscripts*. London, 1810.
Claster, Jill N. *Sacred Violence: The European Crusades to the Middle East, 1095–1396*. Toronto: University of Toronto Press, 2009.
Clausewitz, Karl von. *On War*. Translated by Michael Howard and Peter Paret. Princeton: Princeton University Press, 2008.
Clerget, Charles. *Tableaux des armées françaises pendant les guerres de la Révolution*. Paris: Librairie militaire Chaplot, 1905.
Cocteau, Jean, and Pierre Jahan. *La mort et les statues*. Paris: Editions de L'Amateur, 2008.
Cole, Juan. *Napoleon's Egypt*. New York: Palgrave Macmillan, 2007.
Colletta, Pietro. *History of the Kingdom of Naples*. Vol. 1. Edinburgh, 1858.
Colombey, Émile. *Histoire anecdotique du duel dans tous les temps et dans tous les pays*. Paris, 1861.
Cooper, Duff. *Talleyrand*. New York: Grove Press, 2001 [1932].
Copland, James. *A Dictionary of Practical Medicine*. London, 1858.
Crowdy, Terry, and Christa Hook. *French Soldier in Egypt, 1798–1801: The Army of the Orient*. Oxford: Osprey, 2003.
Dardel, Pierre. *Commerce, industrie, navigation à Rouen et au Havre au XVIIIe siècle*. Rouen, 1966.
Darnton, Robert. *Mesmerism and the End of the Enlightenment in France*. Cambridge, MA: Harvard University Press, 1986.
Dauban, Charles-Aimé. *Étude sur Madame Roland et son temps*. Paris, 1864.
Davidson, Arthur. *Alexandre Dumas, père: His Life and Works*. Philadelphia: Lippincott, 1902.
Davis, David Brion. *Inhuman Bondage: The Rise and Fall of Slavery in the New World*. Oxford: Oxford University Press, 2008.
Davis, John A. *Naples and Napoleon: Southern Italy and the European Revolutions, 1780–1860*. New York: Oxford University Press, 2006.
Debaisieux, Martine, and Gabrielle Verdier. *Violence et fiction jusqu'à la Révolution*. Tübingen, Germany: Narr Verlag Tübingen, 1998.
De Cauna, Jacques. *Haïti: L'éternelle révolution: Histoire d'une décolonisation, 1789–1804*. Monein, France: Éditions PyréMonde, 2009.
Delobette, Édouard. *Ces messieurs du Havre: Negociants, commissionnaires et armateurs de 1680 à 1830*. PhD thesis, Université de Caen, 2005.
Desbrière, Édouard, and Maurice Sautai. *La cavalerie pendant la révolution du 14 juillet 1789 au 26 juin 1794: La Crise*. Paris: Berger-Levrault, 1907.
Desprez, Claude. *Desaix*. Paris, 1884.
D'Èze, Gabriel, and A. Marcel. *Histoire de la coiffure des femmes en France*. Paris, 1886.
Dippel, John Van Houten. *Race to the Frontier: "White Flight" and Westward Expansion*. New York: Algora Publishing, 2005.
Dorigny, Marcel, and Bernard Gainot. *La société des Amis des Noirs, 1788–1799: Contribution à l'histoire de l'abolition et de l'esclavage*. Paris: UNESCO, 1998.
Drescher, Seymour. *Abolition: A History of Slavery and Antislavery*. Cambridge: Cambridge University Press, 2009.
Du Breil de Pontbriand, Paul-Marie. *Un Chouan, le général de Boisguy*. Paris: H. Champion, 1904.
Dubois, Laurent. *Avengers of the New World: The Story of the Haitian Revolution*. Cambridge, MA: Harvard University Press, 2004.
———. *A Colony of Citizens: Revolution and Slave Emancipation in the French Caribbean, 1787–1804*. Chapel Hill: University of North Carolina Press, 2004.
———. *Haiti: The Aftershocks of History*. New York: Metropolitan Books, 2012.
———, and John D. Garrigus. *Slave Revolution in the Caribbean, 1789–1804*. Boston: Bedford/St. Martin's, 2006.

Duggan, Christopher. *The Force of Destiny: A History of Italy Since 1796*. Boston: Houghton Mifflin, 2008.
Dull, Jonathan R. *The French Navy and the Seven Years' War*. Lincoln: University of Nebraska Press, 2005.
Dunn-Pattison, Richard. *Napoleon's Marshals*. Wakefield, UK: EP Publishing, 1977.
Durant, Will, and Ariel Durant. *The Age of Napoleon: A History of European Civilization from 1789 to 1815*. Vol. 11, *The Story of Civilization*. New York: Simon & Schuster, 1980.
Dwyer, Philip G. *Napoleon: The Path to Power, 1769–1799*. New Haven: Yale University Press, 2008.
Edwards, Henry Sutherland. *Old and New Paris: Its History, Its People, and Its Places*. Vol. 1. London, 1893.
Elisabeth, Léo. *La société martiniquaise aux XVIIe et XVIIIe siècles: 1664–1789*. Paris: Karthala, 2003.
Ellery, Eloise. *Brissot de Warville: A Study in the History of the French Revolution*. Boston: Houghton Mifflin, 1915.
Elting, John. *Swords Around a Throne*. Cambridge, MA: Da Capo Press, 1997.
Englund, Steven. *Napoleon: A Political Life*. Cambridge, MA: Harvard University Press, 2005.
Fabry, Gabriel. *Rapports historiques des régiments de l'armée d'Italie pendant la campagne de 1796–1797*. Paris: Librairie militaire R. Chapelot, 1905.
———. *Histoire de la campagne de 1794 en Italie*. Paris: Librairie militaire R. Chapelot, 1905.
Faur, Louis-François. *Vie privée du Maréchal de Richelieu*. Vol. 1. Paris, 1791.
Fernandez, Dominique. *Jérémie! Jérémie!* Paris: Grasset, 2005.
Fick, Carolyn F. *The Making of Haïti: The Saint Domingue Revolution from Below*. Knoxville: University of Tennessee Press, 1990.
Fiebeger, Gustav. *The Campaigns of Napoleon Bonaparte of 1796–1797*. West Point: U.S. Military Academy Printing Office, 1911.
Fierro, Alfred, André Palluel-Guillard, and Jean Tulard. *Histoire et dictionnaire du Consulat et de l'Empire: 1799–1815*. Paris: Robert Laffont, 1995.
Fitzgerald, Percy. *The Life and Adventures of Alexandre Dumas*. London, 1873.
Forsyth, Michael. *Buildings for Music: The Architect, the Musician, and the Listener from the Seventeenth Century to the Present Day*. Cambridge, MA: MIT Press, 1985.
Foucart, Paul, and Jules Finot. *La défense nationale dans le Nord, de 1792 à 1802*. Vol. 1. Lille, 1890–93.
Fouchard, Jean. *Le théâtre à Saint-Domingue*. Port-au-Prince: Imprimerie de l'État, 1955.
Fougeroux de Campigneulles, Jean. *Histoire des duels anciens et modernes*. Vol. 1. Paris, 1835.
France, Anatole. *La vie littéraire*. Paris, 1889.
Freemont-Barnes, Gregory. *The French Revolutionary Wars*. London: Osprey, 2001.
Friedenthal, Richard, and Martha Friedenthal-Haase. *Goethe: His Life and Times*. Piscataway, NJ: Transaction Publishers, 2010.
Furet, François. *Interpreting the French Revolution*. Cambridge: Maison des Sciences de l'Homme and Cambridge University Press, 1981.
Gachot, Edouard. *Souvarow en Italie*. Paris: Perrin, 1903.
Gaffarel, Paul. *Bonaparte et les républiques italiennes, 1796–1799*. Paris, 1895.
Gainot, Bernard. *Les officiers de couleur dans les armées de la République et de l'Empire, 1792–1815*. Paris: Karthala, 1989.
Gallaher, John G. *General Alexandre Dumas: Soldier of the Revolution*. Carbondale: Southern Illinois University Press, 1997.
Gamlin, Hilda. *Nelson's Friendships*. Vol. 1. London, 1899.
Gardiner, Robert. *Warships of the Napoleonic Era*. London: Chatham, 1999.
Garraway, Doris. *The Libertine Colony: Creolization in the Early French Caribbean*. Durham, NC: Duke University Press, 2005.

Garrigus, John D. *Before Haiti: Race and Citizenship in French Saint-Domingue*. New York: Macmillan, 2006.

Gates, Henry Louis, Jr. *Black in Latin America*. New York: New York University Press, 2011.

Gauthier, Florence. *L'aristocratie de l'épiderme. Le combat de la Société des citoyens de couleur, 1789–1791*. Paris: CNRS Éditions, 2007.

Geggus, Patrick, and Norman Fiering. *The World of the Haitian Revolution*. Bloomington: Indiana University Press, 2009.

Gillespie, Charles. *Science and Polity in France: The End of the Old Regime*. Princeton: Princeton University Press, 2004.

Glinel, Charles. *Alexandre Dumas et son oeuvre*. Reims, 1884.

Glissant, Edouard. *Mémoires des esclavages: La fondation d'un centre national pour la mémoire des esclavages et de leurs abolitions*. Paris: Gallimard/La Documentation Française, 2007.

Gonzalez-Crussi, F. *A Short History of Medicine*. New York: Modern Library, 2008.

Gordon-Reed, Annette. *The Hemingses of Monticello: An American Family*. New York: Norton, 2008.

Goujet, Claude-Pierre. *Bibliothèque françoise, ou Histoire de la littérature françoise*. Vol. 9. Paris, 1745.

Gourdon de Genouillac, Henri. *Paris à travers les siècles: Histoire nationale de Paris et des Parisiens, depuis la fondation de Lutèce jusqu'à nos jours*. Vol. 4. Paris, 1879.

———. *Recueil d'armoiries des maisons nobles de France*. Paris, 1860.

Grab, Alexander. *Napoleon and the Transformation of Europe*. Basingstoke, UK: Palgrave, 2003.

Grandjean, Laval (Lieutenant). *Journaux sur l'expédition d'Égypte*. Paris: Teissèdre, 2000.

Gregory, Desmond. *Malta, Britain, and the European Powers, 1793–1815*. Madison, NJ: Fairleigh Dickinson University Press, 1996.

Grigsby, Darcy. *Extremities: Painting Empire in Post-Revolutionary France*. New Haven: Yale University Press, 2002.

Grisier, Augustin. *Les armes et le duel*. Paris, 1847.

Haine, W. Scott. *The World of the Paris Café: Sociability Among the French Working Class, 1789–1914*. Baltimore: Johns Hopkins University Press, 1996.

Hamel, Réginald. *Dumas—insolite*. Montreal: Guérin littérature, 1988.

Harms, Robert. *The Diligent: Worlds of the Slave Trade*. New York: Basic Books, 2002.

Harris, Judith. *Pompeii Awakened*. London: I. B. Tauris, 2007.

Harrison, James. *Life of the Right Honourable Horatio, Lord Viscount Nelson: Baron Nelson of the Nile*. London, 1806.

Haudrière, Phillipe, and Françoise Vergès. *De l'esclave au citoyen*. Evreux, France: Découvertes Texto/Gallimard, 1998.

d'Hauterive, Ernest. *L'armée sous la Révolution, 1789–1794*. Paris, 1894.

———. *Un soldat de la Révolution: Le Général Alexandre Dumas (1762–1806)*. Paris, 1897.

Haythornthwaite, Philip, and Richard Hook. *Napoleon's Campaigns in Italy*. London: Osprey, 1993.

Hazan, Eric, and David Fernbach. *The Invention of Paris: A History in Footsteps*. London: Verso, 2010.

Hemmings, Frederic William John. *Theatre and State in France: 1760–1905*. Cambridge: Cambridge University Press, 1994.

Hennet, Léon. *État militaire de France pour l'année 1793*. Paris: Société de l'histoire de la Révolution française, 1903.

Henry, Gilles. *Dans les pas des . . . Dumas*. Cully: Centre Regional des Lettres de Basse-Normandie. 2010.

———. *Les Dumas: Le secret de Monte Cristo*. Condé-sur-Noiraud: Corlet, 1982.

Herold, J. Christopher. *Bonaparte in Egypt*. New York: Harper and Row, 1962.

Hibbert, Christopher. *Nelson: A Personal History*. London: Viking, 1994,

Hochschild, Adam. *Bury the Chains: Prophets and Rebels in the Fight to Free an Empire's Slaves*. New York: Houghton Mifflin Harcourt, 2005.

Hoefer, Ferdinand. *Nouvelle biographie générale*. Vol. 37. Paris, 1866.

Hoffman, Léon-François, Frauke Gewecke, and Ulrich Fleischmann. *Haïti 1804: Lumières et tenèbres; Impact et résonances d'une révolution*. Madrid: Iberoamericana Editorial, 2008.

Holland, James. *Fortress Malta*. London: Phoenix Paperbacks, 2004.

Horne, Alistair. *Age of Napoleon*. New York: Modern Library, 2006.

Hugo, Abel. *France militaire: Histoire des armées françaises de terre et de mer de 1792 à 1833*. Vol. 2. Paris, 1835.

Hugo, Victor. *Quatrevingt-treize*. Paris, 1874.

Hunt, Lynn. *Revolution and Urban Politics in Provincial France: Troyes and Reims, 1786–90*. Stanford: Stanford University Press, 1978.

———, ed. *The French Revolution and Human Rights: A Brief Documentary History*. Boston: Bedford/St. Martin's, 1996.

Hurtaut, Pierre. *Dictionnaire historique de la ville de Paris*. Vol. 4. Paris, 1779.

James, C. L. R. *The Black Jacobins: Toussaint l'Ouverture and the San Domingo Revolution*. 2nd ed. New York: Vintage, 1989 [1963].

Jenson, Deborah. *Beyond the Slave Narrative: Politics, Sex, and Manuscripts in the Haitian Revolution*. Liverpool: Liverpool University Press, 2011.

Johnson, David. *The French Cavalry, 1792–1815*. London: Belmont Publishing, 1989.

Johnson, Kevin R. *Mixed Race America and the Law: A Reader*. New York: New York University Press, 2003.

Jones, Colin. *The Longman Companion to the French Revolution*. Longman, 1990.

———. *Paris: The Biography of a City*. New York: Penguin Books, 2006.

Jordan, David P. *The Revolutionary Career of Maximilien Robespierre*. Chicago: University of Chicago Press, 1989.

Keane, John. *Tom Paine: A Political Life*. Boston: Little, Brown, 1995.

Kendrich Johnson, Helen. *Our Familiar Songs and Those Who Made Them: Three Hundred Standard Songs of the English-Speaking Race*. New York: Henry Holt, 1909.

Kennedy, Michael L. *The Jacobin Clubs in the French Revolution, 1793–1795*. New York: Berghahn Books, 2000.

King, Stewart R. *Blue Coat or Powdered Wig: Free People of Color in Pre-Revolutionary Saint-Domingue*. Athens, GA: University of Georgia Press, 2001.

Knight, Roger. *The Pursuit of Victory: The Life and Achievement of Horatio Nelson*. New York: Basic Books, 2005.

La Boëssière (*fils*). *Traité de l'art des armes à l'usage des professeurs et des amateurs*. Paris, 1818.

Lahlou, Raphaël. *Alexandre Dumas ou le don de l'enthousiasme*. Paris: Giovanangeli, 2006.

La Jonquière, Clément de. *L'expédition d'Égypte (1798–1801)*. 2nd ed. 5 vols. Paris, 1899.

Lallié, Alfred. *Les noyades de Nantes*. 2nd ed. Nantes, 1879.

Lal Mehta, Jaswant. *Advanced Study in the History of Modern India, 1707–1813*. New York: Sterling Publishers, 2005.

Landru, Robert. *À propos d'Alexandre Dumas: Les aïeux, le général, le bailli, premiers amis*. Vincennes: R. Landru, 1977.

Lanning, Michael Lee. *African Americans in the Revolutionary War*. New York: Citadel Press, 2005.

Laurens, Henry. *L'Expédition d'Égypte: 1798–1801*. Paris: Colin, 1989.

———. *Orientales 1: Autour de l'Expédition d'Égypte*. Paris: CNRS Editions, 2004.

Lavery, Brian. *Nelson and the Nile: The Naval War Against Bonaparte, 1798*. London: Chatham, 1998.

Ledru-Rollin, Alexandre. *Journal du palais*. Vol. 1. Paris, 1840.

Lefebvre, Georges. *The Great Fear of 1789: Rural Panic in Revolutionary France*. New York: Schocken, 1989.
Lemaire, Gérard-Georges. *L'univers des orientalistes*. Paris: Éditions Place des Victoires, 2000.
Le Mascrier, Jean-Baptiste (Abbé). *Description de l'Égypte*. Paris, 1735.
Lentz, Thierry. *Napoléon: "Mon ambition était grande."* Paris: Gallimard, 1998.
Levron, Jacques. *Un libertin fastueux: Le maréchal de Richelieu*. Paris: Perrin, 1971.
Leyden Blennerhassett, Charlotte Julia von. *Madame de Staël: Her Friends and Her Influence in Politics and Literature*. Vol. 1. London, 1889.
Lievyns, A., Jean-Maurice Verdot, and Pierre Bégat. *Fastes de la Légion-d'honneur. Biographie de tous les décorés*. Vol. 3. Paris, 1844.
Linebaugh, Peter, and Marcus Rediker. *The Many-Headed Hydra: Sailors, Slaves, Commoners, and the Hidden History of the Revolutionary Atlantic*. Boston: Beacon Press, 2000.
Linstant, Simon. *Essai sur les moyens d'extirper les préjugés des blancs contre la couleur des Africains et des sang-mêlés*. Paris, 1841.
Lloyd, Christopher. *The Nile Campaign: Nelson and Napoleon in Egypt*. New York: Barnes and Noble, 1973.
Lombard, Jean. *Un volontaire de 1792: Psychologie révolutionnaire et militaire*. Paris, 1892.
Lund, Erik. *War for the Every Day: Generals, Knowledge, and Warfare in Early Modern Europe, 1680–1740*. Westport, CT: Greenwood Press, 1999.
Lyons, Martyn. *Napoleon Bonaparte and the Legacy of the French Revolution*. New York: St. Martin's Press, 1994.
Macinnis, Peter. *Bittersweet: The Story of Sugar*. Crows Nest, Australia: Allen & Unwin, 2002.
Maffeo, Steven E. *Most Secret and Confidential: Intelligence in the Age of Nelson*. Annapolis, MD: Naval Institute Press, 2006.
Magnin, Charles. *Histoire des marionnettes en Europe: Depuis l'antiquité jusqu'à nos jours*. Paris, 1852.
Malanima, Paolo. *Pre-modern European Economy: One Thousand Years*. Leiden, Netherlands: Brill, 2009.
Mante, Thomas. *The Naval and Military History of the Wars of England*. Vol. 8. London, 1795.
Mantel, Hilary. *A Place of Greater Safety*. New York: Macmillan, 2006.
Manuel, Keith Anthony. *Slavery, Coffee, and Family in a Frontier Society: Jérémie and Its Hinterland, 1780–1789*. PhD thesis, University of Florida, 2005.
Marmottan, Paul. *Le général Fromentin et l'armée du Nord (1792–1794)*. Paris, 1891.
Martin, Thomas R. *Ancient Greece: From Prehistoric to Hellenistic Times*. New Haven, CT: Yale University Press, 2000.
Martone, Eric, ed. *The Black Musketeer: Reevaluating Alexandre Dumas within the Francophone World*. Newcastle upon Tyne, UK: Cambridge Scholars, 2011.
Mathiez, Albert. *La révolution et les étrangers: Cosmopolitisme et défense nationale*. Paris: La Renaissance du Livre, 1918.
Maurano, Silvio. *La Repubblica partenopea*. Milan: Ceschina, 1971.
Maurel, André. *Les trois Dumas*. Paris: Librairie illustrée, 1896.
Maurice, Charles. *Histoire anecdotique du théâtre, de la littérature, et de diverses impressions contemporaines*. Vol. 1. Paris, 1856.
Maurois, André. *A History of France*. London: Methuen, 1964.
———. *The Titans: A Three-Generation Biography of the Dumas*. Translated by Gerard Hopkins. New York: Harper, 1957.
Maury, Louis-Ferdinand-Alfred. *Les forêts de la Gaule et de l'ancienne France*. Paris, 1867.
Mazas, Alexandre, with Théodore Anne. *Histoire de l'ordre royal et militaire de Saint-Louis depuis son institution en 1693 jusqu'en 1830*. Vol. 2. Paris, 1860.
McClellan, James E. *Colonialism and Science: Saint Domingue and the Old Regime*. Chicago: University of Chicago Press, 2010.
McLynn, Frank. *Napoleon: A Biography*. London: Jonathan Cape, 1997.

McNeill, William. *The Pursuit of Power: Technology, Armed Force, and Society Since A.D. 1900.* Chicago: University of Chicago Press, 1982.
Méry, Joseph, and Auguste Barthélemy. *Napoléon en Égypte: Poème en 8 chants.* Paris, 1828.
Michelet, Jules. *Histoire de France au dix-huitième siècle: Louis XV et Louis XVI.* Paris, 1867.
Miller, Christopher. *The French Atlantic Triangle: Literature and Culture of the Slave Trade.* Durham, NC: Duke University Press, 2008.
Miltoun, Francis. *Royal Palaces and Parks of France.* Boston: L. C. Page, 1910.
Mintz, Sidney. *Sweetness and Power: The Place of Sugar in Modern History.* New York: Penguin Books, 1986.
Mirecourt, Eugène de. *Fabrique de romans: Maison Alexandre Dumas et compagnie.* Paris, 1845.
———. *Les contemporains: Alexandre Dumas.* Paris, 1856.
Moitt, Bernard. *Women and Slavery in the French Antilles, 1635–1848.* Bloomington: Indiana University Press, 2001.
Molinari, Gustave. *L'évolution politique et la révolution.* Paris, 1884.
Mortal, Patrick. *Les armuriers de l'état: Du grand siècle à la globalisation, 1665–1989.* Villeneuve d'Ascq: Presses Universitaires Septentrion, 2007.
Mouillard, Lucien. *Les régiments sous Louis XV.* Paris, 1882.
Mousnier, Roland. *The Institutions of France Under the Absolute Monarchy, 1598–1789.* Vol. 1, *Society and the State.* Translated by Brian Pearce. Chicago: University of Chicago Press, 1979.
Mowery Andrews, Richard. *Law, Magistracy, and Crime in Old Regime Paris, 1735–1789.* Vol. 1, *The System of Criminal Justice.* Cambridge: Cambridge University Press, 1994.
Mullié, Charles. *Biographie des célébrités militaries des armées de terre et de mer de 1789 à 1850.* Vol. 1. Paris, 1851.
Myśliwiec, Karol. *The Twilight of Ancient Egypt: First Millennium B.C.E.* Ithaca, NY: Cornell University Press, 2000.
Nicassio, Susan. *Imperial City: Rome Under Napoleon.* Chicago: University of Chicago Press, 2009.
Nicholls, David. *Napoleon: A Biographical Companion.* Santa Barbara: ABC-CLIO, 1999.
Noël, Erick. *Être noir en France au XVIIIème siècle.* Paris: Tallandier, 2006.
Norwich, John Julius. *The Middle Sea: A History of the Mediterranean.* New York: Doubleday, 2006.
Nougaret, Pierre. *Anecdotes militaires, anciennes & modernes de tous les peuples.* Vol. 4. Paris, 1808.
Okey, Thomas. *Paris and Its Story.* New York: Macmillan, 1904.
Pajol, Charles Pierre Victor. *Kléber: Sa vie, sa correspondance.* Paris, 1877.
Papayanis, Nicholas. *Planning Paris Before Haussmann.* Baltimore: Johns Hopkins University Press, 2004.
Parigot, Hippolyte. *Alexandre Dumas Père.* Paris: Hachette, 1902.
Parsons, Timothy. *Rule of Empires: Those Who Build Them, Those Who Endure Them, and Why They Always Fall.* New York: Oxford University Press, 2010.
Pawly, Ronald, and Patrice Courcelle. *Napoleon's Mamelukes.* Oxford: Osprey, 2006.
Peabody, Sue. *"There Are No Slaves in France": The Political Culture of Race and Slavery in the Ancien Regime.* New York: Oxford University Press, 1996.
Peytraud, Lucien. *L'esclavage aux Antilles françaises avant 1789, d'après des documents inédits des archives coloniales.* Vol. 2. Paris, 1897.
Picaud, A. *Carnot: L'organisateur de la victoire, 1753–1825.* Paris, 1888.
Pileam, Pamela M. *Madame Tussaud and the History of Waxworks.* London: Hambledon and London, 2003.
Pocock, Tom. *The Terror Before Trafalgar: Nelson, Napoleon, and the Secret War.* New York: Norton, 2003.
Pommereul, François-René-Jean de. *Campagne du général Buonaparte en Italie pendant les années IVe et Ve de la République française.* Paris, 1797.

Popkin, Jeremy D. *A Concise History of the Haitian Revolution*. Chichester, UK: Wiley, 2012.
———. *You Are All Free: The Haitian Revolution and the Abolition of Slavery*. Cambridge: Cambridge University Press, 2010.
Porter, Roy. *The Cambridge Illustrated History of Medicine*. Cambridge: Cambridge University Press, 2001.
Postgate, Raymond Williams. *Revolution from 1789 to 1906*. Boston: Houghton Mifflin, 1921.
Price, Richard, ed. *Maroon Societies: Rebel Slave Communities in the Americas*. Baltimore: Johns Hopkins University Press, 1996.
Quérel, Alain. *Nicolas-Jacques Conté (1755–1805). un inventeur de génie: Des crayons à l'expédition d'Égypte en passant par l'aérostation militaire*. Paris: L'Harmattan, 2004.
Raymond, André. *Égyptiens et Français au Caire, 1798–1801*. Cairo: Institut français d'archéologie orientale, 2004.
Reinhard, Marcel. *Le grand Carnot*. Paris: Hachette, 1952.
Reybaud, Louis. *Histoire de l'expédition française en Égypte*. Vol. 3 of *Histoire scientifique et militaire de l'expédition française en Égypte* . . . Edited by Xavier-Boniface Saintine. Paris, 1830–36.
Ribbe, Claude. *Alexandre Dumas, le dragon de la reine*. Paris: Éditions du Rocher, 2002.
———. *Le diable noir*. Monaco: Alphée, 2008.
Richardson, Hubert N. B. *A Dictionary of Napoleon and His Times*. London: Cassell, 1920.
Ridley, Ronald. *The Eagle and the Spade: Archaeology in Rome During the Napoleonic Era*. New York: Cambridge University Press, 1992.
Ring, Trudy, ed. *International Dictionary of Historic Places*. Vol. 3. Chicago: Fitzroy Dearborn, 1995.
Roche, Daniel. *France in the Enlightenment*. Translated by Arthur Goldhammer. Cambridge, MA: Harvard University Press, 1998.
Rochegude, Felix. *Promenades dans toutes les rues de Paris, Ier arrondissement*. Paris: Hachette, 1910.
Rodger, Alexander. *War of the Second Coalition, 1798–1801: A Strategic Commentary*. Oxford: Clarendon Press, 1964.
Roger, J. A. *World's Great Men of Color*. Vol. 2. New York: Touchstone, 1996.
Rogerson, Barnaby. *The Last Crusaders: The Hundred-Year Battle for the Centre of the World*. London: Little, Brown, 2009.
Rothenberg, Gunther Erich. *The Art of Warfare in the Age of Napoleon*. Bloomington: Indiana University Press, 1978.
Roujon, Jacques. *Conti: L'ennemi de Louis XIV*. Paris: A. Fayard, 1941.
Roux, Charles. *Les origines de l'expédition d'Égypte*. Paris: Plon, 1910.
Le Roy de Sainte Croix, François Noël. *Le chant de guerre pour l'armée du Rhin ou la Marseillaise*. Strasbourg, 1880.
Runciman, Steven. *The Sicilian Vespers: A History of the Mediterranean World in the Later Thirteenth Century*. New York: Cambridge University Press, 1958.
Sagan, Eli. *Citizens & Cannibals: The French Revolution, the Struggle for Modernity, and the Origins of Ideological Terror*. Lanham, MD: Rowman & Littlefield, 2001.
Saint-Just, Victor-Ernest-Marie. *Historique du 5e Régiment de Dragons*. Paris, 1891.
Sala-Molins, Louis. *Le Code Noir, ou le calvaire de Canaan*. Paris: Presses Universitaires de France, 1987.
Schama, Simon. *Citizens: A Chronicle of the French Revolution*. New York: Knopf, 1989.
———. *Rough Crossings: Britain, the Slaves and the American Revolution*. New York: Ecco Press, 2006.
Scheler, Auguste. *Dictionnaire d'étymologie française d'après les résultats de la science moderne*. Paris, 1862.
Schneid, Frederick C. *Napoleon's Conquest of Europe: The War of the Third Coalition*. Westport, CT: Greenwood Publishing, 2005.

Schom, Alan. *Napoleon Bonaparte*. New York: Harper Collins World, 1998.
Schopp, Claude. *Dictionnaire Dumas*. Paris: CNRS Editions, 2010.
———. *Alexandre Dumas: Le génie de la vie*. Paris: Fayard, 1997.
Schubring, Gert. *Conflicts between Generalization, Rigor and Intuition: Number Concepts Underlying the Development of Analysis in 17th–19th Century France and Germany*. New York: Springer Science, 2005.
Sciout, Ludovic. *La République française et la République de Gênes, 1794–1799*. Brussels, 1889.
Scurr, Ruth. *Fatal Purity: Robespierre and the French Revolution*. New York: Henry Holt, 2006.
Seeber, Edward. *Anti-Slavery Opinion in France During the Second Half of the Eighteenth Century*. New York: Burt Franklin, 1971.
Simonetta, Marcello, and Noga Arikha. *Napoleon and the Rebel: A Story of Brotherhood, Passion, and Power*. New York: Palgrave Macmillan, 2011.
Sire, H. J. A. *The Knights of Malta*. New Haven: Yale University Press, 1994.
Sivry, Louis de, and M. de Rolot. *Précis historique de Saint-Germain-en-Laye*. Saint-Germain-en-Laye, 1848.
Smith, Gretchen. *The Performance of Male Nobility in Molière's Comédie-Ballets: Staging the Courtier*. Burlington, VT: Ashgate, 2004.
Sorel, Albert. *L'Europe et la Révolution française*. Vol. 4, *Les limites naturelles, 1794–1795*. Paris, 1892.
Spang, Rebecca L. *The Invention of the Restaurant: Paris and Modern Gastronomic Culture*. Cambridge, MA: Harvard University Press, 2000.
Speziale, G. C. *Storia militare di Taranto negli ultimi cinque secoli*. Bari, Italy: Gius, Laterz & Figli, 1930.
Standish, Frank Hall. *The Life of Voltaire*. London, 1821.
Stein, Robert Louis. *The French Slave Trade in the Eighteenth Century: An Old Regime Business*. Madison: University of Wisconsin Press, 1979.
Steinmetz, Andrew. *The Romance of Duelling in All Times and Countries*. Vol. 1. London, 1868.
Stengers, Jean, and Anne Van Neck. *Masturbation: The History of a Great Terror*. Translated by Kathryn Hoffman. New York: Palgrave, 2001.
Strathern, Paul. *Napoleon in Egypt*. New York: Bantam, 2008.
Stuart, Andrea. *The Rose of Martinique: A Life of Napoleon's Josephine*. New York: Grove Press, 2004.
Sutherland, Donald M. G. *The French Revolution and Empire: The Quest for a Civic Order*. Hoboken, NJ: Wiley-Blackwell, 2003.
Sweetman, Jack. *The Great Admirals: Command at Sea, 1587–1945*. Annapolis, MD: Naval Institute Press, 1997.
Sybel, Heinrich von. *History of the French Revolution*. Vol. 1. Translated by Walter C. Perry. London, 1867.
Tarbell, Ida. *A Short Life of Napoleon Bonaparte*. New York, 1895.
Terrio, Susan. *Crafting the Culture and History of French Chocolate*. Berkeley: University of California Press, 2000.
Thibaudeau, Antoine-Claire. *Histoire générale de Napoléon Bonaparte, de sa vie privée et publique, de sa carrière politique et militaire, de son gouvernement et de son administration*. Vol. 6. Paris, 1828.
Thiers, Adolphe. *Histoire du Consulat et de l'Empire*. Vol. 1. Brussels, 1845.
———. *The History of the French Revolution, 1789–1800*. Vol. 1. Tranlated by Frederick Shoberl. Philadelphia, 1894.
Thomas, Hugh. *The Slave Trade: The Story of the Atlantic Slave Trade, 1440–1870*. New York: Simon & Schuster, 1999.
Thomas, Jean-Pierre. *Le guide des effigies de Paris*. Paris: L'Harmattan, 2002.

Tiré de Cléron, Joseph. *Abrégé de la vie de Louis Mandrin, chef de contrebandiers en France*. Paris: Alia, 1991.
Tulard, Jean. *Murat*. Paris: Fayard, 1999.
Unger, Harlow G. *Lafayette*. New York: Wiley, 2002.
Valentin, René. *Le maréchal Jourdan, 1762–1833*. Limoges: Charles-Lavauzelle, 1956.
Van-Ess, William Lodewyk. *Life of Napoleon Buonaparte*. Vol. 2. London, 1809.
Van Riper, Bowdoin A. *Rockets and Missiles: The Life Story of a Technology*. Baltimore: Johns Hopkins University Press, 2007.
Vauquelin, Jacques. *Châteaux, manoirs, monuments et sites de la région bolbécaise*. Yvetot, France: Imprimerie Nouvelle, 1977.
Verbruggen, J. F. *The Art of Warfare in Western Europe During the Middle Ages*. Woodbridge, UK: Boydell Press, 2002.
Vila, Anne. *Enlightenment and Pathology: Sensibility in the Literature and Medicine of Eighteenth-Century France*. Baltimore: Johns Hopkins University Press, 1998.
Villiers du Terrage, Marc de. *Les aérostatiers militaires en Égypte: Campagne de Bonaparte, 1798–1801*. Paris: G. Camproger, 1901.
Wallon, Henri. *Histoire du tribunal révolutionnaire de Paris avec le Journal de ses actes*. Vol. 1. Paris, 1880.
Wanquet, Claude. *La France et la première abolition de l'esclavage, 1794–1802*. Paris: Kathala, 1998.
Weiner, Mark S. *Black Trials: Citizenship from the Beginnings of Slavery to the End of Caste*. New York: Knopf, 2004.
Wheeler, Harold, and Alexander Broadley. *Napoleon and the Invasion of England: The Story of the Great Terror, 1797–1805*. New York: John Lane, 1908.
Williams, Hugh Noel. *The Fascinating Duc de Richelieu*. London: Methuen, 1910.
Willms, Johannes. *Paris, Capital of Europe: From the Revolution to the Belle Epoque*. Translated by Eveline Kanes. New York: Holmes and Meier, 1997.
Wilson, Victor Emmanuel Roberto. *Le Général Alexandre Dumas: Soldat de la liberté*. Quebec: Quisqueya-Québec, 1977.
Wimpffen, Alexandre-Stanislas de. *Haïti au XVIIIe siècle*. Paris: Karthala, 1993.
Winik, Jay. *The Great Upheaval: America and the Birth of the Modern World, 1788–1800*. New York: HarperCollins, 2008.
Wolfe, Michael. *Walled Towns and the Shaping of France: From the Medieval to the Early Modern Era*. New York: Palgrave Macmillan, 2009.
Woloch, Isser. *Napoleon and His Collaborators: The Making of a Dictatorship*. New York: Norton, 2001.
Woods Weierman, Karen. *One Nation, One Blood: Interracial Marriage in American Fiction, Scandal, and Law, 1820–1870*. Amherst, MA: University of Massachusetts Press, 2005.
Woronoff, Denis. *La république bourgeoise de Thermidor à Brumaire, 1794–1799*. Paris: Seuil, 2004.
Wroe, Ann. *Being Shelley: The Poet's Search for Himself*. New York: Pantheon, 2007.
Young. John. *A History of the Commencement, Progress, and Termination of the Late War Between Great Britain and France* . . . Vol. 1. Edinburgh, 1802.
Zamoyski, Adam. *Holy Madness: Romantics, Patriots and Revolutionaries, 1776–1871*. London: Weidenfeld & Nicolson, 1999.

## ARTICLES IN DICTIONARIES, NEWSPAPERS, JOURNALS, WEBSITES, AND EDITED VOLUMES

"Alexandre Dumas." *Hogg's Instructor* 3 (July–December 1854): 35–48.
"Alexandre Dumas attend la statue." *Le Parisien*, November 28, 2007.

"Alexandre Dumas Dead." *New York Times*, November 28, 1895.

Arnault, Antoine-Vincent, Antoine Jay, Etienne de Jouy, and Jacques Marquet de Norvins. "Dumas (Alexandre Davy-de-la-Pailleterie)." In *Biographie nouvelle des contemporains*, 160–62. Vol. 6. Paris, 1822.

"Autobiography of Alexandre Dumas." *Littell's Living Age* 35 (October–December 1852): 587–91.

Baillie-Grohman, F. "The Brenner Pass and Its Traffic in Old Days." *Contemporary Review*, no. 613 (January 1917): 375–84.

Broughton, Tony. "Generals Who Served in the French Army During the Period 1789–1815." Napoleon Series website, http://www.napoleon-series.org/research/c_french generals.

Champion, Jean-Marcel. "30 Floréal Year X: The Restoration of Slavery by Bonaparte." In *The Abolitions of Slavery: From Léger Félicité Sonthonax to Victor Schoelcher: 1793, 1794, 1848*, edited by Marcel Dorigny, 229–36. New York: Berghahn Books, 2003.

Chancel, Jules. "Les Trois Dumas." *L'Abeille de la Nouvelle-Orléans*, no. 126 (November 12, 1899).

Courcelles, Jean-Baptiste. "DUMAS (Alexandre Davy)." In *Dictionnaire historique et biographique des généraux français, depuis le onzième siècle jusqu'en 1823*. Vol. 9, pp. 501–3. Paris, 1821–23.

Crouzet, François. "Politics and Banking in Revolutionary and Napoleonic France." In *The State, the Financial System, and Economic Modernization*, edited by Richard Sylla, Richard Tilly, and Gabriel Tortella, 20–52. Cambridge: Cambridge University Press, 1999.

David, Placide. "Le général Th. Alexandre Dumas." In *Sur les rives du passé: Choses de Saint-Domingue*, 37–53. Montreal: Leméac, 1972.

De Beer, G. R. "The Relations Between Fellows of the Royal Society and French Men of Science When France and Britain Were at War." *Notes and Records of the Royal Society of London* 9, no. 2. (May 1952): 244–99.

Debien, Gabriel. "Gens de couleur libres et colons de Saint-Domingue devant la Constituante: 1789–mars 1790." *Revue d'histoire de l'Amérique française* 4, no. 2 (1950): 211–32.

Dumas, Alexandre (*fils*). "Préface." In *Journal d'un comédien, 1870–1894*, by Frédéric Fèbvre. Vol. 2. Paris, 1896.

Élisabeth, Léo. "Déportés des Petites Antilles francaises, 1801–1803." In *Le rétablissement de l'esclavage dans les colonies françaises, 1802: Rupture et continuité de la politique coloniale française* (1800–1830). Edited by Yves Benot and Marcel Dorigny, 69–94. Paris: Maisonneuve et Larose, 2003.

Feibel, R. M. "John Vetch and the Egyptian Ophthalmia." *Survey of Ophthalmology* 28, no. 2 (September–October 1983): 128–34.

"France." *London Times*, September 10, 1792.

Garrigus, John D. " 'Sons of the Same Father': Gender, Race, and Citizenship in French Saint-Domingue, 1760–1792." In *Visions and Revisions of Eighteenth-Century France*, edited by Christine Adams, Jack R. Censer, and Lisa Jane Graham, 137–53. University Park: Pennsylvania State University Press, 1997.

Gaudu, Fernand. "Les Davy de La Pailleterie, seigneurs de Bielleville-en-Caux." *Revue des Sociétés Savantes de Haute-Normandie*, no. 65 (1972): 39–62.

Harten, Stuart. "Rediscovering Ancient Egypt." In *Napoleon in Egypt*, edited by Irene Bierman, 33–46. Reading, UK: Ithaca Press, 2003.

Heffernan, Michael. "Historical Geographies of the Future: Three Perspectives from France, 1750–1825." In *Geography and Enlightenment*, edited by David N. Livingstone and Charles W. J. Withers, 125–64. Chicago: University of Chicago Press, 1999.

Hoffman, Léon-François. "Dumas et les Noirs." In *Georges*, by Alexandre Dumas. Paris: Folio-Gallimard, 1974.

"Hommage aux Noirs." *Le Parisien*. February 28, 2006.

Houdailles, Jacques, and Alain Blum. "L'alphabétisation au XVIIIe et XIXeme siècle." *Population* 40, no. 6 (1985): 944–51.

Imbruglia, Girolamo. "Enlightenment in Eighteenth-Century Naples." In *Naples in the Eighteenth Century: The Birth and Death of a Nation-State*, edited by Girolamo Imbruglia, 70–94. Cambridge: Cambridge University Press, 2000.

"L'incendie de l'Institut d'Égypte, une catastrophe pour la science." *Le Monde*, December 18, 2011.

Kurhan, Ali. "Les révoltes du Caire pendant l'occupation française présentées et commentées par Jean-Joseph Marcel et Alexandre Dumas." In *Dissent and Protest in Egyptian Society During the Ottoman Era*, edited by Nasser Ibrahim. Cairo: Egyptian Society for Historical Studies, 2004.

Laurens, Henry. "Étude historique." In *Kléber en Égypte*, edited by Henry Laurens. Vol 1. Cairo: Institut français d'archéologie orientale, 1988.

Le Bas, Philippe. "Dumas (Alexandre Davy de la Pailleterie)." In *Dictionnaire encyclopédique de la France*. Vol. 6, 773–74. Paris, 1842.

Lentz, Thierry. "La politique consulaire aux Antilles." In *Napoléon Bonaparte: Correspondance générale*. Vol. 3, 1223–36. Paris: Fayard, 2006.

Lynn, John A. "French Opinion and the Military Resurrection of the Pike, 1792–1794." *Military Affairs* 41, no. 1 (February 1977): 1–7.

Maubant, Christiane. "Les Féray, des Négriers Protestants aux Barons d'Empire" (Part 1). *Cahiers Havrais de Recherche Historique*, no. 54 (1995): 91–122.

———. "Le 'traité' de traite de Stanislas Foäche, du Havre." *Historia thématique*, no. 80 (November–December 2002): 12–37.

Maurel, André. "The Three Dumas." *Scribner's Magazine* 19, no. 5 (May 1896): 658–59.

———. "The Dumas Lineage." *Atlantic Monthly* 77, no. 454 (January 1896): 138–44.

Moreau-Néret, André. "L'Hostellerye de l'Escu de France." *Mémoires* (Fédération des sociétés d'histoire et d'archéologie de l'Aisne), 20 (1974): 130–38.

Noël, Erick. "Une carrière contrariée: Alexandre Dumas, homme de couleur et général révolutionnaire." *Françaises*, no. 5 (March 1998): 58–88.

———. "Une entreprise originale: La Légion Noire de la Révolution." *Bulletin de la Société Archéologique et Historique de Nantes et de Loire-Atlantique*, no. 135 (2000): 227–45.

———. "Saint-Georges: Un chevalier de sang mêlé dans la société des Lumières." *Bulletin du Centre d'Histoire des Espaces Atlantiques*, nouvelle série no. 8 (1998): 131–53.

"Nouvelle bouillabaisse dramatique par M. Dumas père . . ." *Le Charivari*, 1858, Collection de la Société des Amis d'Alexandre Dumas. *Actualités*, no. 510 (1858).

Parks Brown, Valerie. "Napoleon and General Dumas." *Journal of Negro History* 61, no. 2 (April 1976): 188–99.

Pocock, Tom. "Broken Promises, Sunken Treasure, and a Trail of Blood." *Evening Standard* (London), July 1, 1999, p. 22.

Powers, David M. "The French Musical Theater: Maintaining Control in Caribbean Colonies in the Eighteenth Century." *Black Music Research Journal* 18, nos. 1/2 (Spring/Autumn, 1998): 229–40.

Prod'homme, J.-C. "Le Chevalier de Saint-Georges, escrimeur et musicien." *Les Annales Coloniales*, no. 51 (March 1936): 38–41.

Pronier, Thomas. "L'implicite et l'explicite dans la politique de Napoléon." In *Le rétablissement de l'esclavage dans les colonies françaises, 1802: Rupture et continuité de la politique coloniale française* (1800–1830). Edited by Yves Benot and Marcel Dorigny, 51–67. Paris: Maisonneuve et Larose, 2003.

Rabbe, Alphonse, Claude-Augustin-Charles Vieilh de Boisjoslin, and Francois-Georges Binet de Boisgiroult, Baron de Sainte-Preuve. "Dumas (Alexandre-Davy)." In *Biographie universelle et portative des contemporains*, 1469–70. Vol. 2. Paris, 1834.

Reiss, Tom. "Imagining the Worst: How a Literary Genre Anticipated the Modern World." *The New Yorker* (November 28, 2005): 106–14.

Rey Charlier, Ghislaine, and Carrol F. Coates. "Memories of a Freedwoman," *Callaloo* 15, no. 2 (Spring, 1992): 342–46.

Ribbe, Claude. "Nicolas Sarkozy, avant de fouler le sol d'Haïti, doit avoir rendu justice au général Alexandre Dumas!" *Le Monde*, February 16, 2010.

Roch, Ernest. "L'ancien château royal." *Bulletin de la Société Historique de Villers-Cotterêts* 5 (1909): 45–346.

———. "Le Général Alexandre Dumas." *Bulletin de la Société Historique de Villers-Cotterêts* 2 (1906): 87–109.

———. "L'Hostellerye de l'Escu de France." *Bulletin de la Société Historique de Villers-Cotterêts* 2 (1906): 32–35, 71–73.

———. "La Reine Dragons." *Bulletin de la Société Historique de Villers-Cotterêts* 3 (1907): 74–76.

Romand, Hippolyte. "Poètes et romanciers modernes de la France; IX: Alexandre Dumas." *Revue des deux mondes* 1, 3rd ser. (January 15, 1834): 129–63.

Ruiz, Alain. "Allemands, français, ou 'nouveaux-francs,' et autres: La région germanique de 1792–93, une unité européene pour la guerre de libération des peuples." In *Le cheminement de l'idée européenne dans les idéologies de la paix et de la guerre*. Edited by Marita Gilli, 37–50. Paris: Diffusion Les Belles Lettres, 1991.

Sante, Luc. "Introduction." In *The Count of Monte Cristo*, by Alexandre Dumas (*père*). New York: Barnes & Noble Classics, 2004.

Schopp, Claude. "Préface générale." In *Joseph Balsamo*, by Alexandre Dumas (*père*), i–xcv. Paris: Robert Laffont, 1990.

Schuster, Angela. "Napoleon's Lost Fleet." *Archaeology* 52, no. 5 (1999): 34–37.

Sigal, R., and H. Hamard. "Larrey and Egyptian Ophthalmia." *Journal français d'ophtalmologie* 9, no. 11 (1986): 757–60.

Street, John M. "Feral Animals in Hispaniola." *Geographical Review* 52, no. 3 (July 1962).

Trench-Bonett, Dorothy. "Introduction." In *Charles VII at the Homes of His Great Vassals*, by Alexandre Dumas (*père*), 1–18. Translated by Dorothy Trench-Bonett. Chicago: Noble Press, 1991.

Vagnair, Rudolphe. "Le colonel des aérostatiers militaires d'il y a cent ans." *La curiosité historique et militaire* 5 (1901–2): 293–94.

Vapereau, Gustave. "DUMAS (Alexandre)." In *Dictionnaire universel des contemporains contenant toutes les personnes notables de la France et des pays étrangers*, 575. Paris, 1858.

Wagemans, M., and O. P. van Bijsterveld. "The French Egyptian Campaign and Its Effects on Ophthalmology." *Documenta ophthalmologica* 68, nos. 1–2 (January-February 1988): 135–44.

Wilmeth, Marlyn Walton, and J. Richard Wilmeth. "Theatrical Elements in Voodoo: The Case for Diffusion." *Journal for the Scientific Study of Religion* 16, no. 1 (March 1977): 27–37.